普通高校文化与传播类专业系列教材

编委会

首批部校共建新闻学院系列成果
安徽省高等学校“十三五”省级规划教材
普通高校文化与传播类专业系列教材

文化产业项目策划与实务

第3版

主 编 陆 耿
副主编 刘 琴 胡 斌

中国科学技术大学出版社

内 容 简 介

本书介绍了文化产业项目策划的基本概念与核心问题、文化产业项目策划的基本原理与主要流程、文化产业项目策划的环境分析与主要方法、文化产业项目投资估算与财务管理、文化产业项目组织设计与团队管理、文化产业项目的市场定位与营销管理、文化产业项目的效益评估与风险管理、文化产业项目策划书的撰写与陈述、文化产业项目的计划与编制、文化产业项目实施与控制等文化产业项目策划和管理的主要内容，完整地讲述了文化产业项目策划与操作的全过程。在内容安排上，先阐述基础理论和具体方法，再针对每一个知识点选择经典案例，用案例说清理论，既有利于对基本理论的掌握，又有助于具体方法的运用。

本书既可以作为文化产业管理及相关专业的教材，也可以作为文化产业从业人员的参考书。

图书在版编目(CIP)数据

文化产业项目策划与实务/陆耿主编. —3版. —合肥：中国科学技术大学出版社，2022.2（2025.1重印）

ISBN 978-7-312-05360-3

Ⅰ.文…　Ⅱ.陆…　Ⅲ.①文化产业—策划—高等学校—教材 ②文化产业—项目管理—高等学校—教材　Ⅳ.G114

中国版本图书馆CIP数据核字(2022)第024170号

文化产业项目策划与实务

WENHUA CHANYE XIANGMU CEHUA YU SHIWU

出版　中国科学技术大学出版社
安徽省合肥市金寨路96号，230026
http://press.ustc.edu.cn
https://zgkxjsdxcbs.tmall.com

印刷　安徽国文彩印有限公司

发行　中国科学技术大学出版社

经销　全国新华书店

开本　787 mm×1092 mm　1/16

印张　20

字数　512千

版次　2013年1月第1版　2022年2月第3版

印次　2025年1月第7次印刷

定价　60.00元

总　　序

文化传播是人类社会的基本活动，也是人类社会形成的重要途径。一部人类发展史就是一部文化传播史，走进历史和现实深处，我们便会发现，人类发展的历史就是文化传播的历史。文化传播随着人类的产生而产生，随着社会的发展而发展。文化为人们提供了宝贵的精神财富，同时也建构了不同地域的文化空间。文化是连接民族情感、增进民族团结的重要纽带，而这些对于人们精神文化需求的满足具有重要意义与价值。文化承载着不同国家、不同民族、不同地域各具特色的文化记忆，无论是语言、音乐、神话、建筑还是其他，无一不是地域特色和文化特色的体现。文化借助各种传播手段，使得人们增长见闻，了解不同时间、不同地域的历史文化，满足精神消费的需求。文化本身具有的历史和价值对于人们的生存和发展具有重要意义，不断汲取文化价值是人们获得更好发展的客观需求。文化传播与人类文明互动互进、休戚相关。没有文化传播，便没有人类的文明。

文化是人类社会发展动力系统中的重要一环。马克思主义辩证唯物主义认为，经济、政治、文化、社会、生态五位一体的动力系统，构成了人类社会发展的驱动力。经济动力是社会发展基础性、决定性的动力因素。“仓廪实而知礼节”，当物质生产水平和物质生活水平极大提高以后，物质需要便不能完全满足人们的生活需求，精神需求便日益成为人们主导性的需要。在此情境下，文化传播的功能已不仅仅是人们精神交往的需要了，精神娱乐和价值实现的需求更加凸显，文化因素对社会生产力的影响作用迅速增大。文化生产虽然依托于有形的物质载体（即媒介），但其核心要素是无形的精神（人的创意思维），不仅仅是物质生产，更关键的是意识形态（价值观念）的生产，其满足的不仅仅是视听审美，更在于提高人的科学文化水平、思想道德素质，深层次地影响人们的意识形态，塑造人的世界观、人生观和价值观，从而达到改造人的灵魂，进而改造整个社会的意识形态的作用。由此可见，相比于物质生产而言，文化的生产与传播对于人类社会的发展更具有深层次的决定作用。

有鉴于亟须提升当代大学生的文化传播的基本素质和能力，我们编写了这套“文化与传播”系列教材，目的是一方面帮助大学生学习并理解社会生活中传播的现象、表现形式、发生发展规律及其社会功能等，关注传播与社会政治、经济、文化、生活的相互关系，认识传播媒介对人的作用，传播与社会发展和社会阶层的互动关系等，为将来的生活和工作奠定文化传播的基础；另一方面培养学生文化传播的思维，以期让学生从文化传播的视角对社会发展尤其是文化的繁荣创新有更深入的了解，提高认识社会文化、理解文化传播的水平，提升分析媒体、运用媒体的能力，从而提升大学生认识社会、融入社会乃至改造社会的能力。

“普通高校文化产业管理专业系列教材”为本套教材奠定了前期基础。编委会自 2013 年组织编写面向文化产业管理专业的系列教材，由中国科学技术大学出版社陆续推出，成为全国普通高校新闻学、广告学、文化产业管理、广播电视学、旅游管理等相关专业学生的专业教材，同时也成为科研工作者重要的参考资料，受到了一致好评。为更好地适应新时代文化繁荣发展新形势，更好地满足高校相关专业教学研究需要，编委会决定对“普通高校文化产业管理专业系列教材”从内容到形式进行大幅度修订。

经过充分吸收前期教材使用者的反馈意见，并细致地考察国内外“文化与传播”类相关高校教材，在系统分析此类教材的共性与差异的基础上，力求编写一套既重基础，又突出差异化、特色化的系列教材。基于此，编委会经过多次邀请同行专家深入讨论，决定从文化与传播的基本理论素养、媒介与传播、文化与产业三大方面，构建“文化与传播”的知识体系。经过精心遴选，确定 11 部教材作为建设内容，定名为“普通高校文化与传播类专业系列教材”。本套教材建设于 2017 年 7 月启动，计划在 2021 年 12 月全部完成出版。本套教材包括《文化与传播十五讲》（杨柏岭、张泉泉主编）、《数字影视传播教程》（秦宗财主编）、《广播电视新闻学教程》（马梅、周建国、肖叶飞编著）、《文化资源概论》（秦枫编著）、《影视非线性编辑教程》（周建国、杨龙飞编著）、《传媒经营与管理》（肖叶飞著）、《文化产业项目策划与实务》（陆耿主编）、《文化市场调查与分析》（阳光宁、张军占主编）、《文化创意产业品牌：理论与实践》（秦宗财主编）、《文化企业经营与管理》（罗铭、杨柏岭主编）、《文化旅游产业概论》（张宏梅、赵忠仲主编）。在丛书主编统一了编写体例之后，由各分册主编组织人员分工编写，并由各分册主编负责统稿。最后由丛书主编、执行主编审稿。由于我们水平和时间的限制，书中一定存在着某些不足，敬请学界、业界同行以及广大读者批评指正。

丛书主编　杨柏岭
丛书执行主编　秦宗财
2020 年 5 月

前　言

2017 年，即将修订再版的《文化产业项目策划与实务》(第 2 版)入选安徽省教育厅质量工程项目。为更好地完成此项目，在征询相关专家意见和建议的基础上，编者对该书的体例和内容做了如下修改：

首先是调整章节。将第 2 版的第一、二章合并调整为第一章，第五、八章合并调整为第六章，第十二、十三章合并调整为第十章；所以全书章节由第 2 版的 13 章精减为 10 章。

其次是变动内容。在第 2 版的"文化产业项目策划原则、方法与流程"一章中增加了文化产业项目策划原理；缩减了第 2 版第八章"文化产业项目市场营销与推广"中的市场营销策略内容，增加了文化产业项目推广；在第 2 版的"文化产业项目财务管理"一章中增加了投资估算一节；在第 2 版的"文化产业项目风险管理规划"一章中增加了项目效益评估；在第 2 版的"文化产业项目策划书撰写"一章，增加了文化产业项目可行性分析报告撰写和文化产业创业项目策划书撰写。

再次是更新案例。增加了与章节内容相关的导入案例，更新了原书中的大部分案例，并设计了案例思考题。

最后是增加实训内容。根据项目策划与管理的知识体系和能力要求，结合多年的教学探索，本书新增了文化产业项目策划实务训练，突出文化产业项目策划与管理的应用能力培养。

本次修订由淮南师范学院陆耿(第一、二、九章)、刘琴(第七、十章)、胡斌(第五、八章)、李锦兰(第四章)、刘和远(第三章)、方影(第六章)共同完成。该书统稿、定稿工作由陆耿完成。

本书参考了大量文献，在参考文献中未能一一列出，编者表示歉意，也对所有的作者表示感谢！本书配有电子资源，需要的老师请发邮件到 yangzhn@ustc.edu.cn 索取。

学无止境，与第 2 版相比，尽管本版做了很多调整与改进工作，但在修订的过程中难免会出现问题或疏漏，敬请专家与同行批评指正！

编　者

2021 年 4 月

目　录

第一章　文化产业项目策划的基本概念与核心问题

本章结构图

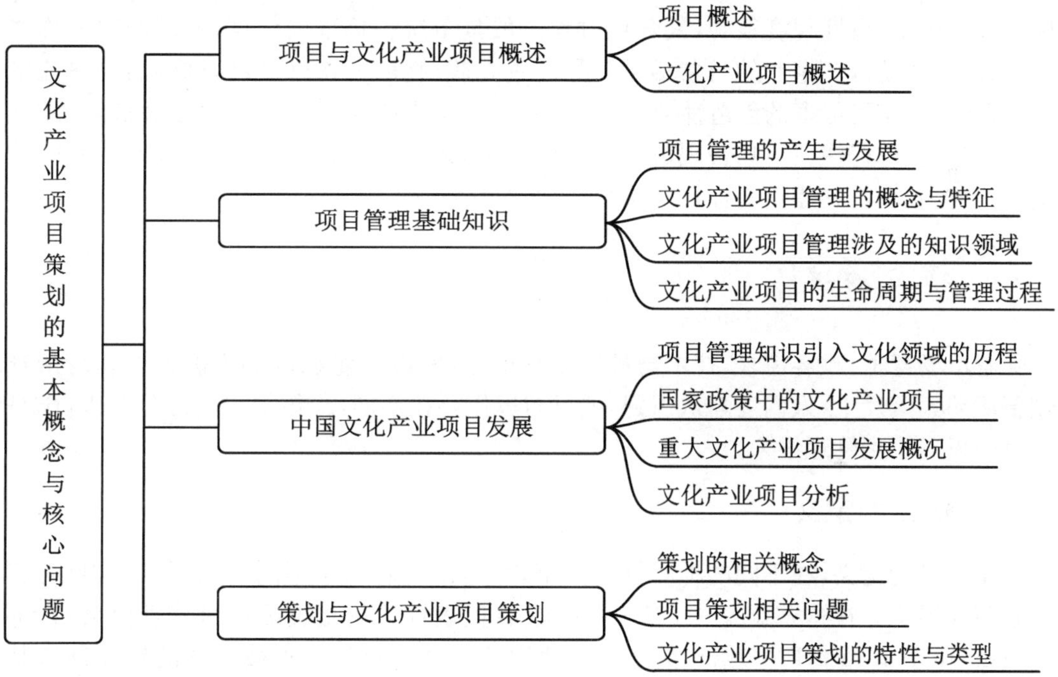

学习目标

1. 了解项目、项目管理、策划和项目策划几个基本概念的内涵；分类方法，文化产业项目的利益相关者。

2. 掌握项目、文化产业项目的定义和基本特征，文化产业项目管理特征，项目生命周期及其特征。

3. 了解项目管理的定义、发展历程，文化产业项目的发展历程，掌握项目管理的知识体系。

4. 了解策划的内涵和文化产业项目策划的特性，掌握项目策划的核心问题和注意事项。

【导入案例】

当前，以人工智能、大数据、云计算、AR/VR、5G/8K 等为代表的新一轮科技革命蓄势待发,技术创新已成为推动时代发展的革命性力量。电视业已步入高质量发展阶段,电视行业要紧抓媒体深度融合的机遇,加快电视媒体与新兴媒体一体化协同发展,实现信息内容共享、技术平台共融、传播终端共联。某电视机厂为了扩大市场份额,决定研制新型的4K高清电视机,由厂科研人员组成攻关小组,经过三个月的科研工作,终于成功研制样机。不久,该型号电视机正式定型生产,并成功推向国内外市场,迅速占领了4K高清电视机市场。

在这个案例中,你得到了关于项目的哪些信息呢?

第一节　项目与文化产业项目概述

社会中存在两种重要的活动:一种是经常性、持续性、程式化的具体活动,在其运行中,不确定性较小,一致性程度很高,其管理过程一般具备统一标准与依据,人们习惯上称之为"运营"或者"活动",如企业的日常活动。另一种是临时性、一次性活动,这些活动往往带有很强的目的性,需要更多的创造性或创新性,在其运行过程中,不确定性程度较高,一致性程度较低,其管理过程往往不具备现成的标准或依据,人们习惯称之为"项目",如企业的技术改造,一个会展场馆的建筑工程,一项游戏软件的开发等。

一、项目概述

随着市场竞争、顾客需求、技术与环境变化的不断加剧,组织内部不确定性和复杂管理的创新活动频繁发生,人们逐渐认识到,项目与运作存在不同,应该把二者区分开来,于是便将项目知识运用到管理中来。

(一) 项目的定义

关于项目的定义,在不同的项目管理类书籍中,研究者出于不同的需要,对项目有着不同的解释和界定。在这些定义中,有三种很具有代表性。一是美国项目管理协会(Project Management Institute,PMI)给出的定义。他们认为,"项目是一种被承办的旨在创造某种特殊产品或服务的临时性努力"。二是世界银行给出的定义。他们认为,"项目是指在规定的期限内,为完成一项(或一组)开发目标而规划的投资、政策、机构以及其他各方面的综合体。"三是英国项目管理协会(Association for Project Management,APM)给出的定义。他们认为,"项目是为了在规定的时间、费用和性能参数下满足特定目标而由一个人或组织所进行的具有规定的开始和结束日期、相互协调的独特的活动集合"。英国项目管理协会的定义已被国际标准化组织(International Standard Organization,ISO)采用。比较上述三个定义,我们认为,英国项目管理协会的定义更能体现项目活动的基本特征。

(二) 项目的基本特征

按照项目的定义,项目可以是举办奥运会、建设三峡水库之类的公共项目,也可以是加多宝赞助中国好声音、华为公司推出一款新手机等营利性项目。但不管何种项目,一般都具有以下几个基本特征。

1. 目标性

目标性,也称目的性。每一个项目发起者对项目都有一定的心理预期,即要实现一定的目的,其结果可能是实体型的产品,也可能是无形的服务型产品。例如,建鸟巢(国家体育场)和水立方(国家游泳中心)的目的是举办奥运会,而在此举办个人音乐会是让消费者获得音乐享受。项目的目标往往是多方面的。一方面,项目的目标由成果性目标和约束性目标组成,成果性目标体现为明确的交付标的物,而约束性目标则体现为时间、质量、成本等可以量化的约束性条件;另一方面,项目要满足利益相关者的不同需要,这些需要既可以是成文的,也可以是隐含的。对于任何一个项目来说,都必须建立明确的目标。这既是项目管理的需要,也是项目实施目标管理的起点。

2. 独特性

独特性,也称唯一性。每一个项目都是独一无二的,其中必然包含先前没有遇到或做过的事情。尽管不同的产品或服务项目之间有很多的相似性,但事实上它仍然是唯一的。如现实中建造的办公楼虽有很多,但每一座都有不同的建筑商、不同的设计院、不同的地点、不同的建筑使用者等。因此,某些重复性因素的存在并不能改变项目的独特性特征。此外,项目的独特性还体现在项目的临时性或一次性上。每一个项目都有确定的起点和终点。当目标已经实现,或者已明确知道该项目目标不可能实现,或对项目需求已不复存在时,该项目就达到了它的终点。一次性并不意味着时间短,许多项目要经历好多年,甚至更长。但在任何情况下,项目都有是期限的,它不是一种持续性的工作。

3. 约束性

项目的约束性体现在项目要受到时间的约束,即项目要在一定的时间内完成。项目的约束性还体现在项目目标上,即项目产品的性能规范性。另外,项目的约束性更重要的体现在受到资源的约束,因为任何项目都需要足够的资源来完成。这里的资源概念是宽泛的,它既包括项目所需要的人、财、物,也包括组织核心层管理以及组织外部各种社会关系等非物质资源。对于项目管理者来说,就是要在有限资源与能力的约束下,充分发挥资源的效用,最大限度、最高质量地实现项目目标。再者,项目需要在规定的日程和预算之内完成,因此有限资源和计划需求的冲突是固有的,项目管理的目的就是在有限的资源内完成项目目标。

4. 整体性

整体性也称作系统性。项目是一个独立的、开放的系统,是为了完成特定目标而展开的多项任务和资源集合,是一系列活动的有机集合,是一个完整的过程。任何将项目内部不同部分割裂开来进行决策的做法都有可能导致决策失误。任何一个项目都有一个生命周期,具体表现为项目的决策、规划、实施和收尾几个阶段,而且各个阶段的时间长短、速度快慢都不一样,一般表现为慢开始(策划与论证慢)、快增长(实施与监控快)、慢结束(总结与评估慢)的规律。因此,评判一个项目成功与否,不是只看它的某一阶段,而是要对它的整个生命周期进行分析。强调项目的整体性就是要强调项目的过程性与系统性。项目的整体性体现在过程与目标的有机统一上,就是时间和内容的完整一致。

(三) 项目的基本要素

要完成项目的预期目标,项目发起者必须考虑和把握制约项目进展的几个基本要素,即项目的范围、组织、质量、时间、成本、资源和环境等。这些要素是一个相互关联的集合,其中任何一项的变化都会引起其他要素的连锁反应。为了保证项目的顺利完成,项目管理者就必须保证几个基本要素的相互匹配。这也是项目策划人员需要重点关注的基本内容。

1. 项目的范围

项目范围是对项目完成边界的陈述，一般来说，可以通过界定项目的交付物或交付物标准来确定项目的范围。对项目策划来说，项目范围的界定不仅明确了要做什么，同时也给出了不要做什么的标准。事实上，所有随后的项目工作都是以项目范围为基础的。因此，范围界定的正确性非常重要。如果没有范围的界定，项目就可能永远做不完，也就无所谓项目。所以在项目管理中，一定要严格界定和控制项目的范围，否则就会出现出力不讨好的局面。

2. 项目的组织

项目的组织是对项目运行的人员配备、工作职责、组织结构、管理流程以及组织文化的总称。项目作为一个独立运作的活动，需要一个相对独立的团队来完成。项目发起者或项目承接者应根据项目的专业需求进行人员配备，按照项目管理的流程进行岗位和工作职责的设计。与此同时，还必须根据管理需求建构相应团队的组织结构，这不仅有利于项目的自身管理，也有利于与项目发起者之间的关系协调。

3. 项目的质量

项目的质量是对项目完成后是否达到项目发起者所要求结果的描述，也就是用来检验项目是否合格的标准。项目质量的界定一般会在界定项目范围交付物标准中加以明确，包括各种特性及这些特性得到满足时的具体要求界定。另外，有时还可能对项目的过程有明确要求。

4. 项目的时间

项目时间规定主要体现在项目的进度控制和周期管理上。项目发起者通常会给出一个项目必须完成的时间框架或者最后期限。项目时间相关的因素可以用项目进度加以描述。进度基本上不仅体现了完成项目工作范围内所有工作所需要的时间，也规定了每一个活动的具体开始和完成日期。

5. 项目的成本

项目成本是衡量项目成功与否的一个重要变量。成本是与预算紧密相连的，每一个项目都有预先确定的预算，项目总成本以预算为基础，项目结束时的最终成本应控制在预算内。因此，对于项目管理者来说，必须控制费用以降低成本，这对于将其可交付成果用于商业销售或交付给外部客户的项目而言格外重要。

6. 项目的资源

项目资源是项目发起者所拥有的人、材料、土地、资金和设备之类的资源总称。对于每一个项目发起者而言，资源总是有限的。资源不仅可以从外部租用，还可以通过各种融资手段获得，无论哪种形式，最重要的是项目策划者必须知道项目活动及有序地完成项目的核心工作究竟需要哪些资源、多少资源，以及获得这些资源的最佳途径。当然不同的项目需求的资源是不一样的。

7. 项目的环境

项目的环境是对项目所处的宏观环境、中观环境和微观环境的总称。其中，宏观环境主要包括经济、社会文化、技术、政治法律、自然环境等；中观环境主要是指项目所在行业内的特定环境，包括供应商、消费者、竞争者、替代品、政府管理部门、社会组织等；微观环境主要是指项目发起者自身所在组织的内部环境。综合来说，宏观环境和中观环境可视为项目的外在环境，而微观环境则可视为内部环境。

8. 项目的利益相关者

项目利益相关者，是指能够影响项目并与项目有特定关联的组织或个人，主要包括客户、项目委托人、发起人、项目经理、投资者、供应商、项目团队、项目支撑部门。在项目实施过程中，利益相关者的意见及影响力是项目策划者需要重点考虑的因素之一。不同的项目有着不同的利益相关者群体。项目策划者在面对具体项目时，可通过绘制利益相关者图来分析他们在项目决策中的利益和影响力，借此识别他们给项目带来的风险与机会。

（四）项目的分类

不同的项目有不同的特征和内在结构。有效的项目分类可以让策划人员在较短的时间内，迅速把握此类项目的管理要点，并找到恰当的方法进行项目策划。

1. 按项目所属主体划分

项目可以分为私人项目和公共项目两大类。私人项目主要包括各种营利性组织甚至个人开展的项目活动，如产品研发、电视剧策划、新网络游戏研发等；公共项目主要包括由政府或者其他非盈利性组织发起的项目活动，如博物馆建设、普法宣传展览等。与私人项目要求盈利不同，公共项目追求的是社会整体福利的增长。明确私人项目与公共项目的差异，可以正确判断任何一个项目策划的基本诉求。

2. 按项目规模划分

项目可以分为大型、中型、小型项目，还可以是特大型、微小型项目。按规模划分项目主要是提醒策划者注意项目涉及的范围和影响层次，从而有效地分析影响项目的具体因素，并考虑项目对未来的影响。例如，三峡工程作为一个特大项目，涉及旅游、气候、国家安全等诸多问题。而某一省市的文化广场建设则可以看作中等项目，它需要考虑的是对当地经济、社会的影响。一家企业的新产品推广则可以看作微小项目，它需要考虑的是企业以及竞争环境的问题。

3. 按项目物理形态划分

项目可以分为硬项目和软项目两大类。硬项目主要是指工程类项目，如水库、公路修建等；软项目主要是指技术、文化、艺术类的项目，如与媒体、演艺、旅游、会展等有关的项目。硬项目和软项目的区别主要是，硬项目由硬性指标来衡量其完成标准，而对软项目的评价有时取决于人的偏好，很难用刚性指标来评价它成功与否。

4. 按项目所含风险划分

项目可分为高风险项目、中度风险项目和低风险项目。例如，载人飞船发射就是高风险项目，而举办一场学校或班级音乐会就是低风险项目。在某种意义上，任何项目都存在风险。以可口可乐公司赞助奥运会为例，它可能会面临百事可乐利用埋伏营销混淆视听的风险。而项目策划者的任务就是要分清风险，将风险置于可控的范围内，降低风险发生的可能，从而提高项目成功的可能。

5. 按项目周期划分

按项目周期差异，项目可分为长周期项目和短周期项目。短周期项目可以短到 1 天或数天以内，长周期项目可以长到 10～20 年甚至更长。一般来说，复杂项目、大型项目都有较长的周期。例如，展览场馆建设至少需要 1～3 年的时间，修建高速铁路可能需要 8～10 年。项目周期越长意味着项目所蕴含的风险越高，且后续管理也越难。因此，作为项目策划人员应该懂得，如何在一个特定周期内综合考虑影响项目成败的关键因素。

6. 按项目实施主体划分

项目可分为内控型、引进型和外包型等。例如，一家企业建造宿舍楼就可以看作内控型项目；而某家移动通信运营商购买国外先进通信系统或利用一个网络公司开发的一套新型网管系统，则可以看作引进型项目；某家公司把承揽工程的一部分转包给另一家公司，则转包的部分可以看作外包型项目。这种划分的目的是让项目策划人员懂得，在实施主体不同的情形下，如何通过高效的管理与控制确保项目完成的质量。

二、文化产业项目概述

（一）文化产业项目的定义

文化产业项目是指特定组织为实现其既定目标，在一定时间、人员和其他资源约束条件下，所开展的独特的、一次性的文化产业活动或活动集合。它即可以是奥运会、世博会这样的大型综合性项目，也可以是一次演唱会、一场体育比赛、拍摄一部电影等项目。文化产业项目属于一类特殊的项目，可以从以下几个方面来理解。

1. 文化产业项目的实施者是特定组织

文化产业项目是由文化企业或文化产业项目团队来完成的。一个文化产业项目团队既可能是几个人的项目小组，也可能是几千人的文化企业，甚至是上万人的文化集团；一个文化产业项目团队还可能涉及多个组织、成千上万人的协同努力；或是多国文化企业或企业集团间的国际性合作。

2. 文化产业项目具有明确的顾客导向性目标

文化产业项目为社会公众提供的是文化、娱乐产品或文化服务，以满足大众精神文化需求为项目最终目标。因此，文化产业项目具有明确的以提供大众满意的文化产品和文化服务为最终目标的顾客导向性。一切文化产业项目活动都必须以顾客需求为导向，寻求顾客的满意，并且，文化产业项目往往以广泛的社会客户群，而非个体顾客为主要服务对象。通过满足顾客的文化需求，获得资本增值和促进文化发展。

3. 文化产业项目受特定的资源约束

任何项目都要受到资源的约束，这些资源包括时间、人员、技术、资金、市场、信息、利益相关者等，文化产业项目也不例外。由于文化产业项目的特殊性，它受到的资源约束情况也存在不同，人员、技术等无形要素的影响更大。成功的文化产业项目就是要在限定的资源条件下，在一定的时间范围内保质、保量完成项目目标并获得客户的满意。

4. 文化产业项目具有社会综合收益

文化产业项目往往具有社会综合收益性，能直接或间接地带动一些相关产业的发展。对文化产业项目的投资收益，不仅包括项目成果本身所带来的经济效益，也包括项目利益相关者各方面的收益和收获，还包括项目可能带来的巨大的社会效益，甚至包括在提高城市形象、拉动城市经济发展、带动城市全面治理与建设、提高城市综合竞争力等方面所做出的贡献。

（二）文化产业项目的基本特征

1. 一般性特征

文化产业项目是项目中的一类，因此具有一般项目所具有的特征，如目标性、独特性、一次性、制约性、过程性。

2. 文化产业项目的特有属性

文化产业项目所开发与生产的是以精神内容要素为核心的文化产品。这类产品的投入资源有很大的特殊性，投入要素除了资金和实物资本之外，还有大量的创意、版权和人力资本等无形要素。因此无形资源的获取、控制和分配方面具有较大的特殊性。例如电影制作中，导演、编剧和演员是电影的主要生产者，他们的创意和才华是一部电影的关键要素。由于创意等无形资源难以控制，此时项目经理的领导力、项目的组织模式和项目的运行流程等，作为将这些资源整合的主要手段和途径，就显得特别重要。文化产业项目的特有属性主要体现在以下几个方面。

(1) 文化产业项目的高创新性、高风险性。文化产业项目的生产必须具有相当的创新度。精神内容要素的类同无法吸引消费者的兴趣，也不能在市场中立足。而新的事物总是伴随着高风险，文化产业项目往往投资大、风险高，存在较多的不确定因素。例如，一场展览、一台演出，即使不是现场直播，可是对于现场的观众来说，其结果也是不可修改的，一个疏忽就可能造成不可弥补的损失。因此，它要求项目经理和成员一方面具备较强的创新能力，另一方面要有较好的市场预测和风险控制能力。如“超级女声”的成功关键在于一个好的创意和商业模式，能够将各种资源有效地组合起来。

(2) 文化产业项目价值的隐性。文化产业项目所开发、创作与生产的文化产品或服务，其价值往往是隐性的，有些文化产品虽可通过书面、屏幕、建筑等具体的物质载体表现出来，但对其价值的认同则需消费者的个人消费体验。一个演出项目或一个电影项目，随着演出的结束、电影的上映，就完成了，但是项目产品的价值可能会长期存留在消费者的脑海中，甚至对他产生深远的影响，而这些价值都具有隐性。而且与其他项目产品不同，文化产业项目产品的文化价值并不会随着物质形态的损耗或消失而减退，有时反而会增值。

(3) 文化产业项目过程的复杂性。精神内容生产存在内容的创新，以及从创新到产品化生产的两个过程。前一个是对项目产品中所包含的精神内容的创作、策划与组合；后者是将相应的精神内容要素固化到相应的物质载体中去，成为产品形态。例如，网络游戏需要现有脚本的构思、人物造型的定义，然后才能够通过相应的设计和制作，形成网络游戏产品，最后再以硬件与互联网络服务形成游戏运行的平台，所以，一个文化产业项目要实现纯精神产品到准精神产品的价值转化，是一个复杂的过程。而且其中还涉及大量的知识产权等无形资源的价值转化，例如卡通动漫的形象许可，以及相关图书、音像产品的销售等。因此，文化产业项目管理不但要对项目运行过程中的资金、成本、进度和风险进行管理，同时还要建立起完善的信息管理、版权管理系统。

(4) 文化产业项目收益多重，但量化困难。文化产业项目既要实现满足人们文化需求和对文化交流与发展的促进作用，又要实现文化产品的经济效益。经济效益容易评价，而社会效益的衡量却很难量化，从而衡量文化产品的收益也很难。

（三）文化产业项目的分类

1. 按项目的所有者和实施者是否属于同一个组织划分

根据项目的所有者和实施者是否属于同一个组织，可以将文化产业项目划分为：业务项目和自我开发项目。业务项目是指由文化产业项目公司为特定的客户完成的一次性工作，是一种商业性服务或开发性、生产性项目；自我开发项目则是指文化产业项目团队为自己企业或组织所完成的各种文化产业项目开发，是一种企业内部的原创性与开发性项目。

2. 按项目投资者的社会属性划分

根据项目投资者的社会属性的不同，可以将文化产业项目划分为：企业项目、政府项目和非营利机构项目。企业项目是由特定企业提供投资或资源，并作为项目客户，为实现该企业的特定目标所开展的各种原创性、服务性的文化产业项目，不论企业的性质是国有企业、集体企业还是私营企业或合资企业；政府项目是指由国家或地方政府提供投资或资源，并作为客户，为实现政府特定的鼓励、扶持所开展的各种文化产业项目；非营利机构的项目是指向文化中介服务机构、学校、社团等非营利性组织提供投资或资源，为满足这些组织的文化产品和文化项目需要而开展的各种文化产业项目。

3. 按项目之间的层次、规模和归属关系划分

依据项目之间的层次、规模和归属关系，可以将文化产业项目划分为：项目组合、项目群和项目。文化产业项目组合由一系列有机关联的文化项目群和项目构成；而项目群由一系列有机关联的文化项目活动构成。例如，奥运会作为一个项目组合，包含了奥运会项目群、残奥会项目群；其中，奥运会项目群包含奥运会申报项目、奥运会举办项目、奥运村建设项目、奥运会后勤项目、奥运会网站建设项目、奥运会赛事信息系统项目等。

4. 按文化产业涉及的行业进行划分

根据文化产业涉及的行业，可以将文化产业项目划分为：出版、旅游、演艺、会展、影视等项目。具体可为：图书出版项目、新闻传媒项目、文化旅游项目、演艺娱乐项目、艺术品与工艺美术项目、文化创意与动漫游戏项目、文化会展项目、影视制作项目等。这类项目范围较广，还可以进一步细分。

（四）文化产业项目的利益相关方

不同的文化产业项目有着不同的项目利益相关者群体。文化产业项目的利益相关者具体包括项目的所有者或股东、供应商、购买者和顾客、管理人员、雇员、竞争对手、广告商、银行或其他债权人、政府部门、媒体、其他管制者、公众利益群体、工会等。

如果从管理角度看，可将利益相关者分为核心、边缘相关者两大类。核心相关者主要包括客户、股东、员工、供应商、竞争对手等；边缘相关者主要包括广告商、银行、政府部门、媒体、公众利益群体等。当然，在面对具体项目时，策划人员可通过绘制利益相关者图来分析他们在项目决策中的利益和影响力，借此识别他们给项目带来的风险与机会。

第二节　项目管理基础知识

古代，人们只凭借经验完成一些艰巨浩繁的工程项目，这属于古经验项目管理时期，如埃及金字塔、古罗马供水渠和中国长城等。

一、项目管理的产生与发展

(一) 国外项目管理的产生与发展

20 世纪 80 年代以前，项目管理主要限于建筑、国防、航天等少数行业，进入 20 世纪 80 年代以后，随着信息技术的广泛应用，项目管理成为了信息时代的新型项目管理体系。因此，学者们把项目管理划分为两个阶段：20 世纪 80 年代以前称为“传统项目管理阶段”，之后被称为“现代项目管理阶段”。

1. 传统项目管理

成熟的项目管理实践始于 20 世纪 40 年代，起源于第二次世界大战时期的美国，最早在“曼哈顿计划”实施中被创立。至 20 世纪 50 年代，美国在“北极星导弹计划”中利用计算机管理，开发出“计划评审技术”。其后，美国在“阿波罗登月计划”中又开发出“矩阵管理技术”“国防部规划预算系统”等。1970 年美国陆军研制了风险系统费用分析，此后又研制了风险网络仿真技术，给项目管理的发展注入了活力，大大促进了其理论的成熟和完善。20 世纪 70 年代以后，项目管理逐步扩展应用于复杂性略低、变化迅速、环境比较稳定的中小型企业，并被公认为是一种有生命力并能实现复杂的企业目标的良好方法。

2. 现代项目管理

1987 年美国项目管理协会推出了项目管理知识体系指南，把项目管理归纳为范围管理、时间管理、费用管理、质量管理、人力资源管理、风险管理、采购管理、沟通管理和整合管理九大知识领域。同时，项目管理也呈现了多学科交叉性状态，涉及工程学、管理学、经济学和社会学等。在项目管理知识体系逐渐完善的情况下，项目管理日趋现代化。

(二) 国内项目管理的产生与发展

1. 项目管理的引入

20 世纪 60 年代中期，科学家钱学森推广的系统工程理论和方法，华罗庚推广的“统筹法”，国防科委引进的国外大型客机项目的管理理论和方法拉开了中国项目管理的序幕。20 世纪 70 年代，我国从国外引进了“全寿命管理”概念，派生出全寿命费用管理、一体化后勤管理、决策点控制等管理理论和方法。这些方法在许多大型工程项目，如上海宝钢工程、北京电子对撞机工程、秦山核电站工程等方面，都得到了实际应用。

20 世纪 80 年代以后，现代管理方法在国内得到推广应用。在项目管理的实践上，国内取得了可喜的成果，政府也开始关注项目管理科学。

2. 项目管理的发展

20 世纪 90 年代，项目管理在中国开始突破传统领域，被广泛应用于各行各业，取得了巨大的经济效益。2003 年，项目管理领域工程硕士首次在清华大学和北京航空航天大学招生，2004 年，全国 30 多所大学开办了项目管理领域工程硕士班，这标志着国内高层次项目管理专业人才的培养有了一个新开端。

(三) 项目管理资质认证

随着项目管理理论的成熟和应用的普及，相关的学术团体竞相成立。1965 年成立的国际项目管理协会(International Project Management Association，IPMA)和1969年成立的美国项目管理协会(Project Management Institute，PMI)对推动项目管理的普及和发展起了重要作用。1987年PMI编写了项目管理知识体系指南，并建立了项目管理专业人员认证制度，从而为衡量合格的项目管理人员提供了客观标准。IPMA于1996年推出了国际项目管理专业资质标准(IPMA Competence Baseline，ICB)，制定了项目管理的知识范畴，并在瑞典、德国等欧洲国家率先实行IPMA资质认证。

中国的项目管理学术组织成立于1991年6月，6年后加入了IPMA。该组织成功地主办了两次国际项目管理学术会议，大大推动了国内项目管理的发展，并于2001年7月在我国正式启动了IPMA资质认证。

知识和方法为项目管理提供了指南，但是项目管理最终还是需要人来实现。因此，世界各国都非常重视对项目管理专业人才的培养。在美国等一些发达国家，已经有了项目管理专业的学士、硕士和博士学位教育。与此同时，各国项目管理组织纷纷制定资质认证标准和方法，积极开展在职人员项目管理培训工作和专业人员资质认证工作，其认证注重知识的完整性。1995年，IPMA在全球推出项目管理专业资质认证体系(PMP)工作，更强调申请者个人的综合素质。英国剑桥大学的CDPM认证则不采用"考试"的方法，而注重申请者在项目管理过程中的学习能力和对管理方法的掌握程度。我国劳动和社会保障部在2002年颁布了国家职业标准《项目管理师》(CPMP)。以上这些无论采用何种认证方式，目标都是一致的，就是使项目管理标准化、科学化。

二、文化产业项目管理的概念与特征

(一) 文化产业项目管理的概念与理解

1. 文化产业项目管理的概念

文化产业项目管理，是指项目管理者根据文化项目运营客观规律的要求，系统运用相关理论和方法，对执行中的文化项目生命周期的各个阶段工作进行计划、组织、控制、沟通与激励，以满足或超越相关部门有关各方面对项目的要求和期望的各项管理活动的总称。

文化产业项目的管理包括三部分，一是政府文化行政主管部门的行业管理，二是公益性文化项目的管理，三是营利性文化项目的管理。这三者具有不同的项目管理目标。对于政府文化行政主管部门的行业管理来说，这是依据有关法律、法规，依法行政，履行社会责任的行为。比如，文化和旅游部门对网吧开设的前置审批等。其目标是社会性的管理，具有强制性、权威性。

对于公益性文化项目的管理来说，它是对所有由政府或民间机构、慈善机构所拨款项，按照节约、合理的原则进行专款专用，完成既定任务的过程，比如为某基金会建设一座专题美术馆，或者为某一次大型运动会排练一场开幕式晚会等。

对于营利性文化项目的管理来说，它是合理运用获准的投资，按照商业计划书的规定，进行具体的运作和控制，以确保项目或产品按时保质保量地完成，为最终实现利润提供使用价值载体。

2. 对文化产业项目管理的理解

(1) 文化产业项目管理有别于文化企业的项目化管理。

文化产业项目管理是一种一次性的管理，每个文化活动项目都有着不同的创意、特点和侧重点，完全相同或高度相似的项目重复较少，很难制定或设计出详细的、通用的项目管理程序。文化产业项目管理的主体是项目经理或项目负责人，项目管理的目的在于满足甚至超越客户对项目的要求和期望。而文化企业的项目化管理则是文化企业内部一种可重复性的管理方式，是通过设置职能部门或项目小组构成的矩阵式组织形式，由职能部门为企业的长期发展制订计划、负责日常的工作，项目小组则制订具体和短期行动计划，并负责计划的实施。无论从项目人员构成的稳定性还是从项目相似性来看，都是可以制订设计出详细的项目化管理程序的。项目管理的主体仍然是企业的高层管理者，实施项目化管理的目的在于贯彻企业经营目标和管理模式、提高企业管理效率。

（2）文化产业项目管理不同于文化企业的运营管理。

文化产业项目管理是在相对开放和不确定的环境下，针对具体项目开展的独特性、一次性、集成性、创新性的管理活动，是基于项目活动过程的管理，关注的是项目本身的成败，管理的内容是关于项目的质量、范围、时间、成本、风险等；而文化企业的运营管理则是在相对封闭和确定的环境下，针对组织的运营所开展的重复性、经常性、持续性的管理活动，是基于分工和职能的管理，关注的是组织正常的运营和盈利情况，管理的内容主要是供应、生产、服务、营销、人事、财务等。

（二）文化产业项目管理的特征

1. 文化产品的原创性和知识性对项目管理提出了更高的要求

文化产业项目所开发与生产的是以精神内容要素为核心的文化产品，其投入的资源，除了资金和实物资本之外，更重要的是大量的创意、版权和人力资本等无形的要素。例如，“超级女声”“中国好声音”关键在于一个好的创意和商业模式，能够将各种资源有效地组合起来。每一件文化产品都具有不可重复性、不可替代性和不可再生性。文化项目的生产必须具有相当的创新度。精神内容要素的雷同无法吸引消费者的兴趣，也不能在市场中立足。应当说，其他产业的生产也具有原创性，但是没有一个像文化产业这样是依赖原创而生存的。文化产业的知识性在于向社会提供各类知识产品和知识服务，满足人们对文化消费资料的需要。原创性和知识性决定了文化产业的核心竞争力在于人才。因此，文化产业项目管理对创意型、知识型、技术密集型团队的人力资源管理、沟通管理等工作都提出了非常高的要求。

2. 项目发起的复杂性与综合性

精神内容生产存在内容的创新，以及从创新到产品化生产的两个过程。前者是对项目产品中所包含的精神内容的创作、策划与组合；后者是将相应的精神内容要素固化到相应的物质载体中去，成为产品形态。例如，电影需要导演、演员、编剧等创意人才的劳动。而电影创意要转化为电影产品，必须通过电影的摄像、道具、场务、化妆、后期制作等多个部门协同完成。通过法律、金融和保险等环节的合作，获得项目的资金，通过发行环节进行电影营销。电影还会产生大量的知识产权，如哈里·波特、迪斯尼等，可以通过形象许可和版权经营，形成玩具、图书、文具等。一个文化产品项目要实现纯精神产品到准精神产品的价值转化，是一个复杂的过程，不但要对项目运行过程中的资金、成本、进度和风险进行管理，同时还要建立起完善的内容信息管理、版权管理与开发系统。一个项目要想获得成功，不但要在相应的领域具有较高的艺术水准，而且需要考虑到目标受众的需求、赞助企业的需求、国家的法规政策及导向，以及本企业的优劣势等。相应地，在文化活动走向市场化运作的同时，需要考虑更多的市场因素，比起别的行业产品来说，对产品的独特性要求更高。这就要求项目策划和审批的决策者具有综合的素质。

3. 项目策划的艺术性和技术性

一般而言，文化产业项目的策划从项目发起就开始了，在国外，很多艺术类项目的发起实行艺术总监负责制，他们同时负责项目的具体策划。对于综合性的文化活动，如演出、展览等大型活动，其策划人员和项目发起人可能不同，但一般要求项目发起人要具备一定的项目策划能力。相对于其他行业项目，其技术性基本包含在设计中，文化项目的技术性就体现在策划中。例如，一名奥运会开幕式的总负责人（国外称为总制片人）应该懂得与策划内容相关的技术支持，如现有的影像设备水平等，在策划项目的同时，就要考虑到市场结合点，做到艺术和市场相结合。

4. 项目实施结果的不可修改性和风险性

文化产业项目一旦举办或者发行，其结果往往具有不可修改性。比如一场展览、一台演出，即使不是现场直播，可是对于现场的观众来说，其结果具有不可修改性。特别是有的大型活动不可能有预演，不像 IT 项目中的软件开发可以一次一次地模拟运行检验，所以文化产业项目风险性比较大，一个疏忽可能就会造成不可弥补的损失。同时，文化产业项目往往投资大、风险高，存在较多的不确定因素。因此，对于文化项目而言，其策划和控制尤为重要，它作为项目一次性的特征更为明显，要求项目经理和成员一方面具备较强的创新能力，另一方面要具有较好的市场预测和风险控制能力。

5. 文化产品的双重属性决定了项目有严格的政府审批程序

文化产品具有意识形态和商品的双重属性，存在社会效益与经济利益两个方面的目标。项目管理必须将两者结合起来，而且坚持社会效益第一。因此，文化项目都有严格的审批程序，不但其立项、活动名称、场所、渠道等需要审批，甚至连具体的内容都要进行有关的审批或备案。早在 2004 年，反腐、涉案影视作品数量猛增，在犯罪手法、腐败内幕的描写上不断升级，很多剧目中已经出现了腐败层次越来越高、范围越来越大、案情越来越“黑”的趋势，这些都会对电视观众产生误导。广电总局适当压缩了这一类剧目规划立项的比例。在审批立项时，对观众意见较大的反腐、涉案剧目加大了管理力度，将全年申报的 308 部涉案剧目压缩了 40%。这体现了政府对文化产业项目审批的严格把控。除了政府审批外，有些项目还需要交通、消防、公安、环卫等部门的协助。而对涉外项目，其审批程序更为严格。

三、文化产业项目管理涉及的知识领域

文化产业项目管理是一个复杂的系统工程，其过程中会使用到一般性的管理知识、文化产业专业知识、项目管理知识等。按照美国项目管理协会提出的现代项目管理知识体系（Project Management Body of Knowledge，PMBOK）的划分方式，现代项目管理所使用的各种知识、理论、方法和工具等主要包括九个方面的内容。文化产业项目管理不仅涉及这九大领域，而且内容更为丰富。

1. 文化产业项目范围管理

文化产业项目范围管理是在项目管理过程中所开展的计划和界定一个项目或项目阶段所需要完成的工作，以及不断维护和更新项目范围的管理工作。开展项目范围管理的根本

目的是通过成功地界定和控制项目的范围和工作内容，来确保项目的成功。文化产业项目范围管理的主要内容包括：项目起始的确定和控制、项目范围的规划、项目范围的界定、项目范围的确认、项目范围变更的控制与项目范围实施的监督和控制等。

2. 文化产业项目风险管理

文化产业项目风险管理是确保成功地识别项目风险、度量项目风险和应对项目风险所开展的对项目过程中的不确定性以及由此可能造成的损失与机遇的管理工作。文化产业项目风险管理的根本目的，是要对项目所面临的风险进行有效识别、控制和管理，努力降低项目损失、抓住项目机遇。主要内容包括：项目风险管理规划、项目风险识别、项目风险分析、项目风险对策设计和风险的应对与控制等。

3. 文化产业项目综合管理

文化产业项目的综合管理，是在项目管理过程中为确保各种工作能够很好地协调与配合而开展的一种整体性、综合性的项目管理工作，是基于项目各要素的配置关系的项目系统管理。文化产业项目综合管理的目的是通过综合与协调来管理好项目各方面的工作，以确保整个项目的全面成功，而不仅是某个项目阶段或项目某个方面目标的实现。管理内容主要包括项目综合计划的编制、实施，项目总体变更的管理与控制等。

4. 文化产业项目人力资源管理

文化产业项目人力资源管理是为了保证所有项目相关人员的能力和积极性都得到最有效的发挥和利用而做出的一系列管理措施，包括组织规划、团队建设、人员选聘与培训等一些工作。项目人力资源管理存在临时性的特点。主要内容包括项目组织规划、项目人力资源规划、人力资源的获得与配备、项目团队的组织与管理等。

5. 文化产业项目信息管理

文化产业项目信息管理是在项目管理中为确保及时有效地生成、收集、存储、处理和使用项目信息，以及合理地进行项目利益相关者之间的信息沟通而开展的管理工作。其目的是要对项目所需要的信息和项目利益相关者之间的信息、情感、思想的沟通进行有效的管理，以确保项目决策和最终项目的成功。主要内容包括项目信息需求的确定，项目信息沟通的规划，信息的传递、加工处理与使用等。

6. 文化产业项目采购管理

文化产业项目采购管理是在项目管理中为确保能够从项目组织外部寻求和获得项目所需各种商品与劳务的项目管理，是项目资源获得的管理，其根本目的是确保项目的成功。

7. 文化产业项目时间管理

文化产业项目时间管理是在项目管理中为确保项目按既定的时间成功完成而开展的项目管理工作。其根本目的是要通过做好对项目时点性指标的管理（即项目进度计划与安排的管理）和项目时期性指标的管理（即项目工期的监督与控制管理）工作，以确保项目在规定的时间完成。主要包括：项目活动的界定，项目活动的排序，时间估算，时间计划的编制，执行监督与控制，项目时间变更的管理等。

8. 文化产业项目成本管理

文化产业项目成本管理是在项目管理中为确保项目成本和价值的成功而开展的管理工作，其根本目的是科学正确地确定项目成本，及时有效地控制项目的成本以确保项目的成功。主要内容包括项目成本估算、项目成本预算和项目成本监控以及成本变更和索赔等。

9. 文化产业项目质量管理

文化产业项目质量管理是在项目管理中为确保项目产出物的功能与品质，以及项目工作的质量所开展的管理工作。文化产业项目质量管理既包括在既定成本下如何实现项目功能最大化，也包括如何通过少量增加项目成本而实现项目功能大大增加，以及如何在项目功能不变的情况下降低项目成本的问题。主要内容包括项目产出物质量和项目工作质量规划、项目质量保障、项目质量控制，以及有关项目质量变更的管理和控制。

四、文化产业项目的生命周期与管理过程

(一) 项目生命周期及其特征

1. 项目生命周期

项目具有一次性，从开始到结束可划分为若干工作阶段，这些阶段先后衔接，组合在一起便构成了项目的生命周期。因项目具有唯一性，一个项目不能够周而复始地重复进行，所以项目生命周期也被称为生命期。项目生命周期一般可以被概括为图 1.1 所示的若干阶段。

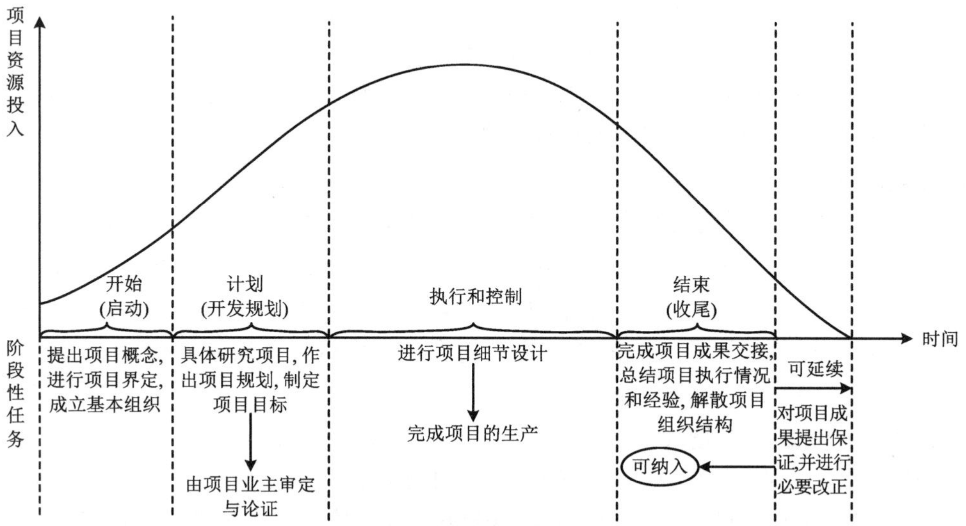

图 1.1　项目生命周期图

项目的生命周期一般被划分为四个阶段，见表 1.1。

表 1.1　项目生命周期

阶段	任务
开始阶段（项目启动与提出项目概念阶段）	提出项目概念，进行项目界定，成立项目基本组织
计划阶段（项目规划、开发与做出相应决策的阶段）	由新成立的项目组织根据前一阶段提出的项目概念做出具体研究和规划，制定项目的各项基本目标，再由项目发起人和业主对此审核论证、完成认定。有时也将规划开发与审核论证决策作为两个阶段

续表

阶段	任务
执行和控制阶段（项目执行或管理执行阶段）	进行项目的细节设计，并完成项目的生产。有时也将细节设计与生产行为作为两个阶段
结束阶段（结束、终结和收尾阶段）	进行项目成果的交接、总结项目的执行情况和经验，解体项目组织机构。值得一提的是，根据近年来项目管理界的研究成果，认为应在项目成果交接后设置一个对成果提供保证和进行必要改进的任务，这个任务也纳入此阶段

2. 项目生命周期的特征

一般来说，项目生命周期和阶段划分具有如下特点：

(1) 各项目阶段按照顺序首尾衔接，以明确定义的可交付成果为各阶段完成标志。

(2) 项目资源投入强度在项目开始时较低，此后逐渐提高，进入项目后期接近结束时又迅速下降。

(3) 随着项目推进，项目面临的风险和不确定性逐渐降低。外界因素对项目的影响程度也逐渐减弱。

（二）文化产业项目管理的阶段划分

在文化产业项目的整个过程中，由一系列项目阶段按照一定的顺序所构成的整体就是一个完整的生命周期。一个生命周期具体有几个阶段取决于文化产业管理的需要。文化产业项目的生命周期一般划分为四个阶段：

1. 项目立项与决策阶段

主要任务是提出项目、定义项目和做出项目决策。项目策划的目标：形成完整的策划方案，可以提交实施部门立刻实施。在文化项目中从提出设想、预先研究、酝酿，到该项目正式列入可行性研究和审批程序前的阶段，称作项目策划。项目策划的前期阶段是项目孵化阶段，包括需求分析。形成的阶段性成果为项目建议书。

2. 项目设计与计划阶段

主要任务是对项目的产出物和项目工作做出全面的设计和规定。

3. 项目实施与控制阶段

主要任务是组建项目团队、项目资金筹措、成本控制、进度控制、风险控制等。

4. 项目收尾阶段

主要任务是项目实施完成至所有项目收尾工作，以及项目结束后的评估工作。

（三）文化产业项目管理的关键环节

1. 项目选择

项目选择是确定具有良好潜力的投资对象的过程。投资者和企业可能面临多个可以选择的方案，需要对项目进行分析和评价，确定最佳的投资对象。文化项目在项目选择方面对创新程度要求高。电影制片人会阅读大量的剧本，而最后选择拍摄的只有几部；出版商对畅销书的选项也是十分严格的；唱片公司对新艺人的选择和包装，需要进行大量的市场调查和评估；在时装和时尚工艺品业，往往是通过大型的展销和展示会，即通过市场来检验和评价样品的，然后在获取订单的情况下，才进行投资生产。因此，项目经理必须通过项目投入产出分析，写出详细的项目可行性报告。除了分析项目可得到的利润外，项目经理还要分析该项目可能面临的环境，以及各种有利的和不利的因素。值得注意的是，文化项目产出的影响具有长期性和社会效益。例如，奥运会项目的投入十分巨大，其产生的效益远不仅限于当年的盈余结算。因此，在文化项目选择方面要注意项目的长期效益和社会效益。

2. 项目计划

文化项目的计划涉及两个过程，一个是项目概念策划过程，就是对项目的创意过程，确定项目的主体和核心理念、项目的定位和项目的经营模式。另一个是项目的具体计划过程，就是将创意具体转化为项目的目标，并对项目目标分解，形成项目计划书的过程。文化项目的双重属性，要求项目盈利模式与社会效益目标相结合。项目计划过程就是明确项目的目标体系，设立项目最终需要达成的目标清单；对工作分解形成的任务、子任务、工作包等各个层级，确定其对项目的总体的绩效、进度和成本的贡献，以及每个环节和层次的分工和责任；分析每个步骤和环节所需要的资源，相关的人员配备和分工等，制订资源计划和项目预算。为了保证项目顺利完成，项目计划还需要不断地进行相应调整。

3. 项目团队

项目团队指通过从企业各部门抽调相关人员，或者通过临时招聘的方式聚集一批相应的专业人员在短期内组成一个团队来完成项目的开发和生产。比如，一名影视制片人需要根据策划方案，决定编剧、导演、演员，同时确定摄影、剧务、场记、服装、道具等专业人员组成剧组。剧组就是一种典型的项目团队。决定团队必须在既定投资总额的基础上寻找最佳组合，不可能一味追求一流人才。例如一部投资1000万元以下的小成本电影，不可能用太多的名角和身价过高的国际大牌导演，而是要通过较合理的人员组合，来形成投入产出效益的最大化。项目经理是项目团队的领导，是整个项目管理的核心。一个项目经理应该能够把握全局，以最经济的方法实现资源的最优配置。

4. 项目资金筹措

资金来源主要包括内部融资和外部融资两个渠道，内部融资主要是指公司的自有资金和在生产经营过程中的资金积累部分；外部融资又可分为通过银行筹资的间接融资和通过资本市场筹资的直接融资。直接融资又包括债券融资和股权融资。按照融资成本的高低，公司融资遵循内部融资优先于外部融资，外部融资中债券融资优于股权融资的先后顺序。内部融资不需要实际对外支付利息或股息，不会减少公司的现金流量；同时由于资金来源于公司内部，不发生融资费用，使得内部融资的成本远低于外部融资。

5. 成本控制

项目具有资源约束性，也同时具有费用限制性，即项目要在一定的费用预算范围内完成，因此，成本控制是项目管理中的关键环节。项目如果需要采购设备、原材料和分包服务，必须清楚地界定出特定的需要，并且还要找到最低的价格和最具竞争力的供应商。项目经理需要合理地安排各项成本费用支出的承诺时间，即订单确立和付出款项的时间，将项目的财务成本（利息费用）降至最低。在不影响项目总体进度的情况下，可以使用进度冗余时间来拖延付款的时间点。在分期付款中，项目经理可以通过正确安排分期付款的期限，将项目的现金流入的期限结构同现金流出的期限结构对应起来，从而在整个项目周期内，实现项目的财务成本最小化。

6. 进度控制

项目进度控制，也称为项目时间管理，是指在项目的进展过程中，为了确保项目能够在规定的时间内实现项目目标，对项目活动进度及日程安排所进行的管理过程。一部影片要想选择最佳的档期，或者进行商业性演出，需要项目在规定的时间内完成。这就要求项目团队按照序时进度，倒排工期，按时保质地完成项目。关键日期表是最简单的一种进度计划工具，它只列出一些关键活动和进行的日期。例如，一次会展项目的组织安排，包括项目策划、项目融资、项目营销、项目票务、项目布展工程、项目现场安全控制、项目物流和餐饮等配套服务等多个活动，需要根据会展项目的规律加以组织，确保会展如期举行。

7. 项目风险控制

一个项目的风险可以分为系统性风险和非系统性风险。系统性风险是指由于企业外部的，不为企业所预计和控制的政治、经济、社会等环境因素造成的风险。它是所有项目都会面临的固有的风险。文化产业具有浓厚的意识形态属性，任何国家都对其有着许多非市场性的管制。比如前几年荧屏上曾经一度充斥的反腐剧和涉案剧，许多影视公司对这一类题材也趋之若鹜。但是 2004 年，国家有关部门出台政策，不允许此类剧目在黄金时段播出，使这类电视剧的市场一落千丈，不少公司因此而受到重创。再如，酷暑、台风、暴雨等自然因素都会影响文化项目(在露天体育场举办演唱会、在公园里举办各类展览和表演等)的运作，甚至导致项目失败。最为特殊的是 2003 年春天的“非典”，对许多文化项目来说，都是灾难性的，许多项目被迫暂停，甚至中止。

非系统性风险来自企业内部的微观因素。这种风险产生于某一企业或某一行业的独特事件，是总的项目风险中除了系统风险外的偶发性风险。例如，资金不到位、内部不团结等。这些因素都会直接影响项目的投资进程，甚至导致项目完全失败。项目经理必须充分估计各种风险，及时防范和化解可能出现的问题，确保项目按计划推进。

第三节　中国文化产业项目发展

我国于 20 世纪 60 年代引入了项目管理的理论和方法，并逐渐在国防和航空领域推广应用。20 世纪 90 年代，项目管理在我国开始突破传统领域，被广泛应用于各行各业。

一、项目管理知识引入文化领域的历程

虽然我国文化领域尚未从理论上开展对项目管理的系统研究，然而在实践中已经有借鉴项目管理的理论及方法进行文化项目运作的先例。如参与市场竞争的电影产业、图书出版行业等领域已经自觉或不自觉地把项目管理的知识运用到文化项目中。

1990 年的北京亚运会管理可以说是真正运用了项目管理方法，如 C^3I 系统、矩阵结构、科学预测、程序决策、计划网络图、流程图、目标管理等。C^3I 系统是智慧、控制、通信、情报系统的简称。根据亚运会系统工程的特点和 C^3I 的原理，建立了类 C^3I 系统。C^3I 系统在亚运会筹备过程中称为“总体室”，负责总体设计规划和检测，在亚运会战前转为“指挥室”，隶属于组委会办公室，直接为亚运会指挥中心。指挥室设有监视 11 个体育场馆现场图像的电视

屏幕，有与组委会下属38个单位接通的会议电话；为保障通信的畅通，还设有无线电话，保证优先电话发生故障时使用，还有与计算机中心接通的终端，随时可调出各种所需图、表和资料。计划网络图在亚运会系统工程中起到了检测进度的作用。组委会每月都要公布计划网络图的动态图及完成和修改的情况，监督未完成的工作拟订方案赶上进度。计划网络图从1989年5月开始到开幕式有结点317个，其中重大事件159个，一般事件158个，到开幕式前检查全部完成。计划网络图主要对亚运会系统工程的大局进行宏观控制，流程图则是对亚运会的每一项具体工作进行程序化规范，多用于微观控制。此外，在北京申报2000年奥运会的工作中，组委会也用了项目管理的计划网络方法来筹划、组织及运作奥运会申办的有关工作。

随着我国加入世界贸易组织(World Trade Organization, WTO)，文化体制改革等社会变革的进一步深入，市场逐渐向世界放开，文化企业日益增多，我国的文化企业面临的市场竞争日益激烈，体育赛事、会议展览、节日庆典等活动项目性特征明显，其管理自然逐渐引入项目管理技术。图书出版体制的改革，使过去的出版事业单位也不得不进入市场，参与竞争，事业单位时期被认为是日常工作的图书出版，也不得不运用图书出版项目管理工具。主要表现在办公自动化系统(Office Automation,OA)、企业资源计划(Enterprise Resource Planning,ERP)等现代企业管理工具的开发和使用。一部分出版单位已开发了符合自身特点适合生产经营需求的办公软件和系统，并随着出版体制的改革发展，在使用中不断完善优化这些现代企业管理工具的开发，正是基于项目化管理的理念，将图书出版作为项目进行管理，并将项目负责制和成本核算制充分融合到系统中。高等教育出版社是国内第一家引入ERP系统的出版机构，它的成功给各出版社积极引入ERP改造传统经营和管理模式起到了巨大的推动作用。高等教育出版社ERP系统项目上线后，引入了最新的管理理念和管理方法，彻底梳理了流程，提高了管理效率。

二、国家政策中的文化产业项目

文化产业的发展离不开国家政策的支持，换句话说，只有在政策的大力支持下，文化产业才能获得快速的发展，日本、韩国甚至欧洲文化产业的快速发展可以说是和他们的国家政策支持分不开的。我国的文化产业从“合法”身份的确立到“成为支柱产业”的战略地位正是在国家一个个政策的推动支持下形成的。

(一) 文化产业概念的提出

1998年，文化部在机构改革和精简的大背景下，成立了“文化产业司”。2001年，第九届全国人民代表大会第四次会议批准的《国民经济和社会发展第十个五年计划纲要》中提出，继续实行支持文化事业发展的有关政策，增加对重要新闻媒体和公益文化事业的投入，努力巩固和拓展社会主义文化阵地；深化文化、广播影视、新闻出版体制改革，建立科学合理、灵活高效的管理体制和文化产品生产经营机制；完善文化产业政策，加强文化市场建设和管理，推动有关文化产业发展。同时，中央将发展文化产业正式列入国民经济和社会发展计划中，使文化产业作为中国当代文化建设的重要形态，获得了合法性身份。这些反映了我们对精神产品和物质产品生产共性和个性的认识进一步深化。

（二）文化产业项目的提出

2002 年，党的十六大报告指出，积极发展文化事业和文化产业。发展文化产业是市场经济条件下繁荣社会主义文化、满足人民群众精神文化需求的重要途径。所以，要完善文化产业政策，支持文化产业发展，增强我国文化产业的整体实力和竞争力。其中还明确提出“扶持体现民族特色和国家水准的重大文化项目和艺术院团”，这是在党的报告中提出“文化项目”的开始。随后在国家“十一五”发展规划中就列出了“公共文化建设重点工程”，即文化发展重大项目，包括村村通广播电视、农村电影放映、乡镇综合文化站建设、文化信息资源共享、重大文化自然遗产保护、“西新工程”、重大文化设施建设等。

2006 年《国家“十一五”时期文化发展规划纲要》将文化信息资源共享工程、广播影视数字化工程、国家重大出版工程、国家重大历史题材美术创作工程和二十世纪美术作品收藏工程，以及新疆、西藏、内蒙古少数民族语言文字出版工程列为国家重大文化工程项目；将国家数字电影制作基地建设工程、国产动漫振兴工程、“中华字库”工程、国家“知识资源数据库”出版工程列为重大文化产业推进项目。

（三）重大项目带动战略的提出

发展文化产业，不仅可以满足人民群众日益增长的精神文化需求，而且有利于提升产业结构和转变增长方式。党的十七大报告提出“大力发展文化产业，实施重大文化产业项目带动战略，加快文化产业基地和区域性特色文化产业群建设，培育文化产业骨干企业和战略投资者，繁荣文化市场，增强国际竞争力”的论断，表明我国文化产业经过近年来的发展，开始跃升到一个新的发展阶段，同时也为我国今后文化产业的发展提出了具体的指导原则。

2009 年，国家《文化产业振兴规划》出台，提出实施重大项目带动战略。具体来说，以文化企业为主体，加大政策扶持力度，充分调动社会各方面的力量，加快建设一批具有重大示范效应和产业拉动作用的重大文化产业项目。继续推进国产动漫振兴工程、国家数字电影制作基地建设工程、多媒体数据库和经济信息平台、“中华字库”工程、国家“知识资源数据库”出版工程等重大文化建设项目。选择一批具备实施条件的重点项目给予支持。

2011 年，中国共产党第十七届中央委员会第六次全体会议通过《中共中央关于深化文化体制改革推动社会主义文化大发展大繁荣若干重大问题的决定》指出加快发展文化产业，要在重点领域实施一批重大项目，推进文化产业结构调整，发展壮大出版发行、影视制作、印刷、广告、演艺、娱乐、会展等传统文化产业，加快发展文化创意、数字出版、移动多媒体、动漫游戏等新兴文化产业。而且，要在国家许可范围内，引导社会资本以多种形式投资文化产业，参与国有经营性文化单位转企改制，参与重大文化产业项目实施和文化产业园区建设。

2012 年，国家“十二五”规划指出，推动文化产业成为国民经济支柱性产业，增强文化产业整体实力和竞争力；实施重大文化产业项目带动战略，加强文化产业基地和区域性特色文化产业群建设。随后，《国家“十二五”时期文化改革发展规划纲要》《文化部“十二五”时期文化产业倍增计划》等政策出台，文化部的《倍增计划》中的十大任务之一就是实施重大项目带动战略。《倍增计划》以专栏的形式，明确了九项重点工程：特色文化产业发展工程，着力推动特色文化城市和特色文化产业示范区建设；文艺演出院线建设工程，推动主要城市演出场所连锁经营，实现演艺产业规模化、集约化和高科技化；文化产业公共平台建设工程；国家数字文化产业创新工程，加快文化企业数字化、网络化、信息化进程；国产动漫振兴工程，大力发展网络动漫、手机动漫等新媒体动漫；国家动漫产业公共技术服务平台建设，推动动漫领域自主创新的关键技术研发；文化产业投融资体系建设推进工程，建设文化产业投融资公共服务平台；文化产业项目服务工程；藏羌彝文化产业走廊。

文化产业项目，尤其是重大文化产业项目是文化资源与文化产品之间的重要环节。在发展道路上，关键是如何将地方文化资源转化为文化产业项目，从而开发利用。文化产业项目，特别是重大文化产业项目是资源与生产之间的重要一环。通过项目，可使文化资源转换为文化产业产品；通过重大项目的带动作用，可产生扩散力和溢出效应，带动区域文化产业竞争力的提高，实现对特色文化资源科学、有效、合理配置和开发利用，使之转化为文化产业优势，使文化产业健康、有序、协调发展。

近年来的发展表明，文化产业项目，特别是具有地方特色的重大文化产业项目，在引导文化产业向集约化与规模化方向发展、提升文化产业结构以及提高地区文化产业竞争力等方面发挥了重要作用。实施重大项目带动战略主要体现在推介一批重大文化产业项目，确定一批重大文化基础设施建设项目，扶持一批重大新兴业态文化产业项目。

三、重大文化产业项目发展概况

关于重大文化产业项目发展情况，相关学者也做了研究，比如，孔建华先生做了《我国“重大文化产业项目带动战略”的现状评价及规划建设》的研究，张晓欢做了《我国文化产业园区建设的经验与政策思考》等，都为本书提供了借鉴。

（一）整体情况

2004 年以来，文化部先后命名了一批国家文化产业示范基地，并制定下发了《国家文化产业示范基地评选命名管理办法》。文化部已经命名了 150 个国家文化产业基地（园区），加上由国家新闻出版署、国家广播电影电视总局等管理部门命名的文化产业基地（园区），我国各类国家级文化产业基地（园区）已经接近 200 个。全国 22 个省、市、自治区先后制定了《文化产业示范基地评选命名管理办法》，共评出 429 个省级文化产业示范基地。据统计，目前国家命名的各类文化产业园区已达到 300 多个，各省（区、市）自我命名和建设的文化产业园区已超过 2000 个。这一系列重要举措有效地培育了市场主体，使一批有较强实力、竞争力、影响力和自主创新能力的文化企业和企业集团迅速崛起。为更好地发挥文化产业的集聚效应，引导文化产业向集约化、规模化发展，2007 年 6 月和 2008 年 5 月，文化部先后命名西安曲江新区和华侨城集团公司、曲阜新区文化产业园和沈阳棋盘山开发区为第一批和第二批国家级文化产业示范园区。在“首届全国文化企业 30 强”评选活动中，文化艺术类的前 10 强企业都是文化部命名的国家文化产业示范基地。国家、省级文化产业示范基地和国家级文化产业示范园区都有效发挥了协调、示范、集聚、辐射和带动作用，成为文化产业的知名品牌，产生了较好的文化效应、经济效应和社会效应，推动了各省、市、自治区文化产业的跨越式发展。

（二）部分地区情况

陕西省充分挖掘和整合陕西、西安的历史文化资源，将文艺演出、文化旅游、民间艺术品等作为文化产业领域的发展重点，大力支持民营文化企业发展文化产业。其中，西安市曲江新区以“200亿打造西部第一文化品牌”为目标，以盛唐文化为品牌，以资源整合为手段，坚持“国家化、人文化、生态化”的发展理念，策划并实施了大雁塔北广场、大唐芙蓉园等一批重大文化项目，促进了区域和产业的发展。此外，曲江新区成功组建和运营了曲江演出集团、影视集团等六大文化产业集团，实现了文化产业和资本市场的对接，全面促进了文化产业跨越式发展。

江苏文化产业项目带动战略成效显著，全省2007年共申报项目362个，通过审查，初步确定的文化产业项目共有262个，其中动漫和网络文化类73个、文化艺术服务类53个、广播影视类48个、出版发行和版权服务类54个、文化产业园区类32个，所有通过审查的项目总投资额为216.3亿元。目前已确定对五大类、83个重点文化产业项目进行资金扶持，扶持金额在1.2亿元以上。文化产业引导资金的设立和运用，有力地促进了重大文化产业项目的建设。同时，句容秦淮花灯、南京云锦等部分项目推动了非物质文化遗产的传承和保护。

山东省为实施重大文化产业项目带动战略，一是组织开展文化产业2008重点投融资项目征集活动，将征集到的50余个重点投融资项目纳入国家文化产业项目资源库。二是开展了全省文化艺术节庆活动专项调查。截至2007年底，共征集各地文化艺术节庆活动项目123个，用以建立山东省文化艺术节庆活动资源库。三是集中推介全省文化产业项目，打造文化产品和服务的展示、交易、合作平台，为各类资本投资山东文化产业提供全面、便捷、有效的服务。

湖南省在积极开展了文化产业项目招商引资的同时，加强了对文化产业开发项目的跟踪管理，以引导金融机构加大对文化产业基地和龙头骨干企业的信贷支持力度，切实解决融资瓶颈问题；进一步整合了宏梦卡通、三辰卡通和金鹰卡通频道三家动漫企业资源，积极运作上市，以壮大发展全省动漫产业。此外，该省还以演艺业为核心，组建了湖湘文化产业集团，成为文化产业发展的主力军。

安徽省把发展动漫产业和动漫产业群作为重大的文化项目来建设。安徽省委、省政府重视文化产业发展，提出从文化大省向文化强省跨越的发展战略，把动漫在内的文化产业列入了“十一五”重大项目中，而且“861”项目中也有不少重点文化项目。到2012年底，安徽省已有合肥市元一时代广场等40家省文化产业示范基地，其中国家级文化产业基地7家。从分布情况看，16个市中合肥有7家、黄山有5家、安庆宣城各有4家、芜湖阜阳六安各有3家，其他市县只有2家或者1家。2012年安徽省招商项目达248个。安徽省委、省政府出台了一系列的配套政策，包括产业、投资融资、科技研发、创新、基础硬件建设等方面的扶持性政策等，力求把安徽省打造成全国重要的动漫基地。

云南省实施重大文化产业项目带动战略，鼓励社会资本进入文化产业发展领域，促进文化产业多元化发展，加大招商引资力度，以项目建设和项目运作的方式开发民族文化资源。云南省先后到上海、深圳、香港、北京等地宣传推介。目前，全省文化产业项目库已收集到文化产业项目1259个，拟投资总额达1364亿元，截至2006年已签约项目283个，实际实施268个，实际到位资金99.09亿元，一批重点项目已建成或正在建设。经国家广电总局批准，全国最大规模的“东方影城”落户昆明，投资16亿元的中国禄丰世界恐龙谷开业。这些大项目的建设和实施整体上带动了云南省文化产业的发展。起始2004年，云南省已经实施的文化产业项目达77个，投资总额累计达131亿多元。社会资本引入给云南省文化产业带来了蓬勃的生机和旺盛的生命力，尤其是民营文化企业的发展显示出了旺盛的活力。

四、文化产业项目分析

党的十六大提出“扶持体现民族特色和国家水准的重大文化项目和艺术院团”，国家“十一五”发展规划中列出了一些重大文化项目和文化产业项目。党的十七大报告明确提出“大力发展文化产业，实施重大文化产业项目带动战略”，“项目带动战略”成为文化经济领域政策论述与规划实践的一个关键词。

（一）重大项目的内涵理解

如何理解“重大项目带动战略”概念？从“战略”定位看，它深刻地影响和作用于我国文化产业发展的全局；从“带动”功能看，它需要建立一种动力机制以发挥激励、引导、示范作用；从“文化产业项目”门类看，它是经营性的文化及相关行业，与文化事业相对；从“重大”的定量看，它区别于一般性文化项目，是重要的或主要的并且有一个规模和量级的标准，如投资额度大、技术水平高、引领作用强等。

从现阶段国民经济和社会发展的现实要求及文化产业规划目标看，凡纳入“带动战略”的项目，需要紧密结合新兴产业的基本特征，引导文化生产要素的汇聚，有利于文化产业规模、速度、效益的提高，从而对文化产业发展全局产生基础性、突破性、长期性的影响。它主要包括：国家大中型建设项目中对国民经济和社会发展具有重大影响的文化建设骨干项目；与构建技术先进、覆盖全面、传输快捷的现代传播技术体系相关的文化基础设施项目；国家引导建设并主要由国家财政支持的演艺、动漫、游戏、影视等重点文化行业的大型文化产业项目；国家科技项目中能够带动文化行业重大技术进步、有利于培育新的文化业态的文化技术创新项目；跨行业、跨地区的对全国或区域文化经济发展具有重大影响和示范性的文化建设项目；区域性的对城市经济结构调整和产业升级具有较大推动作用与示范价值的文化建设项目；基于弥补市场失灵须由国家直接或参与投资建设的文化产业公共服务平台、共性技术和支撑技术研发项目；有利于拉动对外文化贸易、保障国家文化安全、提升中华文化影响力的重点文化工程等。

（二）影响与作用

我国“带动战略”的提出，一个更具历史意义的重要价值在于，它立足于促进要素禀赋结构升级，遵循比较优势原则，渐进式地扬弃了“跨越式、赶超型发展战略”，是一项正确而富有远见的战略。林毅夫等的实证研究揭示，发展中国家在违反比较优势原则的前提下盲目采用赶超型的发展模式，实际是不可取的。徐朝阳等通过理论研究模型证明，经济发展的核心问题不是产业结构升级，而是要素禀赋结构升级。新世纪以来我国中央文化政策论述较少使用“赶超型”“跨越式”的提法。“带动战略”对我国文化产业的影响与作用可以归结为以下四点：调整文化产业布局，促进文化产业结构的升级；改善文化投入方式，促进文化投资结构的优化；弥补市场失灵，促进文化产业的均衡发展；整合文化经济资源，促进中央与地方的协同。

（三）重大文化产业项目类型

根据我国文化经济政策和规划的文本论述和社会实践，具有战略价值的重大文化产业项目可归为以下三类：

1. 国家文化产业基地(园区)

从我国文化产业实践看，包括国家文化产业示范基地、国家级文化产业示范园区、区域特色文化产业群建设等在内的基地(园区)是树立典型、以点带面、"增强我国文化产业的整体实力和竞争力"的重要手段。基于发挥"文化产业示范基地"的"示范""表率""窗口""辐射"作用。

国家基地(园区)主要有两类情况：一类是文化企业或单位，如中国对外演出集团是国家文化产业示范基地，也是文化产品出口示范基地；另一类是文化园区，如各地建立的动漫产业基地普遍依托高新技术产业园、软件园或工业区改造而成。从近十年的实践看，文化产业基地(园区)虽冠之以国家级的名号，但其规划建设和运营以地方政府推动为主、中央政府支持为辅。

2. 国家文化(博览)会展活动

高规格地举办文化(博览)会展是现阶段检阅文化发展成果、扩大新闻宣传聚焦的重要形式。在推动文化产业发展过程中，国家主管部门主办或与地方政府合作举办了一批辐射全国、有一定国际性的文化会展活动，如中国(深圳)国际文化产业博览交易会、中国北京国际文化创意产业博览会、中国西部文化产业博览会、中国东北(沈阳)文化产业博览会及中国杭州国际动漫节等。我国已经形成以北京、深圳、杭州、西安、武汉、沈阳等为主要承办地的文化博览会布局。与文化博览会同样值得重点关注的是重要的节庆活动，其中最具代表性的是中国艺术节。

3. 国家文化产业基础工程

我国文化产业基础工程主要由四部分组成：① 国家级文化产品评选活动。它是体现党和政府意志，引导我国社会主义文化建设方向的风向标，其代表性奖项包括中共中央宣传部组织的精神文明建设"五个一工程"戏剧奖、文化部组织的舞台艺术文华奖、文化部和财政部组织的国家舞台艺术精品工程等。② 政府引导建立的国家文化产业研究智库。它是推动和深化我国文化产业理论与实践研究的重要平台，其代表性研究机构包括中国社会科学院、上海交通大学、清华大学等。③ 国家和地方实施的文化产业项目服务工程。它是衡量政府管理部门产业服务和引导水平的一个重要指标，其代表性工程是文化部"全国文化产业项目服务工程"和文化标准体系建设。④ 国家和地方政府制定施行的文化经济政策。它是衡量政府营造文化产业发展环境、提供支持性制度的质量和水平的重要尺度。

总之，国家战略意义上的重大文化产业项目的施行对拉动文化内需、推动经济增长、创造就业机会具有重要功能与作用。但是从整体上看，我国的"带动战略"仍然处于启动阶段，有些项目还不是项目管理意义上的文化产业项目，"工程"的概念更为确切些，因为它在很大意义上是国家对我国或某些行业、某些地区文化产业发展的指导性规划。所以，我们所说的项目主要是指管理学意义上的项目，当然也包括"重大项目带动战略"中的一些项目。项目管理中的项目，其策划更为复杂。

第四节　策划与文化产业项目策划

《礼记·中庸》说“凡事豫则立，不豫则废。言前定则不跲，事前定则不困，行前定则不疚，道前定则不穷。”豫，亦作“预”。在优秀的项目中，策划是项目取得成功的关键因素之一，项目策划对项目决策和项目实施与控制有着重要的影响。

一、策划的相关概念

现代学者对策划有过较全面系统的研究，但由于对策划内涵和外延的理解角度不同、标准不同，所给出的定义也就不同。

（一）策划的几种定义

1. 策划就是出谋划策、筹划和谋划

这种理解以周黎民先生为代表，他在《公关策划》一书中说，策划，也称作策画，是出主意、想办法、出谋划，它与谋略、创意、运筹、决策紧密相关。

2. 策划是一种创造性的思维活动

这种观点以日本著名策划大师星野匡为代表。刘振明先生在其《商用谋略：策划老手》一书中也有同样的看法。他认为，策划的含义应该是，为实现特定的目标，提出新颖的思路对策，并制定出具体实施方案的思维活动。策划归根结底是一项创造性的思维活动。这种定义强调和突出的是策划的“活动”特征。

3. 策划是一种战略体系和一个系统工程

著名策划专家崔秀芝认为，策划是一项高智力的脑力活动，也是一项系统工程。它是针对目标，超前制定出创新的计划、谋略，通过实施求得效果的全过程。王承英在其《策划为王》一书中认为，策划是企业为达到商业目标所特别构筑的企业发展总体规划战略体现，是创造企业优势与创造竞争优势的系统工程。

4. 策划是一种程序，是企业沟通的一种手段和工具

美国“哈佛企业管理丛书”中《企业管理百科全书》指出，策划是一种程序，在本质上是一种运用脑力的理性行为。策划是预先决定做什么、何时做、如何做以及谁来做。策划的步骤是以假定目标为起点，然后定出策略政策和详细内部作业计划，以及目标之达成，最后还包括成效评估及回馈，而后返回到起点，开始了策划的第二个循环。策划是一种连续不断的循环。

5. 策划即管理

约翰·斐纳(John M. Piffner)和万斯·普莱萨斯(R. Vance Presthus)在其《公共管理》一书中写道，策划在本质上是交际决定的手段，也是行动的先决条件。策划应准备编拟有效的运营程序，确认实施过程中的监督技术。策划在其过程中，能影响管理者的决策、预算、调整、意见沟通等，简言之，策划即管理。

此外，我国的一些资深策划师也有不同的认识。如陈放认为：策划是指运用人的智能，对未来所做的事情进行预测、分析，使之有效完成。朱玉童认为：策划就是创造性地去解决有关经营管理、营销等问题，当然还可以延伸到一些非营利机构，如运动会、政府机构等。舒淳认为：诸利取其重，诸害取其轻，其“取”就是策划。又如“上策、中策、下策”，即遵循客观世界的运行规律，主观地提出和提炼实现最高价值目标的谋略和方法。

（二）如何理解策划

上述各种策划的定义都有自己的特殊性，但也存在不足，或内涵和外延过于传统、狭窄，难以和现代多层次、多角度的策划需求相整合；或过分强调和突出思维主体运用知识、智慧和能力进行思考运筹的过程，而忽略了思维活动成果等。

我们认为，策划是一项立足现实、面向未来的活动。策划是人们为实现预定目标，事先筹谋、计划、设计的社会活动过程，是在综合运用信息的基础上，运用现代科学方法，寻求实现目标的最佳方案的创造性思维活动过程。一般而言，策划包括以下几层含意：

(1) 策划是在现实所提供条件的基础上进行谋划。策划者要尽可能多地掌握各种现实情况，全面地了解形成客观实际的各种因素及信息，包括有利的与不利的因素，并分析研究收集到的材料，寻找到创意和构想，再进行策划。

(2) 策划具有明确的目的性。策划一定要围绕创意和构想，确定既定目标和方针，努力把各项工作从无序化为有序。

(3) 策划可以比较与选择方案。围绕某一个目标，可以确定多个策划方案。人们对多个策划方案可以权衡比较，扬长避短，选择最合理、最科学的一种。同时，策划也不是一成不变的，应在保持一定稳定性的同时，根据环境的变化，不断对策划进行调整和变化，以保持策划对现实的最佳适应状态。

(4) 策划是按照特定程序运作的系统工程。一般的策划活动都要经历以下几个步骤：策划前的调查和环境分析；确立或调整策划目标；策划创意，拟定初步方案；方案评价与筛选；方案的调整与修正。策划的程序性保证把各方面的活动有机地组合起来，把各个子系统相互协调，形成一个合理的整体策划。

（三）策划、计划与点子

在西方发达国家使用“策划”一词频率很高，而我国大多使用的是“计划”，人们经常把两者混为一谈。策划的英文表达有 Plan、Building、Vision、Innovation，其在《词源》中作策书、筹谋、计划、谋略讲。

策划更多地表现为战略决策，包括分析情况、发现问题、确定目标、设计和优化方案，最后形成具体工作计划等一整套环节。而计划很大程度上只是策划的最终结果，比较多地表现为在目标、条件、战略和任务等都已明确的情况下，为即将进行的活动提供一种可具体操作的指导性方案。从狭义上讲，策划与计划是有区别的。策划与计划的区别见表 1.2。从广义上讲，策划包含了计划。

表 1.2　策划与计划的区别

策　划	计　划
全局性、整体性战略决策	具体性、可操作性指导方案
掌握原则与方向	处理程序与细节

续表

策　　划	计　　划
具有创新性与创意	常规的工作流程
What to do(做些什么)	How to do(怎样去做)
超前性	现实可行性
灵活多变	按部就班
挑战性大	挑战性小
长期专业训练的人员	短期培训的人员

点子主要是指出主意,提供一种观点,类似于创意。“策划”与“点子”有着共同之处。两者都需要创意、灵感;能为客户带来直接或间接的巨大效益。但两者也有着明显的不同之处。首先,产生的时代不同。点子出现在市场发育不成熟期;策划产生于市场成熟期。第二,策划具有科学性、系统性,有一套完整理论作为指导;点子则仅靠灵感的闪现。第三,策划有一定操作程序,从严谨的市场调研、企业实态分析入手;而点子则仅需要一般了解。第四,策划具有长期实效性;点子仅解决一时一事。第五,策划对点子来说具有包容性,任何策划活动均有点子的参与;而点子作为单项活动已不合时宜。

二、项目策划相关问题

(一) 项目策划的定义

从项目管理的角度而言,项目策划和广义的策划有所不同,但无论何种项目策划,都具有这样几个特点:① 项目策划重视类似项目的经验和教训;② 项目策划是一个知识管理的过程;③ 项目策划是一个通过创新、创意,寻求增值的过程;④ 项目策划是一个动态过程。

所以,我们认为,项目策划是指在项目建设前期,通过内外环境调查和系统分析,针对项目决策和实施阶段或决策和实施阶段中的某个问题,推知和判断市场态势及消费群体的需求,进行战略、环境、组织、管理、技术和营销等方面的科学论证,确立项目目标和目的,并借助创新思维,利用各种知识和手段,通过创意为项目创造差异化特色,实现项目投资增值,有效控制项目活动的过程。

项目策划是项目管理中的重要一环,是项目成功的关键。项目策划贯穿于项目的始终,既包含项目决策策划,还包含项目实施策划。项目决策策划即前期策划,包含了项目需求识别、项目论证和项目选择的过程。项目实施策划即项目立项后的项目计划,包括项目范围计划、进程策划、质量计划、成本计划、风险计划、营销策划等内容。

(二) 项目策划的核心问题

策划是根据现有的资源信息,判断事物变化的趋势,确定可能实现的目标和预算结果,再由此来设计、选择能产生最佳效果的资源配置和行动方案,进而形成决策的复杂思维过程。策划的核心问题主要有以下几个方面。

(1) 策划需要创造性思维。根据国际心理学研究的公认论断,创造性思维一般应该包含以下六个要素:新颖性、流畅性、变通性、精细性、可行性、指向性。项目要具有创新性,需要创造性思维。

(2) 策划必须有明确的目标。策划如果没有主题目标,就成了一些无目的的构想,或者说是一种臆想,不是源于社会的需要,也就谈不上解决什么问题。

(3) 策划必须有实现的可能。策划要受到现有人力、物力、财力及技术条件等资源限制,只有在这些资源允许范围内才能实现,否则,再好的策划也是空谈。

(4) 策划来自市场,其中心是研究市场。尽管项目策划的成功还受到其他因素的影响,但市场才是项目策划的触点和归宿。因此,项目策划的核心问题在于建立以市场为导向的策划理念,而如何运用各种营销知识,决定项目的市场命运则是项目策划的灵魂。不管是新产品策划还是其他类型新节目、新项目的策划,都应以满足消费者需求为基准。

(三) 项目策划的注意事项

项目策划涉及企业战略选择、项目营销以及项目管理等重大问题,因此在项目策划中要注意以下几个问题。

1. 项目策划要与营销策略匹配

项目策划是对市场判断的结果,它的终极目的就是要以自身的特殊性、独特性赢得顾客。项目策划人员要通过不同的营销方法,展现项目的独特性,在满足顾客需求的同时,比竞争对手提供更多的让渡价值给顾客。项目策划与营销的匹配,首先是要从顾客价值认知的角度,考虑项目特色的产生和形成过程,以便让顾客切实感受到项目的特色。其次,策划人员应该懂得,特色就是做别人不做的事,有创新,有差异。一般来说,项目的特色创造可以通过提供特殊产品或服务、满足顾客的特殊需要、采用特殊途径来满足顾客的需要这三种方式加以实现。

2. 项目策划要与企业战略相匹配

项目策划必须与企业的能力、资源和发展战略相匹配。为了保证项目能够对企业战略的实现做出贡献,项目策划人员应该懂得取舍,懂得权衡利弊做出项目开发、实施的决策。首先,在面临多种项目可以选择时,项目策划人员应综合考虑企业的资源、能力和时间,以及企业战略发展方向做出选择。其次,企业要学会选择,企业在选择项目和开发项目中,都应该强调特色,具有自身特色的项目不仅可与竞争对手严格区分开来,而且也使竞争对手很难模仿。再次,在企业战略使命的指导下,应明确项目目标,从而为项目管理提供准确的依据,确保项目按期高质地完成。

3. 项目策划要与项目管理对接

项目策划与项目管理的对接体现在多方面。首先,项目策划为项目管理提供了严密而系统的知识体系,为项目管理的成功打下了坚实的知识基础。其次,项目策划为项目管理提供了科学的管理体系,为项目管理提供了必要的管理制度,恰当的人力资源管理、组织架构,以及合理的资金和时间预算。再次,项目策划为项目商业目标的实现提供了一整套的营销体系,从而确保项目符合消费者的需求,实现项目投资的保值增值的目标。最后,项目策划为项目管理人员提供了一整套的符合企业价值观的管理理念,为构建和谐的项目管理文化、环境、氛围提供了保障,从而有力地促进了项目管理的各个环节相互配合,创造出更多的协同效应。

三、文化产业项目策划的特性与类型

从某种意义上讲，文化产业项目策划生产的不是物质产品，而是一种科学化的知识成果。文化产业项目策划具有自身的特点和性质。由策划立意到策划实施是一个复杂的过程，在这个过程中，策划往往表现出地域性、功利性、时效性、创造性、超前性、社会性等性质特点。

（一）文化产业项目策划的特性

1. 地域性

世界上每个民族都有其文化特色和地域特征，文化产业项目策划也应考虑其地域性的特点，入乡随俗，把策划与此时此地的特有文化巧妙地结合起来，充分发展当地文化和人文特点，只有这样才能更好地为不同区域不同民族进行文化项目策划。

2. 功利性

文化项目策划主体不同，主题多样，策划目标也有所不同。文化产业项目策划的功利性是指通过项目策划能够给策划者或委托人经济上的实惠或愉悦，是策划要实现的目标之一。文化项目策划的功利性又可分为长远、短暂、利益、非盈利、实体、发展、权利、义务等。功利性是文化项目策划活动的一个基准点，也是评判文化项目策划能否成功、成果如何的要素。

3. 时效性

文化项目策划的时效性通过各企业组织在实施企业文化项目策划时表现出的种种行为得以集中体现。比如节庆活动策划，有很强的时效性，过了节庆日活动也就无意义了。图书、展览也有时效性要求，随着时间的变化，消费者的消费需求在不断发生变化。

4. 超前性

文化产业项目策划活动必须对行为的后续影响以及结果开展前瞻性的预测，必须对策划结果开展前期、中期、后期评估，这些都是在项目实施前要进行的，所以具有超前性。另一方面，文化项目产品必须具有引导文化消费的能力，引领文化消费时尚，这也要求文化项目策划具有超前性。项目从策划到实施需要一个过程，如果没有超前性，等到项目实施时可能市场需求已经过去了。

这里的超前性是相对的，有三层含义。首先，相对于其他策划者思维形成所需的时间要超前。一个策划者思考一个方案时，可能会有很多策划者同时在思考，如不超前，则可能在策划方案实施时突然遇到意想不到的竞争者。其次，相对于决策者认识决策所需的时间要超前。策划者的思想要转化为决策人的思想，这往往要有一个过程，所以，策划者应为策划思想转化成决策命令留有足够的时间。第三，相对于管理者行为分解所需的时间要超前。决策者要把他的思想变成全体员工的行动，也需要一个过程。

5. 社会性

文化的发展和社会的进步是一体相连的，文化项目策划必然要体现社会性。体现社会化发展趋势，契合社会化需求，文化项目策划才能更有效地达成诉求目标，反之，策划活动则会受到妨碍。

美国著名学者罗伯特·格雷厄姆曾经说过："因为项目是适应环境变化的普遍方式，故而一个组织的成功与否将取决于其项目的管理水平"。由于社会环境的变化是绝对的，因此，文化产业要发展就必须适应环境的变化，就必须了解并不断开展文化项目。

（二）文化产业项目策划类型

文化产业项目按行业划分，可以分为影视制作项目、图书出版项目、网络游戏项目、文化会展项目、动漫项目、新闻传媒项目、演绎娱乐项目等，这里简要介绍其中的几类。

1. 图书出版项目策划

出版是一种高智力的文化活动，出版活动中最有特色、效益最高的内容就是创意，好的创意是编辑策划能力的集中体现。全程策划编辑要有严密的操作能力，要对策划方案全面运筹、综合部署。如对图书市场的把握、对作者的选择、对图书生产过程的部署，以及宣传、营销的运筹等，都要做到心中有数，运筹有序。

图书出版项目策划内容主要包括：① 选题策划。在整个图书出版的策划过程中，选题策划是基础，选题策划首先要把握市场，找准定位。选题策划不仅仅是研究“写什么”，而是在掌握市场信息的基础上，对信息筛选整理，对知识内容、读者对象、作者队伍、写作要求、出书时间等方面的整体策划。② 制作策划。制作策划包括编辑校对、装帧设计和印装用料等的策划。③ 营销策划。市场营销包括宣传造势、销售时期安排和节奏控制以及销售的地域性等。

2. 文化旅游项目策划

旅游项目是指为旅游活动或以促进旅游目标实现而投资建设的项目。它包括景区景点项目、游乐设施项目、旅游商品开发项目、旅游交通建设项目、旅游培训教育项目等。旅游项目策划作为策划的一种，就是依据旅游市场的需求和旅游地的资源优势，对该旅游地的旅游项目进行定向、定位的过程，也就是对旅游产品的研制、发展、优化的过程。

旅游项目策划具体流程共分四个阶段：① 市场需求识别阶段。项目策划人在搜集、处理信息的基础上，会发现一些市场机会。经过进一步分析市场机会，项目策划人会形成项目策划的产品概念。旅游产品的吸引力大小在于策划出的旅游项目的吸引力的大小。② 确立策划主题阶段。只有将产品概念进一步提炼、升华成为形象化、情节化甚至戏剧化的主题，才能对消费者产生足够的吸引力和感染力。当然，并不是所有的旅游项目策划都是先有产品概念，而后有主题，有的就是先从主题开始，再产生一系列构思，进而发展成产品概念和具体构思。③ 计划制订阶段。当具体的构思完成以后，项目策划人还需要分析项目实施的支撑保障系统（如资金、基础设施、经营管理等）。在此基础上，在“轻重相权选其重，急缓相权选其急”原则的指导下，通过筛选和整理，将构思变成具体的计划，使策划项目在时间和空间上有具体分布，也即在项目策划人头脑中形成项目的具体实施战略。这是策划项目迈入现实，付诸实施的门槛。④ 制订营销计划阶段。旅游产品只有在旅游市场上吸引游客、销售出去，才能称其为旅游产品。

3. 会展项目策划

会展策划同样离不开市场，策划者必须以市场为导向，利用各种宣传、广告手段，营造商业氛围，形成市场声势，进行广泛的市场推广和招展招商，最终吸引目标客户参加。大型会展策划不仅要考虑经济因素，还要考虑政治、文化等因素。一般来说，会展策划要经过这样几个阶段：① 进行市场调查。会展市场调查是会展策划的基础，目的在于使会展策划者了解市场信息，把握市场动态，进而确定会展目标和主题，编写会展策划方案。② 决定会展策略。在充分完成市场调查与预测之后，接下来，需要对会展目标市场进行定位与制定会展营销计划。③ 制定媒体策略。根据会展营销计划，运用电视广播、报纸期刊、互联网、户外媒体等媒介，配合招展、招商做好宣传推广策略，前期是重点配合招展做宣传，后期是配合招商进行宣传。媒体宣传策划是一个整体，也可以看作会展项目策划中的一个子项目。④ 制定设计策略。商业展示设计是以传达展览信息、吸引参观者为主要目的的，有计划的环境、展台、展品设计活动，会展的相关设计一般会在展会举办前九个月开始。此外，还要制定预算方案、撰写策划方案并实施效果评估等活动。

4. 影视制作项目策划

影视剧的总体策划所制订的运作规划和策略，贯穿在电视剧的整个运作过程之中。影视剧总体策划的内容包括以下四个方面：① 剧本策划。剧本的策划要实现两个目标：一是获取剧本的权益以保证项目运作的合法化；二是要最大限度地提高剧本质量，为项目运作提供良好的基础。制片人在取得剧本版权以后应该先向国家有关部门提出项目申报，经相关部门审查，获得批准以后才能真正使自己的项目运作合法化。② 融资策划。在很多情况下，制片人并不是投资者。在有了好的项目以后，制片人要想办法去寻找投资商融资。融资策划要有针对性。首先要对投资商的情况有所了解，符合他们的需求。③ 制作策划。主要包括两个方面的内容：一是要建立优秀的制作班子；二是要建立良好的管理体制和管理制度。④ 营销策划。影视剧的产品销售包括影视剧的发行及相关产品的开发或开发权的转让。要完成影视剧的整个商业运作，尽可能赚取商业利润，制片人必须对国内影视剧市场的情况有所把握，并熟悉发行渠道和发行方式，同时还要尽可能地挖掘出影视剧作为文化产品所具有的商业元素。影视剧的营销是一个系统工程，从项目策划起就必须考虑到产品的销售，在很多情况下融资当中就已经完成了部分产品的销售。

5. 节庆活动策划

一般认为，节庆活动指的是各种节日和庆典活动，尤其是指周期性举办的节日活动。节庆活动对带动一个地区的经济发展和提升社会影响力具有重要的作用，但举办何种节庆活动，如何举办等需要严密的策划。

(1) 策划好节庆主题。不同的节庆活动需要不同的环境条件与资源条件，主办单位要非常清楚本地适宜什么主题、什么层次与规模的节庆活动，创造性地构思活动方向，逐渐形成活动概念，明确活动主题。在进行活动主题创意策划时，要反复分析研究五个“W”：“为什么(Why)我们要举办这次活动?”“活动的利益关系人中有谁(Who)赞成举办这次活动?”“活动应在什么时间(When)举行?”“活动在哪里(Where)举办?”“开发或提供的是什么样(What)的活动内容或活动产品?”在满足内部组织要求的同时还要满足宾客对活动的需要、欲求、期望和追求，须与活动的 Why、Who、When、Where 保持协同性。

(2) 策划好节庆活动方案。一个完整的节庆活动计划方案，应包括活动的战略方案与操作计划两大部分。具体包括活动的意图、构想与使命，活动的目标，形势分析，达成目标的战略方案，对活动战略的评估与选择，活动的详细操作计划与执行控制，活动评估与反馈等。

(3) 策划好营销。活动的影响大小、与会人数多少、受到社会公众的关注程度高低等都与活动的营销传播推广工作力度大小、效果好坏有着直接的关联。所以，要使节庆活动取得较大的成效，企业或政府一定要高度重视活动的营销传播推广工作，把它列入活动的战略性计划范畴，制订出活动的本地与外地营销传播推广计划，其中包括活动的营销组合策略、整合传播策略与计划(包括本地传播策略与计划，外地传播策略与计划)。同时节庆内容的包装也要别具特色，这样容易吸引游客的注意力。

（4）策划好赞助。要成功举办一次大型节庆活动，赞助是资金流的关键，所以如何按照市场规律运作好活动赞助，使赞助方和主办方双赢，各得其所，是节庆活动组织者必须高度重视的事情。为运作好赞助，主办方必须对活动的特点、活动的影响力、活动的目标、赞助市场和活动可能对目标赞助方提供的价值利益点进行详细的分析评估，拟定出一整套的赞助运作策略与计划方案，确定寻求赞助的时机和赞助运作的原则、流程、方法，拟定各种不同的赞助标准与商业赞助计划书、合同书，委派专门机构进行赞助运作，专人洽谈、签订合同。

除上述各方面工作以外，节庆活动的演出、财务预算与控制、信息技术与通信、各类物流、活动的风险控制与法律等管理也都非常重要，需要周密计划，高效执行，做好每一个细节。

本章小结

文化产业项目是指特定组织为实现其既定目标，在一定的时间、人员和其他资源约束条件下，所开展的独特的、一次性的文化产业活动或活动集合。文化产业项目除具有项目的一般特征外，还具有自己的特有属性，如高创新性、高风险性、价值隐性、过程复杂性、收益多重、量化困难等。文化产业项目也可以分成不同的种类。文化产业项目从始至终的整个过程中，由一系列项目阶段按照一定的顺序所构成的整体就是一个完整的生命周期，一般划分为四个阶段：项目需求识别与立项阶段、项目计划与方案制定阶段、项目实施阶段和项目收尾阶段。

在项目管理中，项目策划是先导和纲领。项目策划必须以市场为导向。按照与项目管理的关系，项目策划可以分为全程策划和前期策划两大类。

◆ 思考题

1. 比较项目和文化产业项目的不同，说明文化产业项目具有的特殊属性。
2. 举例说明，项目的利益相关者及其对项目的影响。
3. 项目管理的知识体系包括哪些内容？
4. 项目策划的核心问题有哪些？
5. 结合具体的项目策划案例，谈谈你对项目策划的理解。
6. 文化产业项目策划的类型有哪些，分别要注意哪些问题？

案例分析

《云南映象》的项目管理

一、项目简介

大型原生态歌舞集《云南映象》，于2001年11月立项，由著名舞蹈艺术家杨丽萍导演并主演、著名音乐制作人三宝作曲，历时两年多时间创排，投资680万元，共有演员90多人。

《云南映象》排成后即在国内巡演，截至2005年底，历时近3年，到过32个城市，行程超8万千米，演出近600场，观众达40多万人次，创票房收入3000多万元。巡演期间，三度进京演出24场。其中，2005年5月和2006年1月两次商业演出16场，票房收入930万元。2004年11月，《云南映象》曾赴巴西、阿根廷演出，由此拉开国际巡演的序幕。目前，该项目的国内、国际巡演仍在进行中。

本文选择《云南映象》在京的两次商业演出为研究对象。

二、项目出品单位简介

《云南映象》由云南映象文化产业发展有限公司制作出品。该公司是专为《云南映象》剧目成立的一家股份制项目公司。股东有云南会堂(为国有股,主要投入灯光和音响设备)、杨丽萍本人及云南当地一家演出公司。公司由杨丽萍任董事长。公司开辟了3个演出市场:一是在《云南映象》原产地昆明演出,主要面向到云南旅游观光的客人,一周演6场,周日休息;二是在国内各地巡演;三是与国外演出商签订协议,到国外演出。

2005年5月30日,该公司又与昆明城建房地产开发股份有限公司共同组建云南映象文化产业发展股份有限公司,注册资本5000万元。

三、运作公司简介

《云南映象》在京演出是由北京希肯国际演出有限公司运作的。该公司隶属于北京希肯国际文化艺术(集团)公司(下设北京希肯国际演出有限公司、北京希肯国际模特经纪公司、北京希肯国际模特培训学校等分支机构)。

该公司是以文化商业演出及剧目投资为主的专业演出经纪机构,是北京市演出行业协会理事单位。负责代理、组织国内大型商业演出,承接、引进国外演出,并从事票务代理与销售业务。该公司是2002年成立的股份制企业,法人代表为安庭先生,注册资金50万元。

四、项目背景

《云南映象》进入北京演出市场主要考虑了如下四点:

第一,北京形成了歌舞剧目的高端市场。

第二,大型歌舞类演出比较受欢迎。

第三,缺少高水准的本土原创歌舞。

第四,该剧目在京城有一定影响力。

五、项目策划

(一)希肯公司对市场的分析

第一,北京是全国的政治文化中心,商业演出运作较外地市场成熟。《云南映象》虽然在外地的巡演也是商业演出,但运作方式与北京完全不同。外地巡演主要靠赞助、包场,而北京则主要靠票房运作;外地巡演,前期需要的市场保障更多,而北京演出则无此担心。事实证明,《云南映象》在北京的两次商业演出几乎没有赠票,除4场企业包场外,大多数是观众自己掏钱购票。

第二,北京有庞大的消费群体,特别是节假日是人们文化消费的黄金时段。据有关方面发布的统计数据显示,2005年北京市城镇单位职工平均工资为32808元,人均可支配收入为17653元,比上年增长129%。随着收入的不断提高,人们用于精神文化生活的消费逐步增长,特别是节假日对文化生活的需求更为迫切。因此,希肯公司决定在2005年"五一"和2006年春节期间共安排12场演出。

第三,"原生态"概念独树一帜,在京口碑良好。云南歌舞来京演出已不是第一次,但以前都是由专业艺术团体演出,以歌舞晚会的形式出现,观众反响并不强烈。《云南映象》首次使用了"原生态歌舞"这个概念,无论形式还是内容都让观众耳目一新,加之2004年进京演出已赢得了良好口碑,该剧再次来京可引起人们一睹为快的愿望。对该剧目的市场需求预期,希肯公司持乐观态度。

第四,《云南映象》具有一流水准和杨丽萍的明星效应。《云南映象》由著名舞蹈家杨丽萍任导演、编舞和主演。杨丽萍是全国著名舞蹈艺术家,其表演艺术很受文化品位和审美趣味较高的观众认可,由她领衔主演肯定会吸引更多的观众前来观看。另外,该剧目由著名音乐制作人三宝作曲，并历时两年多进行创作、排练，具有一流的本土歌舞水准。

（二）观众预期

希肯公司将观众定位于中高收入的工薪阶层，尤以喜欢歌舞的人群为主。同时，考虑到该剧老少皆宜、雅俗共赏，观众群体相当广泛，行业、年龄跨度非常大，对观众预期比较乐观。后来实际演出时上座率达到90%以上，证明其观众定位是准确的。

（三）剧场选择

希肯公司选择保利剧院作为演出场地，原因有四：一是希肯公司与保利剧院合作密切；二是保利剧院具有一流的硬件水平、软件服务以及便利的地理位置；三是《云南映象》曾在此演出过，演员比较熟悉演出环境，而且许多布景就是按保利剧院舞台的比例做的；四是一流的剧目在一流的演出剧场演出相得益彰，效果最佳。

《云南映象》第一次进京商演预定演5场。随着市场的良好反映，希肯公司果断做出加场的决定。加演的4场是一场一场加上去的，且多安排在下午。这样一来，《云南映象》在首场演出后的几天内，每天都是下午、晚上均有演出，票房、知名度都有了很大提高，还出现了大企业要求包场的现象。

六、项目实施

（一）申请立项

《云南映象》在云南的演出申请立项工作由云南映象文化发展公司操作，全国巡演由所到之地的演出商负责，而在京的两次商业演出的申请立项工作则由希肯公司负责。

（二）第一次商演的宣传策划

《云南映象》在北京的第一次商业演出宣传广告投入比较大。由于有临时加场，宣传周期也较长。

前期：消息发布。提前预热，将《云南映象》即将来京的信息以消息的形式对外发布。主要以软、硬广告宣传为主。软广告每轮宣传口径不同，硬广告每轮放量不等。

中期：新闻发布会。2005年4月17日下午，杨丽萍和音乐制作人三宝与希肯公司在保利剧院召开了新闻发布会。

后期：票房造势。开演前一两周为售票高峰，希肯公司加大宣传力度为票房造势，激发了部分正在犹豫的观众的欣赏欲望，引导其抓紧购票。

（三）第二次商演的宣传策划

由于两次商演宣传时间相隔仅半年，故第二次商演宣传投入较少，大的步骤也基本相同。此次宣传硬、软广告投入比例大体为1∶1，总投入不到10万元。

（四）票务销售

因该剧目为大型歌舞演出，演职人员多达七八十，仅道具就动用了5辆集装箱卡车，加之保利剧院的场地租金，相关成本比较高。为收回演出成本并能盈利，希肯公司设计制订了不同档次的票房价位：第一次商演为1280元、980元、780元、580元、380元、280元、180元；第二次商演增加了1680元的高档票，其余不变。结果，两次商演都是最贵的票卖得最快，占到票房总价值近1/5。

票务销售主要是委托保利剧院的票务公司代理。保利剧院的票务系统与北京多家票务公司联网，观众如果需要购票可以给各票务公司致电定购或者上网预订，也可以亲自到保利剧院购票。同时，利用中演票务、中文票务、中国票务在线等票务公司的资源，付给他们10%～15%的销售提成。零售票基本是按票面价值销售。

七、项目收益

《云南映象》进京的两次商业演出，希肯公司共投入400多万元，总票房达到930万元。希肯公司认为该项目运作是比较成功的。

（案例来源：白莲.《云南映象》在京动作的个案分析[M]//王永章.中国文化产业典型案例选编：第二辑.北京：北京出版社，2007：103-109.）

思考题

《云南映象》作为反映云南少数民族原生态的大型歌舞，由北京希肯国际演出有限公司运作，公司前后两次共投入400多万元，总票房达到了930万元，在京演出获得了成功。关于希肯公司非同一般的市场运作，本文已阐释得很清楚了。

请就《云南映象》项目本身分析其成功原因。

第二章　文化产业项目策划的基本原理与主要流程

本章结构图

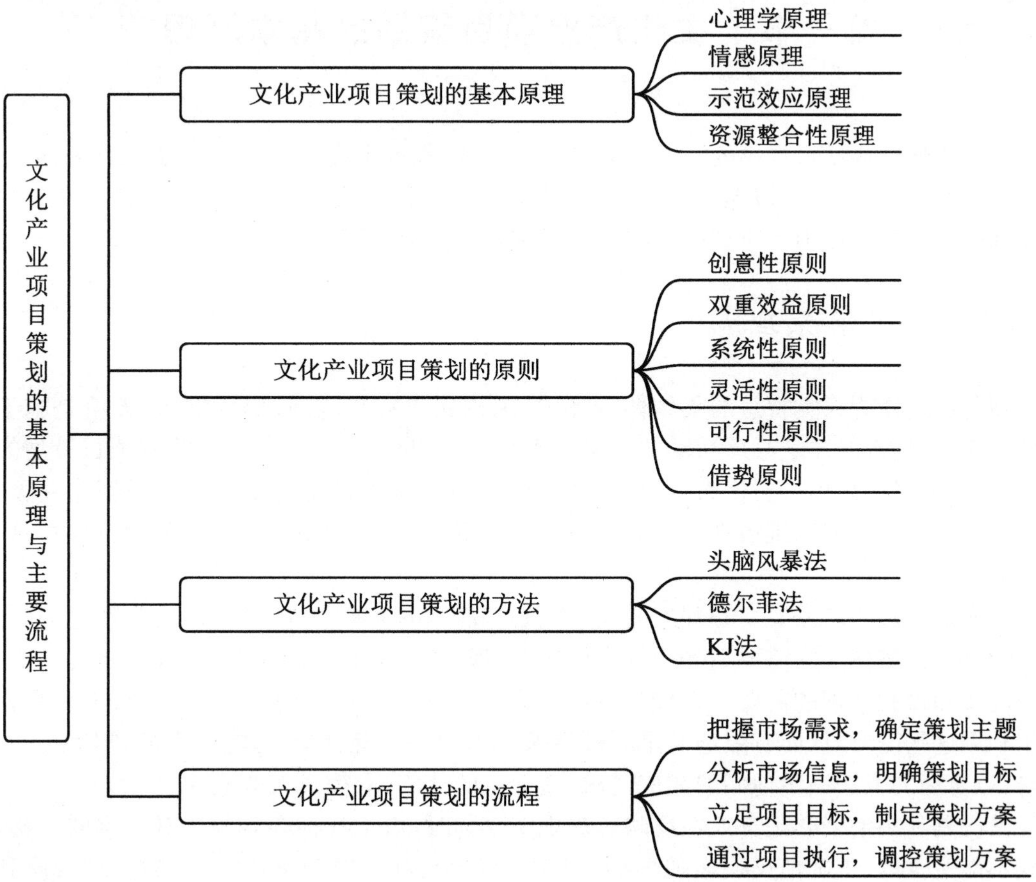

学习目标

1. 了解文化产业项目策划的 KJ 法。

2. 理解文化产业项目策划的基本原理。

3. 掌握文化产业项目策划原则，文化产业项目策划的头脑风暴法、德尔菲法，文化产业项目策划的流程。

【导入案例】

虽然在美国境外的迪士尼乐园的设计实施过程中需要严格参照迪士尼公司自身的设计实施标准来推行，但在每个乐园的总体规划、设计和建设过程中会吸收许多地域化特征的元素。美国境外迪士尼乐园项目设置的“本土化”策略主要通过主题景区个性化设计来实现。一方面，每个美国境外迪士尼乐园通常会设置1～2个独有的主题景区，作为乐园的代表性项目，如东京迪士尼乐园的海洋主题景区、香港迪士尼乐园的睡公主城堡及上海迪士尼乐园的奇想花园等均结合本土文化进行了很多针对性设计，能很大程度地激发本土游客的认同感。另一方面，同一类景区也会根据不同境外乐园所在国家和地区的地域特征安排不同主题，进而强化乐园规划设计和运营的本土化、差异化特点。

迪士尼乐园项目策划中运用了什么原理，哪些原则呢？

第一节　文化产业项目策划的基本原理

不管文化产业项目提供的是文化产品还是服务，都是主要作用于人的精神需求，策划项目时可以利用人的心理、情感等因素，项目或其产品在满足人们精神需求的同时，实现其效益，因此，在文化产业项目策划中有些基本原理可以加以利用。

一、心理学原理

项目策划作为人类智慧的具体体现形式，无论属于哪个范围、哪个领域，无论是施于己或用于人，都是人的一定心理活动的结果。离开了人的心理活动，就不可能有项目策划的产生。所以，项目策划也可看作人脑对人与人之间、对刺激因素及对知识经验的创造性吸收，并随之发生的一系列思维活动。尽管策划千变万化，但策划的运作与成功有着它的心理规律可循。

首先是满足心理需要。心理需要是人们心理活动的前提条件，是人的行为产生的原因。心理学家马斯洛把人的需要划分为五个层次：生理的需要、安全的需要、爱和归属的需要、尊重的需要和自我实现的需要。人们的这些需要在人际活动中都有一定的体现，项目策划要善于利用这些需要，从而有效地满足心理诉求。作为一个策划者，凡能了解策划对象的心理需要，以合理的方法满足他们的相应需求，就会有的放矢，取得最大的成功。

其次是利用消费心理。人在反映客观现实事物时，由于各种客观与主观因素的干扰，有时候不能完全地、正确地反映客观事物；即使正确地反映了客观事物，受人的心理素质和活动水平的制约，经历理性思维的阶段，也不一定就能得出与实际完全吻合的判断来；即使能得出正确的思维结论，由于人们的心理对客观现实的适应及所处的状态，也未必能客观地反映现实，因此，合理、恰当地利用心理弱点，会产生意想不到的效果。

以日常生活中常见的会员制为例，来说明心理学原理的运用。人是社会的人，所以在心理上总有一种团体归属的需求，他们需要从属于一个正式或非正式组织，使自己成为某一组织中的一员，以得到认同感和安全感。会员制正是利用人的这种心理，来达到促进销售的目的。《ELLE》杂志，为了提高化妆品厂商的产品知名度，同时吸收忠实会员作为读者，就曾针对《ELLE》杂志的读者策划了一个活动。活动内容为：读者只要填写登在杂志上的个人资料表格寄回指定地址，即可获得会员卡片成为俱乐部会员。俱乐部每月都会从所有会员中抽取幸运者 100 名，由下一期杂志刊发，并分别赠送各种名牌化妆产品或试用装。正因为这些礼品对于该杂志的目标消费群来说颇具吸引力，于是，便形成了消费者免费获得名牌化妆品，化妆品厂商提高品牌知名度，《ELLE》杂志社则吸收大量的俱乐部成员成为其忠实读者的良性循环。

在我们日常的生活中，想买一个物美价廉的商品是人们的共同心理，哪怕稍微便宜一点，也会感到心理上的满足和成就，有经验的策划者，常常利用这一心理，“欲将取之，必先予之”，但是，如果策划人急功近利，贪图小便宜，则可能会吃大亏。

二、情感原理

情感是人所持有的一种心理过程和心理状态，是主体对客体是否满足自身的需要而产生的态度评价或情感体验。情感对人的行为有选择性和指向性的作用，人对于那些符合或满足自身需要的客观事物，总是产生一种积极的、肯定的、喜爱的和接近的态度和情感体验，而对那些与自身需要无关或相抵触的客观事物则报之消极、否定、厌恶和疏远的情感倾向。虽然外部的各种刺激和信息能引起大家注意，但人们常对许多刺激物或信息视而不见、充耳不闻。只有当这种刺激和信息直接或间接地，现实或潜在地符合了主体的某种价值需要，才能诱发主体产生积极、肯定、喜爱和接近的情感体验。项目策划面向的策划客体往往是人，人作为情感体验的主体，对策划的项目会产生积极或消极、肯定或否定的评价，进而会影响策划的成败。

人有七情六欲，重情又是中国人特有的品质，加强情感沟通，对于激发人的积极、肯定、喜爱和接受的情感及情绪体验有着重要的作用。在策划者与策划对象之间架起一座心灵的桥梁，传达爱心，引发共鸣，可取得意想不到的效果。“希望工程”就是一个精彩的情感诉求式的项目策划。近代中国遭列强侵略，民族的振兴是多少人的希望，其中“教育救国”被众多国人推崇。增强国民素质，兴我中华，一直是中国人的追求目标。“希望工程”的推出，正应了人们的这种情感需求，因此引起了海内外华人的关注。孩子是中华民族的希望与未来，教育是中华民族腾飞的催化剂，正因为人们在民族情感上产生了强烈的共鸣，所以这项策划收效很好，各阶层、各地区的人民解囊相助，把希望寄予了“希望工程”。“希望工程”体现了中华民族的民族情结，在人们的心目中唤起了爱心的共鸣，唤起了民族强盛的责任感，这项策划也成了创意的经典。因此，我们可以看出，善于利用人们的情感，会在策划中取得巨大的功效。

三、示范效应原理

示范效应原理是通过对某件事、某个人的重点影响，让他们来起带动作用。在策划运行中，可运用名人产生的效应来达到某种促销的目的，因为人们在关注名人的同时往往会关注名人代言的产品，爱屋及乌就可能对产品产生兴趣。在利用名人的过程中要考虑到消费层对名人的心态，对名人的喜爱会因消费者的年龄、区域、性别和所处的时代不同而不同；要选择与产品类别、特性、用途相一致的名人。

其实，在示范效应原理中体现了晕轮效应。晕轮效应是人的一种主观心理特性，普遍存在于大众无意识的状态下。大众会将对代言人的喜爱、尊敬、信任、权威的特性与产品和品牌相联系，把对代言人的喜爱和信任转移到产品和品牌上面，从而强化品牌形象。

从传播学角度看，名人有着广泛的知名度和强大的号召力，在传播过程中扮演着意见领袖的角色。产品或品牌经过作为意见领袖的名人推荐之后，往往会起着更好的传播效果，提升品牌的形象。名人代言对受众而言具有可靠性，特别是一些行业翘楚类的"名人"发表行业内的观点往往会比较有说服力。

当然，在策划中用名人也可能会存在不利的因素，如高昂的出场费；受众可能更关注名人，而忽略商品；某些名人因自身因素给产品带来负面影响等问题。

四、资源整合性原理

整合就是把分散的资源通过链接聚成合力，化零星为完整，并发挥各自优势，达到四两拨千斤的作用。为有效地整合资源，必须做到以下几点：一是明确资源性质整合资源。要求策划人员必须对资源进行整理和分类，明确各类资源的性质以及它们对于项目实现的重要程度。二是围绕主题整合资源。例如，为了凸显上海世博会"城市，让生活更美好"的主题，举办者集中有限资金，运用整合营销手段，充分利用各种媒介，向外界传达这个主题。不仅如此，为了实现世博园区的利用最大化，在规划中，还应该将上述主题和世博园后续利用紧密结合起来。上海世博会不仅是 6 个月的世博会，更应该是未来 60 年不落的全球盛会，一定要让园区成为提升上海城市功能和形象的标志性区域，从而实现资源利用最大化。三是充分挖掘隐性资源。在大多数创意类项目中，创新、独到的主题资源大都是隐藏起来的，需要策划人用聪慧的头脑去提炼、创造。例如，在公共关系策划中，策划人员要寻找特定的社会关系资源，它不仅能将公司与特定群体连接在一起，而且还能体现公司负责任的公众形象，这时的社会关系就是一个很重要的隐性资源。

第二节　文化产业项目策划的原则

原则是人们行为的基本规范。项目策划的基本原则是在总结多种不同项目策划内在规律的基础上，对策划行为规范的一种总结，它为项目策划人员提供了思考的准则。

一、创意性原则

创新是社会发展的动力和源泉，没有创新社会就无法发展。创新包括新事物的创造，也包括旧事物的改造，总之是不同于以往的。创新来源于新的创意，所以，创意是根本，也是策划的根本原则，没有创意也就无所谓策划。创新是策划的根本，能否打破成规、标新立异、出奇制胜，直接决定一个策划的好坏和成败。在策划的观念层面、操作层面和现实层面上，都需要创新。

创新就是要创造性思维。一项策划是否有创意，是否具有创新性，关键在于策划者是否具备两项基本要求。一是丰富的知识积累，即要求策划者具有广博的知识，包括自然科学的天文、地理、新技术等，人文科学的社会学、心理学、管理学、文化学等；二是策划者是否具有创造性思维，因为策划创新的关键就是打破旧有的思维模式，解放思想。

策划的创意性在文化策划中尤其重要。因为文化产品的创意性，往往会决定其产品的市场命运和文化企业的生存与发展。特别是那些精神含量高的文化产品，如书籍报刊、电影电视、文学作品、艺术表演等，还有那些技术含量高的产品如网络游戏、数字产业、软件研发等，它们的创意性效果不仅决定其内容，而且决定其价值，决定其市场竞争力。《国家"十三五"时期文化改革发展规划纲要》在总体要求中提出"坚持创新发展"，全面推进文化内容形式、方法手段、载体渠道等方面的创新。创新是文化发展的生命力，将创意运用到文化项目的策划中，创造一个个新的文化产品，才能实现文化的不断发展。

电影《功夫熊猫》的成功创意对我们而言具有很好的借鉴意义。它通过一部电影，对中国文化进行了大量的诠释。"熊猫"是中国国宝，"功夫"是中国招牌，国内动漫产业从未开发过"熊猫"与"功夫"这一独具中国特色的经典创意。《功夫熊猫》的成功源于它的创意。其一，智者的形象竟然是龟仙人，出乎意料。其二，熊猫虽热爱功夫却功夫很差，居然被选中成为神龙大侠，最后大彻大悟，领会了龟仙人设立龙之宝典的深刻含义，打败了黑豹。熊猫体态臃肿、行动迟缓、贪吃愚笨、功夫很差，从任何一个角度来看，它都不符合中国人固有的"英雄"形象，但偏偏是它成为了整个和平谷的拯救者。熊猫的英雄形象和中国"武林高手"形象不同，这是其创新所在。其三，是对功夫的诠释。经典的"秘方就是无秘方"，大家争夺的龙战士的画轴却只是一个可以看到自己的镜面画轴。《功夫熊猫》对于武术至高境界的诠释完全是东方的，却又不同于中国的解读。老子说"大音希声、大象无形。"道家哲学是"无中生有"。熊猫领悟了功夫的真谛，所以它胜了。

创新是在广泛的旧的知识、信息基础上的新组合。打破传统知识结构和思维习惯，不受经验的羁绊，从不同角度作发散性联想思维，寻求新突破。创意是策划的灵魂，一个好的创意不仅要有亮点，还要有高度。创意策划的高度决定了策划活动的广度和深度，策划是一个提出创意—明细创意—制作创意方案—实施创意方案的过程。通常一个有高度的创意能衍生出许多个子创意，强调高度就是要求对所策划的对象要有一个宏观的把握。策划达到一定的高度，在实施过程中就能伸缩自如，并且还能具有很大的包容性。策划创意的过程就是一个智慧火花闪现和碰撞的过程，它不能排斥任何有价值的想法，也不能拘泥于是自己的还是别人的，只要有助于创意的完善都会予以吸收。这就是创意策划高度的难度所在，有时否定自己比接受别人更难做到。所以策划过程中强调的高度是双重的，既是对策划项目本身的要求也是对策划人本身的要求。但要注意一个最基本的问题，创意不管如何衍生变化，它的主题即主线始终只能有一个。

策划的创新性是相对的。这里有三层含义。首先，相对于策划者自己以前的思维更加新颖。也就是说，面对同样一个问题，策划者思考的深度和广度比以前有一定的进步。其次，相对于决策者的认识水平更加新颖。也就是说，策划者的思维深度或广度要强于决策者，不然，无论策划者的思维水平多么高，决策者也不能视其决策思维为策划。反之，也许一个策划方案对于策划者来说是陈旧的，但对于实施企业的决策者来说是新颖的。第三，相对于时代的进步程度更加新颖。策划者的思维要与时俱进，要不断超前于时代认识。

二、双重效益原则

《孙子》说“兵伐谋，其次伐交，再次伐兵，其下攻城。”“不战而屈人之兵”“兵不顿而利可全”。策划的利益性原则，指的是一切策划都应以利益最大化为根本宗旨，利益最大化还包括社会利益乃至政治利益最大化。

文化产业项目都有投资主体，不管是政府、集体、企业还是个人，都要追求投入产出比的问题，特别是文化企业所投资的文化产业项目，作为市场主体，企业投资都有利益目标，追求经济利益的最大化。所以，文化产业项目策划同样要注重经济利益，追求经济利益是文化产业项目策划追求的目标之一，也是策划中坚持的原则。但文化产品具有社会性和经济性双重属性，而且有些文化产品还是社会意识形态的组成部分，担负着舆论监督、宣传等政治任务。这就要求在进行文化产业项目策划时除了要追求经济利益外，还要追求社会效益。实现社会效益与经济效益的统一，要求文化项目产品既能够娱乐人们的精神、放松人们的心情，还要能起到宣传思想、传播知识、启迪心智和陶冶情操的作用。

2014 年在湖南卫视播出的电视剧《武媚娘传奇》被下令整改；2018 年 4 月国家广播电视总局发布通报称，针对社会舆论强烈关注的“快手”网站播出有违社会道德节目等问题，国家广播电视总局高度重视，立即会同属地管理部门严肃约谈了“快手”网站主要负责人，“火山小视频”“内涵段子”等网站也被约谈，一些账号被封禁等等，都说明了文化产品的社会效益性要求。

2011 年 10 月广电总局下发了《关于进一步加强电视上星综合频道节目管理的意见》，提出从 2012 年 1 月 1 日起，34 个电视上星综合频道要提高新闻类节目播出量，同时对部分类型节目的播出实施调控，以防止过度娱乐化和低俗倾向，满足广大观众多样化多层次高品位的收视需求。这也就是人们所说的“限娱令”。《意见》要求各广播电视播出机构要坚持把社会效益放在首位，坚持社会效益和经济效益的有机统一，建立科学客观公正的节目综合评价体系。广电总局对于电视娱乐节目过多，且跟风现象严重、内容质量不高，有些还起到了不好的舆论作用很是担忧，“限娱令”可以说是文化产品坚持社会效益的规制要求。

通过以上案例我们可以发现，文化产品与一般产品不同，文化产品不仅要能满足人们的精神需要，还对人们的思想观点、价值立场、人生态度、情感取向、世界观产生一定的影响，因而又具有意识形态的属性。文化产业项目最终成果是以文化产品或文化服务的形式出现，因为文化产品具有精神属性，所以文化项目产品应该在注重经济效益的同时，注重社会效益，实现经济效益与社会效益的统一。此外，还需注重精神文化产品的文化品位和思想内涵，提供积极健康的文化产品，承担一定的社会文化责任。

文化产业项目策划既要考虑到文化产品的精神属性，又要考虑到项目利益相关者的经济利益追求，把握两头，巧妙结合，是文化产业项目策划的出发点。电视栏目《走近科学》于 1998 年 6 月 1 日开播，是中央电视台首个大型科普栏目。其树立了“学科学、讲科学、爱科学、用科学”的社会风尚，指导了人们的生活实践。法制栏目《今日说法》通过以案说法、大众参与、专家评说形式，贯彻栏目的重在普法，监督执法，推动立法，为百姓办实事的宗旨。还有一批获得较好收益的主旋律电影《开国大典》《建军大业》《我和我的祖国》等都很好地体现了社会效益与经济效益相统一的原则。

三、系统性原则

根据系统论的观点，任何事物都可以视作一个系统。一个完整有效的策划一般由观念层、操作层和现实层构成。实际策划中，由于处于策划过程中的各种要素之间存在密不可分的有机联系，因此策划必须遵守系统性原则，系统性原则是策划中的一个基本原则。具体来说，在策划中必须统筹兼顾到观念层所要求的独到眼光和创意、操作层所必需的执行能力和现实层的实施，以保证策划的每一个环节的顺利实施和整个策划的最终成功。

三国时期诸葛亮的《隆中对》可以看作一个系统性策划，三峡工程、美国的“阿波罗登月”等策划都运用了系统性原则。

文化策划必须遵循系统运行规律，作全局性整体性安排，才能保证项目的有序进行。例如宋真宗祥符年间，皇宫失火，宫殿需要大修，由丁谓主持整个皇宫的修复工作。丁谓将各个工程的环节进行了全盘考虑，设想了好几种方案，经过比较，他考虑到取土烧砖太远，就采取挖掉宫殿废墟前面大街的做法，就地取土烧砖，不久便形成了一条大沟。他又将汴水引入沟中，以便于竹筏木排和运载建筑材料的大船可直接开进来。到皇宫修复完毕，他又把拆除皇宫所剩下来的各种废砖、破瓦、灰土填回沟中，重新恢复原来的大街。这样，整个工程既圆满、巧妙地解决了取土、运料、处理垃圾等问题，又节约了大量人力、物力、财力。沈括对此称之为“一举而三役济，计省费以亿万计”。这是我国古代系统工程的杰作。如果违背系统性原则考虑和处理问题，就会造成工作上的混乱，经济上的巨大浪费。

系统性原则要求：① 要把整个策划工作当作一个系统工程来看待。② 要把各个组成部分进行优化组合，形成最佳整体功能。③ 要注意程序的优化。系统策划要求策划者具有全局意识，能从长远利益出发。

四、灵活性原则

灵活性原则强调的是策划活动因时、因地、因人而进行。孙子在《虚实篇》中说：“夫兵形像水。水之形，避高而趋下；兵之形，避实而击虚。水因地而制流，兵因敌而制胜。敌兵无常势，水无常形，能因敌变化而取胜者，谓之神。”强调策划者应当能根据不同的环境特征和策划问题的特点而采取不同的策划方法。下面以迪士尼乐园为例，来看迪士尼公司为了适应各国的文化，对不同风格的文化与市场所进行的灵活性策划。

美国迪士尼乐园于 1955 年 7 月开园，是世界上最具知名度和人气的主题公园。迪士尼乐园迄今有 6 家，每一家都有不同的特色和体验。东京迪士尼包含迪士尼乐园和迪士尼海洋乐园，主打“梦与魔法”，前者拥有“亚洲第一游乐园”之称，后者是全球唯一的海洋主题迪士尼，项目丰富、新鲜刺激，独特的海上表演十分震撼。

上海迪士尼乐园是世界第六个、中国第二个迪士尼主题公园。上海迪士尼乐园于 2016 年 6 月 16 日正式开幕，现有七大主题园区，30 余个游乐项目，20 多项娱乐演出。因为上海迪士尼乐园中 95% 的游客来自中国大陆地区，乐园更加符合中国特色，将美国小镇改为以迪士尼角色为主题的米奇大道，引导游客进入乐园。排队通道也设计得更短，符合中国游客较近的人际距离，也能容纳更多排队的游客。上海迪士尼取消了鬼屋也是基于中国人对鬼屋被视为不敬的文化。《爱丽丝梦游仙境》是迪士尼的经典作品，因为中国观众更熟悉蒂姆·

波顿执导、强尼德普主演的电影版，于是，乐园内的“爱丽丝梦游仙境迷宫”便舍弃了动画版本，反而以电影为蓝本，设计了“疯帽子茶会”和“红皇后花园”。在“奇幻童话城堡”前，是一条迪士尼称作“十二朋友园”的人行道，有12幅马赛克壁画代表中国十二生肖，其中有《玩具总动员》里的小猪火腿和小熊维尼里的跳跳虎。“十二朋友园”是根据中国的十二生肖绘制的，而且每年的代表性人物会依据中国传统生肖年而定，如中国的猴年，迪士尼的代表性人物就是《阿拉丁》里的猴子阿布。

五、可行性原则

点子或创意是策划开始的前奏，它是否具有可行性就成了策划能否成立的关键。策划可行性的前提是必须具有客观性，一是目标贴近现实；二是理念贴近现实；三是行动贴近现实。

从宏观层面讲，策划的可行性原则要求策划方案顺应历史潮流，把握社会心理的发展趋势。从微观层面讲，策划要以策划主体和客体的现实情况为基础，做到据实策划。贯彻策划的可行性原则要做到以下两点：第一，深入调查客观现实，把握定位点，以提高策划的针对性和准确性；第二，策划方案形成后，必须进行可行性分析，以便寻找最优方案或作最后抉择。

项目策划不仅仅指项目立项的策划，还包括立项后对项目范围的策划、项目实施的策划、项目团队的策划、项目危机管理的策划等内容，是项目实施前对各项工作的规划与计划。因此，这些内容的策划必须具有切实可行性。要实现项目策划的可行性，需要从这样几个方面着手：第一是方案分析。因为，任何一个项目的实施都存在多种选择方案，一个切实可行的方案是项目成功的基础，策划人员要从众多的方案中选择最优方案。方案选定后，策划人员还要对方案实施的可行性进行进一步的分析，从而使该方案能更符合企业的战略、资源要求，并与市场变化相匹配。第二是技术分析。一个项目的实施需要很多技术的支持，策划方案能否实现还要看项目所需要的技术能否达到。因此，策划人员要对方案中提出的技术问题进行可行性分析，以确保所选择的方案中的技术要求在项目实施中能够实现。第三是效率分析。项目效率是指项目在实施中能以最小的投入实现最佳的收益，即投入和产出比的问题。策划者除了要考虑用最小的消耗争取最大的利益之外，还要考虑风险规避问题，风险和危机直接影响到项目效率。

策划的切实可行性是相对的。这里有两层含义。首先，策划方案能够降解为各级决策者能够理解和掌握的思路；其次，策划方案能分解出各级执行者的行动步骤。这说明，策划方案的可行性不仅取决于策划者的思维本身，还取决于决策者和执行者的理解能力，策划者必须把决策者和执行者的理解能力考虑到策划思维中去。

策划具有很强的相对性，我们不能跨越时代去评论一个策划方案的好与坏，不能用今天的眼光去评价某个过去的策划方案的新颖性；我们也不能跨越地域去评论一个策划方案的好与坏，不能用先进地区的眼光来评价落后地区的企业创新；我们更不能脱离策划对象去评论一个策划方案的好与坏。

六、借势原则

所谓借势，顾名思义就是借助身边一切的有利条件，顺势而上。但这些“有利条件”常常稍纵即逝，因此，借势有时既需要有借势的智慧，也需要有借势的胆略，因为每一次的借势都是有风险和成本的，但一旦成功就会大为改观。比如，北京借申奥成功之势加快进军国际大都会的步伐；昆明借助世界园艺博览会把整个城市现代化水平提前十年。

不过，利用借势原则关键是要清楚借势的时机，超前或滞后借势都会导致严重的后果。以哈尔滨的冰雪旅游开发为例，如果在二十年前，即使开发的再好也不会成功，因为当时人们的休闲、旅游、观光、度假的意识不强，而且也没有充分的时间；再加上经济条件不宽裕，各类交通基础设施不完善。所以策划要选准时机，不可超前也不能滞后。

2010 中国(奉化)雪窦山弥勒文化节就是奉化借势世博的成功策划案例。上海世博会全球瞩目，而奉化市溪口镇、萧王庙街道的滕头村是亚洲和全球唯一分别入选上海世博会“城市未来馆”和“城市最佳实践区”的地方，这是奉化独特的地域优势，也是奉化面临的千载难逢的好机会。奉化借势世博，开放提升，加快开启奉化旅游国际化的“文化之门”成为弥勒文化节的一个重要使命，所以本届弥勒文化节开幕式由农历九月初九提前到农历六月初六。弥勒文化节系列活动分主题中多了“同根同源、共享世博”“共舞世博、和创未来”等世博口号；还邀请了上海世博会开幕式执行总导演李建平担纲“应梦雪窦”音乐盛典，上海世博会城市未来馆五大洲的城市代表齐聚溪口，百名两岸青年同游世博园、共敲世博钟，充分的借势上海世博会。

不管是现代广播借势汽车发展，推出交通广播节目，还是古代的诸葛亮对时机充分运用，策划了草船借箭、火烧赤壁等一个个经典事件，都是借势原则在策划中的成功运用。

恰当的借势能成功策划项目，但借势策划也要注意一些问题。首先，运用借势原则要把握所借之事的相关性。其次，借势还要注意可控性。即企业在借势过程中，要使事情的发展态势处于自己的可控范围，如果不能在组织的控制范围，有可能达不到预期效果。例如企业借助明星之势，请明星代言，不久之后，明星有不当言行，结果连累企业形象。

第三节　文化产业项目策划的方法

对策划方法的探讨，目的是寻找策划方法中共性的方法，是一般性的方法。一般方法是从具体方法中概括出来的，它渗透在各类方法之中。系统法、逻辑法、综合分析法、排除法、推理法等是策划过程中所使用的一般方法，具体的文化产业项目策划所使用的方法不尽相同，但都受一般方法的指导。

策划方法与现代科学方法相统一。现代的科学方法为策划活动的科学化、程序化、专业化提供了可能。现代的科学策划要积极吸收数学、运筹学等科学方法。策划方法还与科学思维方法相统一。因为策划本身就是思维的过程，因此，思维学中的一些方法经常被用在策划中，如头脑风暴法、德尔菲法等。策划中使用的方法有多种，下面仅介绍经常采用，且效果突出的几种方法。

一、头脑风暴法

头脑风暴法又叫脑力刺激法、智力刺激法，是一种发挥群体智慧的策划方法。1939 年由美国创造工程学家亚历克斯·奥斯本(A. F. Osborn)创立,开始主要运用于创造发明学上,后来逐步引进策划领域,成为重要的群体策划方法之一。

(一) 头脑风暴法的特点

头脑风暴法是一种多人会议的形式,目的是进行创意决策和策划方案设计。一般由6~12人组成,可以由演出人、策划人、投资人、文艺界、文学界、考古界、经济界等与项目有关的干系人共同讨论。会议在一种非常融洽、轻松的气氛下进行,人们可以畅所欲言地发表自己的看法。头脑风暴法的心理基础是一种集体自由联想而获得创造性设想的方法,它可以创造知识互补、思维共振、相互激发、开拓思路的条件。

这种方法适用于研讨战略性决策问题,可以从中产生出新思想、新观念、新方法、新成果。但这种方法受与会者主观素质条件限制,整理分析要花一些时间,甚至会延误项目决策。

(二) 头脑风暴法的原则

(1) 互不批评原则。为了消除每个与会者的心理压力,创造一个融洽、自由、轻松、活泼的气氛,保证思维的发散性和流畅性,会议不得对任何人提的任何设想有丝毫的批评意见,任何人也不得做出判断性结论,即不要对任何提议作任何评价。互不批评原则是头脑风暴法中最重要的原则,是其他原则的前提和基础。

(2) 自由奔放原则。就是使主观想象力得到充分的发挥,让与会者的思维保持在自由奔放的状态,以便提出各种新颖、奇特的构想,突破各种束缚和障碍,形成富有创造性的设想和方案。

(3) 数量最大化原则。会议上所提出的各种设想不在乎质量的高低,其目的在于获得最大数量的设想。这要求鼓励与会者自由、大胆地开展想象,踊跃发言,提出的方案越多越好,在各种设想大量增加的条件下,各种优质设想就会蕴藏其间。

(4) 借题发挥原则。就是善于结合别人的意见来提出自己的设想,目的是鼓励对他人的设想加以改善或将他人的设想加以结合,巧妙地利用他人的设想,从中提出更加新奇的设想,这就会促成思维的连锁裂变反应。

(三) 头脑风暴法实施程序

(1) 会前准备。会前准备有四个环节,第一是确定会议主题,即确定策划所要集中解决的问题。第二是选择主持人,主持人必须十分熟悉会议的主题,能熟练掌握头脑风暴方法,同时要善于沟通交流、头脑灵活,善于启发和提示,善于制造轻松的气氛,调动大家的积极性。主持人不一定是群体中最高权威者或最高领导者。第三是组成专家小组,小组成员应该包括多领域人员。小组成员选择有三个原则:其一,参加者如果相互认识,要从同一级别的人员中选取,领导人员原则上不应参加,以免造成与会者的心理压力;其二,如果参加者相互不认识,可以从不同级别的人员中选取;其三,参加者的专业应尽量与所讨论的中心问题相一致,同时,还应包括一些学识渊博、对所论及问题有较深理解的其他领域的专家。第四,是确定会议时间,一般控制在20~60分钟为宜。

(2) 会议召开。会议程序一般包括:第一,会议开始,主持人宣布讨论课题,申明四项原则。第二,自由发言,坚持自由和集中相统一的原则。自由指的是会议气氛轻松,大家言论无拘无束;集中是指要有重点、有针对性,而不是漫无目的地夸夸其谈。第三,随时公布方案。会议应有两名记录员参加,一名负责做书面记录,另一名负责发言整理,随时将发言用黑板或投影仪的方式反映出来,以相互启发,相互鼓励。第四,适时宣布休会,会议已达到预期效果或已超过预期时间,要适时宣布散会,同时请大家继续思考,有了新的构想后予以补充。

(3) 会议总结。会议结束后,会议主持人和记录员要及时把会议讨论的问题归纳分类,进行全面的技术性分析、可行性论证和评估及系统化处理,有的方案还可以建立数学模型,然后一并送策划者优化选择。

(四) 头脑风暴法的完善

头脑风暴法有利于充分发挥个人的想象力,有利于各种意见、设想的不断提出、修改、补充和完善,它能在较短的时间内,获取质量较高的策划方案。但它要受到与会者经验、知识、思维能力等多方面的限制,会议记录整理也比较困难。为了克服其不足,人们通常把头脑风暴法与反向头脑风暴法结合起来运用。

反向头脑风暴法,又叫质疑头脑风暴法。其做法是在召开头脑风暴法会议的基础上,召开第二次专家会议,其议题只对第一次会议提出的各种设想进行质疑性评估。它要求与会专家只对已经提出的设想、意见提出各种质疑或评论,不允许对已经提出的设想做确认性的论证。

反向头脑风暴法的程序是:第一步,对已经形成的设想、意见、方案提出质疑,其重点是研究有碍设想实现的问题。第二步,把质疑和评论的各种意见归纳起来,进行全面的分析、比较和评估,在这种极其严厉的批评中,修改各种方案使之完善。该方法所遵循的原则与直接头脑风暴法一样,但禁止对已有的设想提出肯定意见,而鼓励提出新的可行性设想和建议。

二、德尔菲法

德尔菲法是在 20 世纪 40 年代由 O. 赫尔姆和 N. 达尔克首创,经过 T. J. 戈尔登和兰德公司进一步发展而成的。1946 年,兰德公司首次用这种方法来进行预测,后来该方法被迅速广泛采用。

德尔菲法是专家调查法中很重要的一种方法,它是根据经过调查得到的情况,凭借专家的知识和经验,直接或经过简单的推算,对研究对象进行综合分析研究,寻求其特性和发展规律,并进行预测的一种方法。它的最大优点是简便直观,无需建立繁琐的数学模型,而且在缺乏足够统计数据和没有类似历史事件可借鉴的情况下,也能对研究对象的未知或未来的状态做出有效的预测。

德尔菲法作为一种主观、定性的方法,不仅可以用于预测领域,而且可以广泛应用于各种评价指标体系的建立和具体指标的确定过程。

(一) 德尔菲法的特点

(1) 匿名性。从事预测的专家彼此互不知道,他们是在完全匿名的情况下交流思想的。德尔菲法采取匿名的发函调查形式,克服了专家会议调查法易受权威影响、易受会议气氛影响和其他心理影响的缺点。专家们可以不受任何干扰地独立对调查表所提问题发表自己的意见，而且有充分的时间思考和进行调查研究、查阅资料。匿名性保证了专家意见的充分性和可靠性。

(2) 反馈性。由于德尔菲法采用匿名形式，专家之间互不接触，仅靠一轮调查，专家意见往往比较分散，不易做出结论，为了使受邀的专家们能够了解每一轮咨询的汇总情况和其他专家的意见，组织者要对每一轮咨询的结果进行整理、分析、综合，并在下一轮咨询中反馈给每个受邀专家，以便专家们根据新的调查表进一步地发表意见。

(3) 统计性。在应用德尔菲法进行信息分析与预测研究时，对研究课题的评价或预测既不是由信息分析研究人员做出的，也不是由个别专家给出的，而是由一批有关的专家给出的，并对诸多专家的回答必须进行统计学处理。所以，应用德尔菲法所得的结果带有统计学的特征，往往以概率的形式出现，它既反映了专家意见的集中程度，又可以反映专家意见的离散程度。

(二) 德尔菲法的实施过程

1. 明确预测目标，制订实施计划

德尔菲法的预测目标通常是在实践中涌现出来的大家普遍关心且意见分歧较大的课题。此阶段的主要任务是选择和规划预测课题，明确预测项目，并且制订相应的实施计划。按照课题所需要的知识范围，确定专家。专家人数的多少，可根据预测课题的大小和涉及面的宽窄而定，一般不超过 20 人。

2. 编制调查表

一是目标途径调查表。组织者首先应根据课题的内容和要求，提出总目标，并设计一个完全开放的调查表发给应答专家，请他们就实现这一总目标的途径(即子目标)以及达到这些子目标所采取的措施发表自己的看法。

二是事件实现时间调查表。对某事件将来可能实现时间进行预测，是德尔菲法的重要用途之一。在事件实现时间的预测课题中，往往要求预测结果以不同的概率估计的形式出现，如 10%、50%、90%概率。

三是要求对问题做出一定说明的调查表。对于某些课题，在运用德尔菲法设计的调查表中，组织者除了要求专家们就所提问题发表意见外，还要求做出一定的说明，这样有利于研究课题的更好解决。要求做出一定说明的调查表一般不是第一轮调查表，第一轮调查表往往是空白的、开放的，在经过两轮或三轮的调查后，专家们的意见已趋于一致，在此基础上可以设计新一轮调查表，请专家们进一步发表意见并做出一定的说明。

四是技术(方案、产品)评价调查表。此类调查表首先要确定出技术(方案、产品)的评价指标体系。评价对象的评价指标体系可以是对前两轮调查对象的客观性能、特征和功能的直接确定。在评价指标体系确定以后，即可设计出调查表，发给各专家请予评价、打分。评分制由组织者给出，而各评价指标的加权系数可由各专家分别给出，亦可由组织者在前几轮专家意见的基础上给出。

3. 反馈调查以及专家意见的统计分析与预测

经典的德尔菲法一般包括以下四轮的征询调查，且在调查过程中包含着每轮间的反馈。

第一轮：首先由组织者发给专家不带任何附加条件，只提出预测问题的开放式的调查表，请专家围绕预测主题提出预测事件。然后，组织者汇总整理专家调查表，归并同类事件，排除次要事件，用准确术语提出一个预测事件一览表，并作为第二步的调查表发给专家。

第二轮：首先请专家对第一轮提出的每个事件发生的时间、空间、规模大小做出具体预测，并说明事件或迟或早发生的理由。组织者再统计处理调查表中的专家意见，统计出专家总体意见的概率分布。

第三轮：先将第二轮的统计结果连同据此修订了的调查表（包括概率分布或事件发生的中位数和上下四分点）再发给专家，请专家充分陈述理由（尤其是在上下四分点外的专家，应重述自己的理由）并再次做出预测。然后组织者回收专家们的调查表，与第二轮类似地汇总整理、统计分析与预测，形成第四张调查表。

第四轮：先将第三轮的统计结果连同据此修订了的第四张调查表再发给专家，专家再次评价和权衡，做出新的预测，并在必要时做出详细、充分的论证。组织者再依旧将回收的调查表进行汇总整理、统计分析与预测，并寻找出集中程度较高的专家意见。

上述四轮调查不是简单的重复，而是一种螺旋上升的过程，每循环和反馈一次，专家都吸收了新的信息，并对预测对象有了更深刻、更全面地认识，预测结果的精确性也逐轮提高。并不是所有被预测的事件都要经过这四步。可能有的事件在第二步就达到统一，而不必在第三步中出现。在第四步结束后，专家对各事件的预测也不一定都达到统一，不统一时也可以用中位数和上下四分点来做结论。

（三）德尔菲法需要注意的问题

（1）由于专家组成员之间存在身份和地位上的差别以及其他社会原因，有可能使其中一些人因不愿批评或否定其他人的观点而放弃自己的合理主张。要防止这类问题的出现，必须避免专家们面对面的集体讨论，而是由专家单独提出意见。

（2）对专家的挑选应基于其对企业内外部情况的了解程度。专家可以是第一线的管理人员，也可以是企业高层管理人员和外请专家。例如，在估计项目对劳动力的需求时，企业可以挑选人事、计划、市场、生产及销售部门的经理作为专家。

（3）其他注意事项。① 为专家提供充分的信息，使其有足够的根据做出判断。② 所提的问题应是专家能够回答的问题。③ 允许专家粗略的估计数字，不要求精确。但可以要求专家说明预计数字的准确程度。④ 尽可能将过程简化，不问与预测无关的问题。⑤ 保证所有专家能够从同一角度去理解问题。⑥ 向专家讲明预测对企业或下属单位的意义，以争取他们对德尔菲法的支持。

（四）德尔菲法的发展

德尔菲法随着在长期实践中的不断发展，也产生了一些派生方法，它们从不同角度对经典德尔菲法做了一些修正或补充，使德尔菲法更有成效。

（1）加评德尔菲法，又称自评德尔菲法，即要求每一位专家自己评估自己对调查表中的每一个问题的专长程度或熟悉程度。在数据处理时，以专家对自己专长程度或熟悉程度的估计为权数，然后进行加权处理，这样可以提高评价或预测的精度。

（2）加机德尔菲法，又称为德尔菲计算机会议法。这种方法就是将经典德尔菲法与计算机的使用结合在一起，使德尔菲程序计算机化。加机德尔菲法，实际上是“实时联机德尔菲”，它模糊了经典德尔菲法的“轮次”界限，加速了德尔菲法的进程，提高了效率。

三、KJ 法

KJ 法是将未知的问题、未曾接触过领域的问题的相关事实、意见或设想之类的语言文字资料收集起来，并利用其内在的相互关系做成归类合并图，以便从复杂的现象中整理出思路，抓住实质，找出解决问题途径的一种方法。

KJ 法的创始人是日本文学家川喜田二郎，KJ 是他的姓名的英文缩写。川喜田二郎在多年的野外考察中总结出了一套科学发现的方法，即把乍看上去根本不想收集的大量事实如实地捕捉下来，通过对这些事实进行有机的组合和归纳，发现问题的全貌，建立假说或创立新学说。后来他把这套方法与头脑风暴法相结合，发展成包括提出设想和整理设想两种功能的方法，这就是 KJ 法。KJ 法的主要特点是在比较分类的基础上由综合求创新。在对卡片进行综合整理时，既可由个人进行，也可以集体讨论。

(一) KJ 法的实施步骤

(1) 准备。主持人和与会者 4～7 人。准备好黑板、粉笔、卡片、大张白纸、文具等。

(2) 头脑风暴法会议。主持人请与会者提出 30～50 条设想，将设想依次写到黑板上。

(3) 制作卡片。主持人同与会者商量，将提出的设想概括成 2～3 行的短句，写到卡片上，每人写一套。这些卡片称为"基础卡片"。

(4) 分成小组。让与会者按自己的思路各自进行卡片分组，把内容在某点上相同的卡片归在一起，并加一个适当的标题，用绿色笔写在一张卡片上，称为"小组标题卡"。不能归类的卡片，每张自成一组。

(5) 并成中组。将每个人所写的小组标题卡和自成一组的卡片都放在一起。经与会者共同讨论，将内容相似的小组卡片归在一起，再给一个适当标题，用黄色笔写在一张卡片上，称为"中组标题卡"。不能归类的自成一组。

(6) 归成大组。经讨论再把中组标题卡和自成一组的卡片中内容相似的归纳成大组，加一个适当的标题，用红色笔写在一张卡片上，称为"大组标题卡"。

(7) 编排卡片。将所有分门别类的卡片，以其隶属关系，按适当的空间位置贴到事先准备好的大纸上，并用线条把彼此有联系的连接起来。如编排后发现不出有何联系，可以重新分组和排列，直到找到联系。

(8) 确定方案。将卡片分类后，就能分别地暗示出解决问题的方案或显示出最佳设想。经会上讨论或会后专家评判确定方案或最佳设想。

(二) 适用情况及优缺点

此方法适用于问题复杂，起初情况混淆不清，牵涉部门众多，检讨起来各说各话的情况。例如公司营运不善、供产销不协调、市场占有率节节败退等，在项目策划中，主要用于概念提出或项目方向不明确时。

其优点：解决问题的过程中可以促进团队学习，开阔视野，突破部门藩篱，并获得整体的观点，有助于将精力集中于解决问题。

其困难是：需要较有经验的主管引导，才能有效地促成坦诚与开放的态度，并在分类与归纳过程，形成合理的答案。

总之，现代的科学策划方法中既有群体性的思维方法，如头脑风暴法、德尔菲法、KJ 法；也有创意策划法，如游戏创意策划法、SIL 法则创意策划法等。此外还有灵感闪现法，又称拍脑瓜法，是指策划人收集有关产品、市场、消费群体的信息，进而对材料进行综合分析与思考，然后打开想象的大门，形成意境，但不会很快想出策划方案，它会在策划人不经意时突然从头脑中跳跃出来。拍脑瓜法其实并不是在短时间内一拍即完，而是经过一个长时间的前期准备工作，思绪积累到一定程度，自然而然地流露出来，它需要策划人具备一定的策划功底，具有渊博的专业知识。创意的产生需要轻松、融洽、活泼的气氛；需要脑力激荡；需要有趣及非理性的思考；需要借力延伸思考；需要摆脱习惯性思维方式。我们可以通过整合、剥离、重组、复制等方式实现创意方法。

第四节　文化产业项目策划的流程

一个项目策划包括多个环节，遵循一定的程序，也可以说是经过几个阶段。日本策划家江川郎在他的《策划技术手册》一书中认为，策划可以分为四个步骤：第一步，把焦点对准策划的对象，针对明确而重要的主题，进行切题的策划作业；第二步，描绘出策划的大轮廓，设定策划实现时可期待的策划成果目标，为构筑具体创意探求所需要的着眼点，将创意酝酿成熟，以便具体纳入策划案中；第三步，将这些充满构想的具体策划案整理成策划书，并在实际整理的过程中，试着预测具体的结果，修正策划内容，对策划案进行取舍选择。第四步，提出策划案，付诸实施，观察结果，作为下一次策划的参考。美国哈佛大学教授 Edward C. Banfield 认为可以将策划分为四个阶段：一是状况的分析；二是目的的设定和具体化；三是行动路线的设计；四是结果的比较评估。

文化产业项目策划的阶段划分虽不尽相同，但大致都经历这样一个程序：根据市场需要，确定策划主题；经过调查分析，明确策划目标；然后基于时间、资源、质量等要素的基础上制定策划方案；最后是执行策划方案并评估方案。下面分别就每一阶段的工作作进一步阐述。

一、把握市场需求，确定策划主题

策划程序首先是从确定项目主题开始，即做什么项目的问题，一般要经过以下过程：

1. 发现策划对象

项目来源于市场需求，在以顾客为中心的市场经济环境下，文化产业项目必须以市场需求为导向。一个新的需求产生，并被人们认识以后，是否值得去做还要从管理上去决定。因此，从市场需求中发现策划对象是一个项目的起始任务。

2. 选出策划对象

变化是需求产生的根源，状态不变，需求不变；状态改变，需求产生。社会处于不断运动变化之中，因此，新的需求会不断产生。需求可以从一个单位内部产生，也可以源于外部。一个企业要保持行业领先地位，必须不断策划新的项目；一个企业要迈上一个新的台阶，获得更大的发展，也必然需要新项目的带动。同时，外部环境的改变也不断催生新的需求，比如人们生活水平的提高，带动文化消费的增长，也必然带来文化需求的增加、新的文化产品的供给。

3. 认识策划对象

需求产生后，要被识别，并被清晰的认知，否则无法采取任何行动来满足需求。但认识需求不是容易的事，人们通常习惯于以一定的方式从事工作，容易忽略变化产生时新需求的产生，也常常忽视老的活动已经不能满足新的需求，过分依赖于历史经验和数据。识别需求需要有意识地努力。一个策划人员应该经常问：我们的需求是什么？组织的需求是什么？客户的需求是什么？对于文化领域而言，不仅要注意现在的需求，还要注意潜在的需求。对需求的认识要有超前意识，文化必须引领时尚，它必须植根于经济生活并反映经济生活的变化。

4. 调查策划对象

需求识别后，还要能够清楚地表达出来。为了表达清楚，需要对需求做详尽的研究。研究需求一般经过这样几个步骤：

第一步，让提出需求的人尽可能清楚地说明他们的需求。从客户的角度来看，需求是至关重要的，尽管在开始的时候，他们对自己的需求也是模糊的。提出需求的人对其需求经常是一种感觉，因为他们没有分析，往往只停留在表明上。第二步，通过对需求提出一些问题，清楚认识需求，细化需求。可以问这样一些问题：需求真实吗？这是真正的需求还是表面现象？我们能满足这个需求吗？其他人能满足整个需求吗？需求重要吗？值得去做吗？满足需求的关键问题是什么？需求直接涉及什么人？这些人认为这些需求必要吗？可以通过这些问题的层层提出，清楚地认识需求。第三步，做一些先期研究，理解需求。比如这个需求在技术上可行吗？需不需要外请专家？比如一场室外演出，选择或搭建什么样的场地，才能满足高水平高规格要求？企业有满足这些要求的资源和优势吗？这些问题需要做一些分析和研究才可以得出结论。第四步，根据以上三步得出的结论，尽可能描述项目需求。第五步，通过多次倾听用户对需求描述的意见和建议，做适当修改。

在定义需求时要注意避免几个问题：一是需求本身就含糊；二是过早地做出结论，没等需求定义完成就启动工作；三是确定需求时选择的用户不对。

二、分析市场信息，明确策划目标

项目需求明确之后，就要提出策划方案，从而确定项目目标。项目目标首先要表达清楚，用最简短的几句话说明需要什么样的资源，在什么时间、进度、范围内达到什么样的绩效标准。

项目目标包含两类要求：一是功能性要求，要用普通的非技术性语言描述交付结果的性能。如果是外接项目，用户应当能够理解这些要求，而且应当直接参与研究确定过程。二是技术要求，是用详细的技术语言描述交付结果的特征，如展会中展台的尺寸大小和性能参数等。

在具体项目目标的表述上，可以参阅项目需求的表达。要分清楚什么是不正确的要求，什么是含糊的要求。并且要弄清楚原因，是因为人类的语言局限，还是为了留有余地的有意不明确，还是意见不一致时的搁置，还是描述事物本身的概念时用户缺乏专业知识，是项目策划的疏忽，抑或是客观因素的变化导致了目标变化等，要针对不同的情况进行复核和完善，甚至通过正确的程序进行改变。

在实际工作中，要使项目目标十分详尽会有一定困难，因为信息很难在策划阶段完全获得，同时还会带来一些问题，比如挫伤员工的积极性等。一般而言，定义项目目标需要遵循以下原则：

(1) 阐述要求明确详细，项目策划人员和利益相关方对目标签字认可。在某些文化项目中，要求可能会提得很含蓄，比如项目经理要求你写一个40周年庆典的策划案，其他没有说明，如果你没有问详细情况就直接去写策划案，你写出的策划案会存在不被认可的很大可能性，因为你没有明确获知庆典策划案的具体说明。一般来说，最好明确详细的陈述要求，列出的要求清单应该像一份合同，写清楚用户的要求是什么。

(2) 要对有可能发生误解的地方做好充分的准备，要尽可能的现实一些。在检查要求的陈述时，要从各个角度分析哪里有可能被误解，可以请同事谈谈他们各自的理解。如果大家的解释不同，就说明有问题。对于一个重要项目，可以请第三方专家来评定，如果开始就认识到可能出现的问题并着手解决，中间和以后的麻烦就会少多了。

(3) 要认识到项目目标绝不会自始至终保持一成不变。

(4) 在阐述要求时，尽可能使用图形、图表和物理模型，文字远不如流程图让人清楚明白。

(5) 建立一个监督更改机制。

三、立足项目目标，制定策划方案

明确项目目标后，就进入了制定策划方案的阶段。这一阶段包括制作、筛选以及最后形成策划方案的过程，该阶段的结果通过项目策划书表达出来。

首先，要给策划方案一个准确的定位，即制定出一个什么品位和层次的策划案。这就像一场重要的音乐会上演之前，指挥家为演奏的曲目定调，定位将决定策划方案的制作风格。特别是策划公司，所做的策划多是外接项目，所以策划人员既要考虑客户的需求和口味，选择一种能够引起客户共鸣的策划方案，又要考虑自身的特点和风格。总之，策划方案制作必须高标准、严要求，因为高质量的策划方案是给策划方案定位的首要标准。

其次，策划方案定位好后，就要整合策划团队的集体智慧将有关策划内容表现出来。包括客户环境条件分析、自身条件分析、策划主题和策划思路的确定、策划目标设计、策划方案实施的具体步骤、备注说明等。制定策划方案的过程就是将这些资源进行整合的过程，在整合的过程中可能会出现几种不同的解决方案，需要从中筛选出一个最优方案。

最后，选择和确定最终方案。要在多种方案中选出一个最优方案，策划人员必须有一定的标准，并且依据这些标准进行自我评审。将各种方案的优点和缺点一一列示出来，经过权衡，拿出最优方案，另外选择一到两个次优的备选方案。

选择方案应该依据以下几个标准：一是策划方案中所体现的策划目标应该具有层次性、可量化，这意味着策划方案的切实可行；二是策划方案执行程序应该具有可操作性；三是策划方案应该能够实现社会效益和经济效益的最大化。

四、通过项目执行，调控策划方案

策划方案完成并不意味着策划已经成功，还必须对策划方案的实施过程进行指导、监督和调控。

尽管项目策划方案的制订包括了策划项目具体实施的人员安排，但是，在策划的具体执行中，仍然要给予这个环节充分的重视。一个好的项目策划，如果没有好的执行人员去完成也只是徒劳。因此，在策划方案开始执行实施时，选择合适的实施人员是非常重要的。

在策划方案的执行过程中，应该密切跟踪其运行情况，发现问题应及时调整，以避免产生大的损失。当策划方案正式实施完成时并非意味着一切都结束了，策划人员应该对整个策划的成败得失进行全面、系统、深入的评价和分析，总结成功的经验和失败的教训。

本章小结

由于文化产业项目产品具有精神文化产品的属性，所以在各种文化产业项目策划中具有一些基本的原理和方法。文化产业项目策划中的原理有心理学原理、情感原理、示范效应原理、资源整合原理等。文化产业项目策划中要遵循的原则主要有创意性原则、双重效益并重原则、灵活性原则、系统性原则、客观性原则、切实可行性原则等，这些原则为策划人员衡量和评判策划的优劣提供了依据。

文化产业项目策划所使用的方法不尽相同，但都受一般方法的指导。系统法、逻辑法、综合分析法、排除法、推理法等是策划过程中所使用的一般方法，在具体的文化产业项目中也会使用到这些方法。现代的科学策划还要积极吸收数学、运筹学等科学方法。策划本身就是思维的过程，策划中经常使用的方法主要有头脑风暴法、德尔菲法、KJ 法等。

文化产业项目策划的阶段划分虽不尽相同，但大致都经历：根据市场需要，确定策划主题；经过调查分析，明确策划目标；基于时间、资源、质量三要素制定策划方案；执行策划方案并调控方案这样一个流程。

◆ **思考题**

1. 文化产业项目策划的基本原则有哪些？
2. 如何理解文化产业项目策划的双重效益性原则？结合具体案例加以分析。
3. 结合具体的项目策划，利用头脑风暴法对其市场前景等关键问题做出判断。
4. 文化产业项目策划的基本流程是什么？结合案例加以分析。

案例分析

安徽宁国东津河漂流项目策划

一、项目背景

宁国东津河方圆几千米，就资源和环境而论，其开发的理由和价值甚微。所以，长期以来，这里的旅游业一直默默无闻，无人问“津”。2006 年，浙江安吉的一批投资商发现，整个宣城地区，漂流资源都属于“稀缺”资源。

宁国独特的历史文化背景提供了本案独特的发展机遇。时间上的历史感和空间上的位置感是其最大的利用点，时间上的历史感是指在宁国历史发展进程中具有重大影响的红楼文化底蕴，可以作为本项目依托的有效文化；空间上的位置感是指东津河独具的地理区位及漂流资源稀缺优势。

“个性”是本漂流项目规划的出发点。本案因为一定程度的资源稀缺，具有开发利用的价值。首先，突出漂流个性。本案作为漂流的一个后发项目，在资源上缺乏个性、缺乏优势，只能以彰显个性取胜。其次，主题化经营。没有主题就没有灵魂。漂流项目自然类占多数，本案也不例外。只有用主题思想进行包装，才能真正形成并发挥后发优势，避免资源劣势，一炮打响。其三，立体化营销。本漂流项目需要通过开展多种多样、不拘一格的方式和活动来进行全方位、立体化的市场营销。

劣势：① 旅游资源散、乱、弱、小，缺乏整体效应和规模效应。② 宁国旅游近几年虽然发展很快，但由于起步晚，旅游形象不够鲜明，旅游市场过于狭小，总体上缺乏良好的市场基础作为依托。③ 东津河漂流，就漂流资源本身而言，无论从文化内涵还是从惊险刺激，抑或从秀丽程度上来讲，与周围已有的漂流项目比较，总体处于“弱势”状态和劣势水平。

二、策划思路

(1) 利用水资源优势，做好水的文章。

(2) 做好生态保护利用的文章。

(3) 进行景区文化内涵的发掘。

(4) 确定有吸引力的发展主题和鲜明的景区形象。

(5) 在自身品质的创造上，进行创新、突破。

三、策划方法

东津河漂流属于新兴项目，没有影响力，缺乏知名度，并且概念过于单一，缺乏市场基础，所以，应坚持采取“借船出海”策略，借牌打牌。宁国市最大的牌为《红楼梦》“宁国府”牌，并且这张牌在宁国还没形成项目落地。策划应挖掘和利用宁国最具亮色的“宁国府”文化作为背景和内涵，大胆嫁接现代时尚元素，让“宁国府”在景区“落地”，形成独具特色并且有影响力、吸引力和号召力的旅游产品。以宁国红楼爱情文化为大的背景和依托，融入现代爱情与旅游的体验元素、生活元素、时尚元素，形成本项目以“浪漫”为基调，“爱情、激情、乡情”为吸引力和卖点的现代时尚文化主题。需注意的是，向红楼文化借的是“景”，借的是“名”，并非是去再造一个宁国府重现当年的红楼盛景，而是以宁国红楼文化已有的品牌形象，借船出海，作为漂流项目的营销“力”点，巧打文化牌。

四、方案聚焦

就已知的漂流项目而言，基本上都是以单纯的漂流活动来进行定位并作为其发展模式，是一项“活动”、一个“点”、一个“项目”，虽然其间有些漂流点也有一些休闲服务设施项目，但在定位和理念上往往只是作为项目的一种配套。从发展的角度，从营造特色、增强竞争力的需要出发，本案立足于营造一个旅游社区（或旅游区）的思路进行总体规划，漂流虽然依旧是其中的主体和亮点，是一个项目，但已不是唯一。本案在性质上已放大为对一个“旅游区”进行定位规划。

五、策划分析

（一）环境分析

本项目位于宁国市区东南 15 千米，东津河梅林镇田村。宁国位于安徽省东南部，天目山北麓，水阳江上游，东邻杭州，南靠黄山，北望芜湖。气候温和，四季分明，雨量充沛，日照充足。全市有 85％的山丘面积，森林覆盖率 67％，素有“八山一水半分田，半分道路和庄园”之称。境内有东津、西津、中津三条大河，北上汇入水阳江，水资源丰富。其中发源于宁霞市东南部的东泽河，地理位置较优越，自然景观较独特。

(1) 自然景观资源。规划区位于东山脚下，承接主脉延展，具有典型的江南山林自然景观特点。地形富有变化，系低山丘陵宽谷型地貌，有自然而成的环形山坡、凹谷。东津河河道蜿蜒，起伏变化，水质清澈，四周青山环抱，水资源丰富。植被丰泽，树种类型多样，片片田园，堆青叠翠，绿浪汹涌，苍翠宜人，蔚为壮观。两岸夹竹，河中鸣鸟，好一幅山水田园画。

(2) 人文景观资源。千年古桥、龙王古寺。

(二) 问题分析

本项目因其漂流作为一种“稀缺”资源，具有开发利用的价值。但适合开展漂流旅游资源的“稀缺”，只是表明本项目具有开发利用的资源价值，还不具备漂流项目的产品优势和竞争优势，因此需要进一步在产品定位和营销方面进行优化和强化。强调漂流资源的比较优势和稀缺优势。策划需要强调旅游交通的快捷、区位优势、乡野生态文化内涵。最终通过新型产品概念的提炼和引入，强调创新风景资源内涵，开发特色旅游项目，增强旅游地核心竞争力。

(三) 发展定位

(1) 性质定位。本案将建设成为以漂流为核心，“河”漂为特色，浪漫为灵魂，“红色”(红楼文化)、绿色(生态)和橙色(健康、运动、时尚)为主题，具有地区影响力的休闲旅游度假区。通过“时尚的水上活动，浪漫的情感体验，自然的湿地探索，原野的乡村生活”构建出以“浪漫、时尚、梦幻、自然、雅致”为特色的“梦幻水世界”，成为游客喜爱的“浪漫地、激情地、休闲地”。

(2) 个性定位。“河”漂主要基于以下两方面的考虑：其一，从竞争形态上分析，目前中国已开发的漂流项目基本上都是“溪”漂，即便有些漂流点实际上属于“河”漂性质，但囿于趋同思想的影响，也叫“××溪”漂流，并且尚未意识到河漂的独特卖点和亮点，以及二者之间的个性化差异。其二，从本案的资源上分析，只能“河”漂。结论：本漂流项目只能并应该刻意在“河”漂这一关键点上做文章，彰显个性，形成特色。

六、规划结构

根据景观资源的分布、自然地理条件，在立足于全面保护生态、合理适度开发的基础上，规划形成“一体两翼加凤头”的格局。① “一体”，活力动脉，即规划区主体——东津河漂流观光区。利用东津河两岸的优美风景，构成一幅幅天然山水与田园风光画，美不胜收。同时，在河道中建设大型风车、小型水车、双龙喷水、刻石画木、竖旗挂灯等。注意在河道两岸，进行环境整治、绿化添景。② “两翼”，振翅高飞的两只翅膀。北翼：乡村旅游区，以农作物生产、农民生活为重点，结合农事活动，以农家乐的形式推出老牛拉磨、鱼鹰抓鱼、现做挂面等体验活动，开展农业观光、乡村旅游。南翼：水岸湿地生态保育区，为景区未来发展预留区及生态涵护保养区。③ “凤头”，休闲丛林，即休闲度假区，包括度假村及水上休闲娱乐区等，是规划区未来发展的方向和重点。

(一) “一体”，活力动脉

东津河漂流观光区本区以“河漂”为突出个性，总体营建东津河漂流的“河漂”特色及特殊的“河漂”体验；以“激情漂流”为灵魂，营建惊险、刺激、活力、动感的“水乐”情境；以天然河道为纽带，保留该地域的自然野趣，并加以扩大，拓展空间，组合河道两岸滩地、竹林、山峰等为一组视线，丰富活动内容，形成生态画河风景廊道。漂流观光区具体由一“点”和一“线”两部分组成。

一“点”：入口景区（点），即以漂流上码头入口服务区域作为漂流活动的起点，是游客进入中心区域、景区的入口印象区。建筑体量要小、设施要简、项目要少，结合竹木材料，突出宁国特色。营造亲水氛围，突出漂流气势。

一“线”：漂流水系线，漂流活动的主要区域。

(1) 特色营建。将漂流河道自然分为四段，总体营建四种不同特色的漂流体验。第一段：画河漂流。山水共一色，天然如画，筏在河中漂，人在画中游。第二段：生态漂流。竹林、山林，沿途饱览河岸生态美景。第三段：冲浪漂流。体验冲浪的惊险刺激。第四段：湿地漂流。

(2) 景观设计。① 六大体验：激流勇进、双龙水人、湿地徜徉、鱼鹰出击、排山倒海、顺流逆流。② 画河八景：云虹彩桥、仙鹤迎客、百里元竹、白鹭惊鸿、牧童短笛、碧河丛林、东津秀姑。

(3) 策划建议。东津河河道亮阔，可采用各种漂流工具，如增加木船漂、舢板漂。可以选择村里能歌善舞的青年女子作为船工，推出美人漂，并使之成为特点和卖点。可以设置对歌漂流等情景项目。

(二) 乡村旅游区：乡村景园

根据村镇景观化、产业特色化、农民知识化、经营合作化、管理社区化的新农村建设要求，完成田村的规划建设整治，进行农村生活体验，开展生态农业观光。

(1) 生态农业观光园。对现有农田进行集合化经营生产，连田成片，一年四季油菜花香、稻麦芬芳，成为一道亮丽的风景线。

(2) 百果园。种植各种经济作物，如桃、梨、杨梅、山核桃、枇杷等，形成四季鲜果不断的百果园。

(三) 休闲度假区：点燃梦想与希望

通过项目集聚、功能提升、要素叠合，使本区成为整个规划区的休闲游憩区，成为景区之核、竞争之核、凝聚之核、文化之核。本区既是整个规划区休闲度假及综合服务功能的有机组成部分，同时更希望通过本区的做大、做强、做特，能够形成相对独立的旅游产品单元，进而与漂流项目首尾呼应，相互支持。规划以“大观园”作为休闲度假区“独立”的产品概念进行运作，如果发展需要，漂流项目也可纳入该品牌形象体系之中。“大观园”的主题是“情”为骨架，时尚休闲是血肉，成为一个乡野个性张扬，文化韵味十足，集乡情、爱情、闲情、友情、亲情于一区的乡村大观园，“情”趣大世界。根据“大观园”旅游产品的内涵需要，休闲度假区规划形成 3 个产品景区。

(1) 大观园度假村（红楼）景区，是宁国府红楼文化意蕴的集中表现处，为园林式建筑，主楼一幢，若干别墅，按三星级标准建设，体现《红楼梦》中的宁国府文化及其特色。包括红楼园、情满园、爱情园、友情园、亲情园、师生园。

(2) 星月湖景区：水上休闲娱乐区，做足水文章，形成水特色，营造“梦幻水乡”的旅游愿景。发挥河优势，形成河景、河玩、河闲、河饮、河乐系列特色旅游主题。从游憩机会序列和景观特色上将星月湖水上休闲娱乐区分为动静结合的 3 个功能区：渔情怀旧区、奇幻游乐区和水上娱乐区。① 渔情怀旧区。以旧日风情、今昔追忆作为整个区域的形象主题。通过抽象鱼塘机理格局，构建专以垂钓、河舫、鱼鹰、渔人生活体验为主体游憩点的游览区。包括河鲜渔火、河滩野炊、虾兵蟹将、星月湖。② 奇幻游乐区，以“水上奇幻，梦境一游”作为整个区域的形象主题。星湖精灵国：为主题性儿童游憩场所，是一个鼓励青少年及儿童充分发挥想象、尽兴游玩的水上活动场所。③ 水上娱乐区，以“水波荡漾、河岸风情”作为形象主题。星月沙滩：营造人造河滩，沙滩上放置休闲设施，开展沙滩排球等不同类型的活动。

(3) 溢香园(乡野风情)景区，以“溢香园”作为景区(点)名称，溢香之“香”，又通“乡”，双重寓意。积聚购物、餐饮、休闲、服务等多重功能于一区。围绕乡村做文章，突出野、质、朴、趣、乐，体现乡情主题。合理利用《红楼梦》中有关宁国府乡村景物的资源。设有集市、码头、乡野广场、乡之圆舞曲等。

七、漂流发展趋势及市场需求研究

(一) 市场分析

(1) 丰富的水资源催生众多漂流景点。中国溪河纵横，水资源丰富，进而为开展水上漂流运动创造了条件，在不过10年的时间内，形成了一股漂流开发热潮，除边远山区外，所有能够开发漂流的河段几乎全部被抢占。著名的漂流项目有宜昌三峡漂流、海南万泉河漂流、武夷山九曲溪漂流等。宁国周边，也是风起云涌，浙江临安、安吉、余杭、桐庐、安徽泾县等地，均已开发漂流项目。

(2) 市场竞争堪称激烈。随着越来越多漂流景点的出现，为抢占客源市场，一场激烈的客源争夺战在大江南北打响。各漂流景点都拿出看家本领，尽可能展示自身的特色，并且日趋名目繁多，从竹漂、皮漂到探险漂、瀑布漂，无不以彰显个性而取胜。

(3) 漂流市场需求开始趋于求新求变。漂流市场客源需求主体为青年群体及学生群体。作为一种新兴的参与性旅游项目，在一度曾经由观光市场主导的旅游格局中，不仅快速成为亮点，并且迅速聚集人气。近几年，随着漂流项目的猛增，其新鲜神秘感开始有所降低，游客开始在求新中求异求变，在众多漂流项目的选择中开始趋于理性和成熟，一些特色不鲜明、进入性差、自然条件差、宣传促销差的“四差”漂流点，退出了竞争。

(二) 实战亮点

(1) 总体形象设计。近几年来，上海、南京、杭州等大都市周边的旅游景点同质化、同类化倾向日趋严重，竞争日趋激烈，占据市场制高点日趋困难。纵观之下，我们发现凡是旅游形象易于识别并获得认同的景区，就比较容易在市场竞争中胜出，能够立于不败之地。例如“太湖源”“双溪漂流”等景区，这些景区的良好形象，使开发者获益匪浅。因此，本案的开发，要求在命名、知名度、美誉度、形象宣传、有效传播等方面有所突破。因为旅游地形象引导着潜在旅游者的决策倾向，在指导有效竞争方面具有不可替代的作用。

(2) 理论贡献：旅游资源“稀缺价值”理论。对中国的旅游市场而言，这是一个过剩、丰富的时代，也是一个求而难得的时代，新项目纷纷涌现，但真正具有特色的却难以寻觅。旅游资源的“稀缺”就是价值。地段的稀缺、环境的稀缺、产品类型的稀缺必将带来旅游项目的增值。我们应珍视这种“稀缺”资源，秉承以人为本、生态优先、特征鲜明的理念，注重品质，不断探索，倾力打造至美的空间形态。稀缺性蕴藏高价值，东津河漂流在一定程度上填补了这一空白。

(3) “东津河，不只有一个漂流。”做项目策划，大家习惯了就事论事，有什么做什么，委托你做什么就做什么，其结果往往不言自明：缺乏竞争力。以东津河漂流为例，这是一个漂流项目，主打漂流肯定没错。但问题是，如果仅仅只做漂流，到底有多大竞争力和吸引力呢？所以我们坚定不移地坚持一个理论：东津河，不只有一个漂流。我们把它规划为一个以漂流为主，包含休闲、娱乐、度假、体验等的休闲旅游度假区，休闲度假与漂流项目首尾呼应、相互支持，发挥“1+1>2”的旅游乘数效应。

（资料来源：沈祖祥. 旅游策划[M]. 上海：复旦大学出版社，2007.）

思考题

本项目策划运用到哪些基本原理、原则？结合当前的文化旅游消费需求，你觉得还可以策划哪些活动内容？

实务训练

以5～10人为一小组，运用头脑风暴法，讨论文化项目选题，并最终确定一个选题。

第三章　文化产业项目策划的环境分析与市场调研

本章结构图

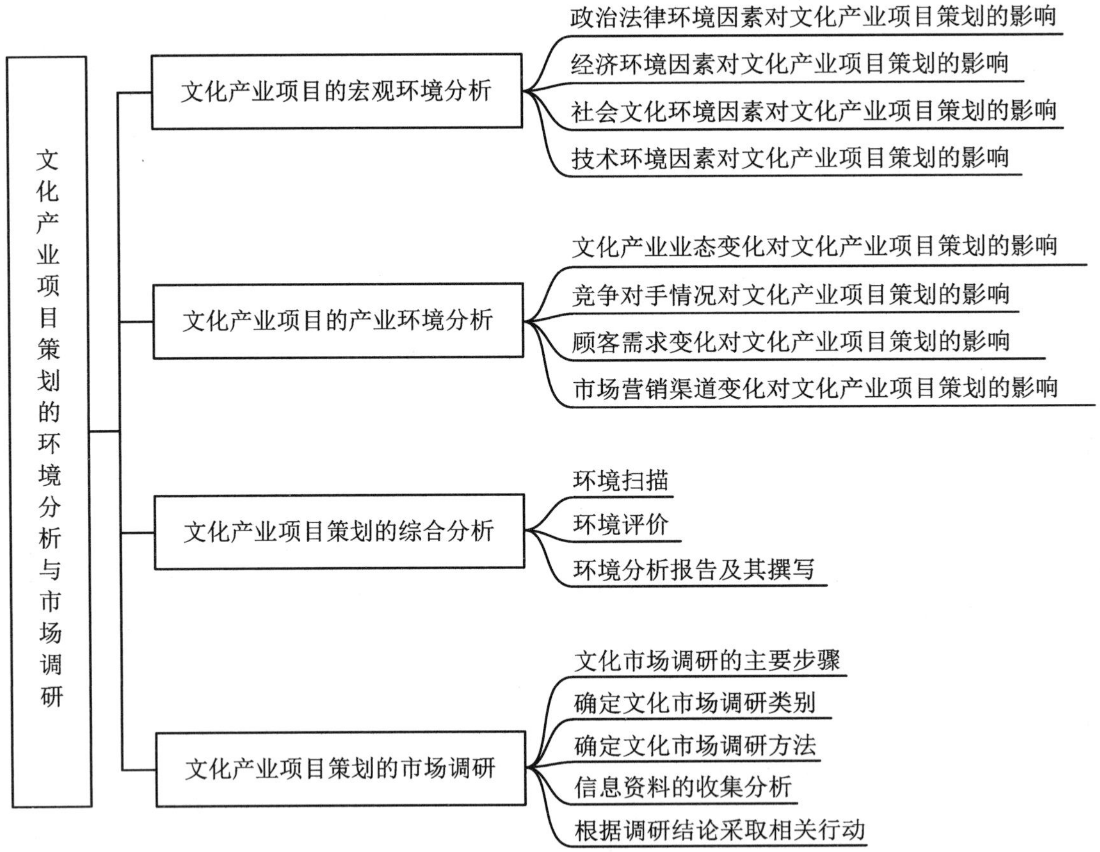

学习目标

1. 掌握文化产业项目宏观环境的分析框架，并能运用它对文化产业项目进行分析。

2. 掌握文化产业项目产业环境分析框架，并能运用它对文化产业项目进行分析。

3. 掌握文化产业项目综合分析的基本框架，能够利用 SWOT 分析矩阵进行项目战略选择。

【导入案例】

文化产业向国民经济支柱性产业目标迈进

2017年，全国文化产业增加值为34722亿元，占GDP的比重为4.23%，比上年增长12.8%(按现价计算)；增加值过千亿元的省(区、市)已有13个。文化产业增加值占GDP的比重超过5%的省市有北京、上海、浙江和广东。同时，文化产业服务民生的作用凸显。2017年，全国文化产业从业人员达到2138万人，较2004年的873.26万人增加了1.45倍。文化和旅游部门鼓励贫困地区依托特色文化资源发展特色文化产业，支持建设了一批具有富民效应和示范效应的文化产业集聚区和特色文化产业项目。例如，贵州实施文化产业扶贫“千村计划”，推动传统手工艺标准化、规模化和市场化。

(资料来源：国家统计局官网，2018-10-10.)

文化产业项目策划的环境主要指与文化产业项目紧密相关的环境因素，可以简单分为宏观环境和产业环境两大类。宏观环境则是指影响策划环境的一系列巨大的社会力量，主要是政治法律、人口经济、社会文化、科学技术及自然生态等因素。产业环境指与企业紧密相连，直接影响企业营销能力的各种参与者，包括企业本身、市场营销渠道企业、顾客、竞争者以及社会公众。

第一节　文化产业项目的宏观环境分析

对文化产业项目宏观环境分析的主要框架(方法)是PEST分析法，即在政治(法律)环境(Political)、经济环境(Economic)、社会文化环境(Social and Cultural)和技术环境(Technological)构成的空间内进行分析。这里采用该分析框架作为基本分析原则，并在此基础上予以加减，对文化产业项目策划时所面对的政治法律环境、经济技术环境和社会文化环境等予以分析。

一、政治法律环境因素对文化产业项目策划的影响

政治法律环境是指一个国家或地区的政治制度、体制、政治形势、方针政策和法律。政治因素像一只无形之手，调节着文化企业经营和营销活动的方向；法律则为文化企业规定商贸活动行为准则，政治与法律相互联系，共同对文化企业的市场行为发挥影响和作用。

(一) 政治环境因素对文化产业项目策划的影响

政治环境指文化产业项目策划与运作的外部政治形势和状况以及国家方针政策。政治环境分析一般研究一个国家的政治制度、政局稳定性及政策连续性。由于文化产业和文化产品所具有的意识形态属性和与生俱来的教化作用，使文化产业发展与文化企业的经营活动比其他产业或行业更容易受到政治环境的影响。国际、国内的政局稳定与否，国家政策方针的变动，甚至国家意识形态领域的倾向性，都会给文化行业、文化企业的发展及其项目选择带来决定性的影响。文化产业项目及其提供的产品和服务都必须符合国家的方针政策要求，按照国家的有关规定，生产和经营国家允许的产品。同时，文化产业所具有的意识形态

属性，也使文化企业的项目选择和经营管理受到国际关系的巨大影响。例如，中国的文化产品出口要受到出口国进出口政策与中国外交政策的影响。如果该国与我国的关系良好，则对我国文化产品在该国的营销有利；反之，如果该国对我国政府持敌对态度，那么，中国的文化产品很可能就会遭到攻击或抵制，甚至直接被拒之门外，这对文化企业的经营活动是极为不利的。

政治环境对文化产业项目策划影响最大的是政府的文化产业政策。文化产业政策是指政府对某些特殊产业实行扶植或限制的政策，可分为国家文化产业政策和地方文化产业政策。地方文化产业政策的制定虽然以国家文化产业政策为依据，但地方政府往往会根据本地区的资源优势而确定不同的文化产业政策。文化产业政策一旦确定扶植某一文化产业项目(通常表述为"重点发展文化产业"或"文化支柱产业")，属于该文化产业范围内的项目将会优先得到立项审批以及税收、贷款和其他相关条件的优惠，这将为企业降低"进入门槛"。政府的文化产业政策对文化企业项目策划的影响在于：

(1) 政府在确定文化产业政策之前，会进行大量的社会经济调研，因此文化产业政策决定扶植的文化产业项目往往是经济发展的"瓶颈"项目。既然是"瓶颈"，就是有很大的需求尚未满足急需发展的文化产业项目，文化企业一旦选择这种行业项目，其文化产品的销售量将长期稳定增长。

(2) 文化产业政策的扶植对文化企业进入该行业提供了很大的实惠，税收、贷款和报批的优惠将极大地降低文化企业进入该文化产业的成本。

(3) 由于文化产业政策的支持，文化企业可以在很短的时间内进入该产业，文化企业可缩短项目论证时间、报批时间以及征地和动迁时间等，可使新产品提前上市。

(二) 法律环境因素对文化产业项目策划的影响

法律是体现统治阶级意志，由国家制定或认可，并以国家强制力保证实施的行为规范的总和。对文化企业来说，法律是评判文化企业市场行为的准则，只有依法进行的各种经营活动，才能受到国家法律的有效保护。因此，文化企业的文化产业项目选择、经营和管理，必须了解并遵守国家或政府颁布的有关经营、贸易、投资等方面的法律、法规。如果文化产业项目属于国际性项目，或其项目产品营销对象为国际市场，就既要遵守本国的法律制度，还要了解和遵守市场国的法律制度和有关的国际法规、国际惯例和准则。这些因素对国际企业的项目经营有深刻影响。例如，各国法律对商标、广告、标签等都有自己特别的规定。加拿大的产品标签要求用英、法两种文字标明，法国却只使用法文产品标签。在广告方面，许多国家禁止做电视广告，或者对广告播放时间和广告内容进行限制。例如，德国不允许做比较性广告和使用"较好""最好"之类的广告词；另外，许多国家不允许做烟草和酒类广告等。这些特殊的法律规定，是企业特别是进行国际营销的文化企业必须了解和遵循的。

从当前文化企业经营活动法制环境的情况来看，管制文化企业的立法增多，法律体系越来越完善。为保证文化企业间的公平竞争，保护消费者的正当权益，保护社会的整体利益和长远利益，近几年来，我国在发展社会主义市场经济的同时，也加强了市场法制方面的建设，陆续制定、颁布了一系列重要法律法规，如《公司法》《广告法》《商标法》《专利法》《著作权法》《反不正当竞争法》《文物法》等，对规范文化企业经营活动起到了重要作用。还有一系列的文化类、知识产权领域的法律、法规，如《中华人民共和国非物质文化遗产法》《中华人民共和国文物保护法》《中华人民共和国公共图书馆法》《电影产业促进法》《中华人民共和国文化产业促进法(草案)》。我国文化产业领域一级效力的法律不多,基本都是以法规的形式出现,如《出版管理条例》《音像制品管理条例》《营业性演出管理条例》《娱乐场所管理条例》以及互联网、艺术品经营等涵盖文化产业众多领域的法律法规条例。同时政府机构执法更严,各个文化市场管理机构分别从不同方面对企业的营销活动进行监督和控制,在保护合法经营、取缔非法经营、保护正当交易和公平竞争、维护消费者利益、促进文化市场有序运行和经济健康发展方面,发挥了重要作用。

文化部门把规范文化市场秩序作为保障文化产业健康发展的重要手段,文化市场综合执法改革任务全面完成,责权明确、规范有序的文化市场管理执法体制、机制初步建立,文化市场规范化、法制化水平进一步提高;行政审批管理规范透明,全面明晰公开审批条件、程序和结果,接受社会监督;文化市场监管能力稳步提高,文化市场管理理念、方式和手段不断完善,初步构建了文化市场管理长效机制。这些为文化企业发展和文化产业项目提供了一个优良的法律政策环境。

二、经济环境因素对文化产业项目策划的影响

经济环境是指企业经营过程中所面临的各种经济条件、经济特征和经济联系等客观因素。文化企业开发的项目都是在一定的经济环境中运作的,经济环境直接影响文化产业项目实施的可行性和经济效益。经济环境中对文化产业项目制约的主要因素有消费者收入水平、支出模式、消费结构和社会购买力等。

(一)消费者收入水平的变化对文化产业项目策划的影响

市场是由具备一定购买力的人口构成的,购买力水平是影响市场规模大小的决定因素。消费者的购买力来自消费者的收入,但消费者并不是把全部收入都用来购买商品或劳务,购买力只是收入的一部分。通常,国民生产总值是衡量一个国家经济实力与购买力的重要指标,但国民生产总值对消费者收入的影响往往不是那么直接。而人均国民收入对消费者收入的影响比较直接,这个指标大体反映了一个国家人民生活水平的高低,也在一定程度上决定了商品需求的构成。一般来说,人均收入增长,对消费品的需求和购买力就大,反之就小。对消费者收入具有最直接影响的是个人可支配收入、个人可任意支配收入和家庭收入三个因素。个人可支配收入是个人收入中可以用于消费支出或储蓄的部分,它构成实际的购买力。个人可任意支配收入是消费需求变化中最活跃的因素,也是文化企业经营时所要考虑的主要对象,因为这部分收入主要用于满足人们基本生活需要之外的开支,一般用于购买高档耐用消费品或用于文化娱乐消费等。基本生活需要及文化娱乐消费的很多产品是以家庭为基本消费单位的,一般来讲,家庭收入高,对消费品需求大,购买力也大。2020 年 2 月 28 日,国家统计局发布 2019 年国民经济和社会发展统计公报。数据显示,在居民收入消费方面,全年全国居民人均可支配收入 30733 元,比上年增长 8.9%,全年全国居民人均消费支出 21559 元,比上年增长 8.6%。

(二)消费者支出模式和消费结构的变化对文化项目的影响

随着消费者收入的变化,消费者支出模式会发生相应变化,继而使一个国家或地区的消费结构也发生变化。恩格尔系数表明,在一定的条件下,当家庭个人收入增加时,收入中用

于食物开支部分的增长速度要小于用于文化教育、精神享受等方面的开支增长速度。食物开支占总消费量的比重越大，恩格尔系数越高，生活水平越低；反之，恩格尔系数越小，生活水平越高。这种消费支出模式不仅与消费者收入有关，而且还受到家庭生命周期阶段和家庭所处地理位置的影响。据调查，有孩子的家庭在孩子的文化娱乐、教育等文化消费品上支出较多，当孩子长大独立生活后，家庭开支预算中用于保健、旅游的部分就会增加。消费结构指消费过程中人们所消耗的各种消费资料（包括劳务）的构成，即各种消费支出占总支出的比例关系。优化的消费结构是优化的产业结构和产品结构的客观依据，也是文化企业开展文化产品营销活动的基本立足点。文化企业要重视消费结构的变化，尤其应掌握拟进入的目标市场中支出模式和消费结构的情况，输送适销对路的产品和服务，以满足消费者不断变化的消费需求。数据显示，2019 年人均服务性消费支出 9886 元，占居民人均消费支出的比重为 45.9%；全国居民恩格尔系数为 28.2%，比上年下降 0.2 个百分点，其中城镇为 27.6%，农村为 30.0%。

（三）文化消费者的购买力还要受储蓄和信贷的影响

消费者的个人收入中总有一部分是以各种形式储蓄起来的，这是一种推迟了的、潜在的购买力。消费者储蓄一般有两种形式：一是银行存款，在已有存款基础上增加现有银行存款额；二是购买有价证券。当收入一定时，储蓄越多，现实消费量就越小，但潜在消费量愈大；反之，储蓄越少，现实消费量就越大，但潜在消费量愈小。文化企业应当全面了解消费者的储蓄情况，尤其是要了解消费者储蓄目的的差异。储蓄目的不同，往往潜在需求量、消费模式、消费内容、消费发展方向也不同。这就要求文化企业在调查、了解消费者储蓄动机与目的的基础上，制定不同的经营策略，为消费者提供有效的产品和劳务。

我国居民有勤俭持家的传统，长期以来养成了储蓄的习惯。近年来，我国居民储蓄额和储蓄增长率均较大。居民储蓄增加，显然会使企业目前产品价值的实现比较困难，但文化企业若能调动消费者的潜在需求，就可开发新的目标市场。另外，消费信贷对购买力的影响也很大。所谓消费信贷，就是消费者凭信用先取得商品使用权，然后按期归还贷款，也就是消费者提前支取未来的收入，提前消费。我国的信贷消费目前正广为人们所接受，并有不少部分被用在了文化教育方面，信用卡消费也正在逐步兴起。

数据显示，最近十年，国民储蓄率年年下降。2018 年我国国民储蓄率为 44.91%，与 2008 年的历史高点（51.84%）相比明显下滑，这种下滑趋势还将持续下去。国际货币基金组织（International Monetary Fund，IMF）预测，2023 年中国国民储蓄率将降至 41.61%，较历史峰值下滑 10 个百分点。居民储蓄率的回落，意味着居民消费对经济增长的贡献触底回升，中国经济的消费率已从 2010 年的 48.45%稳步回升到 53.6%，消费也取代投资，成为中国经济增长的第一动力。

（四）其他影响因素

除了上述直接影响文化企业经营活动的因素外，经济发展水平、经济体制、地区与行业发展状况和城市化程度等因素都对文化企业的项目选择产生或多或少的影响。经济发展水平对文化企业经营活动的制约是很大的。经济发展水平比较高的地区，对文化产品与服务等精神生活层面的需求比经济发展水平低的地区要高得多。同样，城乡之间因为经济文化发展水平的不同，对文化产品和服务的需求差异也很大。同时，不同的经济体制对文化企业营销活动的制约和影响也不同。

现阶段，我国社会主义市场经济体系还不够完善，从某种程度上影响了文化企业开展活动。另外，国家的行业发展政策对文化产业项目选择也有很大影响。近年来，由于文化产业相对于其他行业而言具有很大的发展优势，国家不仅将其列入国民经济产业序列中，还采取了一系列措施重点给予扶持，这必将给文化产业项目带来积极影响。文化企业只有密切关注当地经济环境的变化，对每一次经济环境的变化都进行分析和评估，才可以扩大文化产业项目策划的范围，还可以使文化企业抢先抓住文化产业项目机会，先于竞争者占领市场。

文化企业在经济环境变化下进行文化产业项目策划要特别注意两个问题：一是经济环境的变化给许多文化产业项目开发提供了基础条件，这种基础条件对文化企业来说是一种项目机会，企业只有通过这种项目机会，捕捉到市场机会才能开发该项目。二是经济环境的大变化往往以一个环境因素的变化为标志，尽管这个因素的变化对经济环境的影响是广泛而深远的，整个经济环境也会因此发生变化，但这并不意味着这个因素变化就为某一特定项目提供了全部基础条件，其他基础条件的成熟可能还需要一段时期，只有当一个项目的全部基础条件具备后，该文化产业项目才是可行的，切勿操之过急。

三、社会文化环境因素对文化产业项目策划的影响

社会文化环境是指一个国家或地区的民族特征、文化传统、价值观、宗教信仰、教育水平、社会结构和风俗习惯等情况。社会文化环境中的许多因素都具有继承性和稳定性，受到传统文化和历史继承的制约。但是，当社会的政治法律环境发生巨大变化时，社会文化环境也将随之变化，这些变化将直接影响人们的消费观念、价值观、教育水平、收入水平及结构的变化。一方面将淘汰人们对一些产品的需求，另一方面将引发许多新的需求，这些需求是文化企业策划新项目的主要来源之一。社会文化环境通过影响消费者的思想和行为来影响文化企业策划新项目活动，在这一点上与文化产品和服务所起的作用具有共同性。

（一）教育水平是与文化企业项目策划最为密切的文化因素

教育水平是与文化企业项目策划最为密切的文化因素，各个国家和地区的教育水平受经济发展水平的影响，而教育水平的高低往往影响着消费者的心理、消费结构，不同的文化修养会产生不同的审美观，导致消费者购买商品尤其是文化产品和文化服务时的选择原则和方式也不同。一般来讲，教育水平高的地区，消费者对精神生活的要求较高，容易接受更多的文化产品和文化服务，对文化产品和服务购买的热情也高。同时，教育水平的高低还影响文化企业项目的选取，以及项目推广的方式方法。例如，在教育水平低的地区，应选择适合大众化的、通俗易懂的、价格相对低廉的文化产品和服务；而教育水平高的地区，则需要高品位的、高质量的文化产品和服务。因此，在选择文化产业项目时，文化企业必须考虑当地的教育水平，文化产业项目产品要与之相适应。

根据 2018 年全国教育事业统计数据显示，学前教育毛入学率 81.7%，比上年提高 2.1 个百分点；小学学龄儿童净入学率 99.95%，比上年提高 0.04 个百分点；初中阶段毛入学率 100.9%（由于包含非正规年龄组（低龄或超龄）学生，毛入学率可能会超过 100%）；高中阶段毛入学率 88.8%，比上年提高 0.5 个百分点；高等教育毛入学率 48.1%，比上年提高 2.4 个百分点。全国共有各级各类学校 51.89 万所，比上年增加了 5128 所；各级各类学历教育在

校生 2.76 亿人，比上年增加了 535.97 万人；各级各类学校共有专任教师 1673 万人，比上年增加了 46 万人。总体看来，我国各级教育的普及水平不断提高，国民受教育机会进一步扩大。

（二）价值观念、审美观念对文化产业项目策划的影响很大

价值观念是人们在社会生活中对事物的态度、评价和看法。不同的文化背景下，人们的价值观念差别很大，价值观念在很大程度上决定着人们的生活方式，从而也决定着人们的消费行为。消费者对商品的需求和购买行为深受价值观念的影响，这在文化消费品方面表现得尤为突出。例如，在发达资本主义国家，人们比较追求精神生活上的享受，文化产品的消费水平很高。而不同的国家、民族、宗教、阶层和个人，往往因社会文化背景不同，其审美标准也不尽一致。因审美观不同而形成的消费观更是多种多样，不同的审美观对消费的影响是不同的，文化企业应针对不同的价值观念和审美观念所引起的不同消费需求，确定自己的企业战略，选择合适的文化项目，特别要把握不同文化背景下的消费者价值观念和审美观念的变化趋势，制定良好的文化项目策略以适应文化市场需求的变化。

（三）宗教信仰方面的不同对文化产业项目策划的影响也不可低估

不同的宗教信仰有不同的文化倾向和戒律，从而影响人们认识事物的方式、价值观念和行为准则，以及人们的消费行为，其带来的特殊市场需求，与企业项目有密切的关系。特别是在一些信奉宗教的国家和地区，宗教信仰对市场的影响力更大。据 2000 年联合国统计的数据显示，全球人口为 62 亿，宗教信仰人数为 50 亿，世界信仰宗教人数占总人口的 78.52%，即世界上信奉各种宗教的教徒占世界总人口的 2/3 多。教徒信仰的宗教不一样，信仰和禁忌也不一样，这些信仰和禁忌往往会限制教徒的消费行为。某些国家和地区的宗教组织对教徒的购买决策有重大影响。一种新产品出现，宗教组织有时会限制或禁止使用，认为该商品与其宗教信仰相冲突；相反，有的新产品出现，得到宗教组织的赞同和支持，就会号召教徒购买、使用，从而起到一种特殊的推广作用。因此，文化企业应充分了解不同地区、不同民族、不同消费者的宗教信仰，推广适合其要求的产品，否则，就可能失去市场机会。

（四）风俗习惯、语言文字等也是影响文化产业项目策划的重要因素

风俗习惯是人们在一定的自然环境和社会生产生活方式、条件下长期形成，并世代相袭而成的风尚和习惯等的总称。它在生活习惯、生活方式、信仰、节日、人际关系等方面，都表现出独有的特征。不同的国家、民族有不同的风俗习惯，它对消费者的消费嗜好、消费模式、消费行为等具有重要的影响。例如，不同的国家、民族对图案、颜色、数字、动植物等有不同的喜好和使用习惯，如中东地区严禁带六角形的包装，英国忌用大象、山羊做商品装潢图案等。语言文字是人类交流的工具，它是文化的核心组成部分之一。不同国家、不同民族往往都有自己独特的语言文字，即使同一国家，也可能有多种不同的语言文字，即使语言文字相同，也可能表达和交流的方式不同。语言文字的不同对企业的营销活动有巨大的影响。

一些企业由于其产品命名与产品销售地区的语言等相悖，给企业带来了巨大损失。例如，我国有一种汉语拼音叫"Maxi Puke"的扑克牌，在国内销路很好，但在英语国家不受欢迎。因为"Maxi Puke"译成英语就是"最大限度地呕吐"。企业在选择文化项目时，应尽量了解各个国家、地区和民族之间风俗习惯、文化背景、语言文字等方面的差异，这样才能使营销

活动顺利进行。此外,自然地理环境等也会对文化企业营销活动有所影响。如地形地貌和气候的不同,将会对文化产业中会展、旅游、演艺等行业的发展产生不同的影响。因此,文化企业也要分析和认识自然地理环境变化的趋势,避免由自然地理环境带来的威胁,最大限度地利用环境变化可能带来的市场机会,根据不同的环境情况来设计、生产和销售产品。

四、技术环境因素对文化产业项目策划的影响

技术环境是指一个国家或地区的技术水平、技术政策、新产品开发能力以及技术发展的动向等。当今科学技术发展的速度大大加快,其革命性成果大大改变了社会生产方式、生活方式乃至人口结构。文化与科技虽然在历史上就存在内在联系,但从来没有像今天这样联系紧密。当今世界,文化与科技日益相互渗透、相互促进:科技成为文化发展的重要引擎,每一次科技进步都给文化发展带来革命性影响;文化成为科技创新的智力源泉,每一次文化创新都使新的科技革命得到强大智力支持。

(一) 科学研究成果引发文化产业项目策划

随着科技的进一步发展,人类对宇宙奥秘的认识将进一步加深,每一次科学的大发现都可能直接引发一系列新产品的策划和开发。科学技术的研究和发展,使人们改变了对自然和宇宙的看法,促使人们重新认识人与自然、人与社会的关系。现代科学观念直接或间接地导致了人们的消费观念和产品需求发生如下变化:环保项目的需求增加,绿色食品的需求增加,返璞归真的休闲项目的需求增加,生物农药的需求增加,保护野生动物和植物的需求增加等,这些需求的增加都将引发新项目的开发。当前,大数据引领新一轮科技创新,新的科技进步对文化创新的驱动作用越来越强,成为文化创新的新动力,催生新型文化业态,孕育以数据科学为核心的人文科学革命。

(二) 新技术、新发现引发文化产业项目策划

新发现、新技术、新材料和新能源的运用,能为企业提供丰富的文化产业项目策划源泉。一些新技术的成功运用往往孕育着无限的商机。20 世纪对商业乃至人类影响最为深远的莫过于计算机技术的出现和发展,计算机进入众多的商业企业和千家万户,改变了人们的生活和生产方式,为人们带来了极大的方便,提高了工作效率。在现代科学技术的影响下,文化产业的服务方式和消费方式表现出前所未有的丰富多彩,其创造财富和吸纳就业的潜能得到有效发挥。网络文化产业的崛起一方面颠覆了传统的产业链,另一方面,内容增值服务带动了硬件投资,这两方面的影响使文化产业真正成为信息产业的高端产品,也给互联网企业聚集了大量的财富。以淘宝网、当当网为代表的网售模式不仅延伸了文化产业链,其本身也发展成为了一种新产业模式。商家无须把售卖物品摆到市面或货架上,只要在网上介绍一下产品的性能、规格、价格等方面的参数,就可足不出户,增加销售业绩。将科学技术、商业模式和文化内涵结合起来的文化产业,正从大众化的批量市场转向多元化的服务市场,文化消费和服务的范围不断扩大——文化产品的价格降低了,适用性增加了,更多的价值元素被注入。人们在享受科学技术发展带来的种种便利的同时,也不断调试着文化产品的“口味”。Flash 技术在国产动画片《喜羊羊与灰太狼》中的运用则是技术对文化产业项目产生重要影响的成功典范。

(三)信息技术的应用引发文化产业项目策划

科学技术的发展必将导致更多新能源和新材料的诞生,新能源和新材料的运用往往包含巨大的商机。现代科学技术影响下的文化生产与传统的生产方式有很大区别。过去,文化生产中有许多工匠式的劳动,比如打字、排版、扫描、送稿、置景、造型等,既费时又费钱;现如今,依托日新月异的电脑、通信和网络集成技术,艺术家、科学家、程序操作人员各司其职又通力协作,制作出各种形式的图形、图像和音乐,生产出电子出版物、数据库,经过后期制作、包装然后发行并最终应用于有线互联网络,这一切都可以在电脑上完成。通过这样一个过程,文化资源积累的厚度、文化资源开发的广度、文化内容整合的力度不仅得以显示出来,文化的辐射力和吸引力也得到了增强。由此可见,信息技术不仅拉近了文化创造者、研究机构、人才培训、研发生产、市场流通诸因素之间的距离,增强了文化的互动性,还从创新的角度给文化产业的各个层面以巨大的压力和推动力。

(四)"互联网+文化"的迅速发展引发文化产业项目策划

随着互联网技术的迅速发展,互联网与文化日益深度融合,传统文化业态正在转型升级,"互联网+文化"成为重要发展趋势。"互联网+文化"是网络音乐、网络表演、网络美术、网络动漫、网络游戏、网络流媒体、手机文学等以互联网为传播方式的网络文化形态。同时,其他具备条件的传统文化形式也都采取互联网形式纷纷上线,包括收藏在博物馆里的文物、存在于日常生活中的传统手工艺,还包括艺术品业、演艺业、新闻出版业、电影业和广播电视业等传统文化业态。"互联网+文化"的发展趋势,不仅表现为互联网技术在文化领域的推广应用,而且意味着信息科技在文化创作生产、传播消费的产业链中得到全面应用。从现实情况来看,数字图书馆的云服务、数字在线出版,重构了传统出版流程和发行方式;大数据平台技术在文学艺术领域的应用,引发了一系列创新;以资源数字化、生产智能化、传播网络化、消费终端化为标志,文学艺术正在全面转型升级,"互联网+文化"的趋势不断向纵深发展。

第二节　文化产业项目的产业环境分析

文化产业项目的产业环境包括产业结构、直接竞争者、经销商、客户和供应商所形成的直接影响文化企业的经营环境。文化企业产业环境的变化往往能直接促使文化企业开发新的文化产业项目。开发新项目不仅能提高文化企业的经营业绩,还能加强文化企业在文化产业中的竞争地位。美国的一项研究表明,文化企业的新产品策划中的半数以上来源于文化企业产业环境及其变化。

一、文化产业业态变化对文化产业项目策划的影响

文化产业业态是指一群生产相近替代品的文化企业,每一个文化企业都是在某一个产业或主要在某一产业中从事经营活动。不同的产业因其文化产品不同而具有自己独特的技

术经济特征，而且在不同的产业阶段，还可能呈现出不同的文化产业业态，这些业态又随着产业的成熟度的提高而变化。面对这些变化，文化企业应积极策划出新的文化项目，以加强企业在该产业领域中的地位和竞争能力。以下将逐一分析引起产业变化的因素，这些因素的变化一般会促使文化企业开发出新的文化项目。

(一) 不确定因素减少

每一个产业都是从新兴产业发展而来的，处在新兴产业状态的文化产业具有竞争无序化、产品非标准化、产业发展方向不明确等不确定性。一旦成为成熟产业，不确定性将大大减少，文化企业可以通过自己在新兴产业发展过程中摸索、积累的经验和知识，把握文化产业的未来方向，策划出适合未来文化产业发展要求的有竞争优势的产品或项目，以奠定本文化企业在产业中的地位。

(二) 专有技术的扩散

专有技术往往是文化企业进入相关产业的移动性障碍，但是随着文化产业的发展，专有技术有扩散的趋势，其扩散途径可能是：① 对有关文化公司使用专有技术制造的产品的解析；② 雇佣人员的外流；③ 一些懂得专有技术的研究机构、大学和咨询公司的出现。有心介入具有专有知识的产业的文化企业，可以随着产业的发展，抓住专有知识扩散的各种可能途径，逐步克服移动性障碍，开发出新项目。

(三) 文化产品革新与过程革新

文化产业的发展变化总是伴随着产业内部的文化产品革新和过程革新，文化产品革新与过程革新都可能是新项目策划的来源。生产过程或生产方法的革新，不仅可使产品的竞争者增加，还可能诞生一个供应该过程或方法的制造商。例如，彩电生产线正是过程革新的结果，但其本身又是一种新产品，可供其他彩电生产商作为生产母机使用。

(四) 向相邻产业进军

随着一个产业的成熟度的提高，一般说来该产业边界有扩大的趋势。产业边界的扩大意味着企业进入新的产业，当然这些产业和原产业存在着极强的买方或卖方关系。进入相关产业可为文化企业策划项目提供新来源。产业边界扩张的原因可能是：① 在日益激烈的产业内部竞争中，文化企业为增强其竞争优势而实行纵向一体化；② 企业通过买卖关系，逐渐熟悉了相邻产业的知识和经营过程，成功地克服了移动性障碍，希望寻求更多的经营增长点；③ 该产业自身发展的客观要求。

(五) 初现产业不断创新

一个产业刚形成时称为初现产业，这时产业发展方向未定，产业的主导产品未定，此时充满机会但同时风险极大。处于这个阶段的产业，最需要的是大胆创新，不断策划新的产品。一个文化企业若开创出一个令客户和业内人士广为接受的产品，那么它就将占领产业的战略制高点，产业标准和未来的发展都将按这家企业的产品标准为发展依据。一个典型的例子是：在软件行业的长期混乱竞争中，微软公司的 Windows 文件处理软件逐步为世界各地的经销商、用户及竞争者所接受，成为文件处理的国际标准软件。

二、竞争对手情况对文化产业项目策划的影响

如果说宏观环境分析为项目找到了政治、经济、文化等方面的依据,那么产业环境分析就为项目找到了赢利的依据,其中对竞争对手的分析就是为项目找到具体的赢利点或市场入口。

(一) 潜在竞争对手进退市场障碍

对于一个文化企业而言,潜在进入者或新进入者都会带来新的生产能力,从而对现有文化市场格局产生重要影响。因此,从文化产业吸引力的角度看,文化产业项目进入文化市场的门槛高低直接影响了该项目的市场收益。所以,分析进退市场障碍,可以反映这一文化市场的前景,进入障碍分析主要包括规模经济、产品差异化程度、资本要求、转换成本、分销渠道等方面。

1. 规模经济

规模经济是指在一定时期内,某项文化产品单位成本随着文化产品绝对量的增长而呈现下降的趋势。规模经济迫使新进入者在进入时需衡量两种情况的风险:一是采取大规模进入方式,可能面临行业内现有文化企业强烈反抗的风险;二是采取小规模进入方式,又将承受相对成本过高的劣势。

2. 产品差异化程度

产品差异化程度是指在位企业具有潜在进入者所不具备的品牌认知和客户忠诚度,这将迫使新进入者耗费巨资去征服现有的忠诚度,而要建立新的品牌则需要大量的资金,并存在较大风险。

3. 资本要求

巨额投资也会构成某种进入障碍,尤其当该资金需用于有风险的或未能补偿的、预支付的广告宣传或研发的时候,新进入者只有在把握大量资金并愿意承受高风险时才能进入。

4. 转换成本

转换成本是指某个购买者变换供应方所需支付的一次性成本。这种转换成本可能包括重新训练业务员的费用,购置新的辅助设备的费用,测试产品是否合格的花费等,甚至包括由于切断已有关系而造成的心理费用。如果转换成本很高,文化企业又很难内部消化掉,那么新进入者只有在费用或产品性能方面做出较大的改进后,买主才能转移出来。

5. 分销渠道

如果行业内文化企业控制分销渠道,新进入者必须通过价格优惠、合作广告、打折促销等方法来说服那些分销商接受其产品,这种做法势必会减少利润。

6. 成本优势

成本优势是指那些不管潜在进入者的规模如何,以及是否达到规模经济的程度,他们都无法达到类似于已立足文化企业可能拥有的那种成本优势。不受规模支配的成本优势包括专有的产品工艺、取得原料的有效途径、政府的优惠补助等。

7. 政府产业政策

政府产业政策的扶持对文化企业进入该行业提供了很大的实惠,税收、贷款和报批的优惠极大地降低了文化企业进入该产业的成本。

8. 退出障碍分析

对文化产业项目想要进入的产业进行退出障碍分析，可为策划人员思考项目失败后果提供依据。退出障碍分析主要包括这样几个方面：第一，资产专用性。如果产业内文化企业资产专用性高或者在项目失败时无法转移到其他产业内使用，那么项目退出时的障碍就高。第二，退出成本高。如果工人安置或其他成本高也会导致项目失败时很难退出。第三，协同关系。如果该项目与文化企业内部其他战略单位的协同效应高，那么失败时也很难退出。第四，政府和社会的限制。考虑到地方文化产业的发展及地方经济的影响，政府也会劝阻某些失败项目的退出。

（二）在位竞争对手

对文化产业项目意欲进入的产业内的竞争对手的分析，直接影响到项目能否进入这一产业的决策。影响文化产业项目意欲进入产业内竞争程度的主要因素包括：竞争对手数量、产品差异、生产能力、品牌资产、转换成本、竞争战略、产业风险与退出壁垒等。策划人员应尽可能多地了解竞争对手的情况，并从以下几个方面去分析竞争对手。

首先要识别竞争对手。所谓的竞争对手，一般认为是和自己生产相同或类似产品的文化企业，但是，并非所有这样的文化企业都是竞争对手。事实上，只有在相同集群内的文化企业才是真正意义上的竞争对手，而战略群体之间的差异主要表现为生产经营活动重点不同，在纵向一体化、专业化、研发和营销重点上有所差异。

其次是分析竞争对手。主要弄清楚竞争对手的战略、市场追求，不同竞争对手的优劣势，竞争对手对自己的行动会采取的对策等。每个竞争对手都有一个目标，策划人员需要知道竞争对手对赢利、市场份额增长率、现金流、技术领先性与服务领先性的看法，了解竞争对手的目标组合能够揭示竞争对手对其当前状况是否满意，以及对于不同的竞争性行为他将做出什么反应等。

再次是制定相应的竞争战略。竞争对手会给项目开发带来竞争和威胁，但并非毫无益处。因为竞争对手的存在，可能有助于扩大总需求，它们可分担市场和产品开发成本，促成技术的规范化；竞争对手也可能服务于那些不太有吸引力的细分市场，或者带来产品差异化水平的提高。但在大多数情况下，策划人员需要采取防御型或进攻型方法以应对市场竞争。文化产业项目采取何种战略要根据文化企业的自身优势，如果企业拥有丰富的资金储备，或者具备丰富的融资经验和良好的融资渠道，而且能在研发、生产、销售、服务和广告等领域把成本降到最低，成为行业内的成本领先者，则可采用成本领先战略；如果项目能够满足顾客特殊需求，提供与众不同的文化产品，则可采用差异化战略；如果项目能为某个目标市场提供专门服务，则可采用目标基准战略。

（三）替代品竞争对手

替代品是指那些与本项目产品具有相同或类似功能的产品。广义地讲，一个产业内的所有企业都在与生产替代品的产业进行竞争，替代品影响了产业可谋取利润的定价上限，替代品所提供的性价比越高，项目所在的产业利润可能就越小。决定替代威胁的因素主要有替代品的相对价格表现、转换成本、客户对替代品的使用倾向。一般来说，如果客户面临的转换成本很低甚至为零，或者当替代品的价格更低或质量更好，性能相似于甚至超过竞争产品时，替代品的威胁就会很大。在顾客认为在原产品具有价值的地方进行差异化，比如价格、质量、服务、便利性等，可以降低替代品的竞争力。

三、顾客需求变化对文化产业项目策划的影响

顾客的需求是文化产业项目成功的基础，顾客的需求变化又会引发许多新项目的开发，它往往是项目策划最重要的源泉之一。顾客需求的变化，或是由收入增加引起，或受消费观念变化影响，或是被新产品的魅力所吸引。顾客需求的变化一旦形成趋势，就注定了传统产品生命的终结。抓住这种趋势并成功开发出满足新趋势的文化产品，就会取得巨大的商业成功。

(一) 消费趋势的变化

消费趋势是广大消费者在一段时期选择的文化产品消费主流。在消费趋势变化过程中，项目策划者应关注以下趋势：发达国家和地区的消费趋势的演变过程及其现状，本地区消费者的统计特征（例如收入水平、文化水平等），其他产业或相邻产业的产品流行趋势，本产业的产品设计变化趋势（例如小型轻便化、包装用料豪华化、多功能化等），消费者的心理变化趋势（例如求新求异个性化、省时方便高效化、简单明快大众化等）。文化产业项目策划者可通过审视上述趋势变化，找到文化产业项目策划的切入点：① 观察到的现象是否形成最终消费趋势（有些现象的发生是偶然和短暂的，它并不预示某一新趋势即将形成）？② 新消费趋势的形成可能形成什么样的产品需求？需求多大？需求满足的形式可能有哪些？需求的未来变化可能经历哪几个阶段？③ 消费趋势的变化真正为文化企业带来了什么样的市场机会？

(二) 顾客现实需求的变化

要找出顾客的现实需求变化，可从顾客感到不满、不快和不便的地方入手。从顾客感到不满、不快和不便的角度策划项目可按下列步骤展开：① 确定大致的活动领域；② 识别这一领域的常用客户；③ 从常用顾客那里收集与现有产品有关的问题表；④ 顾客对每个问题的评价；⑤ 每个问题出现的概率；⑥ 顾客对现有问题解决的建议；⑦ 设计和选择可解决问题的产品。对顾客的现实需求变化的了解还可以通过收集顾客的产品策划入手。顾客作为产品的最终使用者，一般有他自己最理想的产品结构设想，这些产品策划无疑会为项目策划提供参考。有许多方法可以收集到顾客的产品策划，最常见的是用户调查，此外还可组织特定的焦点（深度）访谈小组进行信函征询或有奖公开征集新产品策划等。

(三) 探索潜在需求

探索顾客的潜在需求对文化产业项目策划具有重要影响，潜在需求是相对于表面需求而言的，表面需求是指所有人皆知的需求。例如，新的公路投入营运，公路营运的需求就是一种表面需求，这种需求的出现，人人都会意识到，许多人都会开发这个项目，其结果是导致过度竞争。潜在需求是有需要之要求，但尚未表面化的需求，潜在需求是隐蔽在顾客内心深处的，满足潜在需求的产品很难通过正规的市场调研方法发现，但当开发者将能满足顾客潜在需求的新产品推广上市时，顾客会发出“我想要的东西就是它”的感叹。探索潜在需求的过程往往有一个从具体到抽象、从抽象到一般的分析设计过程。策划新产品是一个通过对

一些表面现象进行研究，寻求这种表面现象的原因，从而深入到人类基本需求中（如充饥、保暖、安全、尊重、关爱、炫耀等），最后策划出满足这种需求的产品的过程。其分析模式如下：发现个别现象——验证其广泛存在性——探索隐蔽在现象中的人类基本需求——策划和设计相应的产品——市场推广。下面是一个通过探索潜在需求而取得巨大商业成功的实例。20世纪70年代美国青年罗巴士发现：由于单亲家庭增多，部分儿童倍感孤独；即使是双亲家庭，由于父母工作忙，孩子也感到孤独；子女独立性增强，父母也有孤独感。罗巴士认为，在美国普遍存在爱与被爱的基本需求。于是，罗巴士设计了一种"寻求精神安慰"的产品——芭比娃娃，为了区别于一般的玩具布娃娃，他设计了有姓名、出生手印、接生员印章的出生证明书和与之配套的各种生活用品，同时还附上经销商每年给芭比娃娃的生日礼物，将芭比娃娃当作一个"有生命和需要关爱"的东西来出售，1980年，芭比娃娃首次在美国上市就取得销售250万个的良好业绩，获得了极大的成功。

四、市场营销渠道变化对文化产业项目策划的影响

相对于制造商而言，经销商作为顾客与制造商的中间人，更加了解顾客的需求。一些具有商业头脑的经销商由于了解竞争产品，能够及时把握市场的变化情况，经常建议制造商开发新的项目或产品，这些建议也是文化产业项目策划的来源。经销商的项目建议通常和市场风云变幻情况紧密相连，具有极强的商业价值。尽管供应商对制造商的市场了解不够，但是作为某一产业的大宗供应商也会研究制造商的市场行情，原因是制造商的市场间接也是供应商的市场，实力雄厚的供应商有时会为了自身的利益，向制造商提出开发新项目的忠告，以扩大供应商的原材料使用。尽管供应商与制造商的利益在某些方面存在冲突，但是供应商的新项目建议也可能为制造商创造出新的利润源。美国杜邦公司就曾建议枕头制造商使用杜邦的原料生产新型材料的枕头，并使杜邦公司和枕头制造商双双获利。

所有的文化产业项目策划活动都有可能涉及宏观环境和产业环境。只要文化企业进行新项目策划，就必须面对复杂多样的市场环境，以及受各种各样环境因素的影响和制约，不仅要受到经济因素的影响和制约，更要受到社会文化因素的影响和制约，价格不但受文化市场供求关系的影响，而且还受到科技进步及财政政策的影响。影响文化产业项目的环境因素有很多，（非）固定的因素、（不）可预测的因素、（非）独立的因素等，文化企业应根据该分类方法将影响项目的外部环境因素进行合理的分类。因此，要充分注意各种因素之间的相互作用，应该全面地分析项目的环境因素，特别要分析未来可能发生变化的外部因素，以确定该项目的可行性及开发时机是否已经成熟。每个文化产业项目都会受一些变化因素的影响，对那些可以预测的因素要通过数学模型进行预测，以估计它们对项目收益的影响；对于那些不可预测的因素，特别是独立的重要因素，可就这些因素对项目收益的影响进行敏感性分析，若不良影响太大，则应该放弃该项目。文化企业经营管理者必须清醒地认识到这一点，及早做好充分的思想准备，以随时应对企业面临的各种环境的挑战。

第三节　文化产业项目策划的综合分析

除了应对文化企业的宏观、产业环境进行研究与分析，在此基础上，还应对文化企业的市场环境进行综合分析，以便对文化企业环境做出总体评价，为项目策划提供可靠的依据。文化企业市场环境的综合分析也称为机会和威胁分析，通常分为以下三个步骤。

一、环境扫描

所谓环境扫描就是从市场环境中辨别出对文化企业经营有影响的、反映环境因素变化的某些事件。市场环境是动态变化的，事件总在发生，但并不是所有事件的发生都会对文化企业产生影响，即使某事件会对文化企业产生影响，其对文化企业产生影响的程度或迫切性也会因本身性质的不同而有所不同，需要通过环境扫描对其进行识别。因此，环境扫描是文化企业进行环境分析的第一步。

环境扫描工作通常由文化企业的高层领导召集和聘请文化企业内外熟悉市场环境的管理人员和专家组成分析小组，通过科学系统的调查研究、预测分析，将所有可能影响文化企业经营的环境因素变化引发的事件一一罗列，然后加以讨论，逐一评审所有列为有关的环境事件的依据是否充分，从中筛选出分析小组一致认定的对企业经营将有不同程度影响的事件。

二、环境评价

经过环境扫描，甄别出环境中对文化企业产生影响的各种市场因素后，需要对这些市场因素的影响程度与影响方式进行评价。常用的评价方法有列表评价法、SWOT 分析法、劣势或优势分析法 3 种，我们主要介绍 SWOT 分析法。SWOT 分析法又称态势分析法，由旧金山大学的管理学教授于 20 世纪 80 年代初提出，是一种能够较客观而准确地分析和研究一个单位或项目现实情况的方法。SWOT 四个英文字母分别代表：优势（Strength）、劣势（Weakness）、机会（Opportunity）、威胁（Threat）。从整体上看，SWOT 可以分为两部分：第一部分为 SW，主要用来分析内部条件；第二部分为 OT，主要用来分析外部条件。

SWOT 分析法一般有三个步骤，一是采用 MECE 分析法，详细罗列项目所具有的优势和劣势。主要包括项目发起人的优势和劣势，项目本身的优势和劣势，以及外部环境中可能的机会与威胁。二是进行优势、劣势、机会、威胁相组合，形成 SO、ST、WO 和 WT 的分析框架。三是结合 SO、ST、WO 和 WT 的具体条件，对项目的战略进行甄别和选择。运用 SWOT 分析法，可以将问题按轻重缓急分类，明确哪些是目前亟须解决的问题，哪些是可以稍微拖后的事情，哪些属于战略目标上的障碍，哪些属于战术上的制约因素，并将这些研究对象列举出来，依照矩阵形式排列；然后用系统分析的思想，把各种因素相互匹配起来加以分析，从中得出一系列相应的结论，而结论通常带有一定的决策性，有利于领导者和管理者做出较正确的决策和规划。

(一) 企业优势和劣势

文化企业优势和劣势分析实质上就是企业内部经营条件分析，或称文化企业实力分析。文化产业项目的竞争优势是指一个文化产业项目能够超越竞争对手的能力，或者文化产业项目所特有的能提高文化产业项目竞争力的东西。优势是指文化企业相对于竞争对手而言所具有的优势人力资源、技术、产品以及其他特殊实力。一般而言，竞争优势包括这样几个方面：一是技术优势，包括独特的生产技术、低成本生产方法、领先的革新能力、雄厚的技术实力、完善的质量控制体系、丰富的经验、上乘的客户服务、卓越的大规模的采购技能等；二是有形资产优势，包括先进的生产流水线、现代化的车间和设备、丰富的自然资源储存、充足的资金、完备的信息资料等；三是无形资产优势，包括优秀的品牌形象、良好的商业信誉、积极进取的企业文化等；四是人力资源优势，包括关键领域的人才、积极上进的职员、学习型组织、丰富的经验等；五是组织体系优势，包括高质量的控制体系、完善的信息管理系统、忠诚的客户群、强大的融资能力等；六是竞争能力优势，包括较短的产品开发周期、强大的经销商网络、良好的伙伴关系、灵敏的市场变化反应、市场份额的领导地位等。

劣势是指影响文化企业经营效率和效果的不利因素和特征，它们使文化企业在竞争中处于劣势地位。一个企业潜在的弱点主要表现在以下几方面：缺乏明确的战略导向、设备陈旧、盈利较少甚至亏损、缺乏管理和知识、缺少某些关键的技能、内部管理混乱、研究和开发工作落后、企业形象较差、销售渠道不畅、营销工作不得力、产品质量不高、成本过高等等，策划人员可以通过分析价值链来寻找项目劣势。

(二) 潜在机会和威胁

文化产业项目面临的潜在机会是影响项目战略制定的重大因素。文化产业项目策划者应该确认每一个机会，评价每一个机会的成长和利润前景，选取那些与项目财务和组织资源匹配，使项目能获得竞争优势潜力的最佳机会。潜在的发展机会可能包括这样几个因素：一是目标或潜在客户群，文化产品细分市场不断扩大的趋势；二是新的技术能向新产品、新业务转移，从而在不花费较多研发成本的条件下为更大客户群服务；三是能实现有效的前向或后向整合；四是市场进入壁垒降低，文化企业付出代价不大；五是获得并购竞争对手的能力；六是文化市场需求增长强劲，可快速扩张；七是出现向其他地区扩张、扩大市场份额的机会。

但项目外部环境中总存在能对项目产生威胁的因素，文化产业项目策划者要及时确认这些威胁，并做出评价，采取相应的策略以抵消或减少它所带来的不利影响。项目威胁一般包括这样一些因素：一是即将进入的市场出现强大的新竞争对手；二是替代品有可能抢占项目的销售额；三是主要产品市场增长率下降；四是国家政策、汇率和外贸政策的不利变动；五是人口特征、社会消费方式的不利变动；六是客户或供应商的谈判能力提高；七是市场需求不断减少；八是出现导致项目失败的经济萧条和业务周期的不利变动。

文化企业的机会与威胁均存在于市场环境中，因此，机会与威胁分析实质上就是对文化企业外部环境因素变化的分析。市场环境的变化或给文化企业带来机会或给文化企业造成威胁。环境因素的变化对某一文化企业可能是不可多得的机会，但对另外一家文化企业则可能意味着灭顶之灾。

环境提供的机会能否被文化企业利用，同时，环境变化产生的威胁能否有效化解，取决于文化企业对市场变化反映的灵敏程度和实力。市场机会为文化企业带来收益的多寡，不利因素给文化企业造成的负面影响的程度，一方面取决于这一环境因素本身的性质，另一方面取决于文化企业优势与劣势的结合状况。最理想的市场机会是那些与文化企业优势达到高度匹配的机会，而恰好与文化企业弱点结合的不利因素将不可避免地消耗文化企业大量资源。

(三) 构建 SWOT 分析矩阵

将调查得出的各种因素根据轻重缓急或影响程度等排序方式，构造 SWOT 分析矩阵。在此过程中，将那些对项目选择和长远发展有直接的、重要的、大量的、迫切的、长期的影响因素优先排列出来，而将那些间接的、次要的、少许的、不急的、短暂的影响因素排在后面，见表 3.1。

表 3.1　项目 SWOT 分析矩阵

优劣势 / 机会威胁	项目存在的优势（S）	项目存在的劣势（W）
项目存在的机会（O）	SO 组合 发挥优势、利用机会的增长型战略	WO 组合 利用机会、克服劣势的扭转型战略
项目存在的威胁（T）	ST 组合 利用优势、回避威胁的多种经营战略	WT 组合 减少劣势、回避威胁的防御型战略

1. SO 组合分析

SO 组合是最佳的情形，在此组合下，市场机会众多，项目发起人优势明显，这时需要采取发挥优势、利用机会的增长型战略。积极利用和发挥优势，加大市场开拓力度，抓住机会，吸引更多的客户，争取做大做强，提升项目的影响力。

2. WO 组合分析

WO 组合是喜忧参半的状况，在此组合下，外部的机会很多，但文化产业项目发起人本身的劣势又非常明显，在这种情况下，应采取利用机会、克服劣势的扭转型战略。通过加强内部管理的方法，大力解决文化产业项目存在的劣势，找准外部机会，做大项目的市场。

3. ST 组合分析

ST 组合也是喜忧参半的状况，在此组合下，文化产业项目虽然具有强势地位，却面临巨大的竞争压力或其他外部因素的影响，因此应采取利用优势、回避威胁的多种经营战略。通过文化产业项目改变业务格局，应对外部的不利影响，发挥自身实力，争取文化产业项目成功。

4. WT 组合分析

WT 组合是最糟糕的情况，在此组合下，文化产业项目将面临内外交困的情况。由于竞争对手以及其他因素所带来的巨大压力，再加上项目运营过程中文化企业缺乏必要的优势，因此必须采取减少劣势、回避威胁的防御性战略，不建议文化企业进入该项目领域。

三、环境分析报告及其撰写

在进行机会与威胁分析之后，需要整理、归纳以上对文化企业环境进行调查、分析和预测的结果，编写环境分析报告。该报告将作为文化企业最高领导层决策项目的基本依据。

编写环境分析报告的过程是对未来环境变化进一步调查分析，明确问题、深化认识的过程，因而是环境分析的一个重要步骤，必须予以充分的重视。环境分析报告是环境分析结果的总结和概括，它应能回答战略决策所了解的未来环境问题。报告的主要内容是：

(1) 文化企业未来将面临什么样的环境。

(2) 各个环境因素会如何变化，对文化企业将造成怎样的影响。

(3) 未来环境会使文化企业有哪些机会和威胁，它们出现的概率是多大。

(4) 文化企业适应未来环境的初步设想和战略课题是什么。

环境分析报告的叙述应力求简明扼要，论证要用事实和数据说明，尽量采用直观醒目的图表。

第四节　文化产业项目策划的市场调研

文化产业项目策划的市场调研是文化企业进行市场战略决策的重要依据。大量、准确、及时、系统地掌握市场信息，有助于企业了解外部条件对企业生产经营的影响，从而帮助企业管理人员制定有效、明智的决策。相关数据统计显示，我国发达地区大中型企业中仅有24％做过市场调查，有高达39.8％的企业有过或见过因未作市场调研而造成某重要计划实施失败的经历，平均损失为51.15万元。

一、文化市场调研的主要步骤

一个文化产业项目从最初的构想，到文化企业根据宏观背景和自身的微观条件分析，进行文化产业市场的细分，然后到市场目标确定和项目定位，再到信息资料的收集与分析，拟进行的文化产业项目逐渐清晰，但项目到底能不能做，还需要前期真正把握市场脉搏，为项目进驻打下良好的市场基础，才能保障项目最终成功。文化产业项目市场的主要调研步骤如图3.1所示。

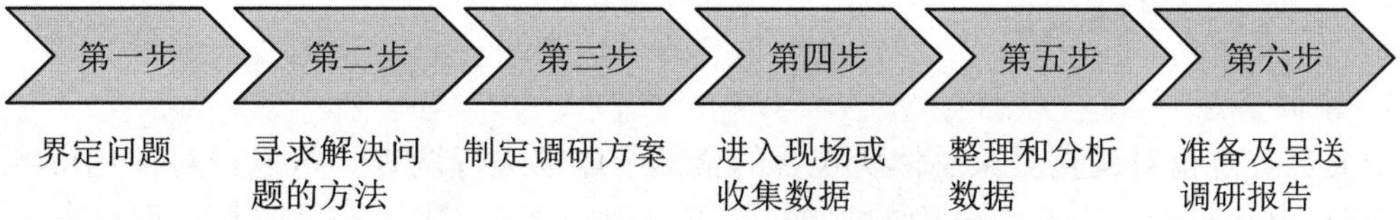

图3.1　文化市场调研步骤(逻辑图)

二、确定文化市场调研类别

文化市场调研按以识别问题为目的和以解决问题为目的两个标准分类。

(1) 以识别问题为目的的调研有助于确认潜在的可能发生的问题，参见表3.2。

表 3.2　文化市场潜在的问题

1	文化市场潜力——攀升、下降
2	文化市场份额——扩大、缩小
3	文化企业形象如何
4	文化市场自身特征
5	市场招商与销售状况
6	文化市场趋势——短期、中期与长期预测

(2) 以解决问题为目的的文化市场调研,主要在各种文化市场细分的基础之上来解决市场潜在的可能发生的问题,参见图 3.2。

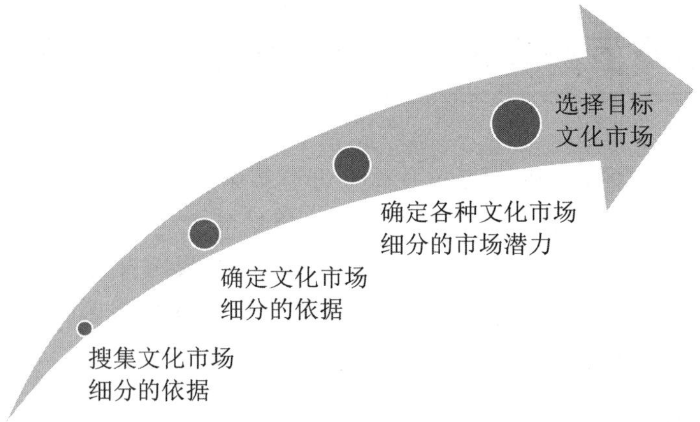

图 3.2　文化市场细分的调研步骤

三、确定文化市场调研方法

文化市场调研有许多方法,文化企业市场调查人员可根据具体情况选择不同的方法。文化市场的调研方法主要有:

(一) 按调查对象划分

1. 全面普查

全面普查是指对调查对象总体所包含的全部个体都进行调查。可以说对文化市场进行全面普查,由此可能获得非常全面的数据,能正确反映客观实际,效果明显。如果把一个城市的人口、年龄、家庭结构、职业、收入分布情况系统调查了解后,对文化产业项目的开发将是十分有利的。由于全面普查工作量很大,要耗费大量人力、物力、财力,调查周期较长,一般只在较小范围内采用。当然,有些资料可以借用国家权威机关普查结果,例如可以借用地区年鉴所得到的有关数据资料等。

2. 重点调查

重点调查是以总体中有代表性的单位或消费者作为调查对象,进而推断出一般结论。采用这种调查方式,由于被调查的对象数目不多,文化企业可以较少的人力、物力、财力,在很短的时期内完成。如调查某文化商品市场需求情况，可选择一些消费者（有一定人数与地域要求）作为调查对象，如果这些消费者对该文化商品的需求量占同类型文化商品需求量的绝大多数，进而可以推断出该文化商品在市场的需求量比重。由于所选对象并非全部，调查结果难免有一定误差，文化市场调研人员应引起高度重视，特别是当外部环境产生较大变化时，所选择重点对象可能就不具有代表性了，在这种情况下，文化企业应及时调整，重新选取调查对象，并对调研结果认真分析，只有这样的市场调研结果才能为文化企业制定策略提供有用的根据。

3. 随机抽样

随机抽样调查是在总体中随机任意抽取个体作为样本进行调查，根据样本推断出一定概率下总体的情况（见表 3.3）。

表 3.3 随机抽样方法

简单随机抽样	即整体中所有个体都有相等的机会被选作样本
分层随机抽样	即对总体按某种特征（如年龄、性别、职业等）分组织（分层），然后从各组中随机抽取一定数量的样本
分群随机抽样	将总体按一定特征分成若干群体，随机抽样，将部分作为样本

4. 非随机抽样法

非随机抽样法是指市场调查人员在选取样本时并不是随机选取，而是先确定某个标准，然后再选取样本数。这样每个样本被选择的机会并不是相等的。非随机抽样分为三种具体方法（见表 3.4）。

表 3.4 非随机抽样方法

方便抽样	即文化市场调查人员根据最方便的时间、地点任意选择样本，如在接头任意找一些行人询问其对某文化产品的看法和印象
判断抽样	即根据文化市场调人员本人的以往经验来判断由哪些个体作为样本的一种方法。当样本数目不多时，样本间的差异又较为明显时，采用此方法能起到一定效果
配额抽样	即文化市场调查人员将调查总体样本按照一定特征（控制特性）进行分类，确定各类单位的样本数额，在配额内任意抽选样本的抽样方式

（二）按调查方法划分

文化市场调研是我们研究一个文化企业生产、销售服务等活动的重要方式之一，而选对文化市场调研的方法便成为了一个很重要的前提。文化市场调研有以下四种最常用方法：

1. 文案查阅法

文案查阅法是市场调研人员对现成的数据、报告、文章等信息资料进行收集、分析、研究和利用的一种文化市场调研方法。其具有速度快、费用相对较少、不受时空限制等优点，同时也具有时效性不足、针对性差、对研究人员要求较高的局限性。这种方法常用于探索性的研究阶段，即文化产业项目开始时的研究方法。

2. 观察法

观察法是调研者在现场对被调研者的情况直接观察、记录，以取得市场信息资料的一种调研方法。使用这种方法可以实地观察人们的行为和现象的发生，直观可靠，无报告误差。然而，观察时间长、需要众多人员、成本较高也成了这种方法的制约因素。需要注意的是，为了保证观察结果的客观真实，调研员必须客观，不能带有主观色彩，同时，尽量不要让被访者所察觉，以免影响调研结果。

3. 电话调研法

电话调研法是指通过电话向被访者进行询问，以获取信息资料的一种调研方法。电话调研法具有节约费用、时间，简单易行等优点，但也存在着不易获得代表性的样本、调研内容难以深入、成功率较低等不足。这种方法适用于民意调研、广告效果监督、产品需求检测等活动。

4. 面访调查法

面访调查法是指调查员按照抽样方案中的要求，到抽中的家庭或单位中，按照事先规定的方法选取适当的被访者，再依照问卷或调查提纲进行面对面的直接访问。这种方法可以获得高质量的样本，也可以进行深度的调查，成本较低。但是，采用面访调查法容易遭到拒访等问题，不太利于调查的进行。

5. 实验法

实验法是指将调查范围缩小到一个比较小的规模上，进行试验后取得一定结果，然后再推断出总体可能的结果。如调查某文化产品广告效果时，可选定一定数量的消费者作为调查对象，对他们进行广告宣传，然后根据接受的效果来改进广告词、声像等。当然文化市场情况受多种因素影响，在文化市场实验期间，消费者的偏好、竞争者的策略等都可能有所改变，从而影响实验的结果。虽然如此，实验法对于研究因果关系，能提供观察法、面访法等所不能提供的材料，运用范围较为广泛。

四、信息资料的收集分析

文化产业项目调研团队在调查相关信息后，应该对各种信息资料进行分类、核实、分析与论证，在考虑文化产业项目时不但要看社会是否需要，而且还要研究个人、组织或社会是否有能力投入足够的资源将其实现，实现之后能否为资源投入者和社会真正带来效益。从项目环境分析阶段来说，对信息资料的分析有以下方法供选择：

(1) 描述分析。它是社会调查统计分析的第一个步骤，对调查所得的大量数据资料进行初步的整理和归纳，以找出这些资料的内在规律——集中趋势和分散趋势。主要借助各种数据所表示的统计量，如均数、百分比等，进行单因素分析定量数据对比，可分析产品满意度、用户需求等。

(2) 频数分析。它是一种基本的统计分析方法，可以用于问卷调查结果分析，分析比例，掌握基础信息。如消费者的基本信息，对产品的态度，是否愿意购买产品等。通过频数分析，可以对数据有一个直观的认识，从而为进一步的数据分析和决策提供参考。

(3) IPA 分析。它也是问卷调查分析的一种方法，也是满意度-重要性分析，适用于服务质量分析、满意度分析、产品竞争力分析。通过评估各个服务属性的重要性和绩效，能够发现哪些是顾客最看重的，指导企业将有限资源投入最能提高顾客满意度和服务改进上，特别适用换代产品项目或质量提升项目。

(4) 差异分析。差异性分析主要用于研究两个或多个组别或类别之间的差异。比如分析不同学历人群收入水平的差异、不同性别是否吸烟的差异等。通过差异性分析，可以确定这些组别或类别之间是否存在差异，以及这些差异是否具有统计学上的意义，寻找个性差异。如，探究不同背景的消费者在认知、态度、行为、原因上的差异等。

(5) 帕累托图。它可以用来分析质量问题，确定产生质量问题的主要因素，将影响因素按等级排序，用于指导如何采取纠正措施。项目团队应首先采取措施纠正造成最多数量缺陷的问题。从概念上说，帕累托图与帕累托法则一脉相承，该法则认为，一般来说造成绝大多数的问题或缺陷的往往是较少的原因。该方法突出抓大放小，把握关键因素，可以用来评估产品、划分客户、管理员工等。

(6) 聚类分析。聚类分析是指将物理或抽象对象的集合分组为由类似的对象组成的多个类的分析过程。它是一种重要的人类行为，可用于用户分析，可以通过这种方法找到一类人群的综合特征，并按照其特征细分成不同群体，对于项目市场细分有用，还可以估计目标市场的空间。

(7) 对应分析。对应分析法可以揭示同一变量的各个类别之间的差异以及不同变量各个类别之间的对应关系。主要可以用于寻找市场定位、市场细分、产品定位等方面。

(8) 市场预测。市场预测就是运用科学的方法，对影响市场供求变化的诸因素进行调查研究，分析和预见其发展趋势，掌握市场供求变化的规律，为经营决策提供可靠的依据。该方法也称为回归分析，用于探究销售量、顾客满意度的影响因素、预测销售量等。

信息资料分析的方法很多，要根据具体目标选择合适的分析方法。随着大数据的广泛应用，可以使用的数据分析方法越来越多，项目市场调查后的数据分析效率也越来越高。

五、根据调研结论采取相关行动

只有在文化企业主体根据所收集到的信息资料采取行动后，一次完整的文化市场调研过程才算结束。在大多数情况下，当初进入市场的创业者理解了市场调研的结果后，需要采取的行动是显而易见的。基于对事实的理解，文化企业主体需决定如何在市场竞争中冷静分析宏观环境和产业环境，采取有效的市场调研方法，充分利用获取的有利信息开发或者运营好自身的文化产业项目。

本章小结

本章通过对文化产业项目宏观环境、产业环境以及项目自身条件的分析框架的介绍，强调以市场为导向，为策划人员明确项目战略方向提供依据。PEST 分析是最常用的宏观环境分析框架，主要对项目所在区域以及更大系统内的政治法律、经济、社会文化和技术环境进行必要的分析，主要目的是探究项目外部环境中存在的机会和威胁。

文化产业项目产业环境分析是对项目所在的产业结构、直接竞争者、经销商、客户和供应商的分析。企业产业环境的变化往往直接促使企业新项目的开发，开发新项目不仅能提高企业的经营业绩，还能加强企业在产业中的竞争地位。而 SWOT 分析则是明确项目实施战略的一般方法，首先要罗列项目所具有的优势和劣势，包括项目发起人的优势和劣势，项目本身的优势和劣势，以及外部环境中的机会和威胁；其次是对以上优势和劣势进行分析组合，形成 SO、ST、WO 和 WT 组合；最后要结合具体条件，对项目战略进行甄别和选择。掌握文化产业项目策划市场调研的主要方法，尤其在项目运营不同阶段所使用到的方法与分析模型。

◆ **思考题**

1. 什么是文化产业项目宏观环境的PEST分析？其有什么作用？
2. 技术环境如何影响文化产业项目策划？
3. 文化产业业态对文化产业项目策划产生怎样的影响？
4. 试通过所学内容来分析一个具体的文化产业项目策划案例。

案例分析

国家文化产业发展项目库2019年度申报指南

一、重点申报方向

申报项目须符合“两效统一”要求，有明晰的建设开始和完成时间，有明确的目标市场，有合理的盈利预期，已完成可行性论证，具备一定实施基础，已启动实施且尚未完成。申报项目分为具有直接投融资需求的项目和具有示范引领作用的项目两类，一个项目只能申报其中一类，不能兼报。2019年度重点申报方向如下所述。

（一）新闻信息服务

新闻媒体网络化改造和技术升级，县级融媒体中心建设，重点新闻网站传播能力建设，“内容＋平台＋终端”的新型新闻内容生产和传播体系建设，实现各种媒介资源、生产要素有效整合，以及新闻信息、技术应用、平台终端、管理手段共融互通的业务流程优化、平台再造，全媒体大数据应用，视听新媒体、音视频集成播控以及移动传播平台建设，跨媒体内容制作与呈现，利用VRIAR技术实现内容传播精细化与沉浸化，人工智能在新闻采集、生产、分发、接收、反馈中的运用，网络大数据分析平台建设等。

（二）内容创作生产

利用物联网、云计算、大数据、人工智能等技术对出版发行、广播影视节目制作传输和发行放映、演艺娱乐、印刷复制、广告服务、会展服务等传统文化产业进行全方位、全链条改造和智能化升级，文化资源数字化转化和智能化开发，文化大数据服务体系建设，数字内容生产、转换、加工平台建设，内容创作生产与数字化、网络化、智能化的新技术、新应用、新业态、新模式有机融合，覆盖各类终端的数字内容供给体系建设，依托旅游资源的内容创作生产体系建设，人工智能技术在专业内容加工、影视内容制作、演艺效果呈现、艺术品展示等领域的深度应用和创新发展，应用智慧型呈现技术开发数字化文化产品，超高清内容制作、交易版权保护全链条体系建设。

（三）创意设计服务

将中华文化元素和标识融入创意设计及城乡规划建设、生态文明建设，以及制造强国、网络强国和数字中国建设，传统工艺的传承保护和开发创新，手工技艺与现代科技、现代生活、工艺装备、创意设计的有机融合，创意设计服务与装备制造业、消费品工业、建筑业、信息业、旅游业、农业和体育产业等深度融合，提升制造业和现代服务业的文化含量和附加值，创意设计产品的交易和成果转化，广告内容创作生产体系建设，广告形式和呈现方式的智能化升级。

（四）文化传播渠道

传输便捷、互联互通或城乡贯通、安全可控的文化传播体系建设，出版物发行、文艺演出场所、有线电视网络、电影发行放映等文化传播渠道的网络建设、技术改造和智能化升级、服务模式和商业模式创新，电影发行放映剧场演出等售票信息化服务管理平台建设，智慧广电网建设，智能终端、互动电视等新业态发展，文化企业开发海外市场，海外文化传播渠道建设等。

（五）文化投资运营

大型国有及国有控股的文化产业投资平台建设，社会效益显著但经济效益尚不确定的重大文化项目，文化产业投资公司、文化产业投资基金管理公司、国有文化资产投资运营公司等创新投资模式、优化资本投向、促进国有产权流转、推动文化产业布局战略性调整和供给侧结构性改革的重大项目，有潜力的战略性新兴文化产业的股权投资项目，文化产业融资担保、保险、版权质押等投融资服务体系建设，文化企业信用评价体系、融资风险补偿机制和融资信用担保体系建设，文化金融中介服务体系建设，文化产业基地（园区）服务模式和商业模式创新。

（六）文化娱乐休闲服务

文化产业与旅游产业的深度融合发展，运用文化旅游资源向世界讲好中国故事、展示国家形象，运用 5G、大数据、云计算虚拟现实、人工智能等新技术发展数字文化旅游开发新型文旅产品，红色旅游开发建设，乡村文化旅游开发建设，文化旅游精品和品牌培育，特色旅游与创意设计产品开发，城市文化娱乐综合体建设等。

（七）文化辅助生产和中介服务

绿色印刷、数字印刷、纳米印刷、按需印刷、智能印刷等技术、装备和材料的应用，印刷业协同创新服务平台建设，版权交易、保护监管平台建设，版权保护技术研发应用。展览业信息化建设，网络虚拟展览会等新兴展览业态发展。文化内容生产专门人才、创新型技术人才、复合型人才与行业紧缺和亟须人才教育科研培训服务，新型文化智库建设等。高端文化装备自主研发，高端软件产品和装备自主研发及国产化替代。文化传媒单位依托高校与科研院所建设文化科技融合研究中心。

（八）文化装备生产

文化领域重要软件系统和重大装备的研制及产业化推广应用，文化装备关键技术、重要工艺、应用模式等方面的标准规范产业化推广应用，文化遗产保护与传承、数字化采集、文化体验、公共文化服务和休闲娱乐等专用装备的智能化，激光播放、光学捕捉、影视摄录、高清制播、图像编辑等高端文化装备的产业化推广应用，舞台演艺和观演互动、影视制作和演播等高端软件产品和装备的推广应用、广播电视内容制作传输和使用的智能化设备软件和系统的产业化推广应用，物联网、现代物流等技术产品与装备在新闻出版领域的集成应用，新闻出版业现代供应链体系建设，文化大数据基础设施和应用设施的装备配备。

（九）文化消费终端生产

可穿戴智能文化设备及其他文化消费设备制造，数字文化消费标准、内容和技术装备的协同创新，文化领域人工智能公共服务平台建设，“智能＋文化”开源技术开发社区建设，新型文化消费模式培育发展。

二、项目申报

（一）申报单位

中国大陆境内依法设立，具有法人资格，持续经营 2 年以上，具有较强实力和较好成长性的文化单位。近 3 年因违法违规受到有关行政处罚的单位，不得申报。

（二）申报数量

原则上每个企业申报项目数量不超过 1 个(不含联合申报项目),集团及下属企业总计不超过 4 个。(对国家文化和科技融合示范基地及国家文化出口基地等国家级文化产业基地(园区),以及历届全国 30 强文化企业等可适当放宽申报数量限制)每个省、自治区、直辖市申报项目数量原则上不超过 30 个。

（三）申报程序

国家文化产业发展项目库申报实行网络申报,并须同时报送纸质申报材料(一式一份)。网络版与纸质版申报材料须完全一致。各有关单位进入网上申报审核系统,根据申报项目类型进行有关内容的填报、审核。中央及各地方文化集团所属单位申报项目,须由集团统一申报并加盖集团公章。中央各文化单位申报项目材料报上级主管部门审核,各主管部门审核后统一报送中宣部文改办。其余各文化单位申报项目材料,按照属地管理原则,报所在省、自治区、直辖市党委宣传部审核后统一报送中宣部文改办。

（四）申报材料

1. 申报材料必须齐全、客观、真实。申报材料包括项目申报书相关证明文件以及项目申报单位提供的由项目负责人签名的承诺书,须统一装订成册。

2. 申报单位登录申报系统后,请按系统提示逐项填写项目申报书内容。完成系统填报并提交后,系统将自动生成项目申报书打印格式,请下载打印后按要求加盖公章 。

3. 申报单位须在系统内完善单位信息,提供相关证明文件(上传证明文件的扫描图片)。

(1) 申报单位的企业法人营业执照副本或事业单位法人登记证书。

(2) 法人代表有效身份证明文件。

(3) 税务登记证。

(4) 申报前近 2 个月的缴税付款凭证(含增值税、所得税以及个人所得税等,可选择两份扫描上传)。

(5) 申报单位为企业的,需提交经审计的 2017、2018 年度企业财务报告及财务报表(资产负债表、损益(利润)表、现金流量表);申报单位为事业单位的,需提交 2017、2018 年度部门决算报表;申报项目为集团统筹实施的,还需要提交集团相应年度财务报表。

(6) 项目申报单位相关从业资质证明。如出版许可证、电影发行许可证等。

(7) 根据项目的实际情况,请提供以下材料(这个是提示):

已签订合同的,请提供有关合同复印件。

地方政府已经明确意见的,请提供相关批复文件。

具有自主知识产权或科技成果的,请提供有关证明材料。(上传多个形式)

（五）申报时间

略。

三、其他事项

略。

(资料来源:关于开展国家文化产业发展项目库申报工作的通知,国家文化产业发展项目库官网,2019-8-19。)

思考题

请仔细阅读国家文化产业发展项目 2019 年度申报指南，研究分析我国文化产业发展项目的申报要求。

实务训练

以小组为单位，围绕上一章讨论的文化项目选题进行环境分析。

第四章　文化产业项目投资估算与财务计划

本章结构图

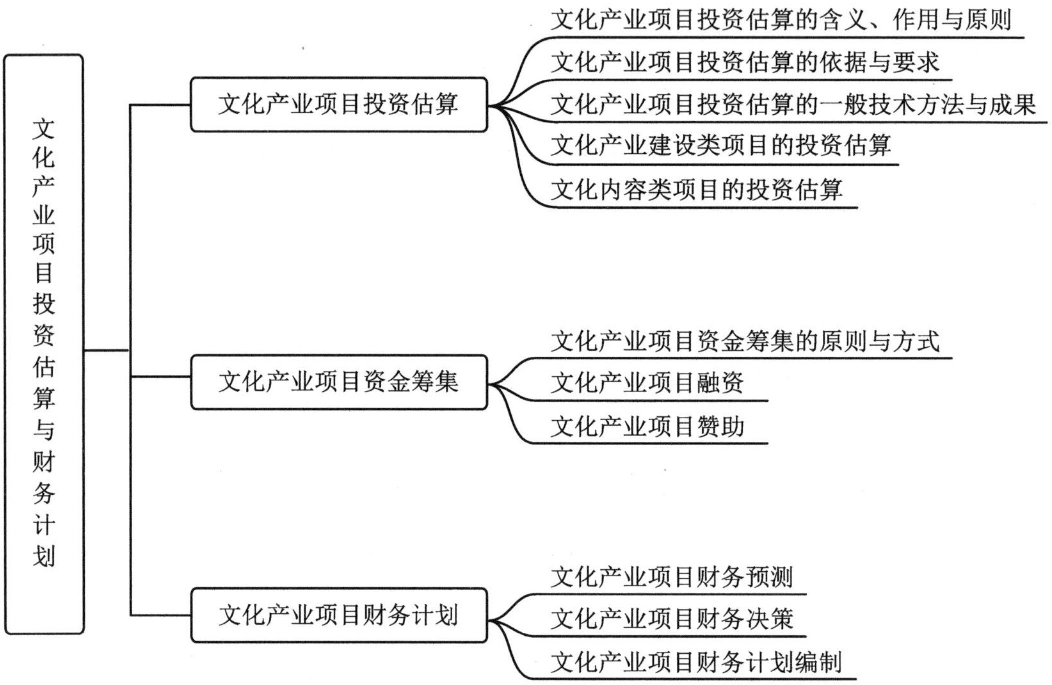

学习目标

1. 掌握文化产业项目投资估算的依据和方法。
2. 了解文化产业建设类项目的投资估算内容与方法。
3. 掌握文化产业项目资金筹集的原则与主要方式。
4. 了解文化产业项目融资的渠道，文化产业项目财务计划的编制。
5. 掌握文化产业项目赞助的双向选择。

【导入案例】

小象互娱一直专注于互联网直播和游戏内容，为娱乐直播平台、电竞直播平台输送优质网络主播和直播内容。2019 年 4 月 24 日，小象互娱正式宣布已完成 1.25 亿元的 A＋轮融资，投后估值 10 亿元，投资方为腾讯等，而本轮的融资资金也将用于游戏短视频内容的制作与营销等方面。

2019 年 9 月 6 日，网易与阿里巴巴共同宣布达成战略合作，并作为领投方参与了网易云音乐B轮7亿美元的融资，这也是网易云音乐有史以来拿下的最大规模融资。据悉，阿里此次投资后持股约20%。阿里此次领投网易云音乐或许意味着中国音乐流媒体市场即将成为腾讯与阿里两者的战场。

第一节　文化产业项目投资估算

随着文化市场的繁荣发展，文化产业项目数量逐渐增多，各级决策者都要经常面临项目方面的重大选择。投资项目决策是企业经营管理的重要内容，从某种程度上讲，企业的管理过程就是不断进行项目投资决策的过程，因此，能否对项目的投资进行科学估算成为企业经营发展中需要面对的重要问题。

一、文化产业项目投资估算的含义、作用与原则

（一）文化产业项目投资估算的含义

1. 含义

文化产业项目投资估算是指在文化产业项目前期研究过程中，依据建议的项目方案等资料和特定的方法、参数、指标与定额，对文化产业项目的投资规模进行的估计，包括生产投资、项目期利息以及流动资金的估算。

2. 项目投资构成

生产投资与项目期利息之和构成固定资产投资，固定资产投资与流动资金之和构成项目总投资，具体内容如下：

(1) 生产投资按照费用性质划分，包括设备及工器具购置费、预备费用等。其中，设备及工器具购置费直接形成实体固定资产，其他费用可分别形成固定资产、无形资产及其他资产，比如图书出版中的版权费用、影视制作中的版权费用等；预备费包括基本预备费、涨价预备费，在可行性研究阶段为简化计算，一并计入固定资产。

(2) 项目期利息是债务资金在项目建设期内发生并应计入固定资产原值的利息，包括借款（债券）利息及手续费、承诺费、管理费等。

(3) 流动资金是指项目投产后为维持正常生产经营，用于购买原材料、支付工资及其他经营费用等所需的周转资金，是伴随着固定资产投资而发生的永久性流动资产投资。

3. 项目投资估算

在我国，投资估算主要包括两个阶段：一是项目建议书阶段的投资估算，二是项目可行性研究阶段的投资估算。其中，项目建议书阶段主要是选择有利的投资机会，明确投资方向，提出概略的项目投资建议，并编制项目建议书，该阶段工作比较粗略，投资额的估计一般是通过与已做过的类似项目的对比得来的，因而投资估算的误差率可在30%左右。初步可行性研究阶段主要是在投资机会研究结论的基础上，弄清项目的投资规模、原材料来源或演艺人员价格、技术要求、组织机构和建设进度等情况，进行经济效益评价，判断项目的可行性，做出初步投资评价，该阶段投资估算的误差率一般要求控制在20%左右；详细可行性研

究阶段主要是进行全面、详细、深入的技术经济分析论证阶段，要评价选择拟做项目的最佳投资方案，对项目的可行性提出结论性意见，该阶段投资估算的误差率应控制在10%以内。

(二) 文化产业项目投资估算的作用

(1) 文化产业项目建议书阶段的投资估算是文化产业项目主管部门审批项目建议书的依据之一，并对文化产业项目的规划和规模起总体控制作用。

(2) 文化产业项目可行性研究阶段的投资估算是文化产业项目投资决策的重要依据，也是研究、分析和计算文化产业项目投资经济效果的基础。文化产业项目可行性研究报告被项目主管部门批准之后，其投资估算额就作为计划任务书中下达的投资限额，不得随意突破。

(3) 文化产业项目投资估算可作为文化产业项目资金筹措及制定贷款计划的依据，项目单位可根据批准的项目投资估算额进行资金筹措和向银行申请贷款。

(4) 文化产业项目投资估算是编制项目资源和费用计划的重要依据。

(三) 文化产业项目投资估算的原则

文化产业项目投资估算是文化产业项目立项和可行性研究的重要内容，是项目经济效益评价的重要条件，是项目决策的重要依据。文化产业项目投资估算的准确与否将决定着项目能否纳入投资建设计划，直接关系到项目相关预算的编制，对项目资金筹措方案也有直接的影响。因此，在进行文化产业项目投资估算时应遵循下列原则：一是实事求是，就是从实际出发，深入开展调查研究，掌握第一手资料，不能弄虚作假。二是合理利用有限的经费和资源，争取最大的效益。三是通过认真细致的工作，积累资料，加强研究，尽量做到又快又准地得出项目的投资估算额。四是适应高科技的发展。从编制投资估算角度出发，在资料收集与信息储存、处理、使用以及编制方法选择和编制过程中应逐步实现计算机化和网络化。

二、文化产业项目投资估算的依据与要求

(一) 文化产业项目投资估算的依据

文化产业项目投资估算的依据是指在编制文化产业项目投资估算时，确定项目成本的有关基础资料，主要包括以下几个方面：

(1) 国家、行业和地方政府的有关规定。

(2) 类似项目的各种技术、经济指标和参数。

(3) 政府有关部门、金融机构等发布的价格指数、利率、汇率、税率等有关参数。

(4) 项目所在地的同期人工、材料市场价格、工艺及附属设备的市场价格和有关费用。

如果是文化建设类项目，如场馆建设等，还要参照工程勘察与可行性研究技术文件、图示计量或有关专业提供的主要工程量和主要设备清单。行业部门、项目所在地工程造价管理机构或者行业协会等编制的投资估算指标、工程建设其他费用定额(规定)、综合单价和有关造价文件等。

(二) 文化产业项目投资估算的要求

文化产业项目包含的领域较广，文化内容、服务类项目和实体建设类项目投资估算有很

大的不同，要结合各行业的特点以及相关基础资料和数据的合理、可靠、完整程度，采用合适的方法进行项目投资估算。一般情况下，要做到以下几个方面：

(1) 应做到项目内容和费用构成齐全，计算合理，不重复计算，不提高或者降低估算标准，不漏项，不少算。

(2) 应充分考虑拟实施项目的技术参数和投资估算所采用的估算系数、估算指标在质和量方面所综合的内容，应遵循口径一致的原则。

(3) 应将所采用的估算系数和估算指标价格、费用水平调整到项目所在地及投资估算编制年的实际水平，并对项目因边界条件差异所产生的费用结合实际情况进行修正。

(4) 应充分估计物价上涨因素和市场供求情况的影响。

三、文化产业项目投资估算的一般技术方法与成果

(一) 文化产业项目投资估算的一般技术方法

1. 类比估算法

通常是与原有的类似已执行文化产业项目进行类比，以估计当期项目的成本。这种方法简便易行，是经常使用的进行粗略估算的方法之一，但其精准度取决于被估算的项目与以前项目的相似程度、相距时间和地点的远近，需要较为详细的同类项目历史信息。该方法一般用于项目初期，即对项目信息知之甚少的阶段，精度在±30%左右。

2. 参数估算法

参数估算法指的是运用历史数据和其他变量之间的统计关系来估算当前文化产业项目所需资源的成本的方法。参数估算法需要建立一定的数学模型，使用成本的参数估算关系式，例如将项目工作的计划数量与单位数量工作的历史成本相乘得到预计成本。参数估算法的精度取决于模型的复杂性及其涉及的资源数量和费用数据，一般来说精度在±20%左右。

3. 自下而上估算法

这种方法是以项目工作分解结构为基础，通常首先估算各个独立工作的成本，然后再汇总，从下往上估算出整个项目的总成本。自下而上估算法一般用于项目计划阶段，其精度取决于工作包和项目的规模和复杂程度。

4. 自上而下估算法

同上述方法相反，是从上往下逐步估算的，多用在项目的启动阶段，在参考类似已完成项目的情况下，估算新项目(招投标需要)的估算成本。

5. 统计资料法

统计资料法包括使用项目自身的历史信息对项目成本进行估算以及通过商业数据库的统计资料提供的成本信息进行估算。统计的资料信息应该包括当前文化产业项目资源消耗的平均水平和价值信息。统计资料法的精度取决于历史信息的准确度。

6. 项目管理软件辅助

项目管理软件的辅助可以简化成本估算的技术，便于不同方案的快速计算。文化产业项目可用于成本估算的项目管理软件包括成本估算软件、计算机工作表、模拟和统计工具等。

(二) 文化产业项目成本估算的成果

1. 项目成本估算书

项目成本估算书是对完成项目所需资源成本的定量估计，是项目成本管理的重要部分。项目成本估算书中使用价值量指标对成本的可能值进行描述，并对项目活动所需资源和成本进行说明，包括人工、材料、设备、服务、设施、信息技术以及例如通货膨胀等不可预见的成本。

2. 项目成本估算支持细节

项目成本估算支持细节是对项目成本估算书的依据和细节的完整清晰的说明。通过这些支持性细节的数量和类型可以得到成本估算的结论，内容上主要包括计划活动工作范围的描述、成本估算的依据、制约因素和假设的文字记载、估算范围的记载等。

3. 项目成本管理计划更新

项目成本管理计划是关于如何控制和管理成本的说明文件，通过成本估算的工作后，文化产业项目管理者需要根据新的估算结果合理计划和安排项目成本的控制和成本变更的工作，因此需要对项目成本管理计划进行更新。

四、文化产业建设类项目的投资估算

文化产业建设类项目主要有文化场馆、文化基础设施、文化设备生产等的建设，其项目投资估算可以采用一般项目投资估算的方法。其主要估算内容与方法介绍如下：

(一) 建设投资估算

建设投资常用的估算方法包括生产规模估算法、系数估算法、指标估算法三类，内容详见表 4.1。

表 4.1　投资估算方法分类表

估算方法		计算方法或内容
生产规模估算法	单位生产能力估算法	依据调查的统计资料，利用相近规模的单位生产能力投资乘以建设规模，即得拟建项目建设投资
	生产能力指数法	又称指数估算法，是根据已建成的类似项目生产能力和投资额来粗略估算拟建项目投资额的方法
系数估算法	设备系数法	以拟建项目的设备购置费为基数，根据已建同类项目的建筑安装费和其他工程费等与设备价值的百分比，求出拟建项目建筑安装工程费和其他工程费，进而求出项目的建设投资
	主体专业系数法	以拟建项目中投资比重较大，并与生产能力直接相关的工艺设备投资为基数，根据已建同类项目的有关统计资料，计算出拟建项目各专业工程与工艺设备投资的百分比，据以求出拟建项目各专业的投资，汇总即为拟建项目的建设投资

续表

估算方法		计算方法或内容
系数估算法	朗格系数法	以设备购置费为基数,乘以适当的系数来推算项目的建设投资
	比例估算法	根据统计资料,先求出已有同类企业主要设备投资占项目建设投资的比例,然后再估算出拟建项目的主要设备投资,即可按比例求出拟建项目的建设投资
指标估算法		采用有代表性的单项或单位工程的实际资料计算分析,并收集有关预、结算资料进行修正,得出各类别工程的综合、单位、单项工程成本和费用指标,以量价结合的形式,估算拟建项目的建设投资

1. 生产规模估算法

对于工艺技术路线相同,而生产规模不同,但在一个不太大范围内变化时,可直接由生产规模推算出固定资产投资。这种方法把项目的建设投资与其生产能力的关系视为简单的线性关系,估算结果精确度极差。使用这种方法时要注意拟建项目的生产能力与类似项目的可比性,并充分考虑地方性差异、配套工程差异、时间差异。

由于实际工作中不易找到与拟建项目完全类似的项目,通常是把项目按其下属的车间、设施和装置进行分解,分别套用类似车间、设施和装置的单位生产能力指标计算,然后汇总得项目总投资。或根据拟建项目的规模和建设条件,将投资进行适当调整后估算项目的投资额。

生产能力指数法比单位生产能力估算法精确度略高,误差在20%以内,尽管误差仍较大,但它有独特的好处,即这种估算法不需要详细的工程设计资料,只要知道工艺流程即可,对于总承包项目而言,可作为估算的旁证。

2. 系数估算法

系数估算法也称为因子估算法,是以拟建项目的主体工程费或主要设备购置费为基数,以其他工程费与主体工程费的百分比为系数估算项目建设投资的方法。这种方法简便易行,但精度较低,一般用于项目建议书阶段。

3. 指标估算法

指标估算法是目前国内使用最广泛的方法,具有较强的综合性和概括性。估算指标包括综合指标(如综合生产能力单位投资等)、单项工程指标(如单位生产能力单位投资)、单位工程指标(如房屋的元/m^2、管道的元/m、水塔的元/座等)。使用指标估算法,应注意以下事项:

其一,使用指标估算法应根据不同地区、年代而进行调整。因为地区、年代不同,设备与材料的价格均有差异,调整方法可以按主要原材料消耗量或“工程量”为依据计算;也可以按不同工程项目的“万元工料消耗定额”而定不同的系数;或根据有关部门颁布的定额或材料价差系数(物价指数)调整。

其二,使用指标估算法进行投资估算绝不能生搬硬套,必须对工艺流程、定额、价格及费用标准进行分析,经过实事求是的调整与换算,提高其精确度。

(二)建设期利息估算

在根据项目进度计划提出建设投资分年计划的基础上,可设定初步资金筹措方案,对使用债务资金的项目应估算建设期利息。

建设期利息通常按年度、采用有效年利率估算。为了简化计算，通常假定借款均在每年的年中支用，借款当年按半年计息，其余各年份按全年计息。如果借款额在各年年初发生，则应按全年计息。项目在建设期如能按期支付利息，应按单利计息，在建设期如不支付利息，应按复利计息。

对于多种借款资金来源，每笔借款的年利率各不相同的项目，既可分别计算每笔借款的利息，也可先计算出各笔借款加权平均的年利率，并以此利率计算全部借款利息。

（三）流动资金估算

流动资金估算的基础主要是营业收入和经营成本，应在估算营业收入和经营成本之后再估算流动资金，一般采用分项详细估算法，个别情况或者小型项目可采用扩大指标估算法。

1. 分项详细估算法

分项详细估算法是根据流动资金周转额与周转速度之间的关系，对构成流动资金的各项流动资产和流动负债分别进行估算，将流动资产减去流动负债就得到了该年度所需流动资金。流动资产的构成要素一般包括存货、库存现金、应收账款和预付账款；流动负债的构成要素一般包括应付账款和预收账款。

估算的具体步骤：首先计算各类流动资产和流动负债的年周转次数，然后再分项估算占用资金额，各项流动资金平均占用额度为其年周转额度除以其年周转次数。

（1）计算周转次数。周转次数是指流动资金的各个构成项目在一年内完成多少个生产过程。

（2）估算应收账款。应收账款是指企业对外赊销产品、提供劳务尚未收回的资金。

（3）估算预付账款。预付账款是指企业为购买各类材料、半成品或者服务所预先支付的款项。

（4）估算存货。存货是企业为销售或者生产耗用而储备的各种物资，为简化计算，仅考虑外购原材料、燃料、其他材料、在产品和产成品，并分项进行计算。

（5）估算现金需要量。项目流动资金中的现金是指货币资金，即企业生产运营活动中停留于货币形态的那部分资金，包括企业库存资金和银行存款。

（6）估算流动负债。流动负债是指在一年或者超过一年的一个营业周期内，需要偿还的各种债务，包括短期贷款、应付票据、应付账款、预收账款、应付工资、应付福利费、应付股利、应交税金、其他暂收应付款、预提费用和一年内到期的长期贷款等。为简化计算，项目流动负债的估算可以只考虑应付账款和预收账款两项。

2. 扩大指标估算法

扩大指标估算法是根据现有同类企业的实际资料，求得各种流动资金率指标，亦可根据行业或部门给定的参考或者经验确定比率。将各类流动资金率乘以相对应的费用基数来估算流动资金。一般常用的基数有营业收入、经营成本、总成本费用和建设投资等，采用何种基数依行业习惯而定。扩大指标估算法简便易行，但准确度不高，适用于项目建议书阶段的估算。

3. 估算流动资金应注意的问题

首先，在采用分项估算法时，应根据项目实际情况，参照同类企业的平均周转天数并结合项目特点，或按部门（行业）规定，分别确定各项流动资金的最低周转天数，要考虑储存天数、在途天数，并考虑一定的保险系数。因为最低周转天数减少，将增加周转次数，从而减少流动资金需要量，因此，必须切合实际地选用最低周转天数。对于存货中的外购原材料和燃料，要分品种和来源，考虑运输方式和运输距离，以及占用流动资金的比重大小等因素。

其次，在不同生产负荷下的流动资金，应按不同生产负荷所需的各项费用金额分别按照一定公式估算，而不能直接按照100%生产负荷下的流动资金乘以生产负荷百分比求得。

第三，流动资金属于长期性（永久性）流动资产，流动资金的筹措可通过长期负债和资本金的方式解决。流动资金一般要求在投产前一年开始筹措，为简化计算，可规定在投产的第一年开始按生产负荷安排流动资金需要量。其借款部分按全年计算利息，流动资金利息应计入生产期间财务费用，项目计算期末收回全部流动资金（不含利息）。

五、文化内容类项目的投资估算

文化产业项目投资估算比一般项目更为多样，因为文化内容类项目包括影视制作、图书出版等项目，在文化内容生产类项目中其投资更多地体现在艺术、技术人员薪酬、版权购买等方面，下面以电影制片为例，估算其投资。

（一）项目估算内容

一般而言，对电影拍摄投资项目的估算应该包含影片剧本稿费，影片道具成本，影片拍摄成本，影片参与人员薪酬，影片后期制作成本，影片市场宣传成本，额外其他成本等。电影拍摄投资费用可以包括以下几类。

(1) 创造过程中自然衍生出来的费用，包括获取剧本或编写剧本的支出（编剧的雇佣费）、制片部门和导演的薪水，以及演员的薪资和额外报酬等。主要支出项目如表4.2所示。

表4.2　电影创作过程中主要支出费用

01—00 故事版权	02—00 剧本	03—00 制片部门	04—00 导演组
非原创情况下，需取得原著的改编权	编剧薪水（初稿、二稿、终稿）	执行制片人	导演
	润色修改费	制片人	副导演
	版权登记费	联合制片人	执行导演
	剧本印制费	制片助理	导演助理
	剧本配送服务	部门秘书	车辆费用
	故事板制作	制片顾问	
	视效预览	制片人的各类支出	
	后续开发（分镜、分场脚本）	车辆费用	
	差旅费（含住宿）		

续表

05—00 演员阵容	06—00 导演/制片人差旅费	07—00 演员差旅费	08—00 误差
主演	机票	机票	编剧
配角	酒店住宿	酒店住宿	导演
群演	酒店用车费	酒店用车费	演员
选角导演	出租车	出租车	
选角组工作人员	火车	火车	
选角费用	超重行李	超重行李	
特技演员	电话费	电话费	
特技设备	餐费	餐费	
特技协调员	小费	出差按日津贴	
配音	出差按日津贴		
演员加班费			
09—00 线上附加费用			
工资税			

(2) 用在技术上的费用,包括付给工作人员的薪资,使用设备或购买录像带及胶片的费用,布景、道具、服装、化妆、交通、食物、音效和剪辑的开销等。

(3) 经常性费用,指的是一些租金及水、电、气的开支费用,这些通常会被归属入线下费用。经常性费用通常会约占到总预算的15%,并被视为重要开支。除常规预算额度外,制片人一般要再多拨出10%的金额作为经常性费用的备用金,这笔钱可以应付一些容易被忽略、但却会严重影响到整体制作进度的事宜。

(4) 缓冲和应急资金,在项目费用的估算中还要有一笔缓冲和应急资金,因为在完成整个项目前,我们不可能准确地估算出到底要花多少钱。缓冲资金是指估算项目明细中知道自己过高估计的费用,必要的时候,可以将这部分资金挪用到其他部分的额外支出上去。应急资金也可称为"不可预估费",是在预算总结中应出现的一条项目明细,通常是估算总数基础上的10%~15%,以备实际执行时的超支。

除此之外,在做项目的估算时也要考虑一些其他的因素,因为这些因素也会影响到项目的预算。

(二) 项目估算中应注意的问题

(1) 耗片比。耗片比指所有拍摄素材与影片最终时长之间的比值。它会以指数级别影响全片的预算。一旦知道为这部影片计划的耗片比之后,便可以对整个项目将会使用到的胶片或者数字媒体存储及硬盘数量得出一个较为准确的估值。

耗片比由两个数字来表示,比如10∶1或者15∶1。这意味着,为了得到影片中某一片段,应该计划拍摄10或者15倍的素材。如果影片的最终时长是100分钟,那么按照10∶1的耗片比计算,应该计划拍摄1000分钟的素材。如果耗片比是15∶1的话,应该按照1500

分钟的素材来制订预算。对于低成本影片来说，10∶1或者15∶1的拍摄耗片比其实已经是很正常的范畴了，更高成本的影片或好莱坞的一些大制作，通常则需要负担起更高比例的耗片比。

（2）天气。如果影片需要在室外拍摄，那么在制定预算时，就需要考虑到气候和季节因素，一方面可能会涉及取暖或避暑需求；另一方面，气候突变或周期性的梅雨、沙尘暴等，也会导致拍摄计划的暂缓或取消，从而或多或少地影响到各个方面的支出细节。

（3）人员。在影片的拍摄过程，小演员可能在较短的时间内，就对拍摄失去了兴趣或因失去耐心而产生烦躁感，从而拖缓整体制作进度，并导致成本的额外耗损及预算的增加；某个演员的档期或身体原因也会影响到影片的拍摄进度等。

以上基本包含一般电影估算的所有类目，具体预算的制定，还需根据不同量级或者不同需要的电影项目进行增加或删改。

第二节　文化产业项目资金筹集

一、文化产业项目资金筹集的原则与方式

（一）文化产业项目资金筹集的含义

文化产业项目资金筹集是指文化产业项目组织者通过一定的渠道、采取适当的方式来获取所需资金的一种行为。文化产业项目资金筹集是项目资金运动的起点，是决定项目资金运动规模和项目发展程度的重要环节。对于文化产业项目而言，所筹集的资金是项目的主要收入来源，筹资工作的好坏直接影响到项目能否顺利成功地实施。

（二）文化产业项目资金筹集的原则

1. 以需定筹原则

以需定筹就是根据文化产业项目发展的不同阶段和文化产业项目运营资金在数量上的增减情况，筹集某一时期内所需资金增加的数额。一句话就是需要多少，筹集多少，绝不能盲目筹资。

2. 讲求效益原则

讲求效益原则就是对文化产业项目筹资进行各种相关预测、分析，以较低的资金成本筹措所需资金，并有效使用，取得预期的筹资效益。

3. 依法筹资原则

文化产业项目筹资必须服从、遵守国家公布的有关法规，并用这些法规来规范文化产业项目的筹资活动，使文化产业项目资金运动同社会资金总运动相互协调、正常运行。

4. 自愿互利原则

文化产业项目的投资者和筹资者双方均应有合理的经济收益。投资者进行投资活动是自觉自愿的，不能强迫。任何硬性摊派或强制认购都会侵犯投资者的利益，挫伤投资者的积

极性，都是不符合法规的。

（三）文化产业项目资金筹集的方式

文化产业项目资金筹集的方式是指可供文化产业项目组织者在筹措资金时选用的具体筹资形式。目前，我国文化产业项目筹集资金的方式主要有以下几种：

1. 自有资金筹集

文化产业项目的自有资金是指文化产业项目主办机构自行拨付的款项，即拨款收入。拨款可以采用现金、实物资产等形式。

（1）现金。现金拨款是文化产业项目主办机构对项目进行投资的主要形式，它可以直接用于购买各种材料、设备等，也可以直接用于支付广告宣传费及人员培训费等开支，具有很大的灵活性和自主性。

（2）实物资产。除了现金外，文化产业项目主办机构还可以为项目提供场地、设备、材料等实物资产，这些实物资产可以直接增加文化产业项目提供服务的能力。在预测过程中，财务人员必须对主办机构提供的耗费性实物资产（如纸张、油墨、木材等）进行估价，并根据市场租金确定主办机构提供的非耗费性实物资产（如场馆）的成本，并将这些成本统一纳入筹资成本。

2. 借入资金筹集

借入资金又称债务资金、负债资金，按资金可使用时间的长短分为短期负债和长期负债。

（1）短期负债筹资。短期负债是在1年之内或一个营业周期内必须清偿的债务，融资速度快、容易取得，可以解决文化产业项目对资金的临时性需要。但由于归还期限较短，如果文化产业项目资金安排不当，不能及时归还，容易陷入财务危机，融资风险高。短期负债主要包括短期借款、商业信用等形式，文化产业项目的组织者向银行借入短期借款时，银行一般会附加一些信用条件，如补偿性余额条件和担保条件等，同时要支付利息。商业信用产生于企业之间的日常交易，是在交易中由于延期付款或预收账款而形成的企业间的借贷关系。与短期借款相比，商业信用程序简单、成本低，在文化项目中得到较为广泛的应用。

（2）长期负债筹资。长期负债是清偿期在1年以上或超过一个营业周期的债务，其筹资的渠道主要有银行长期借款、发行公司债券和融资租赁等，主要用于大型文化项目的筹资。通过长期负债筹得的资金一般用于项目基础设施的建设和购置其他固定资产，这些项目的资金占用时间长且资金需求量巨大，单靠自有资金和短期负债难以满足其长期运营的需要。

3. 项目赞助

文化产业项目赞助是指以冠名、主办、协办、鸣谢、指定产品等形式，从赞助企业获得资金、实物支持，然后再以一定的广告、新闻媒体的宣传作为回报来进行操作的行为。赞助收入是文化项目的收入来源之一，能否获得更多的赞助收入是影响文化项目最终能否获利的重要因素。有关文化产业项目赞助的具体内容将在后文详细阐述。

4. 市场开发

文化产业项目市场开发行为是指以文化产业项目的标志、名称、形象等所有知识产权的转让为条件而获得资金、物资、技术和服务的行为。市场开发是大型文化项目筹资的重要来源。

(四) 文化产业项目选择筹资方式应注意的问题

文化产业项目组织者在选择筹资方式时应注意以下几个方面:

(1) 比较文化产业项目筹资成本和文化项目投资回报。文化产业项目筹资成本是项目取得和使用资金所支付的费用,一般由两部分构成,一部分为筹资费用,指为取得资金而发生的费用,如为取得资金而产生的手续费等;另一部分是资金占用费,指文化项目取得所需资金,并且要在一定时间内占用这部分资金而须支付给资金所有者的报酬,如利息等。文化产业项目投资回报是指文化项目组织者用筹集的资金投资于文化项目后取得的报酬。

(2) 分析文化产业项目筹资风险的大小。筹资风险是指项目筹资中不能偿还到期债务的风险。由于自有资金是文化项目组织者的永久性资金,在文化产业项目存续期内不需要偿还,因而其筹资风险最低,而负债筹资形成的资金一般需要文化项目组织者按事先约定的期限还本付息,而偿还期限越短,筹资风险就越大,筹资期限越长,筹资风险就越小。

(3) 优化筹资结构。筹资结构是指各种筹资方式之间的比例关系。合理的筹资结构包括两方面的内容:确立负债筹资和自有资金的合理比例;确立长期筹资和短期筹资的合理比例。

(4) 考虑资本市场状况和公司的经营现状。文化项目组织者在进行筹资决策时,应在控制筹资风险与谋求最大投资收益之间寻求一种均衡,即可以对不同的筹资方式进行组合得出多种筹资方案,对不同的方案分别计算出加权平均资本成本,然后选择加权平均资本成本最低的几种方案,再根据文化项目的财务现状、项目预算以及市场的未来趋势等因素,综合分析,最终选择最合适的方案以构造合理的融资结构。

总体而言,财务人员应根据文化项目的性质和规模并结合主办机构的实际情况来进行筹资预测,考虑筹资方式的选择对筹资额和资金成本的影响,综合利用多种筹资方式,尽可能以较低的成本和风险获取所需资金。

二、文化产业项目融资

(一) 文化产业项目融资的原则

文化产业项目融资是为项目运转而进行的资金筹措行为之一。文化产业项目融资是以知识产权、无形资产、预期收益作抵押取得的一种无追索权或有限追索权的融资活动,遵循着以下几项原则:

1. 利益最大化原则

文化产业项目融资的目标在于通过融资获得项目运营的资金,从而顺利开展项目并获取经济收益。但融资的过程本身也消耗成本,因此项目在进行融资时应充分考虑项目收益与项目成本,尽可能降低融资过程成本,实现项目利益最大化。

2. 融资规模合理原则

项目融资的规模应与项目的融资需求和融资能力相匹配,如果融资规模大于融资需求则造成资金浪费、成本过高;反之,则影响项目进展和收益,难以回收成本。因此项目管理者应根据项目的发展阶段和发展规模确定合理的融资规模。

3. 融资期限合理原则

融资市场有短期资金为主的货币市场和长期资金为主的资本市场之分。文化产业项目在选择融资期限时应根据筹资成本和资金用途等因素来确定。如果筹资用于项目长期经营则应通过长期贷款、发行债券等资本市场方式来筹集资金;如果筹资用于弥补资金缺口,则可以通过短期银行贷款等方式融资。合理的融资期限可以降低融资成本,提高融资效益。

4. 融资方式合理原则

不同的融资方式对文化产业项目的要求和带来的影响也不同。以股权融资和债权融资为例,股权融资不仅会为项目筹集资金,也能起到宣传项目的作用,而且除分红外无需还本付息,但是若公开募股上市,对项目公司的资质要求高,并会稀释原有股权,减弱原有股东的控制力;债权融资则相对简单,对项目公司的资质要求低且对股权结构没有影响,但债权融资有一定期限,需要还本付息。两种主要的融资方式适合于规模和实力不同的文化产业项目。在项目资金筹集过程中,应根据项目的实际情况和需求选择合适的融资方式。

5. 资本结构合理原则

文化产业项目的资本结构指的是资本的来源构成状况。企业在融资中应根据自身资本结构选择合理的融资方式,维持合理的债券资本与权益资本的比例。如果债券资本比例过低,则可以通过增加债券融资,提升项目收益;如果债券资本比例过高,则需要减少债券资本,防止债务危机。

(二)文化产业项目融资的影响因素

由于文化产业项目的持续发展需要充足稳定的资金支持,因此需要融资管理来完善开发过程中的资金链。在文化产业项目融资过程中,影响融资管理的因素主要有:

1. 文化产业项目资产结构

文化产业项目的资产所有权结构体现着项目权益的法律拥有形式和项目投资者之间的法律合作关系,不同的资产结构中,融资所承担的债务责任和债务结构存在较大的差异。文化产业项目的资产结构主要分为项目公司型结构、非公司型结构和信托基金型结构。

项目公司型结构的基础是有限责任公司,项目公司型结构的文化产业项目进行融资一般以建立一个单一目的的项目公司来实现,可以分为单一项目子公司和合资项目公司两种。项目公司型结构的优势在于责任有限、融资简单、易于转让和投资,但同样也有税务灵活性低和现金流量控制力低的劣势。项目非公司型结构是一项在文化产业项目实践中被广泛接受的投资结构,通过投资者之间的契约建立起来。在非公司型结构中,投资者投入一定比例资金、拥有项目资金、责任独立并联合决定项目决策。信托基金型结构也是非公司型结构的一种,也是以契约型基金为基础,由基金经理人与代理受益人权益的信托人之间订立信托契约,由经理人依照信托契约从事对信托资产的管理,由受托管理人作为资金资产的名义持有人保管资金资产。因此,在现有的金融体系下,文化产业项目应该根据自身的资产结构确定融资策略。

2. 文化产业项目成本结构

由于文化产业的技术密集、人才密集和创意密集,文化产业项目成本结构具有开发阶段成本高、再生产阶段成本低的特点。而项目开发阶段也正是风险较高的阶段，若研发成本高则面临更高的市场风险，项目融资难度也相应增高。因此文化产业项目的融资管理也应充分考虑项目成本结构，平衡项目不同阶段的成本比例，增强资本对文化产业项目的信心。

3. 文化产业项目周期

文化产业项目存在周期长且不稳定的特点，其中的创意研发和技术开发等项目构思和创作阶段一般耗时长、比例重，同样风险也较大。文化产业项目在启动阶段就需要大量的资金支持，承担巨大的市场风险，但回收的周期长，回收过程不稳定。因此文化产业项目在融资过程中面临着风险和收益不匹配的问题，在投资回报率不确定的状态下，金融信贷等机构难以有信心进行投资，这也就为文化产业项目的融资带来挑战。因此文化产业项目从项目提出到项目培养应积极与信贷机构交涉，缩短开发周期，延长成本回收期，提升预期的投资回报率。

4. 文化产业相关政策

由于文化产业项目具有一定的意识形态属性，在我国现行的文化政策下需要在进入市场前进行审查，就算进入市场也可能受国家对于文化市场的管控影响遇到一定的限制，甚至面临下架的风险。另外，由于国内文化市场仍处于不断完善阶段，文化市场仍在一定程度上受到计划经济的影响，因此文化政策的变化也会对文化产业项目的实施产生影响，例如限制进口电影的数量等。文化政策的限制和不稳定性更增加了文化产业项目的融资难度。

(三) 文化产业项目融资的渠道

文化产业项目融资渠道多样，项目管理者应根据项目自身需求合理选择融资方式，确定合理的债券比例，控制融资成本。文化产业项目主要的融资渠道有以下几种：

1. 债权融资

债权融资指的是文化产业项目以其知识产权、品牌价值、盈利能力和信用条件为基础向债权人借贷进行资金筹集的方式，属于直接融资。广义上的债权融资包括银行贷款、银行短期融资、企业短期融资券、企业债券、资产支持下的中长期债券融资、金融租赁、政府贴息贷款、世界金融组织贷款和私募债权基金等等。对于相对发展不成熟的文化产业来说，银行借贷是主要的债权融资方式。

企业债券融资指的是文化企业作为赤字单位向资金盈余单位发售有价债券来募得资金的方式，资金盈余单位购入有价证券，获得项目的所有权、收益权或债权。2004 年 7 月，新浪宣布发行总面额达 8000 万美元的无利息可转换债券，该债券以私募形式发行，在特定条件下可转换为新浪普通股，转换价格约为每股 25.79 美元。

2. 信贷融资

信贷融资指的是文化产业项目开发者与银行或者其他信誉高的金融机构签订协议，借入约定金额的资金并在约定期限还本付息的融资方式，属于间接融资。文化产业项目信贷融资的主要来源有商业银行、政府专项资金等。

政策性银行贷款指的是文化产业项目通过向国家政策性银行贷款的方式获得项目经营所需资金的融资方式。国家为了支持文化产业发展，扶持文化产业项目，会制定一些专项的贷款政策，采用的主要方式有银行贷款贴息、项目补贴、出口信贷等，尤其是为支持文化走出国门提供相应的政策性贷款支持。

商业银行贷款是文化产业项目常用的信贷市场之一,获取商业银行贷款一般采用担保融资的形式。担保融资需要第三方融资机构提供信用担保,从而使项目获得商业银行的授信,为了支持国家文化产业的发展,保监会与文化部联合制定了《关于保险业支持文化产业发展有关工作的通知》,保险公司可以作为一方主体参与文化企业融资,为企业与银行的合作保驾护航。

3. 知识产权质押融资

知识产权质押融资是一种相对新型的融资方式,区别于传统的以不动产作为抵押物向金融机构申请贷款的方式,指企业或个人以合法拥有的专利权、商标权、著作权中的财产权经评估后作为质押物,向银行申请融资。此种融资方式在欧美发达国家是十分普遍的,在我国则处于起步阶段。主要有直接向银行质押贷款和委托第三方向银行贷款。

按照《中华人民共和国担保法》的规定,质押贷款是以借款人或第三人的动产或者权利作为质押物发放的贷款。版权质押要求文化企业在约定期限还本付息,既降低了金融机构的风险,又保证了文化企业可以独占项目利润。例如 2011 年上映的《金陵十三钗》通过版权质押向民生银行贷款 1.5 亿元,最终电影的票房达到 6.2 亿元。版权质押逐渐成为当前文化企业与金融机构最常用的合作模式。

文化产业项目管理者也可以将作品版权信托给信托公司,信托公司以其作为抵押资产来协助文化产业项目进行贷款,在发生资金问题后,信托公司对抵押资产有处置权。由于信托公司的介入,增加了文化产业项目和金融资本市场的交流,降低了金融机构的风险,也降低了文化产业项目融资的难度。2016 年 4 月 18 日国家出台了《文化企业无形资产评估指导意见》,这为文化项目版权质押提供了依据。

2019 年 8 月,银保监会、国家知识产权局等部门联合发布《关于进一步加强知识产权融资质押工作的通知》,鼓励商业银行在风险可控的前提下,通过单列信贷计划、专项考核激励等方式支持知识产权质押融资业务发展,力争知识产权质押融资年累放贷款户数、年累放贷款金额逐年合理增长。

4. 金融租赁融资

金融租赁融资指公司、企业(承租人)需要更新或添置设备时,不通过自行购买而是以付租形式向租赁公司(出租人)借用设备的交易。通常由出租公司按照企业选定的设备进行购买或租赁,再出租给企业,是一种常用形式。例如出版印刷行业中,印刷设备具有使用寿命长,通用性强且不易移动的特点,非常适合融资租赁的方式;再如像演艺和影视产业中,很多大型的摄影道具器材也通常可采用融资租赁方式。

5. "众筹"融资

随着互联网金融的发展,金融业与互联网逐渐结合产生了颠覆性的创新,依托于云计算的技术基础和移动支付的普及,"众筹"也成为文化产业项目融资的常见渠道。"众筹"最早诞生于美国,用于搭建平台给有创造力的人获得实现梦想的资金,如今逐渐成为提案者与资助者沟通的平台。目前广义的"众筹"融资包括以下几种类型:一是预购买,即融资者承诺在获得项目成果时无偿为投资者提供一定的产品或服务;二是贷款模式,即投资者暂时提供资金,融资者在项目结束后提供投资回报,一般是本金加利息,利率由竞标确定;三是捐赠模式,投资者出于公益的目的向自己认可的文化产业项目投资,而投资者不会得到回报;四是股权回报模式,即投资者获得与投资额相对应的股权份额,但目前该模式仍未发展成熟。

6. 文化产业专项资金和政策投资

为了发展文化产业，增强文化企业竞争力，由政府出资设立针对文化产业项目的专项资金，一般以项目补助、贷款贴息、保费补贴、绩效奖励的方式支持文化产业项目。政策投资可分为财政补贴、贴息贷款、优惠贷款和税收优惠政策等不同类型。

文化产业投资资金不仅是对未上市的文化产业项目进行股权和准股权的投资，也拥有国家财政和税收的优惠政策支持。中国文化产业投资基金是中央批准设立的首支国家级文化产业投资基金，由财政部、中银国际控股有限公司、中国国际电视总公司等联合发起，总规模达到200亿元。2011年至今，共有15只文化产业投资基金设立，总募资规模达381.5亿元。华澳基金对电视剧《画皮》的投资是国内首个私募基金投资单个影视剧项目的案例。该剧总投资2400万元，华澳投资了300万元。北京银行在银行业极早就提出了文化金融的服务理念，成为国内最早涉足文化产业的金融机构之一。

三、文化产业项目赞助

对当前的文化活动来说，赞助已经成为资金流的关键，活动主办者通常需花费大量时间、精力忙于确定赞助商、制定赞助方案以及接洽赞助商等事务。对赞助商来讲，赞助通常被视为其营销组合中的一部分，且能配合广告、宣传、直销等促销手段达成营销目标，而且赞助作为一种宣传促销手段发挥着越来越重要的作用。对文化活动的管理者来说，赞助则是为达到特定目的与目标群体进行的沟通工作。

(一) 文化产业项目赞助的概念、分类及回报形式

1. 文化产业项目赞助的概念

关于赞助的定义有多个，都比较相似，大体有如下几种：

(1) 对可获取商业回报的体育、社会或政府活动、艺术、某种事业或个人所进行的投资。这种投资可以是在资金、物质和人员等方面的投资。

(2) 为某一所有权支付现金或实物酬金作为对与此所有权相关的可开发的商业潜力的回报。

(3) 从相关的某个参赛者、某次活动或某种组织购得的潜在的可开发利益和权利，这些权利与利益通常是无形的，而最终以有形的利益回报给赞助公司，包括形象或利润的提高。

(4) 赞助是一种描述资助人与文化活动的术语，它是一种媒介，或一种赞助者以现金或实物形态支付的货币或财物，作为回报，赞助者能够获取可开发的商业性潜在的合作渠道。这是战略性计划所作的营销努力的一部分。

这些定义指出了赞助的多个要素。首先，赞助是一种商业交易和投资行为，并不是捐款。其次，赞助既可以表现为直接现金支付，还可以是非现金的服务和产品。第三，从赞助中获得的回报最终将对企业的利润产生积极的影响。图4.1反映了文化活动赞助中活动主办者和赞助商的交换关系。

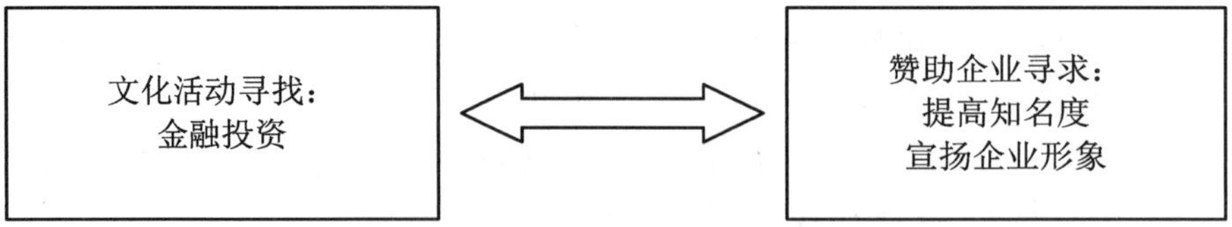

图 4.1　文化活动赞助中的交换关系

2. 文化产业项目赞助的分类

赞助的种类有很多，按不同标准可以做以下分类：

(1) 赞助按内容可分为现金赞助、实物赞助、现金和实物结合赞助。

(2) 赞助按主题赞助的类型可分为体育赛事赞助、重大节庆活动赞助和公益活动赞助等。

(3) 赞助按形式可分为独家赞助和联合赞助。

(4) 赞助按对象可分为单项赞助、多项赞助、冠名权赞助等。

(5) 赞助按类型可分为全额赞助或部分赞助。

赞助是一种商业交易/投资，而不是无偿的捐款，赞助企业通过赞助可以提高知名度、宣传企业形象、推广企业产品等，赞助类型的选择得当与否，对赞助的效果直接产生着影响。从赞助中获得的回报最终将对企业的利润产生积极而深远的影响。

赞助不同于慈善事业或捐赠，用于赞助和事业性营销的资金属于商业性花费，本质是一种利益交换关系，是期待回报的商业投资行为。而捐赠是无偿的帮助和赠送，属于慈善道义范畴，受赠方为了感谢捐赠者，有时也会举行一定的仪式，新闻媒体也有可能将其作为一个新闻事件加以报道，但也就仅限于此。

3. 文化产业项目赞助的回报形式

一个文化产业项目可以有许多不同层次和地位的赞助商，这和赞助商从文化项目中获得的权益密切相关。这些权益包括使用特定名称和头衔的权利等。下面列举几种不同层次的权益。

(1) 冠名权。即企业通过对某项活动出资赞助，取得用自己的商标或品牌为活动命名的权利，它是企业出资赞助的一种形式，但一般只有出资较高的企业才能获得冠名权。如上海旅游节主要冠名企业有：中国移动通信出资 50 万元冠名承办“移动通信杯”花车巡游评比大奖赛；扬子江万丽大酒店出资 30 万元冠名举办“扬子江万丽德国啤酒节”；万事达信用卡公司出资 20 万元冠名承办“万事达卡杯”摄影大赛。加多宝出资 2 亿元人民币冠名《中国好声音》第二季。

(2) 展示权。这种情况允许赞助商的头衔与活动的名称并列（作为活动名称的一部分），也可以用于活动的各项标识。如 2003 年在保加利亚举办的国际雪地降落运动比赛就是体育服装生产商奥奈尔（O'Neill）赞助的，因此，此项赛事又被称为“奥奈尔（O'Neill）Todorca 杯”。2013～2014 赛季，CBA 联赛共有来自国内外的 25 家赞助商，赞助总金额在 5 亿人民币左右，22 家赞助商拥有 Logo 展示权，其中李宁公司一年的赞助费在 4 亿元左右。

(3) 命名权。这种权益一般在长期赞助合约中出现，如使用赞助商的名字重新命名一个建筑物或体育馆，同样，公司名称、产品和品牌名称都可以使用。如美国科罗拉多（Colorado）州的“百事（Pepsi）中心”，达美航空中心（1991～2006 年），盐湖城冰上中心：2002 年冬季奥林匹克运动会，都属于命名权。

(4) 范畴权。在这种情况下，赞助商在他们赞助经营的某一领域中享有非竞争性垄断地位，因为他们是此方面的唯一合法代表。如赞助商日本佳能公司作为职业高尔夫协会联赛的正式合作伙伴，在经营方面被给予长期承认，并提供照相机、望远镜、传真机和复印机等产品服务。

(5) 供应权。此权利允许赞助商向活动提供服务、设备和产品。一项活动可以拥有多个赞助商，如 2003 年夏季残奥会，Aerlingus 作为签约航空公司提供飞行服务，丰田公司作为官方汽车赞助商提供公共交通服务。

(二) 文化产业项目赞助的程序

赞助程序和操作步骤在不同的情况可能有所不同，但主要内容基本是相同的，大体经过如下流程：

1. 评估活动方案，确定赞助商的机会

在开始寻找赞助商以前，需要花一定的时间来评估活动方案，如该活动是高品位的吗？计划是否周详？创意是否有趣？谁将要参加出席？是否值得赞助？赞助商如何支持活动？活动所需要的支持是什么：资金、设施、服务、志愿者等？是一个赞助商还是几个赞助商(避免相同类别行业中的赞助商之间的冲突)？

评估活动方案，在发现活动需要赞助，并值得赞助后，确定活动对赞助商的价值，从而确定赞助商的机会。可以通过以下几个问题来确定赞助商是否有机会。① 活动期间，赞助商是否有机会促销产品或服务？② 赞助商可能在哪里展露产品或活动，展露的程度有多大？如 T 恤衫、门票、横幅、海报、气球等及其他带有公司标记的印刷材料。③ 活动将会得到媒体报道吗？④ 其他增值和扩大活动的影响有哪些？⑤ 有无赞助商的员工参与活动的机会？大公司可能是活动志愿人员的主要来源，公司员工作为志愿者参与活动可以振作员工士气。

2. 定义并研究潜在的赞助商

任何有业务往来的公司都可能成为赞助商，但不能同时要求相互之间有竞争关系的公司成为赞助商，寻找潜在赞助商必须考虑活动的类型和规模。

可以通过这样几个问题来定义潜在的赞助商：① 目标受众是谁？是否了解他们？② 活动在一年中的哪个时间段进行？③ 估计参与的人数？④ 赞助商宣传/展露和参与的机会点。⑤ 促销的机会点，如参与人员的资料信息等(注意有关保护个人隐私的权利)。⑥ 还必须考虑赞助的形式：是现金、实物还是人力？不要忽视实物赞助和提供的服务(如旅行)。这些能抵消成本的赞助形式，与现金同等价值。结合企业的目标市场和经营目标，根据以上的考虑列出适合本次活动的公司名单。

定义潜在赞助商之后，需要对赞助商的业务进行一些研究，具体研究：① 该公司的经营哲学。② 该公司有没有赞助经费？③ 该公司做预算的时间。④ 该公司过去所赞助的活动类型。⑤ 最近相关的媒体报道。⑥ 潜在赞助商所在行业的发展趋势。⑦ 购买和使用其产品/服务的顾客。⑧ 广告的策略。⑨ 该公司在企业形象、宣传推广、顾客关系和经济发展方面的目标。⑩ 赞助的决策者。可以通过该公司的年报、报纸杂志、合作伙伴等了解潜在的赞助商的信息。

3. 撰写赞助建议书

在研究潜在赞助商之后，就需要开始撰写赞助建议书，或称赞助计划书，在计划书中列明赞助商的所有获利点。如果可以，应尽量写明可评估的等同价值，如媒体报道的广告等同价值。

赞助商的类型分为独家赞助商/联合赞助商、实物赞助商/媒体赞助商。根据每个赞助商的需要，撰写一份正式的赞助建议书。赞助建议书的内容必须简洁，不要超过5～6页。建议书的目的有两个：避免对方说“不”和确保下一步的会谈。如果条件允许，可以分别针对不同的潜在赞助商撰写赞助建议书。

4. 洽谈赞助，签订合同

根据列出的潜在赞助商名单，和赞助商进行洽谈。通过谈判达成赞助协议之后，必须明确赞助商和文化活动组织者之间的基本的商业关系。对于赞助商而言，被赞助的活动只是一个促销的媒介，而对被赞助的机构、组织来说，赞助商们就如同委托人，他们必须获得明确的利益，以作为其出资的回报。双方都必须清楚各自期待的收益，因此，要签订赞助合同。合同的内容应当包括：赞助公司和文化活动组织者的目标；双方所提供的商品和服务；覆盖的地理区域范围；合同开始及终止的时间；有创意的说明书和附件（内容包括商标、名称、形象的使用权等）；赞助的计算方法、分配方法；法律、财务等方面的其他协议条款。

5. 实施活动，监控赞助回报内容

达成协议、获得赞助后，必须进行有效管理以实现对企业承诺的回报。为此，活动管理者必须对回报过程实施有效的监控，重点是制订和实现与赞助收益相关的预算，将成本放到所获得的赞助额度中。

获得赞助的文化企业还需要持续追踪赞助活动的目标，调查消费者的感受，并且与赞助商进行沟通，实际上赞助商也会持续跟踪、了解其赞助的收益目标是否已经实现。文化企业还应当提供尽可能多的信息资料，通过这些资料，可以使赞助商评估他们所进行的投资活动是否物有所值。在活动结束之后，有赞助商出席的评估会议应当及时召开，对合作方共同的成果和收益进行评估。

（三）文化产业项目赞助企业对效益的衡量

从企业角度来看，传统媒体的传播环境日益恶化，一方面，媒体数量越来越多，分散了人们的注意力；另一方面，大量的广告充斥在强势媒体上，使这些媒体的空间越来越狭窄拥挤，在与消费者的沟通上形成了障碍。在这种情况下，许多企业纷纷寻求新的营销手段，赞助因此而成为新的营销手段。

1. 赞助作为宣传手段的效益

各种机构在参与赞助之前都会对赞助所能提供的利益进行评估，各机构所认同的利益取决于它当前所追求的战略目标，因此文化活动的管理者必须了解赞助所能提供的一切潜在利益，便于根据客户要求提供赞助收益。从企业的角度看，潜在的收益包括：

（1）提升企业形象。文化活动往往有较好的社会声誉或文化品位，通过赞助文化活动可以很好地树立或提高企业的形象，比如企业通过赞助一系列的慈善活动在社会上树立优秀的形象。

（2）提升品牌知名度。从与活动相联系的特定生活方式角度来表现产品的特征，比如通过赞助流行音乐节来帮助产品与一种年轻的、追求快乐和喜欢体验新鲜事物的人群建立相关联系。当活动的参加者就是企业潜在的客户群时，企业通过赞助活动可以直接进入特定的目标市场，并在赞助的活动中体现机构以及产品的服务意识。

(3) 增进产品销售。借助活动为潜在客户充分展示产品的特征，文化活动的氛围和设计较适合于一些产品通过多种机会展示自己，在活动现场获得销售的机会。

(4) 增进与其他方面的沟通。通过赞助活动与分销商建立联系、巩固关系，或在所赞助的活动中安排集体票，成为企业员工奖励和表扬体系的构成。

从表4.3中我们可以看到，在费舍尔和布鲁伊莱特的研究中发现，当公司从事赞助活动时它会努力寻求七项收益。

表4.3 赞助所追求的利益回报

内容	所占比例(%)	内容	所占比例(%)
培养优良的公司形象	37	支援公益事业	5
增加销售量	22	加强更广泛的沟通	4
增加更强的能见度	15	寻求特定的目标群体	2
提升社会的角色	15		

来源：Fisher，Brouillet R. Les commandites：La pub de demain[M]. Montreal：Editions Saint Martin，1990：15.

一份关于事业性捐赠的发展报告表明，有61%的消费者相信事业性营销是符合规范的商业活动，有83%的消费者表明他们已对公司有了更加良好的印象，因为公司支持了他们所关注的事业，大约有2/3的消费者宣称，价格和质量是等价的，他们更有可能转向和优质品相关的品牌和零售商。赞助文化活动的企业认为，赞助活动已成为那些寻求同顾客和群体建立稳健关系的品牌商的需要。94%的具有高度社会意识的美国人宣称对关注和支持解决社会问题的公司抱有积极的印象，这一群体也更有可能更换原先的品牌和零售商，转而投向那些支援社会公益事业的公司，消费者还表示他们期望公司长时间地，并以实际的方式继续影响社会事业。约80%的美国人一贯坚持认为，他们更喜欢公司能长期履行这种规划而不是在短期内集中许多不同的目标。

2. 赞助效益衡量的方式

赞助虽然已经得到越来越广泛的接受和运用，但在企业赞助效益的测量上还没有通用的理论架构，在评估赞助活动效益的方法上，Meenaghan提出了下列五种方式：

(1) 测量所获得的媒体覆盖率。媒体的覆盖率常被用来测量一个赞助活动表现的指标，通常包含了三种测量指标：电视覆盖持续的时间、追踪广播的覆盖率、报刊的覆盖率。一般而言，企业利用媒体覆盖率来进行赞助效果的衡量，然而媒体报道可能并非企业赞助的主要目标，还必须搭配其他的效果衡量机制。

(2) 测量赞助活动所形成的传播效果。这种方法的测量指标包括：赞助前后知名度的比较、与赞助预期目标的比较、目标对象对赞助者态度变化的比较。

但测量目标对象赞助前后感觉的改变，有可能对赞助成效的认知带来偏差，因为改变通常是模糊的，甚至赞助对消费者没有显著影响，原因可能在于消费者已对企业形象或品牌有了成见或偏好。

(3) 测量赞助的销售效果。

(4) 监督收集顾客的反馈意见。

(5) 成本效益的分析。

有研究结果发现赞助可以提升企业形象,但这种结果只有当企业在赞助前已有一个良好的形象时才可能发生,而且当消费者对企业已有负面的印象时,赞助则可能会使这种负面印象更趋恶化。针对这一特点,可以在赞助之前做一个企业形象调查,作为是否参与赞助的参考。

(四) 文化产业项目赞助的双向选择

1. 赞助商对文化产业项目的选择

各个机构都会通过甄别程序对项目的赞助建议案进行筛选,以确定在这些建议之下给企业带来的具体相关利益有多少,活动管理者理解这一点有助于他们构思赞助建议案。企业在进行赞助建议案筛选时一般考虑以下因素:

(1) 目标客户群的情况。企业将考虑的问题有:目标客户群的人口统计学情况和生活方式的描述是否与产品的目标市场相一致;对该文化活动进行赞助是否是与目标客户群进行沟通的最佳方式。

(2) 展示企业形象和产品品牌的机会。企业将考虑的问题有:活动的内在新闻价值是什么;赞助的印刷宣传和新闻广播的大致情况,新闻报道是当地性的,还是区域性的或者全国范围的,这些媒体观众的地理分布区域和产品的销售区域是否一致;公司的产品和服务等在活动中的销售情况;活动将延续多长时间;赞助回报是否包括旗帜和标识,转播当中是否可视,为活动准备的宣传材料中是否可以看清厂商的名称和标识,活动中标识、海报、新闻稿和销售点展品的数量;电视广告、电台广告、平面广告、网络广告的数量以及播发范围;产品名称会在活动计划书中什么地方出现,活动计划书中广告的数量和位置,活动计划书的数量;赞助商的层位,在电视转播中是否可视。

(3) 为分销渠道群体提供的好处。企业将考虑的问题有:批发商、零售商与代销商是否能从赞助收益中得益,他们能否参加与赞助有关的宣传活动。

(4) 相对于竞争者的优势。企业关注的问题有:活动有什么特点;活动曾经有过哪些赞助者,以往赞助行为的成功度评价;活动如果存在联合赞助,公司是否希望与联合者建立联系,公司是否可以享受产品种类和广告的垄断权;如果公司参与赞助,其他竞争者是否会参加,竞争者可以获取的权利有哪些,竞争是否会影响产品的现场销售。

(5) 赞助所需的投资。企业关注的问题有:总赞助成本,包括相关宣传投资、占用员工和管理的时间;赞助投资是否难于运作和不易管理,活动能否确保为赞助企业提供最低收益。

(6) 活动和活动组织者的声誉。企业将考虑的问题有:活动的认知度有多高,是否是同类型中最好的,参加活动能否提高企业的知名度;组织者是否有成功举办过此类活动的证明记录,是否具备赞助者希望与之相联系的形象与声誉;公司以前是否与组织者有过合作,合作情况怎样;组织者对于认可的事项是否有绝对的控制权;活动是否有保险,公司的潜在风险是什么。

(7) 促进公共关系的机会。企业将考虑的问题有:产品是否有进行直接销售或进行试用的机会,演艺界名人能否起到产品代言人的作用,成本是什么;入场券是否包含在赞助中，其数量、时间和位置是否明确；公司的客人是否可以进入 VIP 招待区，多少人有此权利；是否有名人出席，活动期间是否安排了便于客人与名人交流的研讨会、聚会和娱乐机会。

2. 文化产业项目对赞助商的选择

在寻求赞助商之前，为避免浪费时间和资源，第一步应该仔细考虑以下一些问题：活动中有哪些机会能为赞助者带来收益；是否有不适合做赞助者的公司，比如烟草商的赞助就不适合每一个活动；活动是否拥有寻求和经营赞助的必要的人力和物力资源。

第二步，文化活动的管理者需要进行研究，根据活动的性质和特点，寻找目标赞助者。通过参阅潜在赞助者的年度报告和阅览其网站的方法能够提高对潜在赞助者的洞察力，了解到是否存在赞助的机会。这些资料可以表明某一机构当前所遵循的大致方针，表明他们进行赞助倾向的活动类型，以及是否会对赞助有特殊的要求。

另一个发现潜在赞助者的方法就是看哪些企业曾经赞助过类似的活动，可以查询同类活动的计划、宣传材料和网站，或者联系负责管理该活动的组织者。

一旦分辨出合适的潜在赞助者后，就要进行更加详细的调查，需查询的信息包括：赞助者愿意赞助的活动类型，在计划周期中何时调配赞助预算，该机构是否与特定的机构有关联，比如慈善组织。

制定完潜在赞助者的名单后，第三步就是活动管理者完成赞助建议案并交给赞助商。研究表明，高层经理人的理念是影响企业赞助的重要因素。在小型公司，计划书将交付给首席执行官或总经理；在中型公司，市场部经理和公关经理就可以对这个问题做出决定；而在大型企业中，负责赞助的部门有可能设置在市场部、公共关系部或公司事务部。建议案送出后，通常应在适当的期限进行跟进工作以判断他们的态度。

赞助建议案的内容应当对照企业的需求来制定，很多大型公司为了协助赞助寻求者的工作，已经制定出了赞助建议案或计划书的指导原则和标准。一般的赞助建议案应当说明要求企业赞助的活动、赞助的回报、赞助的额度等内容。

成功的赞助建议案应注意以下几个关键问题：

(1) 内容的重点在于强调为企业提供的收益，而不是强调活动的特点。建议案中不应该过多地强调活动的艺术价值，而要强调赞助者可以从中得到的收益，赞助是赞助商购买宣传平台、拓展市场的投资行为。

(2) 注重赞助者的需求而不是被赞助者的需求。成功的建议书应当首先询问赞助商需要什么，而不是首先满足文化活动的需求。文化企业申请赞助是希望得到资金的资助，而赞助者并不会对这种需求本身表现出太大的兴趣，他们想知道的是，参与活动对他们究竟有什么回报。

(3) 根据企业类型量身定做计划。对不同的赞助者来说，利益代表不同的含义，比如保险公司可能对活动的邮寄名单感兴趣，而生产瓶装饮料的企业则更加关注现场销售的机会。

(4) 列出知名的联合赞助者组成名单，并且让有保证的媒体进行新闻报道使之成为赞助回报的一部分。赞助应当给企业提供一个形成联盟的机会，以便为企业带来一些通过其他途径不能获得的资源。

(五) 文化产业项目赞助工作文件

文化产业项目赞助工作文件包括赞助建议书和赞助预算核查表。

1. 赞助建议书(见表 4.4)

表 4.4 赞助建议书

项目名称		项目编号	
制表日期		负责人	

一、活动概述

1. 活动的简单描述。
2. 活动的目标。
3. 活动的地理位置。
4. 目前和曾经的赞助者名单。
5. 活动的时间。
6. 活动组织者的简要背景、主要业绩、长期目标。

二、赞助收益的一揽子计划及相关成本

1. 需要的赞助资金额度。按赞助的等级结构自上而下依次排列出拥有冠名权的赞助者、主要赞助者、次要赞助者、正式供应商等。在标明赞助的价位时,应当注意对比其他的推广工具,比如广告的花费。
2. 赞助的回报条件。

三、目标受众

1. 出席活动人员的分类和人数(比如贵宾、艺术家、演员、志愿者、观众等)。
2. 目标观众的人口统计情况估计(比如年龄、收入、性别、职业等)。

四、活动的宣传

1. 活动的宣传计划(比如报纸、电视、广播、网络的广告计划)。
2. 企业在上述计划中将获得哪些收益(比如名称和标识的出现机会、次数)。

五、活动的历史和规划

1. 如果曾经举办过,以往活动的评价情况。
2. 提供以往活动的相关宣传品、媒体报道的复印件。
3. 活动计划举办的频率。
4. 未来该企业是否有继续参与赞助的机会。

六、其他值得关注的问题

七、相关工作的联络人

建议书提交方:

提交日期:

2. 赞助预算核查表(见表4.5)

表4.5　赞助预算核查表

项目名称		项目编号		项目名称		项目编号	
制表日期		负责人		制表日期		负责人	
赞助引起的支出项目			成本/元	赞助引起的支出项目			成本/元
1. 赞助建设书的设计、制作				8. 交通、通信费用			
2. 寻求赞助商的费用(人工成本)				9. 媒体监测费用			
3. 招待费用				10. 赞助评估费用			
4. 广告费用(报纸、电视、广播、网络等)				11. 法律、财务等事务			
5. 其他宣传品费用(海报、挂旗、资料等)				12. 行政管理费用			
6. 为赞助回报提供的服务成本(人工成本)				合计			
7. 差旅费用							

第三节　文化产业项目财务计划

财务计划是在财务预测的基础上,以财务决策的优选方案为依据,采用货币形式,反映计划期内固定资金与流动资金需要量及其来源、费用支出和成本水平以及所要达到的收入利润等方面的财务成果的管理活动。财务计划是一定时期财务目标的具体化和系统化,是加强财务管理的依据。为了便于理解财务计划,下面先简要介绍财务预测和财务决策的有关内容。

一、文化产业项目财务预测

财务预测是财务计划的基础工作,它是财务人员参照过去与现有的资料信息,根据财务活动客观发展规律,采用适当的方法,对未来财务活动发展态势和财务状况加以推测估计,或者预计测定的财务管理活动。文化产业项目财务预测的对象是文化产业项目的财务状况,主要包括以资金为对象目标的资金预测,以成本费用为对象目标的成本费用预测和以收入利润为对象目标的收入利润预测。

(一) 财务预测的基本原理

(1) 类推原理。这是根据已知的某项财务活动的特征或规律性,推测具有近似特征或规律的财务活动的状况或未来趋势,如利用典型资料进行由此及彼的推测。

(2) 惯性原理。这是根据某一项预测对象的过去与现在情况,推断其未来发展趋势或财务状况，该原理也称“连贯原理”或“历史延伸原理”。

（3）相关原理。亦称“因果原理”，这是根据预测对象与其他相关因素所存在的因果关系来进行预测。例如，依照流动资金与销售额之间所存在的相关关系，推测计划期流动资金需要量。

除以上三个基本原理外，还有系统性原理、可控性原理和反馈性原理。

（二）财务预测的方法

一般说来，财务预测的常用方法可分为两大类，一类是靠经验来推测判断的经验判断法；另一类是通过建立数学模型进行预测的定量预测法。具体地说，财务预测常用方法有预兆调查法、直观预测法、类推法、销售额百分比法、量本利分析预测法、回归预测法、判断预测法和时间序列预测法。

（三）财务预测的步骤

财务预测的基本步骤一般是先定对象目标，然后收集资料，选定方法，接着测定结果，最后提出报告或方案。财务预测的主要内容是以资金为对象目标的资金预测，以成本费用为对象目标的成本费用预测和以收入利润为对象目标的收入利润预测。财务预测的基本步骤（如图 4.2 所示）。

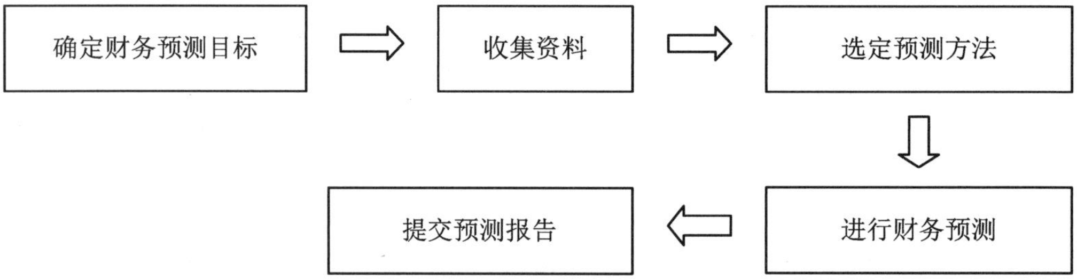

图 4.2　财务预测流程图

二、文化产业项目财务决策

财务决策是编制财务计划的依据，它是财务人员为实现财务目标，以财务预测为基础，在众多可供选择的方案中选定一个最佳方案的财务管理活动。

按照不同的标准，财务决策可以作不同的分类，如：① 按决策影响的时间划分有长期决策和短期决策；② 按做出决策的领导层次划分有高层决策、中层决策和基层决策；③ 按决策的问题是否重复出现划分有重复性程序化决策和非程序化决策；④ 按决策的条件不同划分有确定型决策、风险型决策、非确定型决策、对抗型博弈论决策；⑤ 按决策要求的结果和时态划分有单项决策和序贯决策；⑥ 按决策目标和影响目标实现的因素是否可以计量划分有定性决策和定量决策，等等。

财务决策的基本方法有：创利额比较法、量本利分析法、经济批量决策法、决策树法、投资回收期法、净现值法、获利指数法和内部收益率法等。

财务决策的一般步骤为：搜集信息，调查研究，确定目标，比较方案，评价择定，组织实施。

财务决策一旦选定优化方案后，就转入编制财务计划的工作。

三、文化产业项目财务计划编制

（一）文化产业项目财务计划内容

文化产业项目财务计划主要包括文化项目的筹资计划、流动资金计划、固定资金计划、短期性投资计划、长期性投资计划、成本费用计划、销售收入计划、利润计划等。文化项目财务计划反映了文化项目计划期内的利润、收入、成本费用、资金占用水平、筹资和投资规模，反映了文化项目各方面的财务关系，是组织文化项目财务活动的纲领，也是落实文化项目经营目标和保证措施的重要工具。

编制文化产业项目财务计划就是将文化产业项目决策提供的目标和选定的方案形成各种主要计划指标，拟订保证计划指标完成的具体措施，协调各项计划指标之间的相互关系，编制各项财务计划的过程。文化项目财务计划编制的依据是与该文化项目相关的各种财务资料。文化项目财务计划的编制要做到科学性、先进性和合理性，力求既能符合客观经济规律的要求又能反映文化项目的具体实际。

（二）文化产业项目财务计划编制遵循的原则

编制财务计划是一项十分严肃的工作，必须认真而又严格地进行。编制文化项目财务计划必须遵循以下原则：

1. 效益性原则

效益性原则要求编制文化项目财务计划应以提高文化项目的经济效益为最终目标，挖掘增收节支、增产节约的潜力，从而最大限度地发挥资金使用价值。

编制文化项目财务计划时，一方面要依据文化项目运作的实际情况，对计划期内资金的收入、支出、成本和利润加以预测；另一方面应充分挖掘增收节支、增产节约潜力，促使文化项目以尽可能少的资金占用和尽可能低廉的资金成本，获得尽可能多的销售收入和利润，以实现尽可能高的经济效益。

2. 历史性原则

历史性原则要求编制文化项目财务计划应根据文化项目运作活动的惯性原理，大量广泛地收集历史资料，充分参考历史水平和文化项目的现实能力，对文化项目未来发展进行科学的预测和规划。

在编制文化项目财务计划时，不仅要分析过去时期文化项目财务计划指标的完成情况，找出影响财务计划指标的原因及影响程度，并大致测算影响数额，更重要的是熟悉目前文化项目运作的基本状况和情况变化，从而比较科学地预测计划期内文化项目可能实现的新目标。

应该注意，在测定文化项目财务计划具体指标时，不能脱离原有基础数据，也不得局限于原有基础数据。所以应在克服原有财务计划指标缺点的同时，发扬并巩固原有财务计划指标优点，且充分考虑计划期内未来财务计划指标的发展变化，力图将计划制订得可靠先进，从而使财务计划成为指导文化项目未来发展的纲领性文件。

3. 相关性原则

相关性原则是指财务计划要确实有用，就必须使财务计划与财务决策相关联，并体现选中的财务决策方案的精神要求；与此同时，编制文化项目财务计划，必须以文化项目的经营销售计划、物资供应计划及劳动工资计划为依据，采用适当的方法，准确测定相关的财务计划指标。

（三）编制文化产业项目财务计划的要求

编制文化项目财务计划除了应遵循以上三项原则外，还应注意以下四点要求：

（1）编制的文化项目财务计划应该切实可行，要有具体的措施作保证；既要先进合理，又要留有余地，应该以经过一定努力可以完成或适当超额完成为准，使工作有一定的压力，又保持一定的动力。

（2）编制的文化项目财务计划应当与文化项目的其他计划密切配合、紧密相连、衔接平衡，以便在计划期内能协同实施。

（3）编制文化项目财务计划，应当注意长期财务计划与短期财务计划相结合，既要有经营期在一年以上的长期财务计划，又要有经营期在一年以下的短期财务计划，确保计划的连续性和稳定性，规避短期行为，以求长期稳定的经济效益。

（4）编制文化项目财务计划，应当充分考虑财务计划所依据的客观情况；一旦客观情况发生变动或原来预测不准时，能够迅速做出适当反应，进行财务计划的必要修改和恰当调整，以确保财务计划能够有针对性地真正发挥作用。

（四）编制文化产业项目财务计划的程序

1. 制订计划指标

根据国家经济发展规划和产业政策的要求，按照项目供、产、销的条件和生产能力，运用科学方法，对决策提供的目标进行因素分析，确定对其有影响的各种因素，按照效益原则，制订出系列主要计划指标。

2. 提出保证措施

从挖掘文化项目潜力、提高经济效益出发，合理安排文化项目的人力、财力、物力，组织好财务收支的协调和平衡，制订项目增产节约、增收节支的措施，用以保证文化项目计划指标的落实。

3. 具体编制计划

以文化项目经营目标为中心，计算出文化项目计划期内资本占用、成本费用、收入利润等各项指标，并检查各项计划指标是否相互衔接、协调和平衡。

本章小结

文化产业项目投资估算是指在文化产业项目前期研究过程中，依据建议的项目方案等资料和特定的方法、参数、指标与定额，对文化产业项目的投资规模进行的估计，包括生产投资、项目期利息以及流动资金的估算。文化产业项目投资估算比一般项目更为多样，既包括文化产业建设类项目的投资估算，也包括文化内容类项目投资估算。

文化项目资金筹集是指文化项目组织者通过一定的渠道、采取适当的方式，获取所需资金的一种行为。文化项目资金筹集是文化项目资金运动的起点，是决定文化项目资金运动规模和文化项目发展程度的重要环节。对于文化项目而言，所筹集的资金是文化项目的主要收入来源，筹资工作的好坏，直接影响到文化项目能否顺利成功地实施。文化项目主要通过自有资金筹资、借入资金筹资、赞助、市场开发等方式筹集资金。文化项目赞助可以实现赞助商和文化项目的双赢。文化产业项目财务计划反映了项目各方面的财务关系，是组织文化项目财务活动的纲领，也是落实文化项目经营目标和保证措施的重要工具。

◆ **思考题**

1. 如何进行文化产业项目的投资估算？
2. 文化产业项目资金筹集方式有哪些？
3. 如何合理选择文化产业项目筹资方式？
4. 文化产业项目融资渠道有哪些？
5. 赞助商在选择文化产业项目时应考虑哪些因素？

案例分析

上海迪斯尼项目融资

一、上海迪士尼项目

华特迪士尼公司主要经营业务包含主题公园、传媒网络、娱乐节目制作以及玩具、图书和电子游戏。旗下拥有皮克斯动画工作室（PIXAR）、惊奇漫画公司（Marvel）和试金石电影（Touchstone）等著名公司。

上海迪士尼度假区一期总面积3.9平方千米，由主题乐园、酒店及零售餐饮娱乐、公共配套投入三大板块构成。主题乐园部分由一座集餐饮、娱乐和演出等功能于一身并含有大型停车场的迪士尼城堡和一所漂亮花园组成；零售餐饮娱乐和酒店部分含有一座超五星级的奢华酒店和一座实惠经济型酒店，总计1220间客房以及近28000平方米的餐饮、零售、娱乐区域。另外公共配套设施含有中心湖、围场河、进园大道、公共交通枢纽以及周边快速道路、高速道路、周围区域管网水系工程、轻轨交通专门工程等。

二、上海迪士尼项目的股权结构

上海迪士尼项目中方的项目筹组方为上海申迪（集团）有限公司，其由上海陆家嘴（集团）有限公司（占45%股份）、上海广播电影电视发展有限公司（占30%股份）和上海锦江国际控股公司（占25%股份）联合投资设立，注册资本为120亿元人民币。上海申迪（集团）有限公司下设三家全独资分公司，分别是上海申迪旅游度假开发有限公司、上海申迪建设有限公司以及上海申迪发展有限公司。

2011年4月2日，上海申迪（集团）有限公司通过上海申迪旅游度假开发有限公司与迪士尼集团全资子公司WD HOLDINGS（SHANGHAI），LLC达成合作协议，下设了三家合资合作分公司（表4.6），分别是上海国际主题乐园配套设施有限公司、上海国际主题乐园有限公司、上海国际主题乐园和度假区管理有限公司。

表 4.6　上海迪士尼项目运营公司相关情况

公司名称	注册资本	上海申迪旅游度假开发有限公司占股比例	WD HOLDINGS (SHANGHAI),LLC 占股比例	主营业务
上海国际主题乐园配套设施有限公司	31.68 亿元人民币	57%	43%	酒店等配套设施的开发、建造和运营等
上海国际主题乐园有限公司	171.36 亿元人民币	57%	43%	主题乐园的长期开发、建造和运营等
上海国际主题乐园和度假区管理有限公司	2000 万元人民币	30%	70%	在授权范围内对主题乐园和配套设施进行日常管理和服务以及度假区的发展、运营等

三、上海迪士尼项目融资策略

除政府公共配套设施由财政支付投入以外,主题乐园部分投资 245 亿元人民币,酒店及零售餐饮娱乐部分投资 45 亿元人民币。以迪士尼乐园为中心,上海市人民政府还联合了区域旅游度假区,共建“上海国际旅游度假区”,该度假区中心区域的面积初期就已达 7 平方千米。对于整个迪士尼区域以及上海国际旅游度假区的整体投资将超过 1000 亿元人民币。

上海迪士尼项目主要利用了借贷融资,由国家开发银行、浦东发展银行、交通银行三家银行牵头组建银团贷款。国家开发银行是中国最大的政策性银行,该银行致力于运用金融杠杆为国家政策扶持的重特大项目提供支持,浦东发展银行的另一个身份是上海引进迪士尼项目中方谈判的财务顾问,而交通银行是唯一一家总部坐落于上海的国有大型商业银行。同时中国银行、农业银行、工商银行、建设银行传统四大银行也作为中坚力量加入该银团,另外还有十多家中小型商业银行参与其中。自 2011 年 7 月开始,国家开发银行已经向上海申迪(集团)有限公司提供了第一笔 20 亿元人民币的土地储备贷款,截止 2013 年整个迪士尼主题乐园部分的第一期建设成功吸引了 120 亿元人民币的银团贷款融资。

鉴于上海迪士尼的建设周期长,运营时间久,致使贷款期限与利率在迪士尼的信贷融资方案上被严格的要求。得益于扶持倾向的宏观政策,上海迪士尼项目银团贷款有 3 至 5 年的宽限期,在宽限期内迪士尼项目只归还贷款利息,在宽限期结束后再归还贷款本金,贷款期限为 10 至 15 年,整个贷款的还款期限长达 20 年。这会给迪士尼项目在上海的运营充分减压,并且提供了相当宽松的空间。同时迪士尼项目在上海的建设过程中将以基准利率下浮 10%的水平取得贷款利率。商业银行在贷款利率方面的充分让利,不仅展现了政府对迪士尼项目的强大支持,而且显示出投入迪士尼项目建造运营,对商业银行来说是扩大品牌影响力、加强国际广告效应不可多得的机会。迪士尼项目融资的主要挑战来自信贷审批环节,近年来,受国家稳健的货币政策影响,银行信贷额度比较紧张,略有捉襟见肘之势。

信贷融资不是迪士尼项目融资的唯一途径,迪士尼同时也在积极寻求直接融资。2010 年 1 月由上海国际集团带头发起设立了上海国和现代服务业股权投资基金,基金一期目标规模 50 亿元人民币,已于 2011 年上半年首期资金募集成功。上海迪士尼项目的中方股东上海陆家嘴(集团)有限公司，也是该基金的发起人之一，基金的前期运作将充分参与到上海迪士尼的建造中来，后期将依托迪士尼乐园的运营来为基金带来上海迪士尼产业链上的长期投资机会。国和基金是基金参与上海迪士尼项目的试水，随着项目的推进，更多的国资、民资或混合背景的投资基金将或多或少参与到上海迪士尼项目中来。

(资料来源：丁慧泓.文化产业大型项目的融资策略研究：基于文广集团上海迪士尼项目的案例[D].上海：上海交通大学，2014 年)

思考题

上海迪士尼项目主要筹资来源有哪些？你觉得此项目中还能运用到哪些筹资方式？为什么？

第五章　文化产业项目组织设计与团队建设

本章结构图

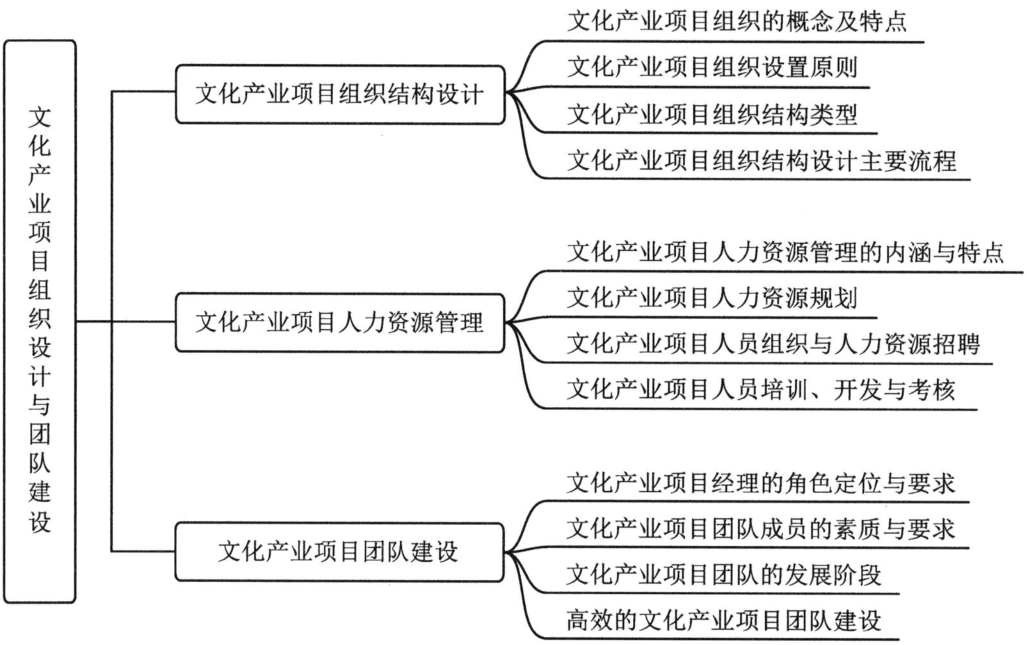

学习目标

1. 理解文化产业项目管理组织机构设置原则。
2. 掌握文化产业项目组织结构的类型，几种项目组织结构的优缺点及其适应的条件。
3. 了解文化产业项目人力资源管理的内容。
4. 理解文化产业项目经理的角色和能力要求。
5. 掌握高效的文化产业项目团队建设。

【导入案例】

“霸王”一词，古今只属项羽一人，李晚芳对其有“羽之神勇，千古无二”的评价。项羽堪称史上“最强”枭雄，巨鹿之战时他才二十五岁，以少对多，破釜沉舟，九战九捷，大败秦军主力。二十六岁就有“西楚霸王”之称，天下诸侯皆俯首。但楚汉之争最后以项羽自刎于乌江，刘邦建立西汉王朝而告终。

刘邦登基那一年的五月，他在洛阳开庆功宴。宴席上，他总结了自己取胜的原因：“运筹帷幄之中，决胜千里之外，吾不如子房（张良）；镇国家，抚百姓，给馈赏，不绝粮道，吾不如萧何；连百万之众，战必胜，攻必取，吾不如韩信。这三个人是我们当今天下的人杰，可是这三个人都能为我所用，所以我能够夺取天下。”至于项羽，他只有范增一人可用，但又猜疑，这是他最后失败的原因。刘邦能成功，正如他自己所说，他善于调动身边的资源，利用众人的力量，为自己的霸业开道。刘邦与项羽的竞争是一个团队与一个人的竞争，所以项羽失败是必然。从团队管理的角度分析，我们得到哪些启示呢？

第一节　文化产业项目组织结构设计

文化产业项目是一种集体创作和活动的过程，是知识和社会文化传播所构成的产业发展形态以及社会运作方式的创新性文化活动，是一种集群化、网络化的项目组织活动方式。任何一个文化产业项目及其项目费用、质量、进度等项目要素都是在一定的项目范围和项目组织机构下进行的，这些组织机构小到个人工作室，大到企业集团。

一、文化产业项目组织的概念及特点

（一）组织与项目组织的概念

组织是为了实现某种特定的目的，对人员的精心安排。在一个组织中，要有分工协作、层次权利、责任制度。所有的组织都具有三个重要特征：一是每一个组织都有一个明确的目的或目标；二是每一个组织都是由人员组成的，人员之间有分工协调；三是所有组织都要制定出一些精心设计的结构，以使人员能够从事他们的工作。

从项目实施的角度来看，项目组织是为完成项目而建立的组织，是指为完成项目任务而由不同部门、不同专业人员组成的一个临时性的组织。它不完全受项目发起人现有的组织结构束缚，但也不能完全替代各种职能组织的职能活动。项目组织作为一种新型的管理方式，更强调项目负责人的作用和团队协作的精神，其组织具有临时性，也具有更大的灵活性。

（二）文化产业项目组织的概念

文化产业项目组织是为完成文化产业项目而建立的组织，一般也称为文化产业项目班子、文化产业项目组等。一些大中型文化产业项目组织叫作文化产业项目经理部，由于文化产业项目管理工作量很大，因此，文化产业项目组织专门履行管理功能，具体的技术工作由他人或其他组织承担。而有些文化产业项目由于管理工作量不大，没有必要单独设立履行管理职责的班子，因此，其具体技术性工作和管理职能均由文化产业项目组织成员承担。文化产业项目组织的具体职责、组织结构、人员构成和人数配备等会因文化产业项目性质、复杂程度、规模大小和持续时间长短等有所不同。文化产业项目组织可以是另外一个组织的下属单位或机构，也可以是单独的一个组织。文化产业项目组织的一般职责是文化项目规划、组织、指挥、协调和控制。文化产业项目组织要对文化产业项目的范围、费用、时间、质量、风险、人力资源和沟通等多方面进行管理。

（三）文化产业项目组织的特点

由于项目的类型和管理模式不同，项目的组织也存在多种形式，虽然不同的组织形式之间存在差异，但也具有一些共同的特点。

第一，项目组织具有临时性特征。因为项目具有临时性，而项目组织是为实现项目目标而组建的，所以也具有临时性。

第二，项目组织具有较强的沟通协调性。由于项目具有较高的不确定性和风险性，所以，需要组织内部进行大力协作和充分沟通，发挥集体的智慧，以减少项目风险。

第三，项目组织具有跨职能部门的特点。项目是一个综合的系统，项目组织内部需要多领域专业人员的协作和分工，其成员一般来自多个部门或单位，因此，需要充分的横向协调。

第四，项目组织具有机动灵活性特征。项目组织的目标是共同的，项目组织成员围绕目标而工作，项目组织通常没有明显的组织边界，项目利益相关者之间的契约关系决定了项目具有机动、灵活的组织形式和用人机制，这样才能适应具有柔性生产的项目需要。

二、文化产业项目组织设置原则

文化产业项目组织结构的设计必须适应文化项目的需要，客观上要求文化产业项目组织设计必须坚持以下原则：

（一）目的性原则

文化产业项目组织机构设置的根本目的是产生组织功能，实现文化产业项目目标。从这一根本目的出发，就应该因目标设事，因事设岗，因职责定权力。

（二）以人为本的原则

因为绝大多数文化产业项目（甚至包括博物展览、自然景观观赏等项目）的文化价值和内涵在很大程度上是依托“人”开发和挖掘的，因此，文化产业项目组织设计必须重视人的开发和培养，要以人为本，这是现代组织管理的根本。另一方面要以“顾客”为本。文化产业项目的文化特性和服务特性，决定了文化企业必须避免单纯以竞争为导向和以利润为导向的经营原则，而要建立以顾客为导向的经营理念。

（三）一体化原则

文化产业项目组织往往是企业组织的有机组成部分，企业是它的母体，文化产业项目组织是由企业组建的，项目管理人员来自企业，项目组织解体后，很多人员仍回到企业，所以文化产业项目的组织形式与企业的组织形式密切相关。文化产业项目的组织设计还必须充分考虑到项目环境、项目组织各子系统，以及各子系统的相互作用与相互依赖。

（四）适应性与灵活性原则

文化产业项目具有明显的不确定性和不可预知性，要求项目组织设计必须摒弃以往组织设计一成不变和存在最优模式的思想，把组织设计作为一个动态过程，强调项目组织的适应性与灵活性。而无论怎么灵活，都应坚持核心竞争力原则，因为企业竞争的实质是核心竞争力的竞争。一个文化企业由一个或多个文化项目组织构成，文化项目组织的设计必须能够保持和发展文化企业的核心竞争力。

三、文化产业项目组织结构类型

文化产业项目组织是临时的，但对一个文化企业而言，文化产业项目组织的结构和模式往往相对固定。这种相对固定体现在组织结构对企业结构的嵌含和依存的方式和特征上。因此，在建立文化产业项目组织时必须考察和研究两个方面的问题：项目组织与企业的关系（即项目组织的结构），以及项目组织内部的组成。文化产业项目组织结构类型有多种，常见的主要有以下几种：

（一）职能型组织结构

职能型组织结构就是将企业的创意创作、研发设计、营销、生产、财务等职能部门作为承担任务的主体。项目经理可能是职能部门经理，也可能是项目成员担当，主要起协调作用，没有足够的权利控制项目的进展，对项目团队成员也没有完全的支配权利。这种组织结构模式一般如图 5.1 所示。

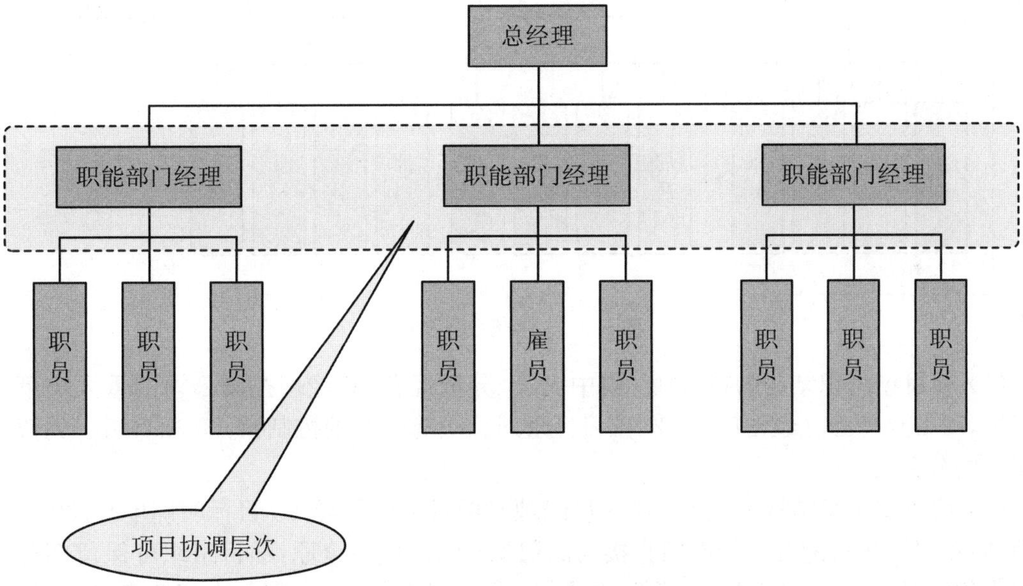

图 5.1　职能型组织结构

（1）职能型组织结构的特点：① 管理层次分明，高、中、基层都按管理的结构层次依次分布；② 按专业化设置，利于加强专业技术力量与交流；③ 可临时抽调。

（2）职能型组织结构的优点：① 人员使用灵活；② 创意人才和技术专家可同时被不同项目使用，有利于节约人力资源；③ 同一部门专业人员易于交流知识和经验；④ 可保持项目的连续性，项目成员离开，职能部门可支持；⑤ 可以充分发挥职能部门的资源集中优势，以保障项目所需资源的供给；⑥ 该组织结构为本部门的团队成员日后的职业生涯提供了保障。

（3）职能型组织结构的缺点：① 顾客利益和职能部门利益如果发生冲突，项目及客户利益得不到优先考虑；② 当项目需要多个职能部门共同完成，或一个职能部门需要完成多个项目时，资源的分配和平衡就会出现问题；③ 责任不明确；④ 与客户沟通较困难；⑤ 因临时抽调，成员的积极性不高；⑥ 复杂问题常须多部门合作，但各职能部门之间可能缺乏交流。

（4）职能型组织结构的应用：适用于规模较小，以技术为重点的项目，而不适于受时间限制性强或需要对变化做出快速响应的项目。

（二）项目型组织结构

项目型组织结构是以公司项目或产品的分类为依据，人员按项目划分至各项目组，由各自所在项目团队的项目经理领导。这种组织结构模式一般如图 5.2 所示。

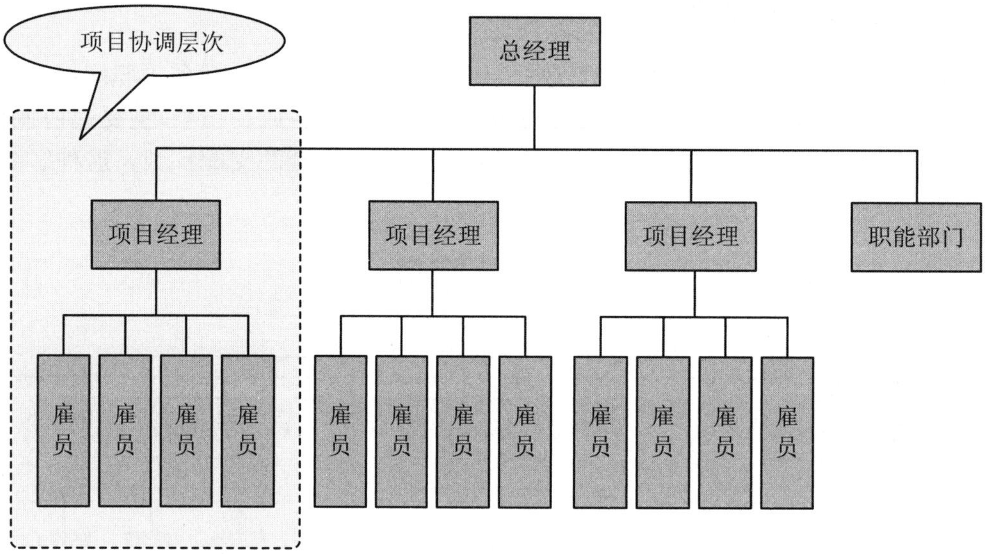

图 5.2　项目型组织结构

（1）项目型组织结构的特点：① 集中决策，分散经营：总经理控制公司的重大决策和战略目标，项目经理独立经营项目；② 项目经理对成员有完全的控制权；③ 项目组织类似于总公司下的分公司。

（2）项目型组织结构的优点：① 项目经理对项目全权负责；② 目标明确单一；③ 沟通途径简洁：项目经理可避开职能部门直接与高层沟通；④ 成员全职：项目组织可保留部分在某些技术领域具有很好才能的专家作固定成员；⑤ 决策速度快：权利集中于项目经理，使决策得以加快；⑥ 结构严谨，权责明确，利于统一命令；⑦ 能充分发挥团队精神。

（3）项目型组织结构的缺点：① 资源重复配置：各项目部都有自己的一套班子，造成人财物技术等重复配置；② 不适于小规模企业：项目组织要汇集大量专业人才，并且小公司也很难同时有那么多项目；③ 成员聘用时间长；④ 对项目成员要求较高；⑤ 项目结束后成员安排困难。

（4）项目型组织结构的应用：这种组织结构适合于长期的、大型的、复杂的、重要的项目。

（三）矩阵型组织结构

矩阵型组织结构是指当公司承接一新项目时，从各职能部门挑选人员共同组成项目团队，由指定的项目经理领导的项目组织结构。在这里，项目团队的许多成员仍有义务完成在原职能部门中的工作。项目经理对项目的结果负责，而职能经理负责为项目成功提供所需资源。这种组织结构模式一般如图 5.3 所示。

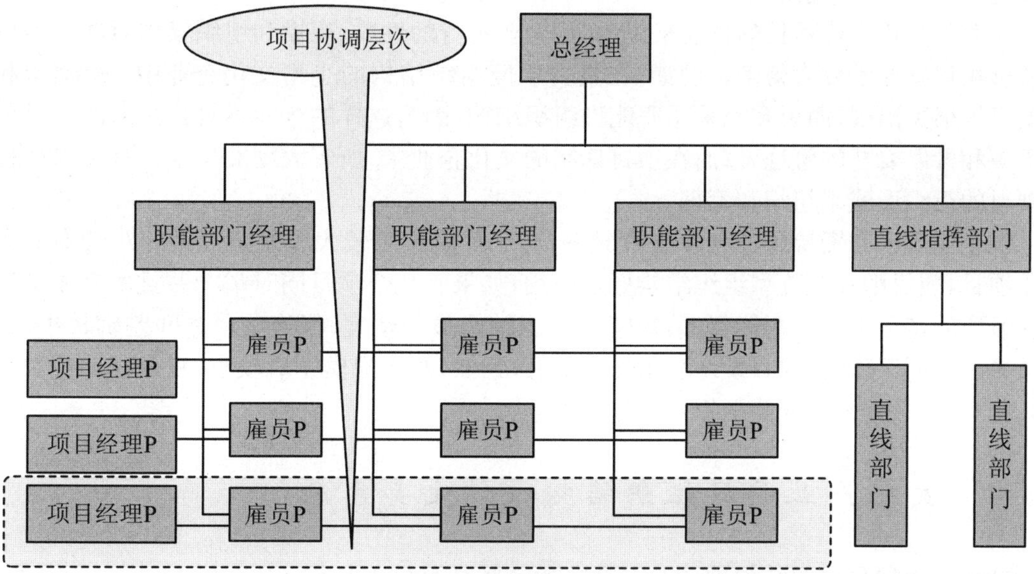

图 5.3　矩阵型组织结构

（1）矩阵型组织结构的特点：① 纵向按职能分工，横向按项目分工；② 项目组成员受项目经理和职能经理的双重领导，因此纵向管理部门与横向分工必须明确，要确定某一工作的主体负责部门，否则容易扯皮；③ 机动性强。

（2）矩阵型组织结构的三种类型。根据项目经理和职能部门经理在项目执行过程的权力执行强弱，可分为以下三种类型：① 弱矩阵式组织：项目经理负责协调各项项目工作，项目成员在各职能部门为项目服务，项目经理没有多大权力来确定资源在各职能部门分配的优先程度，即有职无权。② 强矩阵式组织：项目经理负责项目，并对项目实施更有效的控制，职能经理辅助分配人员和使用技术。③ 平衡矩阵式组织：取决于项目经理和职能经理的相对力度。项目经理负责监督项目的执行、进度、成本等；职能经理负责本部门工作及项目范围界定和质量等。

（3）矩阵型组织结构的优点：① 项目是工作的焦点：项目经理负责项目在整个项目的规定时间、经费范围内完成；② 可分享各个部门的技术人才储备：临时从职能部门抽调所需人才；③ 减少了项目组织成员的忧虑：项目结束后项目组成员仍在原部门；④ 反应快速灵活；⑤ 增加了决策层对项目的信任：因矩阵式组织中会有来自行政部门的人；⑥ 可平衡资源以保证多个项目的完成。

（4）矩阵型组织结构的缺点：① 易使项目经理间产生矛盾：因多项目同时进行时争夺资源；② 项目与职能部门的权责不清：项目经理主管行政事务，职能经理主管技术，但实际划分不易；③ 权力的均衡使工作受影响：由于没有明确的责任者，项目成功时抢功，失败时推责；④ 违反统一命令原则。

（5）矩阵型组织结构的应用：适用于需要利用多个职能部门的资源，且技术相对复杂、但又不需技术人员全职为项目工作的项目。

总之，对任何文化企业或文化产业项目而言，以上几种项目组织结构没有一种是永远适合的，但可以根据一定时期内某个文化企业及其文化项目的大致要求和特征，尽可能寻求相对合适的组织形式，为此，需要考查以下四个方面的因素：企业性质，主营业务范围，承担大型文化项目的频率、规模、平均持续时间，经营风险的大小。

相对于文化产业项目的特性来说，文化企业本身的性质、规模和组织架构对项目组织选择的影响程度通常要大得多。例如，在具有职能组织结构的小型文化企业中，矩阵型和项目型组织很少出现，而更多地采用职能型组织结构，因为这样的企业不具备足够的可供分配的资源和可以委托的管理者；而在项目部制的文化企业中，所有大型文化项目都可以严格按照项目的组织形式来组织和管理。

在企业规模和资源条件允许的情况下，对于规模相对较大和复杂程度相对较高的大型文化项目，项目型和矩阵型组织结构更加适用；如果有几个项目同时举办并且所有成员都可以在兼职的基础上共享职能资源，矩阵型组织结构最为适宜；但当项目之间差别较小，所有人员必须全职工作时，项目型组织结构则更好；当然，对于规模相对较小、复杂程度相对较低的文化项目，最好采用职能型组织来进行管理。

四、文化产业项目组织结构设计主要内容

文化产业项目组织结构设计的主要内容包括以下六个方面：

第一步，专门化的工作分工。它是项目组织内部分工的结果。策划人员可以利用工作分解的方法，将文化产业项目工作分解为许多小的责任单元，然后进行综合、汇总，确定各项专门工作及其对应的工作岗位。

第二步，部门化的岗位工作设置。部门化是将若干岗位结合到一个部门开展工作的依据和方式。一般有五种方法：一是按照项目的职能需要进行部门设计；二是按照产品线差异进行部门设计；三是依据不同的地区进行部门设计；四是按照项目生产或管理的过程进行部门设计；五是按照顾客的差异来组织工作。

第三步，设立权力指挥链。指挥链是指从高层延伸到基层的一条持续的职权线，它确定了项目组织内各个岗位的职权和职责，界定了上下级之间的关系以及汇报工作的方向。

第四步，确定管理跨度。管理跨度是对组织内部的工作层级，以及一个管理人员能够管理多少人的总称。一般来说，管理层级越少，管理人员管理跨度越大，则效率就越高。而从项目管理实践来看，其组织结构一般都有扁平化的趋势，也就意味着项目的管理跨度比较大。

第五步，项目组织权力分配。项目组织的权力分配可以采用集权化管理，也可以采用分权化管理模式。但对于项目团队管理来说，通常会采用分权化的模式，从而提高团队成员单独决策能力和参与热情。

第六步，项目组织的正规化。正规化是指项目组织中各项工作标准化，以及员工行为受规则和程序约束的程度。任何项目管理都需要制定必要的管理规范，以约束员工行为。

第二节　文化产业项目人力资源管理

在文化产业项目管理中“人”的因素极为重要，因为文化产业中所有活动均是由人来完成的。项目人力资源管理就是实现如何充分发挥“人”的作用，所以，项目人力资源管理对于文化产业项目的成败起着至关重要的作用。

一、文化产业项目人力资源管理的内涵与特点

（一）文化产业项目人力资源管理的内涵

项目人力资源是一个涵盖很广、较为抽象的概念，它涉及项目的管理层、策划层、合作者以及项目客户等层面的不同人员。项目人力资源管理就是采用科学合理的方法，对项目过程中的所有人员，包括项目经理、项目团队其他成员、项目发起企业、投资方、项目业主以及项目客户等予以有效协调、控制和管理，使他们能够与项目管理团队紧密配合，最大限度地挖掘项目团队人员的潜能，充分发挥他们的主观能动性，以实现项目目标。项目人力资源管理是在对项目目标、规划、任务、进度情况以及各种内、外变量进行合理、有序的分析、规划和统筹的基础上进行的管理。

文化产业项目人力资源管理，是根据项目需求和项目目标，采用科学的方法对项目人力资源进行合理规划、选拔、配置、培训、考核、激励，以充分发挥人的潜能、保证项目目标高效实现的管理过程。文化产业项目人力资源管理主要内容包括规划、选拔、培训、开发、考核等内容。

（二）文化产业项目人力资源管理的特点

项目人力资源管理是组织人力资源管理的具体运用，但由于项目具有临时性，使得项目人力资源管理具有自己的特点。

第一，管理的短期性。项目人力资源管理仅针对项目生命周期中对人力资源的需求，实施步骤的管理。

第二，工作内容的多样性。由于项目进展过程中的工作负荷不断发生变化，人力资源工作内容呈现出多样性的特点。

第三，选聘与解聘的非正式性。组织中的人力资源选聘解聘往往严格按照程序进行，但项目往往会根据工作的需要选聘和解聘工作人员，因此，具有一定的权变性。

第四，注重绩效考核。项目的绩效考核具有明确的成果导向性，注重短期结果。

第五，注重物质激励。项目中的普通人力资源往往是临时聘请的，缺乏组织的忠诚度，此时物质激励的效果更直接、更有效。

第六，培训开发针对性强。主要针对项目的具体需要，实施项目的人力资源培训和开发，其内容也多是与项目相关的方法与管理规范的培训。

二、文化产业项目人力资源规划

文化产业项目人力资源管理是有关项目人力资源获取、培训、保留和使用等方面所进行的计划、组织、指挥和控制活动。文化产业项目人力资源管理首先要进行人力资源规划。

文化产业项目人力资源规划是通过对未来项目人员供需关系情况和调配关系的预测，确定项目的人力资源管理目标，制定短期或中长期项目人员管理策划，做出科学的人力资源获取、利用、保留和开发策略，确保项目对人力资源在数量和质量上的需求，保证项目目标实现的谋划过程。

(一) 人力资源规划的方法

人力资源规划首先要确定项目的人员需求，人员需求界定了在什么样的时间范围内，需要什么样的个人和团体，要求具备什么样的技能。一般可采用以下方法：

(1) 样板法。虽然每个文化产业项目都是独一无二的，但大多数文化产业项目会在某种程度上与其他项目类似。运用一个类似文化产业项目的人员需求描述有助于加快组织人力资源规划程序的运行。

(2) 人力资源经验。许多组织有各种政策指导和程序，组织的人力资源管理经验可以为项目的人力资源规划提供帮助。

(3) 组织理论。文化产业项目管理小组应从总体上熟悉组织理论的主旨，以便对项目人力资源的规划能够更好地满足文化项目的需要。

(4) 相关人员分析。各个相关人员的需求应得到仔细分析，保证他们的要求能得到满足。

(二) 人力资源规划的结果

1. 任务和职责的分配

文化产业项目任务(谁做什么)和职责(谁决定什么)必须分配到合适的文化产业项目相关人员。大多数任务和职责将分配给积极参与文化项目工作的有关人员。文化项目经理的任务和职责在多数文化项目中通常是一致的，但在不同的应用领域会有明显改变。文化产业项目角色和职责在项目管理中必须明确，否则容易造成同一项工作没人负责，最终影响项目目标的实现。为了使每项工作能够顺利进行，就必须将每项工作分配到具体的个人(或小组)，明确不同的个人(或小组)在这项工作中的职责，而且每项工作只能有唯一的负责人(或小组)。同时由于角色和职责可能随时间而变化，在结果中也需要明确这层关系。通过职务分析，文化项目团队可以确定文化项目内部人力资源的角色和责任。

2. 人员管理计划

人员管理计划阐述人力资源在何时，以何种方式加入和离开文化产业项目小组。人员计划可能是正式的，也可能是非正式的，可能是十分详细的，也可能是框架概括型的，这都依照文化产业项目的需要而定。它是整体文化产业项目计划中的辅助因素。应特别注意文化项目小组成员不再为文化产业项目所需要时，他们如何解散。

3. 组织结构表

组织结构表是文化产业项目组织关系的图表展示。它可以是正式的或非正式的，十分详细的或框架概括型的，依据文化项目的需要而定。项目组织分解结构(Organizational Breakdown Structure，OBS)是一种特殊类型的组织表，是由工作分解结构(Work Breakdown Strcture，WBS)演化而来的，它是一个在组织范围内分解各层次人员的方法，它显示了哪些组织单位负责哪些工作。

三、文化产业项目人员组织与人力资源选择、配置

在确定了文化项目组织什么时候需要什么样的人员之后，需要做的就是确定如何在合适的时间获得这些人员，或者说开始“招兵买马”，这就是人员募集要做的工作。人员募集需要根据人员配备管理计划以及组织当前的人员情况和招聘的惯例来进行。这里的人力资源主要指项目团队成员和项目经理。

(一) 文化产业项目团队人员组织

人员组织包括得到所需的人力资源，将其分配到文化产业项目中工作。在大多数情况下，可能无法得到“最佳”的人力资源，但文化项目管理组织必须注意保证所利用的人力资源能符合项目的要求。

1. 项目团队人员组织的依据

一是人员配置管理计划。人员管理计划阐述人力资源在何时、以何种方式加入和离开文化产业项目小组。它是整体文化项目计划中的辅助因素，包括了文化产业项目人员配置的要求。二是人员组成说明。当文化产业项目管理小组能够影响或指导人员分配时，它必须考虑可能利用的人员的素质，如工作经验、个人兴趣、个性等。

2. 人员组织的手段和技巧

(1) 协商解决。人员分配在多数文化产业项目中必须通过协商进行。例如，文化项目管理小组可能需要与以下人员协商：一是负有相应职责的部门经理，目的是保证在必要的时间限度内为文化项目组织到具有适当技能的工作人员。二是执行组织中的其他文化产业项目管理小组，目的是通过适当分配得到特殊的人力资源。

(2) 预先分配。在某些情况下，可以预先将人员分配到文化产业项目中。这些情况常常是：该文化产业项目是完成提议的结果，使用特定的人员是该项提议允诺的一部分；或该文化产业项目是一个内部服务项目，且人员的分配已在文化产业项目安排表中有规定。

(3) 临时雇用。当执行组织缺少内部工作人员去完成这个文化产业项目时，就需要临时雇用人员。

3. 人员组织的结果

每个文化产业项目团队都有核心人员和小组成员，每个成员都有自己的技能和专业特长，需要文化产业项目经理充分了解其业务特点和性格特点，进行全局的考虑和协调，人尽其才地安排好每个人的角色。

(1) 文化产业项目人员分配。当适当的人选被分配到文化产业项目中并为之工作时，项目人员配置就完成了。依据文化产业项目的需要，项目人员可能被分配到全职工作、兼职工作或其他各种类型的工作中。

(2) 文化产业项目小组名单。文化产业项目小组名单罗列了所有的项目小组成员和其他关键的项目相关人员。这个名单可以是正式的或非正式的，十分详细的或框架概括型的，

依文化产业项目的需要而定。

（二）文化产业项目人力资源招聘

文化产业项目中有些人员是在项目计划前就明确下来的，但有些人员需要和组织进行谈判才能获得，特别是对于一些短缺或特殊的人力资源，可能每个文化产业项目组都希望得到，但如何使项目组能够顺利得到这些人力资源，就需要通过谈判来实现。谈判的对象可能包括职能经理和其他项目组的成员。

另外有些人员可能组织中没有或无法提供，这种情况下就需要通过招聘来获得。项目人力资源招聘一般经过这样几个步骤：

第一步，招聘准备。按照人力资源规划，进行招聘安排；或者由于岗位突然空缺，按照用人部门的需求，进行临时性安排。招聘信息发布要选择恰当的媒体，刊登岗位所需要的招聘信息。

第二步，组织实施。主要包括选择招聘机构、招聘地点，组织面试等。

第三步，甄选阶段。对应聘者进行面试、考核，选择合适的人员。

第四步，检查、评估和反馈阶段，以提高招聘质量。经过这部分工作后，就会得到文化产业项目团队清单和项目人员分配表。

（三）文化产业项目经理的选择

文化产业项目经理是一个项目中的核心人物，需要具备比较全面的才能，特别是组织、协调和沟通等方面的能力。各个文化产业项目都有自己的特点，所以选择出合适的项目经理很重要。文化产业项目经理的挑选主要考虑两个方面的问题：一是挑选什么样的文化产业项目经理，二是通过什么样的方式和程序挑选文化产业项目经理。文化产业项目经理选择的途径主要有以下几种方式：

1. 由企业高层委派

这种方式的一般程序是，由企业高层领导提出人选或者由部门经理推荐，经企业人事部门听取各方面意见，进行资质考察，合格后经由总经理委派。这种方式要求公司总经理本身必须是负责任的主体，并且能知人善任。其优点是能坚持一定的客观标准和组织程序，听取各方面的意见，有利于选出合格人才。

2. 竞争上岗的方式

竞争上岗的方式主要局限于企业的内部，具体方式不尽相同。其主要程序是由上级部门提出文化产业项目要求，征集候选人，候选人提交文化产业项目的有关目标和计划文件，由上层管理者进行考核与选拔。这种方式的优点是可以充分发挥各方面的潜力，有利于人才的选拔和提高企业成员的进取心，同时有利于促进项目经理的责任心和进取心。

3. 企业和用户协商选择

这种方式的一般程序是，分别由企业内部和客户提出文化产业项目经理候选人，然后双方在协商的基础上加以确定。这种方式的优点是能够集中企业内外各方面的意见，可以更好地吸引客户，对项目经理也能形成一定的约束机制。但由于用户参与协商，一般对文化产业项目经理的要求比较高。一些企业外部文化产业项目一般采用这种方式。

四、文化产业项目人力资源培训、开发与考核

（一）文化产业项目人力资源的培训与开发

在招聘文化产业项目成员时虽然是按照项目所需要的岗位要求进行的，但新招聘人员与岗位目标任务的知识、技能要求之间可能还存在一定的差距。所以，有必要对项目成员进行相应的培训，特别是一些特殊的岗位，必须通过培训，获得合格证之后才能上岗。培训的过程中也可能开发了工作人员某些工作潜能，开发还包括在工作的过程中根据工作人员的能力或者未来岗位的需求对他们进行的培训，使其具备更全面、更强的工作能力。通过对工作人员的培训和开发可以鼓舞团队成员的士气，是留住人才的有效方法。

（二）文化产业项目人力资源的考核

绩效考核是按照一定标准，采用科学的方法，检查和评估项目人员对岗位或职务所规定的职责的履行情况，以确定工作成绩的一种项目管理工作。绩效考核可以作为采取激励措施的依据和项目人力资源管理的基础。由于项目实施过程中，员工的绩效不仅受到技能、激励等内在因素的影响，也会受到环境、计划等外在因素的影响。因此，管理者应选择那些重要的、能够实现的指标作为绩效考核目标。目标确立后，员工和团队必须了解他们的任务。评价时，评价者和员工一起审核工作业绩，并根据所建立的标准进行评价。

1. 确定绩效考核指标

确定绩效考核指标，一般要进行以下工作

第一，工作分析。工作分析也称岗位分析，是根据考核目的，对被考核对象的岗位工作进行分析研究，以了解被考核对象在该岗位所应达到的目标，采取的工作方式等，初步确定绩效考核的各项要素。

第二，工作流程分析。绩效考核还要根据被考核者在流程中扮演的角色、责任以及同其上下级的关系，来确定衡量其工作的绩效指标。

第三，绩效特征分析。可以根据各指标要素的绩效特征，按需要考核的程度进行分档，对各指标进行评估，然后根据少而精的原则按照不同权重选取指标。

第四，理论验证。依据绩效考核的基本原理和原则，对所设计的绩效考核要素指标进行验证，保证其能有效和可靠地反映被考核对象的绩效特征和考核目的要求。

2. 项目人力资源绩效考核方法

第一，直接排序法。即按照项目人员的工作表现优劣，依次排序。这种绩效表现可以是整体绩效，也可以是某项特定工作绩效。

第二，等级分配法。即评估小组先拟定有关的评估事项，并按照评估事项对项目人员的绩效做出粗略的排序，然后设立一个绩效等级并在各等级设定固定的比例分配，再按照每个项目人员的绩效排序分配绩效等级。这种方法得出的绩效评估结果不再着重于具体排序，而着重于每个人的绩效等级。

第三，目标管理法。绩效目标是特定的，并与项目组织总体战略目标相辅相成。这种评价法的最大优点是为项目人员的工作成果树立了明确目标，能激励项目人员尽量向目标靠拢。绩效目标和标准制定的越精细，项目人员绩效评价中的偏见和误差就越少。

第四，分组比较法。即将两位被考核对象作为一组进行对比考核，并对每一次的考核做好记录，给表现好的员工记“☆”，所有比较做完后，计算每一个人的“☆”，谁的“☆”个数多，谁的表现就好，依此对员工做出评价。

3. 反馈绩效评估结果

绩效评估结束后要向被评估的成员说明评估结果，这需要良好的反馈方法与机制，通过评估反馈可以发现问题，改进工作，还可以使项目组织内部的管理沟通制度化、程序化。项目成员通过绩效评估不仅能看到自己的工作绩效水平，也能看到上级主管人员对自己工作能力、态度的评价，以明确自己的问题和努力方向。这也是实施绩效考核的主要目的。

文化产业项目组织人力资源管理的根本目的就是要为文化产业项目创新活动提供组织方面的保障。因此，进行合理的组织规划、选择符合任务环境的组织机构、聘用项目所需的人才、整合项目团队力量等问题，是文化产业项目组织策划与管理必须重点考虑的内容。

第三节　文化产业项目团队建设

文化产业项目是由具体的项目团队来完成。文化产业项目团队是指由一组个体成员为实现一个具体文化产业项目目标而组建的协同工作，共同从事项目全部或部分工作的组织或群体。一个高效的项目团队是项目成功的关键因素之一。对于一个成功的文化产业项目来说，文化产业项目经理是不可或缺的主要因素。除了对文化产业项目的计划、组织、实施、控制方面发挥领导作用外，文化产业项目经理还应具备一系列技能来激励项目人员完成工作，赢得客户信赖。

一、文化产业项目经理的角色定位及要求

成功的文化产业项目应该符合技术性能规格，任务得到完成，项目成果能使本企业组织成员、分包单位主要成员、项目班子中的主要成员、项目业主或委托人高度满意，最终给企业创造效益。文化产业项目经理作为企业委派在文化产业项目管理上的代表，按合同履约是他一切行动的最高准则，拒绝承担合同以外的其他各方强加的干预、指令、责任是他的基本权力。项目经理是文化产业项目信息沟通的发源地和控制者，在项目实施过程中，来自文化产业项目外的重要信息、指令要通过项目经理来汇总、沟通、交涉；在项目内部，文化产业项目经理是各种重要指标、决策、计划、方案、措施、制度的决策人和制定者。

（一）文化产业项目经理的角色定位

文化产业项目经理是文化产业项目实施的最高领导者、组织者、责任者，在文化产业项目管理中起到决定性的作用，他所扮演的角色是任何其他人不可替代的。一般其扮演以下几个角色：

(1) 领导者。文化产业项目经理对项目行使管理权，也对文化产业项目目标的实现承担全部责任，他(她)所要扮演的角色是任何其他人所不能替代的。文化产业项目经理是项目团队的最高领导人，负责沟通、协商，解决各种矛盾、冲突和纠纷，制定各项明确的目标、目

标重要性的排序以及达到各项目标的先后顺序；并以项目目标与目标的排序为衡量标准，对下属的各种建议和意见做出反应；谨慎从事，以身作则，身体力行为下属树立典范。

(2) 协调者。一个文化产业项目会涉及多方组织、群体和个人的利益，这些组织、群体或个人都是这一项目的相关利益主体和相关利益者。一个成功的文化产业项目经理必须协调好与组织内部和组织环境各相关利益者之间的关系。

在文化产业项目管理当中，项目经理要与项目的主要相关利益主体协调好关系。这些利益相关主体包括文化公司、文化产业项目客户、项目团队成员，以及其他相关利益主体，如政府主管部门、行业协会、文化场馆等。

(3) 资源分配者。资源分配者的职责包括对诸如“谁应该得到什么，以及得到多少”进行决策。项目经理要扮演好这一角色必须做到以下工作：① 要有众所周知的分配资源的明确标准；② 按目标的先后次序分配资源；③ 合理的工作分类，适当的授权；④ 合理地为文化项目团队的时间排定先后顺序；⑤ 对于各种事物不抱成见，以开诚布公的态度来观察。

(4) 谈判者。与其他项目的管理不同，文化产业项目经理始终处于一个谈判场里，如制定公司的目标，组成一个文化产业项目团队，利益相关者交流，甚至争取政府有关部门的支持等等，几乎每项工作都是一个谈判、讨价还价的过程。比如，在一个会展项目中，每一个展位的销售都是经过谈判而来的，都是和参展商讨价还价的结果。此外，文化产业项目经理需要特别注意授权问题，即需要明确“什么样的谈判情况才需要项目经理亲自出场，什么样的情况则留给下属自行处理即可”，否则能力再强、精力再足的项目经理也分身乏术。

(5) 危机管理者。文化产业发展受到社会环境多方面因素的影响，制度条件和政治经济形势变化、突发性事件都有可能带来致命性打击，如 2020 年初的“新型冠状病毒”疫情事件给我国文化产业带来了巨大冲击，许多春节档大电影被迫取消，许多文化项目被迫延期、取消，许多文化公司难以为继，可见危机事件直接影响到了文化公司的生存状况，这就要求文化项目经理在突发事件面前能保持清醒的头脑，冷静决策，转危为安。

(二) 文化产业项目经理的权力

要使文化产业项目经理完成其责任，必须给予他一定的权力，使他在一定范围内行使权力。文化产业项目经理权力的大小取决于文化项目在公司中的重要程度、公司以及项目的组织结构形式甚至项目经理自身的素质等。一般来说，文化产业项目经理应该具有以下方面的权力。

(1) 项目指挥权。文化产业项目经理有权按照项目承包合同的规定，根据项目随时出现的人、财、物等资源变化情况进行指挥调度，对于施工组织设计和网络计划，也有权在保证总目标不变的前提下进行优化和调整，以保证项目经理能对施工现场临时出现的各种变化应付自如。

(2) 人事权。对文化产业项目班子的组成人员的选择、考核、聘任和解聘，对班子成员的任职、奖惩、调配、指挥和辞退，在有关政策和规定的范围内选用和辞退劳务队伍等是项目经理的权力。

(3) 财权。文化产业项目经理必须拥有承包范围内的财务决策权，在财务制度允许的范围内，文化产业项目经理有权安排承包费用的开支，有权在工资基金范围内决定项目班子内部的计酬方式、分配方法、分配原则和方案，推行计件工资、定额工资、岗位工资和确定奖金分配。其对风险应变费用、赶工措施费用等都有使用支配权。

(4) 技术决策权。主要是审查和批准重大技术措施和技术方案，以防止决策失误造成重大损失。必要时，文化产业项目经理可召集技术方案论证会或聘请外部咨询专家，以防止决策失误。

(5) 设备、物资、材料的采购与控制权。在公司有关规定的范围内可自行采购，但主要材料的采购权不宜授予文化产业项目经理，否则可能影响公司的效益，但由材料部门供应的材料必须按时、按质、按量保证供应，否则项目经理有权拒收或采取其他措施。

(三) 文化产业项目经理的职责

文化产业项目经理的任务就是要对文化产业项目实行全面的管理，具体体现在对项目目标要有一个全局的观点并制订计划，报告项目的进展，控制反馈，组建团队，在不确定环境下对不确定性问题进行决策，在必要时进行谈判及解决冲突。文化产业项目经理应负的责任主要体现在企业、项目和项目小组成员三个层次上，主要有以下方面：

(1) 确保文化产业项目目标实现，保证业主满意。这一项基本职责是检查和衡量文化产业项目经理管理成败、水平高低的基本标志。

(2) 制定文化产业项目阶段性目标和项目总体控制计划。文化产业项目总目标一经确定，项目经理的职责之一就是将总目标分解，划分出主要工作内容和工作量，确保文化产业项目阶段性目标的实现。

(3) 组织精干的文化产业项目管理班子。这是文化产业项目经理管好项目的基本条件，也是项目成功的组织保证。

(4) 及时决策。文化产业项目经理需亲自决策的问题包括实施方案、人事任免、奖惩、重大技术措施、设备采购方案、资源调配、进度计划安排、合同及设计变更、索赔等，要根据文化产业项目的规模、性质和特点及时做出决策。

(5) 争取文化产业项目所需资源。文化产业项目经理必须将所有应当用于本项目和项目班子的资源置于自己的控制之下，在确定文化产业项目所需资源时，应该详细、具体、理由充分。

(6) 履行合同义务，监督合同执行，处理合同变更。文化产业项目经理应以合同当事人的身份，运用合同的法律约束手段，把文化产业项目各方统一到项目目标和合同条款上来。所以文化产业项目经理对企业所应负的责任是要保证项目的目标与企业的目标一致，与企业高层领导进行及时有效的沟通，对企业分配的资源进行充分的利用。同时应该对文化产业项目小组负的责任是要为项目小组成员提供良好的工作环境和氛围，对项目小组成员进行绩效考评，还应为小组成员将来项目完工后的归属考虑。

(四) 文化产业项目经理应具备的素质

项目经理是项目管理的中心。项目经理的素质对项目管理的绩效举足轻重，文化行业的特殊性决定了对文化产业项目经理的素质有更高要求，文化产业项目经理需要具备下列几种能力。

(1) 团队领导能力。文化产业项目经理首先必须是一个合格的团队领导者，他所肩负的责任就是领导他的团队准时、优质地完成全部工作，在不超出预算的情况下实现文化项目目标。这就需要文化项目经理具备以下几点：第一，良好的信誉，使文化项目团队成员觉得他是一个有诚信、有效率、有能力的项目经理；第二，他必须具有灵活的人际关系，善于在各团队成员之间和公司各支持部门之间进行协调；第三，他必须有卓越的指导能力，能够协助团队成员解决问题，或者懂得什么时候需要聘请外部专家来解决问题；第四，他必须有高度的学习意愿与创新意图，因为他是团队内部营造创新环境、推动创新观念的关键人物；最后也是最重要的一点是，他还必须具备激励团队士气、为团队成员创造工作意义的能力。

(2) 文化产业项目经营能力。很多文化项目经理认为自己是一个执行者而不是计划者，所以当接受一项任务时，第一反应就是着手开始解决这个问题。然而在文化经济不断国际化、全球化的今天，文化产业项目的成功必须依靠创新精神与创新能力，因此，文化产业项目经理必须有与高层一同研拟策略、设定目标并排列目标优先顺序的能力。文化产业项目经理还是项目的设计师，他必须正确设定文化主题、精心设计节目。文化项目经理必须善于着眼于“大画面”的事务，例如文化产业项目的生命周期、工作分工结构的开发、管理流程变动的实施等等。

(3) 文化产业项目管理能力。文化产业项目经理进入项目执行之前，首先要制定一份完备的工作进度表，对在什么时间完成什么事进行详细的规划，并在文化产业项目实施过程中监督执行。文化产业项目经理应该能够预测变化并且适应变化，在项目发生变化时能够及时做出调整。文化产业项目经理要有风险管理能力，能够在信息不完备的情况下做出决定，预先进行风险确定、风险冲击分析以及风险应对计划，并在危机事件发生时正确进行处理。另外文化产业项目经理还要有质量管理能力，熟悉基本的质量管理技术；有合同管理能力，掌握较强的合同管理技巧，了解签约中关键的法律原则；有成本管理能力；有国际事务处理能力，了解国际惯例和相关国家的语言、文化、习惯、法令规章等等。

(4) 非凡的沟通能力。在完成文化产业项目过程中，文化产业项目经理需要通过多种渠道保持与团队及分包商、客户方、公司上级的定期交流沟通，及时了解文化产业项目的进程、存在的问题以及获得有益的建议。沟通的方式可以是口头的或书面的，如面谈、电话、邮件、会议等。在沟通过程中，项目经理应善于提问，并做到有效地聆听，能经常站在对方的角度思考问题。

(5) 快速的应变能力。文化产业项目的特点决定了文化产业项目工作过程存在一定的不可预见性，文化产业项目经理需要做好随时面对压力甚至是冲突的准备。一旦面临压力或冲突，最重要的是保持冷静，避免使文化产业项目陷入困境。文化产业项目经理要在项目出现问题的时候以乐于解决问题的姿态面对。要想文化产业项目成功，项目经理要有不轻易被压垮的精神。

(6) 高效的激励能力。出色的文化产业项目经理重视对项目成员的培养，通过文化产业项目过程提升员工的能力，促进员工的自我发展。文化产业项目经理要帮助成员明晰自己的职业与技能发展方向，分配合适的工作任务，鼓励学习和相互交流。

总之，合格的文化产业项目经理不但高度明确自己的工作职责，而且具备充分的项目管理技能，能够积极主动地投入文化项目工作，领导文化产业项目团队达成目标。

二、文化产业项目团队成员的素质与要求

(一) 文化产业项目团队成员应具备的素质

文化产业项目的运作由若干细节和目标组成，这些目标的实现取决于文化产业项目的

复杂程度、风险、大小、时间限制、项目团队的经验、资源的多少、历史信息的多少、各个组织部门对文化项目管理的熟练程度等等，因此文化产业项目管理要求管理团队成员必须具备以下素质。

(1) 遵守“职业道德”，遵守“职业行为规范”。任何一个文化产业项目虽然都属于文化产业领域，但又可以进一步细分到图书出版发行、影视、新闻传播、广告会展等行业领域，每一行业都有其管理规范和行为规范，作为项目团队的成员必须遵守相应的“职业道德”和“职业行为规范”才能符合行业管理，提供的产品或服务才能符合市场规范。只有项目团队成员遵守“职业道德”和“职业行为规范”，才便于项目团队管理。

(2) 团队成员要研究、理解文化产业项目背景。团队成员对文化产业项目背景理解得越多、越透彻，就可以更具体、深入地进行文化产业项目的运作和管理。否则，会对文化产业项目的目标、结果造成一定的负面影响。文化产业项目团队应综合考虑的背景情况有：项目所处的文化、社会、国际、政治和自然环境以及这些环境之间的关系；文化与社会环境涉及的经济、人口、教育、道德、种族、宗教状况等；在国际与政治环境中需要熟悉相应的国际、国家、地区形势和当地的法律习惯、商务习俗，以及影响文化项目的政治气候等。总之，对文化产业项目背景的充分理解和研究，对文化产业项目本身的成功运作起到至关重要的作用。

(3) 团队成员应具备文化产业项目管理知识体系与技能。团队成员应具备文化项目管理知识体系与技能，如文化专业应用领域知识、标准、规章制度、基本的外语知识、组织能力等等。这些知识和技能是团队成员完成项目必备的素质。

(4) 团队成员需要掌握人际关系的沟通技能。团队成员需要掌握能够处理好人际关系的沟通技能，具备在国内、国外能有效沟通、交流的能力，以及能对相关组织和部门施加影响以取得领导支持的能力。

(二) 文化产业项目团队成员的选择标准

文化产业项目策划和执行的成功很大程度上取决于文化产业项目经理和文化项目团队，组建一支高效的文化产业项目团队不仅是一种能力，更是一门艺术。文化产业项目团队成员的选择标准有以下几种：

(1) 尽职尽责。文化产业项目经理必须明确每位团队成员在文化项目中优先完成的职责，团队成员必须积极主动地行使职责，不需要文化项目经理不断地提醒进度即可交付成果。

(2) 分担责任。这意味着团队成员要荣辱与共，共同分担成功与失败。当文化产业项目中出现问题时，所有人应尽可能的提供帮助，如果一位团队成员遇到难题，其他人应提供无私的帮助。

(3) 灵活机动。团队成员必须适应多变的环境，在文化产业项目工作中不能说“这不是我的责任”。项目进度可能会在最后 1 分钟因为意外而改变，所以团队成员应优先考虑的是文化产业项目的成功，而不是文化产业项目团队成员每个人的工作进度。

(4) 任务导向。团队成员必须以结果为导向，以任务为导向，明确项目目标并以此促使团队成员共享目标。

(5) 依据进度和约束完成工作的能力。以结果为导向意味着在计划的时间框架下完成分派的任务，而不是寻找种种不能完成的托词。人们很容易将自己工作的延误归咎于他人，团队成员需要按照计划完成他们的工作。

(6) 互相信任与支持。互相信任与支持是一个高效团队的灵魂,这意味着每个团队成员必须贯彻精诚合作的精神。通过观察团队成员与其他成员的互动,就能明显地看出团队成员是否具有这一品质,缺乏这一品质的成员很难在团队内有效地工作。

(7) 能够接受不同观点。能够接受不同观点的团队成员在遇到问题时能欢迎和鼓励其他成员阐述他们的观点和解决方案。成员的目标是团队的成功,而不是个人的荣誉,成员应该以团队利益为导向。

(8) 跨越部门和权限工作的能力。在临时组织中,文化产业项目通常跨越组织界限,跨部门团队很普遍,这要求有着不同商业理念的人一起工作,很多成员有着不同的价值观和做事风格,成员的适应性、灵活性和开放性是团队的宝贵财富。在确定了文化项目团队成员之后,要给予团队成员相应的权限与责任,并确定团队工作的规则,这些对文化项目的顺利完成起着非常重要的作用。

三、文化产业项目团队的发展阶段

在经过多种途径和方式获得文化产业项目团队成员后,就形成了一个项目团体,而这个团体要真正成为一个团队往往需要经过以下几个阶段,在每个阶段项目经理的工作重点都不同。

(一) 形成阶段

在这一阶段,项目组成员刚刚开始在一起工作,总体上有积极的愿望,急于开展工作,但对自己的职责及其他成员的角色都不是很了解,他们会有很多的疑问,并不断摸索以确定何种行为能够被接受。在此阶段,项目经理需要进行团队的指导和构建工作:① 应向项目组成员宣传项目目标,并为他们描绘美好前景及项目成功所能带来的效益,公布项目的工作范围、质量标准、预算和进度计划的标准和限制,使每个成员对项目目标有全面深入的了解,建立起共同的愿景。② 明确每个项目团队成员的角色、主要任务和要求,帮助他们更好地理解所承担的任务。③ 与项目团队成员共同讨论项目团队的组成、工作方式、管理方式、一些方针政策,以便取得一致意见,保证今后工作的顺利开展。

(二) 震荡阶段

这一阶段是团队内激烈冲突的阶段。随着工作的开展,各方面问题会逐渐暴露。成员们可能会发现,现实与理想不一致,任务繁重而且困难重重,成本或进度限制太过紧张,工作中可能与某个成员合作不愉快。这些都会使冲突产生,导致士气低落。在这一阶段,项目经理需要利用这一时机,创造一个理解和支持的环境:① 允许成员表达不满或他们所关注的问题,接受及排解成员的不满;② 做好导向工作,努力解决问题和矛盾;③ 依靠团队成员共同解决问题,共同决策。

(三) 规范阶段

在这一阶段,团队逐渐趋于规范。团队成员经过震荡阶段逐渐冷静下来,开始表现出相互之间的理解、关心和友爱,亲密的团队关系开始形成,同时,团队开始表现出凝聚力。另外,团队成员通过一段时间的工作,开始熟悉工作程序和标准操作方法,对新制度也开始逐步熟悉和适应,新的行为规范得到确立并为团队成员所遵守。

在这一阶段,项目经理应注意:① 尽量减少指导性工作,给予团队成员更多的支持和帮助;② 在确立团队规范的同时,要鼓励成员的个性发挥;③ 培育团队文化,注重培养成员对团队的认同感、归属感,努力营造出相互协作、互相帮助、互相关爱、努力奉献的精神氛围。

(四) 执行阶段

在这一阶段,团队的结构完全功能化并得到认可,内部致力于从相互了解和理解到共同完成当前工作上。团队成员一方面积极工作,为实现项目目标而努力;另一方面成员之间能够开放、坦诚、及时地进行沟通,互相帮助,共同解决工作中遇到的困难和问题,创造出很高的工作效率和满意度。

在这一阶段,项目经理工作的重点应是:① 授予团队成员更大的权力,尽量发挥成员的潜力;② 帮助团队执行项目计划,集中精力了解掌握有关成本、进度、工作范围的具体完成情况,以保证项目目标得以实现;③ 做好对团队成员的培训工作,帮助他们获得职业上的成长和发展。

四、高效的文化产业项目团队建设

文化产业项目团队发展包括提高文化产业项目相关人员作为个体做出贡献的能力,及提高文化产业项目小组作为团队尽其职责的能力。个人能力的提高是提高团队能力的必要基础,团队的发展是文化产业项目达标能力的关键。

当小组成员个人对部门经理和文化项目经理都要负责时,文化产业项目团队的发展常常是复杂的。对这种双重报告关系的有效管理常常是文化产业项目最重要的成功因素,而且通常是项目经理的责任。

(一) 文化产业项目团队管理的手段和技巧

(1) 人员培训。人员培训包括为了提高文化产业项目小组的技能知识和能力水平而设计的各种活动。培训可以是正式的,也可以是非正式的。如果文化产业项目小组成员缺乏必要的管理和技术方面的技能,则必须将提高此类技能作为文化项目的一部分,或者采取一定步骤将人员重新进行适当分配。

(2) 团队活动。团队活动包括专门采取的管理活动和个人行动,且首要目的是提高团队绩效。许多行动,诸如在规划过程中参加无管理层小组,或为平息和处理人际冲突制定基本规则等,其间接结果都是可以提高团队绩效的。团队建设可以有多种形式。

(3) 集中安排。集中安排是把文化产业项目团队集中在同一地点,以提高其团队运作能力。由于沟通在文化项目中的作用非常大,如果团队成员不在相同的地点办公,势必会影响沟通的有效进展,影响团队目标的实现。因此,集中安排被广泛用于文化产业项目管理中。设立一个"作战室",队伍可在其中集合并张贴进度计划及新信息。在一些文化产业项目中,有时集中安排可能无法实现,这时可以采用安排频繁的面对面的会议形式作为替代,以鼓励相互之间的交流。

(4) 绩效考核与激励。绩效考核是通过对文化产业项目团队成员工作业绩的评价,来反映成员的实际能力以及对某种工作职位的适应程度。激励则是运用有关行为科学的理论和方法，对成员的需要予以满足或限制，从而激发成员的行为动机，激发成员充分发挥自己的潜能，为实现文化产业项目目标服务。为了达到效果，必须在绩效和奖励之间建立一种清晰、明确和易于接受的联系。由于组织的奖励和表彰体系可能并不适用于具体项目，各文化项目必须拥有自己的奖励和表彰体系。奖励和表彰体系还必须考虑文化差异。

团队发展的成果就是文化产业项目绩效的提高。这种提高可能来自许多资源，并能对项目绩效的许多方面产生影响。例如个人技能的提高，可以使专业人员更高效地完成所分配的活动。团队行为的改善（如平息和处理冲突）可以让项目小组成员将更多的精力投入工作。个人技能或团队能力的提高可以对确定和开发完成文化项目工作起到促进作用。

（二）高效的文化产业项目团队的标准

（1）清晰的目标。高效团队对所要达到的目标有清楚的了解，并坚信这一目标富有意义和价值。而且这种目标的重要性还激励着团队成员把个人目标升华到群体目标中去。在有效的团队中，成员愿意为团队目标做出承诺，清楚地知道自己该做什么以及怎样共同完成任务。

（2）相关的技能。高效团队是一群有能力的成员组成的。他们具有实现组织目标所必需的技术和能力，而且相互之间有能够良好合作的个性品格，从而出色完成任务。后者尤为重要。

（3）相互的信任。成员间相互信任是高效团队的显著特征，即是说，每个成员对其他人的品行和能力都确信不疑。组织文化和管理层的行为对形成相互信任的群体内氛围很有影响。如果组织崇尚开放、诚实、协作的办事原则，同时鼓励员工的参与和自主性，就比较容易形成信任的环境。

（4）一致的承诺。高效的团队成员对团队表现出高度的忠诚，为了使群体获得成功，他们愿意去做任何事，这就是一致的承诺。研究表明，团队成员对他们的群体具有认同感，他们把自己属于该群体的身份看作自我的一个重要方面。因此，承诺一致的特征表现为对群体目标的奉献精神，愿意为实现这一目标而调动和发挥自己的最大潜能。

（5）良好的沟通。这是高效团队一个必不可少的特点。团队成员通过畅通的渠道交流信息。此外，管理层与团队成员之间健康的信息反馈也是良好沟通的重要特征，它有助于管理者指导团队成员的行动，消除误解。就像共同生活多年、感情深厚的夫妻一样，高效团队中的成员能迅速而准确地了解彼此的想法和情感。

（6）谈判技能。以个体为基础进行工作设计时，员工的角色由工作说明、工作纪律、工作程序及其他一些正式文件明确规定。但对于高效团队来说，其成员角色具有灵活性，总在不断进行调整。这就需要成员具备充分的谈判技能。由于团队中的问题和关系时常变换，成员必须能面对和应付这种情况。

（7）恰当的领导。有效的领导者能够让团队跟随自己共同度过最艰难的时期，因为他能为团队指明方向，鼓舞团队成员的自信心，帮助他们更充分地了解自己的潜力。高效团队的领导者往往担任的是教练和后盾的角色，他们对团队提供指导与支持，但并不试图去控制团队。对于那些习惯于传统方式的管理者来说，这种从上司到后盾的角色变换，从发号施令到为团队服务，是一种困难的转变。

（8）内外部支持。从内部条件来看，团队应有一个合理的基础结构。其中包括适当的培训，一套易于理解的员工绩效评估系统，以及一个起支持作用的人力资源系统。恰当的基础结构应能支持并强化成员行为以取得高绩效水平。从外部条件看，管理层应给团队提供完成工作所必需的各种资源。

(三) 如何建立高效的文化产业项目团队

(1) 确定适当的团队规模。最好的团队规模一般较小，如果团队成员多于 12 人，就很难顺利开展工作，他们在相互交流时会遇到许多障碍，也很难在讨论问题时达成一致。一般说来，如果团队成员很多，就难以形成凝聚力、忠诚感和相互信赖感，而这些却是高绩效团队所不可或缺的。所以，管理者要塑造富有成效的团队，就应该把成员人数控制在 12 人之内。如果一个项目组织本身较大，而管理者又希望达到团队的效果，那么可以考虑把群体分解成几个小的工作团队。

(2) 完善成员技能。一个团队需要三种不同技能类型的成员。第一，需要具有技术专长的成员；第二，需要具有解决问题和决策技能，能够发现问题，提出解决问题的建议，并权衡这些建议，然后做出有效选择的成员；第三，需要具有善于聆听、反馈、解决冲突及其他人际关系技能的成员。对具有不同技能的成员进行合理搭配是极其重要的。一种类型的成员过多，另两种类型的成员自然就少，团队绩效就会降低。但在团队形成之初，并不需要以上三方面的成员全部具备。在必要时，一个或多个成员可去学习团队所缺乏的某种技能，从而使团队充分发挥其潜能。

(3) 合理分配角色。团队角色包括以下几种：① 创造者。这种人富有想象力，善于提出新观点或新概念。② 探索者。此类人乐意接受、支持新观念，在创造者提出新创意之后，他们擅长利用这些新创意，并找到资源支持它。③ 评价者。他们有很高的分析技能，善于分析评估几种不同方案的优劣。④ 组织者。他们擅长制定操作程序，以使新创意成为现实；他们会设定目标，制订计划，组织人力，建立制度，以保证按时完成任务。⑤ 生产者。他们按时完成任务，保证所有的承诺能兑现。⑥ 核查者。他们善于检查细节，并保证避免出现差错。⑦ 维护者。他们在支持团队内部成员的同时会保护团队不受外来者的侵害，他们能够增强团队的稳定性。⑧ 建议者。他们倾向在做出决策之前得到更多的信息；因此，他们在鼓励团队作决策之前会充分收集信息，而不是匆忙决策。⑨ 联络者。这种角色与其他角色有重叠，上述任一角色都可以扮演这种角色。联络者倾向于了解所有人的看法，他们是协调者，他们尽力在所有团队成员之间建立起合作关系。

管理者有必要了解个体能够给团队带来贡献的个人优势，使工作任务分配与成员偏好的风格一致，使团队成员各尽其能。研究发现，团队不成功的原因在于人员搭配不当，导致在某些领域投入过多，另一些领域过少。

(4) 树立共同目标。有效团队具有一个大家共同追求的、有意义的目标，它能够为团队成员指引方向、提供推动力，让团队成员愿意为它贡献力量。成功团队的成员通常会用大量的时间和精力来讨论、修改和完善一个在集体层次上和个人层次上都被大家接受的目标。这种共同目标一旦为团队所接受，就能起到为团队指引方向的作用。

当然，成功的团队会把他们的共同目标转变成具体的可以衡量的现实可行的绩效目标。目标会使个体提高绩效水平，也能使群体充满能力。具体的目标可以促进沟通与合作，还有助于团队把自己的精力放在达成有效的结果上。

(5) 明确领导与结构。团队中，为达到团队目标，对于谁做什么和保证所有的成员承担工作任务，并使工作任务适应成员个人的技能水平，需要取得一致意见，这就需要团队的领导和团队结构发挥作用。

另外，团队需要决定的问题还有：如何安排工作日程，需要开发什么技能，如何解决冲突，如何做出和修改决策，决定成员具体的工作任务内容，并使工作任务适应团队成员个人的技能水平。所有这些都需要团队的领导和团队结构发挥作用。有时，这些事情可以由管理者直接来做，也可以由团队成员通过担当各种角色来做。

(6) 建立绩效评估与激励体系。对于表现出色的团队除了根据个体的贡献进行评估和激励之外，组织和管理者还应考虑以群体为基础进行绩效评估、团队激励及其他方面的变革，来强化团队的奋进精神。

(7) 培养相互信任精神。管理者和团队领导对于团队的信任气氛具有重大影响。因此，管理人员和团队领导之间首先要建立起信任关系，然后才是团队成员之间的相互信任关系。培养信任感的方法有：① 表明你既是在为自己的利益工作，又是在为别人的利益而工作。② 成为团队的一员，用言论和行动来支持你的工作团队。③ 开诚布公。④ 公平。⑤ 说出你的感觉。⑥ 表明指导你进行决策的基本价值观是一贯的。不信任来源于不知道自己面对的将是什么。花一些时间思考你的价值观和信念，让它们在你的决策过程中起指引作用。一旦你了解了你的主要目的，你的行动相应地就会与目的一致，而你的一贯性就能够赢得信任。⑦ 保密。⑧ 表现出你的才能。

(8) 优秀的团队领导。团队的领导是决定团队能否取得成功的一个有利因素。在一个强调团队工作的组织中，管理人员的作用主要是为团队提供方便，确保团队能够得到所需资源，与团队及组织内的其他部门协商并确定全面的组织任务和时间框架，监督团队的工作方式。领导有多种权力，如奖励权、强制权、支配权、授予权等，但授予权的概念是团队工作的核心。优秀的团队领导至少要做好六件事：① 使团队的目的、目标和方式密切相关，并具有意义；② 培养团队成员的责任感和信心；③ 促进团队中各种技能的组合，并提高技术水平；④ 搞好与外部人员的关系，其中包括为团队的发展清除障碍；⑤ 为团队中的其他成员创造机会；⑥ 做实际工作。

本章小结

文化产业项目组织是为完成文化产业项目而建立的。文化产业项目组织的具体职责、组织结构、人员构成和人数配备等会因文化项目性质、复杂程度、规模大小和持续时间长短等有所不同。文化产业项目组织结构类型多样，应根据文化产业项目具体目标、任务条件、文化项目环境等因素进行分析、比较，设计或选择最合适的组织结构形式。一般来说，职能型组织结构适用于文化项目规模小、专业面窄、以技术为重点的文化项目；如果一个组织经常有多个类似的、大型的、重要的、复杂的文化项目，应采用项目型组织结构；如果一个组织经常有多个内容差别较大、技术复杂、要求利用多个职能部门资源的文化项目，比较适合选择矩阵型组织结构。

文化产业项目计划和执行的成功很大程度上取决于项目经理和项目团队，组建一支高效的项目团队不仅是一项技术，更是一门艺术。文化产业项目经理除了在对项目的计划、组织、实施、控制方面发挥领导作用外，还应具备一系列技能来激励文化项目人员来完成工作，赢得客户信赖。文化产业项目管理团队成员应遵守“职业道德”，遵守“职业行为规范”，对文化项目背景进行理解、研究，具备文化项目管理知识体系与技能，掌握能处理好人际关系的沟通技能。建立高效的文化产业项目团队是项目成功的关键要素之一。

◆ **思考题**

1. 文化产业项目组织结构的类型有哪些？各有什么优缺点？
2. 如何进行文化产业项目组织结构的设计与选择？
3. 文化产业项目团队成员应具备哪些素质？
4. 论述文化产业项目经理的角色定位。
5. 简述项目团队发展的阶段，以及项目经理在每个阶段的工作重点。
6. 如何建立高效的文化产业项目团队？

案例分析

淳化县有线电视网络建设项目的组织结构

淳化县有线电视网络建设项目采用强矩阵式组织形式（图 5.4），组织设置项目实施工作领导小组（项目部）：项目组总负责人为咸阳分公司总经理（项目经理、高级职称），下设分公司党支部书记、一名项目副总工程师（副高工程师）、分管工程及业务的副总、各相关部门负责人。支公司经理为项目第一实施责任人，具备相应资质和中级及以上职称。

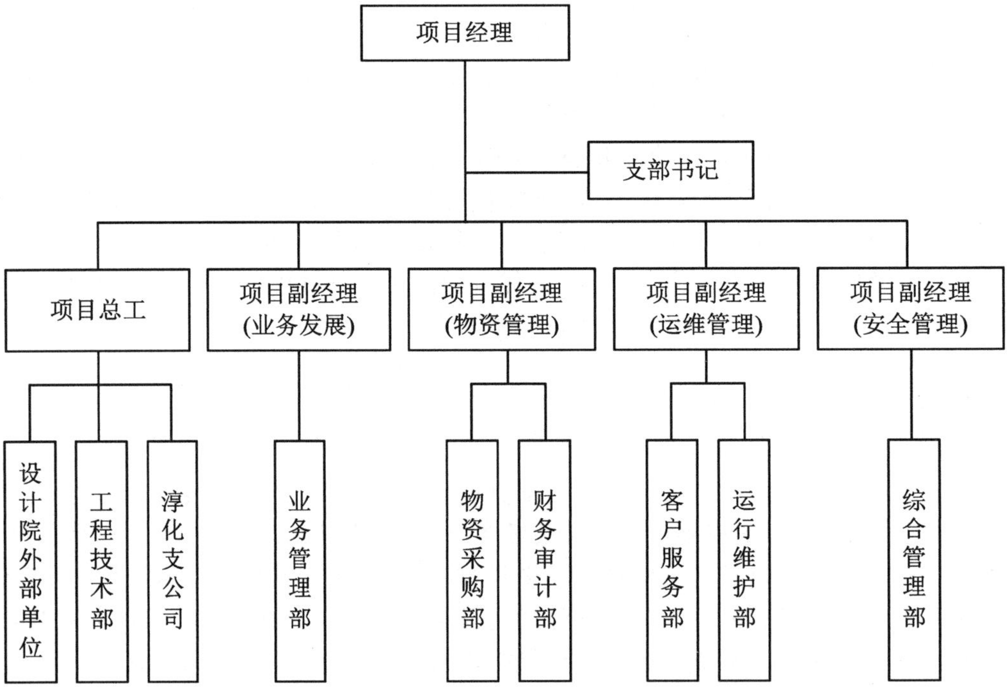

图 5.4　项目组织形式

项目实施领导小组下设工程技术部、物资采购部、财务部、大众业务管理部、客户服务部、运维调度部、综合管理部、淳化县支公司八个部门机构，除淳化县支公司以外，其他各部门均为分公司各业务部门。分公司各部门负责人都具备相关职位的任职资质，具备相应的职称，具有有线电视网络建设项目施工经验至少 10 年以上，具有丰富的类似工程施工经验并任该职位多年。

淳化县有线电视网络建设项目采用强矩阵项目组织结构的优点：① 强调了项目组织是

所有活动的焦点。② 总经理对项目内人力、资金、设备器材等有强大的控制权,每个部门都可以独立的制定本部门有利于项目的策略和方法。③ 充分利用公司各项资源,减少了公司人力资源的浪费,对项目内抽调的分支公司相关管理人员灵活利用,对项目计划可按需使用人才。同时有利于分公司各部门及淳化县支公司之间的信息交流,增加相互学习机会,提高专业水平,为项目移交后,支公司能够对该项目独立运营和维护。④ 项目完成后,项目各部门抽调的人员均回原岗位任职,不存在人员工作的空档期,也不会对抽调人员的上升渠道产生影响。⑤ 交流渠道的建立和决策点的集中,对环境的变化以及项目的需要能够及时反应。⑥ 项目团队内部矛盾较少,由于项目内各个部门由分管的副总、总工及总经理的下属垂直管理,即使内部出现矛盾,也很容易通过相关领导或组织管理体系解决。

(资料来源:陆超. 淳化县有线电视网络建设项目进度计划与控制研究[D]. 西安电子科技大学,2018.)

◆ 思考题

每一种组织结构都有其缺点,在项目实施过程中,针对本案中采用的矩阵型组织结构存在的问题,本项目管理领导小组应采取哪些措施来解决组织形式的自然缺点?

实务训练

讨论虚拟文化产业项目团队管理,并尝试撰写小论文。

第六章　文化产业项目的市场定位与营销管理

本章结构图

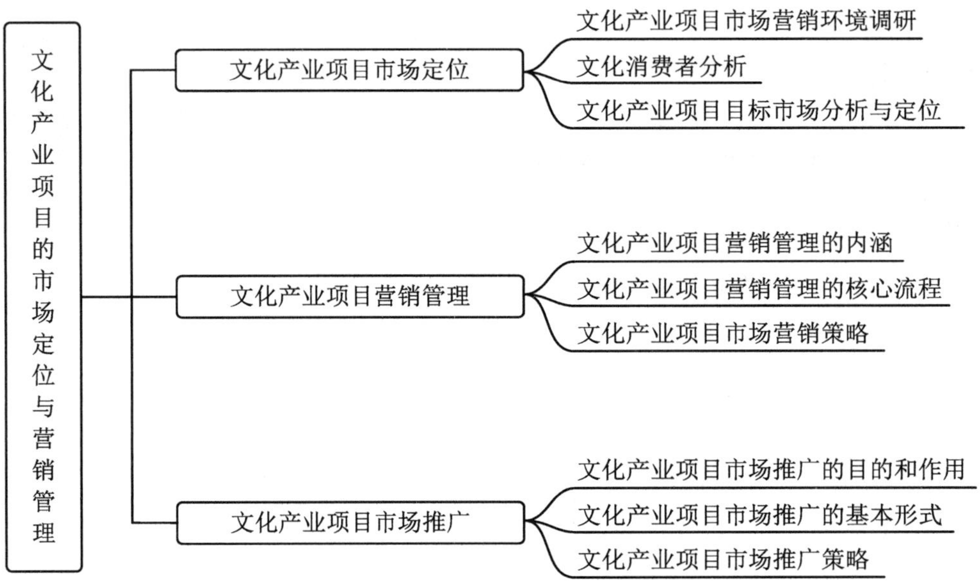

学习目标

1. 了解文化消费者分析的内容。
2. 掌握文化产业项目市场定位的内涵及原则。
3. 了解文化产业项目营销管理的核心流程。
4. 掌握文化产业项目市场推广的基本形式以及推广策略。

【导入案例】

2011 年西安世园会宣传推介成效显著

2011 年西安世界园艺博览会以“天人长安　创意自然——城市与自然和谐共生”为主题，以“绿色引领时尚”为推广口号，定于 2011 年 4 月 28 日至 10 月 22 日在西安浐灞生态区举行，会期 178 天，预计参观游客 1200 万人次。

2011 年 3 月 15 日举行的“2011 西安世界园艺博览会”新闻发布会上，西安市市长陈宝根在发布会上表示，截至目前，新华社等国内 60 家主流媒体和美国、日本、韩国等海外的新闻网络已开始连续报道，多种形式的宣传推广活动也在进行。西安世园会的宣传推广主要分为两阶段，具体内容如表 6.1 所示。

表 6.1　西安世园会宣传推广策略

时间	第一阶段(2010 年 10 月～2011 年 4 月)	第二阶段(2011 年 4 月～2011 年 10 月)
目的	通过前期宣传让人们知道、了解世园会	世园会期间强化宣传、吸引各界目光
媒体	航空杂志、各地报纸、央视及卫视频道、网络推广	旅游杂志、网络推广、各省级及卫视频道、中央电视台
宣传手段	制作栏目《绿色让世园更精彩》; 结合旅游杂志、航空杂志介绍推广世园会; 报纸定期刊登世园会倒计时; 网络前期宣传,让人们了解世园会	与央视联手制作专题栏目《魅力世园会》; 在陕西电视台推出《爱世园》《直通世园会》等一系列栏目; 各旅游/航空杂志推出世园会特别专刊; 与门户网站建立特别报道连接
终端	网络＋杂志＋电视＋报纸	电视＋网络＋杂志＋报纸

此外,国家旅游局牵头组织韩国、日本、东南亚和国内共 300 余家旅游批发商和主流媒体,开展"看世界园艺,游华夏故都"的宣传活动。同时,在 21 个国家的 30 个大使馆、领事馆也开展了世园会海外宣传。启动"网上世园会"建设,全球首家互动主题公园——"网上世园会抢先体验版"上线,世园会官网将以中文、英文、日文等 6 个版本建成开通。截至目前,西安世园会此次宣传覆盖范围已超过 4.5 亿人。

(资料来源:陈杨. 2011 西安世园会宣传推介成效显著提升[EB/OL]. [2011-3-15]. http://news.cri.cn/gb/27824/2011/03/15/5311s3186474.htm.)

第一节　文化产业项目市场定位

文化产业项目在营销推广的过程中,首先要进行市场定位,而定位的前提是要进行市场营销环境的调研,了解文化消费者的需求,进而才能有针对性地塑造本项目和项目产品与众不同、印象鲜明的个性或形象,并将这种形象生动、有效地传递给顾客。

一、文化产业项目市场营销环境调研

文化产业项目市场营销环境调研是开展项目市场营销过程的一项基础性工作,对正确分析和把握市场机会、开展项目市场营销活动、提高项目市场营销效果具有十分重要的意义。

(一) 文化产业项目市场营销环境调研的基本内容

1. 文化产业项目市场环境调研

文化产业项目市场环境调研包括对项目市场营销的政治环境、法律环境、经济环境、文化环境、社会环境和科技环境的调研。

2. 文化产业项目市场需求调研

文化产业项目市场需求调研包括对文化市场商品、服务需求总量、文化市场需求结构以及需求转移趋势的调研。

3. 文化产业项目市场资源调研

文化产业项目市场资源调研包括对国内外文化市场商品供应总额和文化市场供应结构的调研等。

4. 文化产业项目市场营销活动调研

文化产业项目市场营销活动调研包括对文化产品市场、项目竞争对手、相关项目品牌或产品形象、项目广告市场、市场营销活动价格以及用户或客户的调研。

（二）文化产业项目市场营销环境调研的主要程序

1. 明确调研的目标

针对文化产业项目所面临的市场现状和亟待解决的问题，如产品销量、产品生命周期和广告效果等，确定文化产业项目市场营销环境调研的主要目标。

2. 确定调研需获取的信息资料

根据已确定的文化产业项目市场营销环境调研目标和调研范围，初步确定调研需要收集与获取哪些方面的信息和资料。

3. 确定资料搜集方式

根据所需信息和资料的性质选择确定合适的收集方式和方法。

4. 现有资料的搜集准备

可先采用内部调研方法，搜集准备一些必要的内部资料、政府统计数据、行业调研报告和学术研究成果等。

5. 设计调研方案

文化产业项目市场营销环境的调研几乎都是抽样调研，抽样调研最重要的是抽样对象的选取和问卷内容的设计。

6. 组织实地调研

按照文化产业项目市场营销环境的设计调研方案组织实地调研，对调研人员进行适当的技术和理论训练，加强对调研活动的规划和监控，并针对调研中出现的问题及时做出调整和补救。

7. 统计分析结果

文化产业项目市场营销环境的调研数据和资料必须以客观的态度和科学的方法进行统计和计算，以获得高度概括性的文化市场动向指标，并对这些指标进行横向和纵向的比较、分析和预测，以揭示文化市场发展的现状和趋势。

8. 形成研究报告

将比较、分析和预测的结果形成书面专题报告，阐明对既定文化产业项目市场营销环境调研目标所获得的结果，以及建立在这种结果基础之上的项目市场营销思路、可供选择的行动方案和今后进一步探索的重点。

二、文化消费者分析

文化产业项目以大众消费者为服务对象，能赢得一定数量的消费群体是文化产业项目成功的一个重要标志。文化产业项目市场推广与营销的目的就在于更好地满足文化市场的消费需求，更多地赢得广大的文化消费者，为消费者带来诸多收益，同时，促成文化产业项目和文化产品价值更好的实现，进而不断提升文化产业的实力、竞争力和影响力。

(一) 影响消费者文化消费行为的因素

影响消费者文化消费行为的因素大体上可划分为内在因素和外在因素两个方面，其中，内在因素是与消费者个人有关的影响消费行为的因素；外在因素是消费者所处生活环境对其消费行为的影响因素。

1. 外在影响因素

(1) 文化因素：包括文化信仰、价值取向、生活方式等。

(2) 社会因素：包括社会阶层、家庭或群体影响、生活范围、权威意见等。

(3) 品牌因素：在大众消费品市场，各家竞争对手提供的产品和服务的品质差别不大时，消费者会倾向于根据品牌的熟悉程度来决定购买行为。

2. 内在影响因素

(1) 生理因素：包括性别和年龄等。

(2) 心理因素：包括兴趣与爱好、需求、动机、态度认知和能力等。

(3) 经济因素：包括经济收入、产品价格、支付条款、替代效应等。

(二) 文化消费者的群体心理与行为

群体是指通过一定的社会关系结合起来进行共同活动而产生相互作用的集体。文化消费者的很多行为都会受到群体行为的影响。具体来讲包括：

1. 文化消费群体规范

文化消费群体规范是指一个群体内的人们共同遵守的行为方式的总和。广义的群体规范包括社会制度、法律、纪律、道德、风俗和信仰等，是一个社会多数成员共有的行为模式。不遵循群体规范就要受到谴责或惩罚。

2. 文化消费习俗

文化消费习俗是指消费者会受到共有的审美心理的支配，是一个地区或一个民族的消费者共同参与的人类群体消费行为，它是人们在长期的消费活动中逐步积累而形成的一种消费风俗习惯。

3. 文化消费流行

文化消费流行是指消费者在追求时尚的风潮中形成的从众化需求。消费流行往往是新的常规性消费行为形成的预兆，具有骤发性、短暂性、地域性和梯度性等特征。

文化消费者的消费期望通常来自以下几个方面的组合：项目营销方的营销沟通、亲戚朋友的口头推荐、消费者以往的相似或者相同经历、已有的品牌形象、购买主张的吸引性等。因此，文化产业项目市场营销应综合考虑文化消费者的消费心理与行为，在文化消费市场起到更大的影响和引导作用。

三、文化产业项目目标市场分析与定位

文化产业项目市场营销的主要内容就是要根据明确的目标市场来开展项目推广与营销活动。所谓目标市场，指的是在市场细分的基础上，结合考虑各细分市场上顾客的需求和企

业自身的经营条件，而选出一个或者若干个能很好地为之提供产品或服务的分市场。

（一）文化产业项目目标市场分析

1. 市场细分依据

市场细分是企业根据消费者需求和购买行为的差异性，把某一产品的市场整体划分为若干买主群的市场分析过程。每一个需求特点相类似的消费者群叫作一个细分市场或子市场。

文化产业项目市场细分是市场细分的一般原理在文化市场研究中的应用。市场细分可依据的标准很多，基于文化产业的特点，可按照地理变量、人口变量、心理变量和行为变量几个变数进行细分。

（1）地理变量。主要是指文化消费者所在的地理位置以及城乡、地形、气候、交通运输条件、人口密度、城镇规模等因素。文化企业按照地理变量所进行的市场细分可称为地理细分。地理细分的主要依据包括：处在不同地理位置的文化消费者各有不同的需要和偏好，他们对文化产品的需求就会不同。

（2）人口变量。主要包括年龄、性别、收入、职业、教育水平、家庭规模、家庭生命周期、宗教、种族、国籍等因素。文化企业按照人口变量所进行的市场细分又叫人口细分。人口变量是文化消费者市场细分的重要依据，这是因为文化消费者需求的差异往往和人口变量具有密切的关系。比如，不同职业的人群在劳动特点、性别优势、闲暇时间、收入水平、消费习惯、消费倾向等方面存在明显的区别。

（3）心理变量。文化消费者欲望、需要和购买行为，不仅受人口变量的影响，而且受心理变量的影响，因此还要进行心理细分。心理变量主要是指文化消费者的生活方式、购买动机、个性、社会阶层等因素。文化企业按照文化消费者心理所进行的市场细分可称为心理细分。人们的生活方式不同，对文化产品的喜好和需求也就不同。

（4）行为变量。主要是指文化消费者对某一文化产品的认知、态度、使用情况和反映，它作为一种客观的外在表现，比人们内在的心理活动更容易被观察判断，因此行为变量是一种更为常用的市场细分依据。

2. 市场细分评价

（1）评估细分市场的规模和发展前景。文化企业必须首先调查并分析各类目标市场的文化产品使用率结构、文化消费者规模及其增长速度、广告市场空间及其增长率、预期利润率等。这是文化产业项目营销目标市场分析和评估的首要问题。

（2）评估细分市场结构的吸引力。目标市场可能具备理想的规模和潜量，但是还要考察它是否在市场结构方面具有吸引力，因为文化产品市场结构决定着文化企业能够获得多少市场提供的可能利润。根据波特的竞争优势理论，影响文化产品目标市场长期吸引力的因素包括现有竞争对手的威胁、新加入者的威胁、替代产品的威胁、购买者议价能力提高形成的威胁和供应商议价能力提高形成的威胁。文化产业项目营销目标市场分析要对细分市场的竞争结构、细分市场的吸引力进行全面评价。

（3）评估项目发起人的目标和资源。当某个细分市场具有一定的规模和发展潜力，而且在市场结构方面具有相当的吸引力时，企业还须考虑细分市场的特点是否符合企业的发展目标和资源优势的要求。按照战略管理理论，每个企业都应具有自己明确的使命和战略发展方向，不合乎企业目标的经营项目虽然也会给企业带来短期利益，但从战略的观点看，会由于分散了企业的精力而对企业的长期目标构成威胁。退一步讲，即使某些细分市场符合企业经营的长远目标，但如果企业不具有参与该细分市场竞争的比较优势，不能建立起自己的优势地位，那么也应当果断地放弃这些细分市场。

3. 自身资源评价

除在对目标市场各细分市场的具体情况进行综合分析评价外，还需要对项目组织自身的情况进行分析，如果细分市场与项目组织的长期目标不一致，或者项目组织不具备在该细分市场中获胜的资源条件，那么项目组织将会放弃该细分市场。如果明知自己没有足够的资源与市场营销能力，却一意孤行去占领这一细分市场，其结果不仅达不到项目营销的目的，还会浪费项目组织的人力、物力、财力等资源。

4. 目标市场选定

在综合考虑了细分市场的特点和组织自身的资源情况后，结合组织的长期发展战略，项目组织最终会选定某一个或某几个市场作为文化企业项目营销的目标市场。

5. 目标市场评估

(1) 充分评估目标市场需求与市场潜力。目标市场的需求是不断变化的，因此，项目组织需要充分估计目标市场的需求变化情况与市场潜力，进而制订出有针对性的、有效的市场营销方案，促使目标市场需求的持续增长。

(2) 评估本组织需求与营销的潜力。结合项目组织自身的发展需求、资源条件、营销能力等情况，进一步细化文化产业项目目标市场营销实施方案。

(二) 文化产业项目市场定位分析

1. 文化产业项目市场定位的内涵

文化产业项目市场定位是文化产业项目组织根据项目竞争者现有文化产品的市场位置，根据项目产品特征与消费市场对本项目和项目产品的需求预期，有针对性地塑造本项目和项目产品与众不同、印象鲜明的个性或形象，并将这种形象生动、有效地传递给顾客，确定项目产品适当的市场位置的过程。

2. 文化产业项目市场定位的原则

文化市场定位是在目标人群心理预期结构中占据不可替代的位置，在进行文化市场定位建构的时候，要注意遵从以下原则：

(1) 目标人群导向原则。文化市场定位的目标指向是文化产品目标消费人群的心理预期结构坐标，最终目的是要在人们的文化产品消费选择序列结构中占据不可替代的位置。因此，目标消费者的价值判断准则、购买偏好等因素直接决定着文化市场定位操作空间的结构和大小。就我国文化市场的结构和布局来看，大众化文化产品面向的普通市民阶层往往关注于文化产品能够提供什么样的卖点，即能够提供多少文化产品功能利益，这是由该阶层经济收入和购买力水平决定的，对于价格-性能比较优势的偏好是其突出特点。而主流文化产品面向的是“社会行动能力最强的人群”，该阶层往往关注于文化产品是否能够提供足够的智慧和启示，即文化产品能够提供多少心理利益，他们对文化产品品质和格调都有较高的关注。该目标市场上的成功文化产品往往成为相应身份和地位的象征，因此，他们对价格不是很敏感，而对文化产品提供的独特价值很关心，尤其注重文化产品自身的具体形象。

(2) 差异化原则。差异化原则有利于使文化产品定位在消费者使用选择序列中获取不可替代的地位。文化市场定位有效的关键是要进入文化产品消费者选择序列中，只有排名第一的文化产品才会被消费者记住，并作为文化产品消费选择的首要品牌。这就需要文化企业根据消费者价值偏好情况，采取新的标准，设立新的价值坐标体系，从而突出自身竞争优势，使其成为文化消费者的首选。由此可以看出，差异化原则首先是在对竞争对手定位进行考察的基础上完成的。差异化是一个相对的概念，选取文化产品差异的参照物是竞争者的现有定位结构。《广州日报》"追求最出色的新闻"、《新快报》"中产、白领的报纸"的定位，都直接给出了文化产品的差异性特色，而《纽约时报》以"刊登一切适于刊登的新闻"，把本报新闻选择的质量标准明确地告诉了目标人群。

（3）利益导向原则。文化市场定位的诉求点是为目标人群提供不同的利益，或者是功能利益，或者是心理利益，或者是两者的联合。有时候会遇到一些奇怪的定位，很独特，很新鲜，但是很难看出它希望传递给目标人群什么样的利益启示。因此，不能为了差异而表现差异，而是要有目的地表现差异，文化市场定位需要表现的是利益差异以及保证利益的能力差异。脱离了利益诉求的差异化很难对目标消费者的选择产生影响，因为这些差异实际上根本不在文化消费者的价值判断坐标系上。例如《经济观察报》提出的"理性、建设性"提供的是心理利益，而《南方周末》"深入成就深度"则是对功能利益的诉求。差异化使文化消费者感受到一种更好的利益获取方式的存在，这才是差异化的根本所在，而这一点就是利益导向原则的最大效用。

（4）灵活性原则。我国目前正处于由传统社会向现代社会的转型时期，人们的价值观念也面临着转型。文化市场环境在变，文化产品本身也在变。这些变化要求文化企业不断调整自身的定位，在文化市场上去做符合自己身份和地位的事情，收获自己应有的市场利益。对于外部环境的变化而言，在文化市场的培养期和快速成长期，由于市场空间较大，社会对文化产业的首要要求是快速建立起覆盖全面的文化产品体系。因此，文化企业以大众化人群为目标市场，文化产品第一品牌和它的追随者都可以获取较好的市场收益，文化消费者的选择是有限的选择，对文化产品的制约作用十分有限。伴随文化市场的进一步发展，模仿和跟进使文化市场出现了饱和，高密度的文化市场竞争者结构赋予了文化消费者选择的权利，只有那些能够提供真正价值的文化产品才会获取消费者的优先选择。对于文化市场定位的目标市场变化而言，文化企业要保证与目标消费者的交流和沟通，跟随目标消费者价值结构的变化而变化，给对方提供不同需求层次和阶段的利益。

3. 文化市场定位的模式

根据目标人群价值判断结构和消费行为偏好的不同，可以选择不同的变量进行检验，看哪一种文化市场定位模式可以实现文化产品在目标消费者的心理预期，常用的文化市场定位模式包括以下几种：

（1）文化消费者定位模式。这种模式又称正向定位模式，是指按照文化消费者的类型进行定位，赋予文化项目产品与消费者特征、地位、品位相应的品牌形象，这样就会建立起目标消费者心理预期结构和特定文化产品之间的联系，使这一类消费者相信该文化产品就是为他们特意设计和组织的，使关系双方各自寻找到社会归属感。这种定位的关键在于获取目标消费者的认同感，使文化企业形象与该阶层的社会形象高度一致，成为他们忠实的和全面的利益代表者。这样定位产生的品牌，易于成为目标消费者文化消费活动的象征符号，会在一定程度上满足文化消费者阶层归属的心理利益需求，促使消费者对文化产品产生信任感和忠诚度。比如，在体育赛事项目中，以著名选手为主要阵容的体育赛事，可以定位于高收入阶层和商务用票。著名选手一般都拥有极高的竞技水平，可以创造精彩纷呈的竞赛表演。以娱乐性和表演性为主旨的体育赛事，老少皆宜，市场面较宽，可以根据参赛者的级别和体育赛事的创意作为定位的主要依据。

(2) 产品竞争者定位模式。这种模式又叫反向定位模式，是指针对文化市场竞争的现实态势，力求凸现文化项目产品相对优势的定位。即为了在文化消费者心目中加强或者提高文化产品现有地位，根据与竞争有关的属性和利益或针对竞争者的定位来进行文化产品的市场定位。根据文化市场地位的不同，该模式又可以分为领导定位模式、挑战定位模式、并存定位模式和添补定位模式。其中，领导定位模式强调对目标市场利益的全面强化和满足，以提高利益满足标准作为奠定自己市场领导者地位，占据目标消费者心理预期结构中的首要位置。挑战定位模式是通过对文化市场领导者力所不及的价值维度空间利益点的优势保证来获取目标人群的承认，获取独有的地位，从而对市场领导者构成挑战。并存定位模式一般出现在文化市场培育期和高速成长期，较大的市场空间保证了同质化文化产品都可以拥有自己的独特利益空间。添补定位模式是指文化企业在市场领导者、跟进者、挑战者都无意顾及的价值点上提供服务，以小而全的聚焦策略，满足目标市场的某一点利益需求。

(3) 企业能力定位模式。文化市场定位其实就是一个“识别潜在竞争优势、选择竞争优势、展示竞争优势”的过程。根据文化企业能力理念，支持长久竞争优势的正是文化企业的某种能力——即管理学意义上的“核心能力”。为此，定位之前要首先进行能力分析，以求把核心能力作为定位的前提以及定位之后文化企业市场活动的根本所在。核心能力对于文化企业定位的意义在于，它可以对文化消费者所重视的价值有超水准的贡献，能够提高文化企业提供利益的效率。例如，在 2003 年，中央人民广播电台的频率有 8 套，可盈利的只有 5 套，其中覆盖最广的第一套节目的收入占到了全台的 80%，其新闻节目又占到了全套节目收入的 80%。所以，中央电视台的核心能力，就是新闻资讯的制作和传播能力，并且它拥有全国 39 个地方记者站和诸多的驻外记者网络，使竞争对手无法替代和复制它的这种核心能力。从能力出发定位，首先要求进行文化企业能力辨认，识别出核心能力所在，然后据此进行产品定位和品牌定位。因为这种定位模式是在对文化企业资源能力辨认基础上进行的，所完成的定位属于文化企业力所能及的范围，因而可行性较大；而且，它是根据文化企业核心专长“量身定制”的，避免了文化企业四处出击、分散能力的风险。但是，这个模式最大的缺陷是以文化企业为中心，容易脱离文化消费者的需求现实。

(4) 整合定位模式。上述三种定位模式其实都有一些不足，文化消费者模式忽视了竞争对手的定位结构；产品竞争者模式显然过于强调对竞争风险的回避，而对文化消费者需求和文化企业能力的认识不足；文化企业能力模式也有忽视文化消费者现实需求的倾向。这样，就有必要对上述定位模式予以整合，在此基础上完成产品定位、品牌定位和文化企业定位三个层次结构的建设。可以通过对文化消费者分析确定目标市场，通过对文化企业能力分析和竞争者分析，明确文化企业核心专长以及建立在此基础上的竞争优势，然后进一步寻找两者的利益平衡点，这就是整合定位模式。

第二节　文化产业项目营销管理

一、文化产业项目营销管理的内涵

文化产业项目营销管理指的是文化企业为了实现文化企业或文化组织的目标，建立和保持与目标市场之间的互利的交换关系，而对策划项目的分析、规划、实施和控制。营销管理的实质，是需求管理，即对需求的水平、时机和性质进行有效的调解。在文化产业项目营销管理实践中，文化企业通常需要预先设定一个预期的市场需求水平，然而，实际的市场需求水平可能与预期的市场需求水平并不一致。这就需要企业营销管理者或项目组织者针对不同的需求情况，采取不同的营销管理对策，进而有效地满足市场需求，确保企业目标的实现。从定义中可以看出：

(1) 营销是组织管理职能的有机组成部分。营销不是万能的，必须和生产、财务、人力资源等职能部门整合起来，支撑整个组织的良性运转。

(2) 营销管理是一个过程。营销管理体现在分析、计划、组织、执行和控制各阶段。在分析环节，我们需要对项目组织的内外部环境、消费者的需求和特点、自身的优势和劣势、竞争对手的强项与不足、合作伙伴的资源与网络等进行分析，为以后的营销决策提供科学客观地基础。在计划环节，我们要确定具体的营销组合策略与实施方案，对项目组织的整体营销活动进行全面系统的规划，为营销活动的实施提供详细的指引。在组织阶段，我们需要建立合适的策划、销售和服务部门的组织架构和管理团队，保证营销方案实施的效率和效果。在控制阶段，我们需要建立各种信息收集、传递的机制以及科学全面的评价指标体系，对营销活动的过程和结果进行有效的适时评估，及时调整或完善具体的实施方案，并为今后的营销决策提供信息。

(3) 营销管理的实质是需求管理。营销管理的中心点是识别和满足目标顾客的需求，整合项目组织的内外部资源，运用各种手段，影响目标顾客需求的时机、水平以及构成，从而保持业务稳定的局面或业务不断增长的趋势。正确识别文化消费者的需求是让文化消费者满意的前提，如果无法正确把握文化消费者的真实需求，即使文化企业的营销活动做得再到位，结果都是大相径庭的。但是识别文化消费者需求不是一件容易的事，我们需要不断创新营销手段，真正接近文化消费者，聆听文化消费者的声音，熟悉文化消费者的真实想法与需求。

(4) 营销管理的目的是平衡所有利益相关者的利益。文化消费者满意，才可能持续购买项目组织提供的产品和服务，给项目组织持续带来丰厚的利润或回报，才可能支撑项目组织的长期生存与发展。但让文化消费者满意最大化，也不能以牺牲员工的利益、股东的利益或公众的利益为代价，要平衡利益相关方的利益。

二、文化产业项目营销管理的核心流程

在文化产业项目营销管理的各环节中，最核心的部分包括了文化市场环境的分析、营销战略的制定和营销组合策略的规划与实施（如图 6.1 所示）

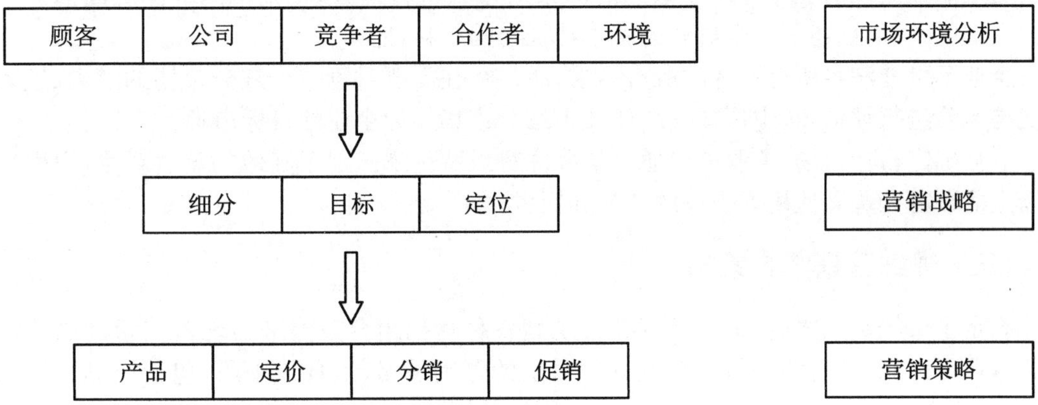

图 6.1　营销管理的核心流程

（一）分析市场环境

文化企业或项目组织的营销管理活动应该从全面了解企业所处的市场环境开始，其中包括顾客、企业自身、竞争者和合作者等微观环境因素，也包括政治法律、经济、社会文化、自然科技等宏观环境因素。对市场环境的详细分析，是企业进行有效的营销管理决策的前提与基础。

在顾客分析部分，企业需要知晓：哪些群体可能会对文化企业的产品产生兴趣和购买欲望？哪些群体值得企业去吸引并挖掘？哪些卖点会触动文化消费者尝试性使用？哪些因素会促使文化消费者持续购买和使用？

在公司分析部分，企业需要了解：自身到底存在哪些优势和劣势？可以发挥哪些优势最好地满足文化消费者的部分需求？需要缓解或弥补哪些劣势以减少文化消费者的不满？

在竞争者分析部分，企业需要熟悉：到底谁才是真正的主要竞争对手？与其他企业相比，它们到底有哪些主要的优势和劣势？竞争对手在满足顾客部分需求方面，有哪些能力是企业无法超越的？企业拥有哪些核心能力可以对抗竞争对手？

在合作者分析部分，企业需要辨识：哪些外部力量可以帮助企业对抗竞争对手，更好地满足文化消费者的部分需求？企业利用这些外部力量的可能性有多大？企业将这些外部力量连接成为一个稳固的关系网络并形成合力的可能性又有多大？

在宏观环境分析部分，企业需要看清整个外部环境的发展趋势，明确哪些趋势可以支撑企业发挥优势？哪些趋势迫使企业必须进行变革？政治、法律、经济、社会文化、自然科技等宏观环境的变化是单个企业无法左右或抗衡的，企业只有顺应潮流和趋势，才能获得良好的生存与发展空间。

（二）制定营销战略

在分析市场微观环境和宏观环境之后，企业可以开始规划营销管理的战略内容，包括细分市场、确定目标市场和定位。

在前面环境分析的基础之上，企业对整个市场结构有了比较清晰的认识，可以运用一些市场通用的准则或潜在顾客比较敏感的因素对市场进行划分，找到不同群体之间的差异和群体内部的共性，描述每一个群体的基本特征与需求特性。

企业不可能满足所有顾客的所有需求，所以往往需要对每一个细分市场的潜力、进入的难度与风险进行评估，从中选择一个或几个细分市场作为企业的目标市场。

一旦确定目标市场，企业需要通过某种优势或特色来区别于其他的竞争对手，吸引目标市场上的顾客购买和使用本企业的产品和服务。

（三）规划营销组合策略

确定了市场定位之后，企业可以综合规划各种营销组合策略来实现营销管理的战略目标。企业可以用影响目标顾客、对抗竞争对手的营销策略、工具或手段，包括产品、定价、分销、促销等内容。

产品策略包括文化产品组合策略、文化产品生命周期管理策略、新产品开发策略、文化产品包装策略以及文化产品品牌策略等内容。

定价策略包括文化产品的基本定价策略、心理定价策略、价格调整策略、价格优惠与折扣策略、价格体系管理与控制策略等内容。

分销策略包括文化产品分销广度决策、分销密度决策、分销深度决策、渠道冲突管理决策、渠道整合策略、销售终端管理策略等内容。

促销策略包括广告策略、人员推销策略、销售促进策略和公共关系策略等内容。

营销策略实施的重点是组合管理，最大可能地发挥出所有营销策略的合力。

三、营销管理成功的关键因素

在整个营销管理的核心流程中，决定文化企业或文化产业项目营销活动成败的关键因素是系统、逻辑和细节。

（1）系统。文化企业或文化项目组织开始进行营销决策或者碰到棘手的营销问题时，要就事论事，全面分析各种影响因素，从企业内部和外部寻找问题的症结，对症下药，从根本上解决问题。

（2）逻辑。定位是整个文化产业项目营销管理核心流程中的关键点，它起到了承上启下的作用，是整个文化产业项目营销管理活动的灵魂与重心。在文化产业项目营销管理的核心流程中，前面的分析环节、细分市场与确定目标市场，都是为了帮助文化企业或文化项目组织找到一个合理的卖点或感知差异，而后面的所有营销策略都是在围绕着如何在目标顾客的心目中把这个感知差异稳稳地扎根下来。

（3）细节。无论是文化市场环境分析环节、营销战略制定，还是营销策略规划与实施环节，以上列出的要点都要考虑到，尽可能为决策提供详细而全面的信息。同时要尽量把所有可能出现的情况以及应对的预案都要详细规划出来，确保执行和监控的效果。

四、文化产业项目市场营销策略

(一) 文化产业项目营销的产品策略

1. 项目产品及其组合

(1) 项目产品。文化产业项目产品的概念可以分为广义和狭义两种。狭义的项目产品是指文化产业项目组织通过有目的的艺术劳动创造出来的产品;广义的项目产品不仅仅是指项目产品实体本身,还指通过市场交换能够满足消费者某种精神需求和利益的有形物体与非物质的无形服务的总和。

(2) 项目产品组合。文化产业项目产品组合是指一个文化产业项目推出的各类文化产品之间的组合方式,包括广度、深度和关联度。其中,广度是指项目产品线的数目;深度是指一个项目产品线中,不同规格、式样和档次的文化产品的平均数目;关联度是指项目产品的生产条件、分销渠道和最终使用方面的相关程度。

2. 新产品项目开发

在竞争日趋激烈的市场上,文化产业项目产品的更新速度越来越快。项目组织要想长久地占领市场,仅靠现有产品是绝对不行的,必须通过不断更新文化产业项目产品、推陈出新,才能适应不断变化的市场需求。

(1) 文化产业新产品项目的种类。文化产业新产品一般是指具有新功能、新特色、新结构或新用途,能够满足消费者文化新需求的产品。文化产业新产品项目有以下几种:

① 全新产品项目,是指项目应用了新原理、新工艺、新材料和新技术,推出市场上未有的新产品。项目全新产品往往需要培养消费者新的消费观和消费方式。这类产品开发难度最大,费用高、成功率低。

② 换代新产品项目,是指项目组织对市场上已经出现的文化产业项目产品在结构和性能上进行部分改变而形成产品,使原有的项目产品的性能得以改变和提高,更好地满足了人们新的文化消费需求,基于换代新产品的生产而形成的新项目。

③ 改进新产品项目,是指项目组织对现有项目产品的质量、性能、材料、款式和包装等方面进行改良之后新推出的文化产业项目产品。如出版社对于旧版书的再版,一方面使其在内容上与时俱进,紧跟时代发展;另一方面使其在外观和包装上更加美化,更能刺激消费者的购买欲望。

④ 仿制新产品项目,是指项目组织仿照市场上已有的产品,通过瞄准借鉴一些项目产品典范,并结合自身情况加以模仿生产的项目新产品。例如,《超级女声》就是借鉴了《美国偶像》的模式,央视的《赢在中国》也是借鉴美国的《学徒》栏目,等等。

(2) 文化产业新产品项目的开发程序。新产品项目开发的难度较大,但新产品的开发又直接关系到项目的成败。为了降低失败的风险,项目新产品的开发应按科学的程序进行,需要经过新产品的构思、筛选、概念的形成与测试、市场营销、营业分析、产品开发、试销和全面上市等八个环节,具体如图 6.2 所示。

(二) 文化产业项目营销的价格策略

在文化产业项目营销组合的各因素中,定价因素是唯一能创造收入的因素,也是最灵活

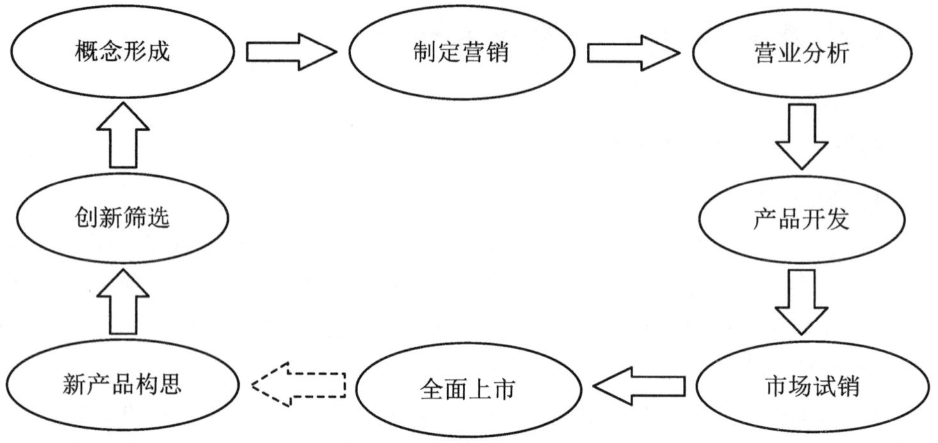

图 6.2　新产品项目开发程序

的因素之一，因此文化产业项目产品价格的制定是项目组织进行项目市场推广与营销时最敏感和最危险的策略。

1. 文化产业项目产品价格

文化产业项目的产品价格，是指消费者认为项目产品所具有并愿意支付的价值。此价值一方面取决于项目产品能够满足消费者文化需求的程度，另一方面取决于其他休闲服务所能提供的替代品价值。

2. 文化产业项目产品定价方法

（1）成本导向定价法。成本导向定价法是指文化产业项目组织以原有产品的成本为基础，再加上一定的利润和税金而形成项目产品价格的定价方法。成本导向定价法简便易行，是项目组织使用最普遍、最基本的产品定价方法。以成本为基础的项目产品定价方法主要包括以下三种方式：

① 完全成本导向定价法，即以项目产品全部成本作为项目产品定价基础的定价方法。

② 边际成本导向定价法，是抛开项目产品固定成本，仅计算项目产品变动成本，并以预期的边际贡献补偿项目产品固定成本以获得收益的项目产品定价方式。

③ 目标成本导向定价法，是指项目组织根据自身条件，在考察市场营销环境，分析并测算有关因素对项目产品成本影响程度的基础上，为实现目标利润而规划的项目产品定价。

（2）需求导向定价法。需求导向定价法是指文化产业项目组织根据市场需求状况和消费者的不同反应，分别确定项目产品价格的一种定价方法。其特点是平均成本相同的项目产品价格会随市场需求的变化而变化。项目产品的需求导向定价法具体又包括以下三种方法：

① 观念价值定价法，也称理解价值定价法，这种方法主要是从项目产品消费者的角度考虑，根据消费者对项目产品价值的理解，即项目产品在顾客心目中的观念价值，来决定项目产品价格的方法。

② 差别定价法，也称为歧视定价、垄断定价法，这种方法是文化产业项目组织根据消费者购买能力以及对项目产品需求状况的差异而制定不同产品价格的方法。

③ 习惯定价法，某些文化产品的价格可能早已为消费者接受或认同，并且已形成了根深蒂固的习惯。文化产业项目组织在对这类项目产品进行定价时，必须参照这种习惯价格，

否则就会引起消费者的拒绝和不满,也会令同行不满以致遭到围攻。

(3) 竞争导向定价法。竞争导向定价法是指文化产业项目组织在制定项目产品价格时,主要以竞争对手的产品价格为基础,与竞争对手的产品价格保持一定的比例。项目产品竞争导向定价法具体又包括以下三种方法:

① 随行就市定价法,指文化产业项目组织按照行业的现行价格水平来确定项目产品价格的方法。无论市场结构是完全竞争还是寡头竞争,这种方法都是同质产品的惯用定价方法。

② 主动竞争定价法,与随行就市定价法相反,项目产品的定价不是追随竞争者的价格,而是以市场为主体,以竞争品价格为参照的一种项目产品定价方法。

③ 竞争模仿定价法,是指不管成本和市场状况如何变化,同类项目产品的价格始终与竞争对手的价格保持同一水平的定价方法。

在文化产业项目定价中,这三种定价方式都有运用。一项在博物馆领域的调查表明,竞争定价是最受欢迎的,在所有的被调查者中大约占到 50%,另外两种方法平均各占 25%。这项调查还显示,在项目定价过程中往往特别倾向于固定地选择其中一种定价方式,把另外两种方式作为参考的因素。

(三) 文化产业项目营销的渠道策略

随着社会分工日益精细,专业化生产水平越来越高,文化产业市场的规模也随之扩大,大部分文化产品已经不可能实现从生产者到消费者的直接交易,而是必须依靠一定的销售路线,经过流通领域才最终将产品转移到消费者手中。因此,建立完善、便捷的项目产品分销渠道,尽快地把产品送到消费者手中,已经成为文化产业项目组织的重要任务。

1. 文化产业项目的市场分销渠道

文化产业项目市场分销渠道,是指项目产品从生产者向消费者转移过程中所经过的通道,以及在这一过程中所需的市场营销机构等。文化市场分销渠道的基本类型可以分为:

(1) 市场分销的直接渠道和间接渠道。文化产业项目产品市场分销的直接渠道是指项目组织不利用中间商,直接把项目产品从生产者转移到消费者手中的渠道形式。间接渠道是指项目组织通过中间商,将产品与服务送达终端消费者的渠道形式。中间环节的多少决定着分销渠道的长短,中间环节越多,越需要以某种方式规划和分派不同层次的分销商。一般会采用契约形式明确规定各自的分销任务、价格和其他因素等条款,并以书面形式加以确认。

(2) 市场分销的长渠道和短渠道。文化产业项目产品分销的渠道长度是指分销渠道中独立成员的层次,即中间商的数目。中间商的数目少称为短渠道,数目多则为长渠道。

(3) 市场分销的传统渠道和新型渠道。根据渠道内部成员之间相互联系的紧密程度划分,文化产业项目产品的分销渠道可以分为传统渠道和新型渠道。传统渠道是一种相互独立、高度分离的分销形式,彼此之间缺乏融合、各行其是,合作关系比较紧张。新型渠道则是一种相互协作、紧密配合的分销形式。渠道成员间实行不同程度的一体化经营或联合经营,专业化管理分销组织网络,为实现规模经济并展开有效竞争。

(4) 产品流通渠道和服务分销渠道。根据项目产品的种类,可以把文化产业项目产品流通渠道划分为文化产品流通渠道和文化服务分销渠道。文化产品流通渠道是指项目产品生产企业除少数采用零售渠道外,大多是雇用多层批发商,包括折扣店、百货商店以及专卖店来进行项目产品销售。

文化服务分销渠道是指绝大多数文化服务项目往往采用在同一地点和同一时间进行直销的渠道，如：各种现场演出、娱乐参与、咨询服务、网络服务、新闻报道和现场直播节目等。

2. 文化产业项目市场分销渠道策略选择

有效的渠道设计，应以确定文化产业项目组织所要达到的市场为起点。文化产业项目组织必须设计好市场分销渠道策略，才能推进营销目标的实现。

(1) 影响文化市场分销渠道设计的因素。渠道设计问题的中心环节，是确定到达目标市场的最佳途径。影响渠道设计的主要因素有：

① 文化消费者的特征。当项目产品消费者人数较多时，文化产业项目组织倾向于利用每一层次都有许多中间商的宽渠道；少而频繁的订货却常使文化产业项目组织依赖批发商为其销货。

② 文化产品的特征。体积较大的产品，需要通过项目产品生产者到最终用户搬运距离最短、搬运次数最少的渠道来分销；非标准化和单位价值高的产品则通常由企业推销员直接销售。

③ 文化媒介的特征。由生产商代表与顾客接触，花在每一顾客身上的成本较低，总成本由若干个顾客分摊，但生产商代表对顾客所付出的努力则不如中间商的推销员。

④ 市场竞争的特征。项目产品生产者的渠道设计会受到竞争者所使用渠道的影响，因为某些行业的项目产品生产者希望在与竞争者相同或相近的地点与竞争者的产品抗衡。

⑤ 文化企业的特征。文化项目组织在项目产品渠道选择中扮演着十分重要的角色，主要体现在总体规模、财务能力、产品组合、渠道经验和营销政策等方面。

⑥ 市场环境的特征。当经济萧条时，文化产业项目组织都希望采用能使顾客以廉价购买的方式将其产品送到市场，这也意味着使用较短的渠道，并免除那些会提高产品最终售价但并不必要的服务。

(2) 文化产业项目产品分销渠道的选择策略。文化产业项目的策划者应当在对分销渠道影响因素分析的基础上，结合项目自身的市场策略和营销目标，制定出合理的渠道策略。常见的分销策略有密集式分销策略、选择式分销策略和专营式分销策略三种形式。

① 密集式分销策略。密集式分销是通过尽可能多的销售点和最宽的分销渠道实现最大限度的文化产业项目产品销售。这种策略通常适用于大量生产、经常消费的文化产业项目产品，如图书、报刊、音像制品、娱乐用品等，这类产品需求量极大，目标市场范围广泛而分散，消费者关心的是如何能够便捷地买到产品，这种情况下，采用密集分销有利于市场覆盖面广、营销机会大，不仅可以极大地方便消费者购买，同时也可使项目产品迅速进入分销领域，广泛地占领市场，从而更快地实现项目产品价值。但采取这种策略也存在一些不足之处，如流通费用高、同类竞争激烈等。

② 选择式分销策略。选择式分销是指文化产业项目组织在一定区域内筛选部分经销商或代理商来经营自己的产品。这种分销策略是项目组织应用最多的方式。采用密集式分销策略的项目产品，由于战线拉得过长，为了提高效率，会逐步减少中间商的数目，最后过渡到采用选择式分销策略。此时项目组织只需集中有限的力量去认真管理少量选择的分销渠道，加强对渠道的管理能力，便可以更好地完成分销业务。

③ 专营式分销策略。专营式分销是指文化产业项目组织在一定地区内选定一家中间商专营自己的产品，亦称独家分销渠道。专营分销适用于市场需求量较小、单位价位较高、

知名品牌的文化产业项目产品的经销。专营分销的优点是，有利于独家经销商或代理商强化责任感和积极性，并且能控制经销商的售价、宣传推广等活动，从而拥有产品和企业形象；缺点是产品市场覆盖面窄，经营风险较大。

文化产业项目组织进行产品分销渠道策划，就是要选择最佳的分销渠道，即采用分销效率高、分销费用少，并能取得较好的经济效益的合理渠道。文化产业项目必须在详细考察自身因素、产品因素和环境因素后，结合自己的营销战略目标，经过全面衡量和综合评估，才能做出决策。

(四) 文化产业项目营销的促销策略

文化产业项目市场宣传和沟通的实质是文化产品和文化服务信息的传播，即文化产业项目组织通过声音、文字或图像等传播工具，向消费者、顾客或社会公众传送的有关项目产品、文化服务和企业形象等信息，以求达到影响消费者、顾客或社会公众态度和行为的目的。

1. 文化企业营销信息的传播

文化企业宣传和沟通的信息，通常被定义为是能够降低营销决策不确定程度的资料、数据和消息。图 6.3 所示为一个简单的文化企业营销信息流动模型。其中有两条信息流在企业和购买者之间流动，一条由购买者流向企业，一条由文化企业流向文化消费者。前者被称为信息反馈，由市场调研执行这一职能；后者被称为信息传递，由文化企业促销执行这一职能。前者目的在于降低决策风险，从而提高文化产品的营销业绩；后者目的在于影响文化消费者甚至社会公众的行为态度向着有利于文化企业的方向转变，从而提高文化企业的营销业绩。由此可见，这两种营销信息的最终目的是一致的。

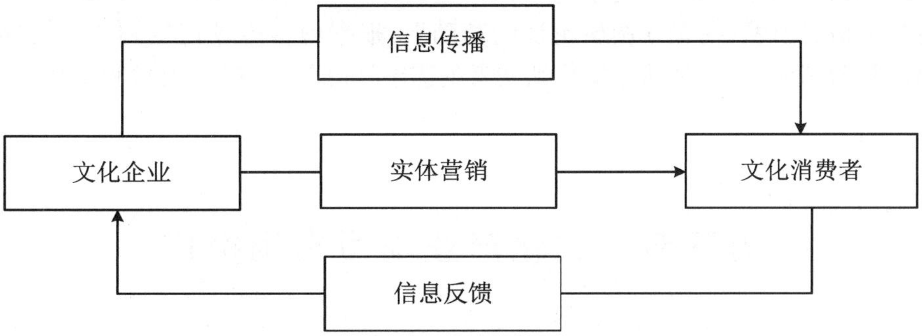

图 6.3　文化企业营销信息流动模型

2. 项目产品的促销及方式

项目产品促销的最终目的在于促进项目产品和项目服务的交易，要达到这一目的，项目组织必须通过运用各种促销手段，引起消费者的关注，使他们对项目产品和服务信息感兴趣，触发其需求动机，进而实现对项目产品和服务的购买；即使消费者暂时不会采取购买行为，项目产品的促销也会起到提高项目产品知名度和美誉度的作用，为项目产品日后的发展奠定良好的基础。文化产业项目促销大体可分为两类：

(1) 人员促销。文化产业项目产品的人员促销方式一般有两种形式：一是项目组织派出推销人员主动与消费者或顾客直接面谈推销业务，即通过面对面的交流，向消费者或顾客介绍文化产业项目，传递相关信息；二是由专设的营销部门和机构的营销人员向消费者或顾客推销产品，传递供求信息，或者利用权威效应以自己的专业知识向消费者传递产品信息等。

(2) 非人员促销。文化产业项目产品的非人员促销一般有三种形式:一是通过广告传播媒体向消费者宣传项目的促销形式,即通过媒介物向市场传递信息;二是为了刺激消费者立即采取购买行为而采用的一种促销方式,如:项目产品展销、赠送等,这是项目组织通过自身所拥有的媒介物向市场传递信息;三是为了使潜在消费者对项目产生好感,扩大项目的知名度,面向广大消费者制造舆论而进行的公开宣传方式。

3. 项目产品促销组合与促销策略

(1) 项目产品促销组合。项目组织针对不同阶段的营销目标和经营环境状况,可以采用不同的促销形式,开展产品销售。不管是人员推销、广告,还是营业推广、公共关系,每种方法都有其不可替代的特点,在促销活动中也各有千秋。因此,要想发挥每种促销方式的作用,特别是综合运用多种促销手段开展促销活动,项目组织就必须把所有的促销方式组合起来,产生综合效果。

文化产业项目促销组合就是项目组织根据促销的需要,对广告、人员推销、营业推广等各种促销方式进行适当的选择和综合运用的过程。促销组合建立在不同的促销方式之上,因此对各种促销方式的清晰认识和精确把握,是进行促销组合的先决条件。

(2) 项目产品促销策略。促销策略是文化产业项目组织市场营销组合的基本策略之一。促销策略是指项目组织通过人员推销、广告、公共关系和营业推广等各种促销方式,向消费者或用户传递产品信息,引起他们的注意和兴趣,激发他们的购买欲望和购买行为,以达到扩大销售的目的。

总之,文化产业项目组织要确立现代营销理念,要善于在竞争的市场环境中确定项目产品营销战略,敢于参加文化市场竞争,从自身的技术水平、项目产品生产状况、经营能力、员工素质等具体情况出发,在充分调研论证的基础上,根据项目市场定位和项目目标,制定具体的项目产品营销策略,从而满足文化消费者的需求,促成文化产业项目和文化产品的价值实现。

第三节 文化产业项目市场推广

一、文化产业项目市场推广的目的和作用

(一) 文化产业项目市场推广的定义

文化产业项目市场推广是指将文化产业项目本身作为一种特殊商品,或是将项目产生的文化产品进行设计、生产、包装和传播等一系列市场化和产业化运作的过程。其中,文化产业项目或是项目产生的"文化产品"是和创造性活动联系在一起的、可触摸的商品或无形的服务和理念,这些创造性的活动包括演出、展览、音像、数字图书出版、动漫设计、电视节目制作等。

文化产业项目的市场推广或营销过程是文化企业站在卖方的立场上,根据市场环境的

变化，将潜在交换转变为现实交换，满足消费者的需要，从而有效实现项目目标所进行的与市场有关的一系列营销管理活动和业务活动的过程。在实物上表现的是文化产品的传递以满足消费者需要的过程，而在内层方面则是一种文化价值的传递和达到满意的过程。文化产业项目市场推广与营销的最终目的就在于有效促进项目目标的达成、成功销售项目产品并创建项目和产品品牌。

以图书出版项目为例，西方发达国家在20世纪初就已经开始广泛采用了针对市场的图书封面设计、特殊标识、书评、广告、畅销书排行榜等多种形式对图书进行市场宣传与推广。我国的图书出版市场推广与营销则是在20世纪80年代开始的，当时各出版单位“自办发行”的高潮推动了图书销售模式的改变。近年来，图书出版业竞争日趋激烈，图书产品选题开发重复、库存居高不下、退货率节节攀升，图书产品的买方市场凸显，各个出版单位对图书市场营销开始高度重视并积极采取行动。市场营销作为图书出版从选题、编辑、印刷到发行过程中的重要环节得以彰显，出版界纷纷提出重视并强化出版过程的选题和营销环节、精简中间环节设置，甚至提出了“营销龙头”之说。

（二）文化产业项目市场推广的目的

（1）传递信息。文化产业项目市场推介、新闻发布等推广活动的首要目的在于使消费市场了解文化产业项目的存在，并通过提供项目或项目产品必要的细节，如时间、地点、形式、项目参与主体、项目产品购买方式和付款方式等，进一步树立和增加文化项目品牌的知名度，塑造和提高文化企业的正面形象。

（2）尝试说服。文化产业项目市场推广与营销活动通过对项目的目标、宗旨、项目品质、项目产品的独特性的认同，以及项目或项目产品丰富的个性、容易实现的产品消费、购买和付款方式等方面的舆论宣传，目的也在于引导消费者的兴趣点，提升市场对项目产品的预期，提前点燃消费者购买项目产品的欲望。

（3）实现教育。基于文化产业项目和项目产品的复杂性，文化产业项目市场推广与营销活动的目的也在于进行消费市场预热，并给予顾客必要的欣赏和评价项目产品具体特征的基本知识、手段和标准的指导和培训，从而使消费者能够更好地了解文化产业项目和项目产品，提前做好选择消费的准备。

（三）文化产业项目市场推广的作用

（1）强化文化产业项目的市场属性。文化产业项目市场推广与营销活动的研究对象，不是一般的任务型销售或者补贴型销售，其重要的前提就是要面向文化市场。文化产业项目的选题来源于市场、制作依托于市场、销售更要面向市场，项目市场推介与营销活动强化了文化产业项目的市场属性。

（2）提升文化产业项目的市场沟通功能。作为面向市场的文化产业项目，市场推广与营销活动是文化产业项目管理不可缺少的一个组成部分，它所承载的功能包括：提升组织形象，提升项目或项目产品品牌知名度，增进组织与市场其他各方的沟通，收集文化消费市场的反馈意见等。

（3）提高文化产业项目的质量监督力。文化产业项目和项目产品从启动、开发到制作、实施等管理过程都需要贴近市场、依托市场、面向市场，密切关注消费者的需求，要细分市场、综合考虑市场的接受情况。文化产业项目通过前期对文化市场进行的认真调查研究，制订了有效的项目管理计划；而文化产业项目的市场推广与营销活动又通过市场承诺和预期提高了对文化产业项目质量的监督力，有助于制作出受市场欢迎的项目产品。

(4) 成为文化产业项目成败的检验手段。文化产业项目和项目产品前期的立项、决策、策划、制作、设计、包装等内容是否成功，可以通过项目市场推广与营销的过程和效果来进行初步市场检验。较成功的项目市场推介与营销成果，能在一定程度上反映出消费市场对该项目是接受和欢迎的。具体可以通过文化产业项目市场推介与营销前后媒体覆盖率的变化比较、项目品牌知名度的比较、目标对象对项目态度变化的比较等来评估项目前期工作的成败以及项目市场营销对文化消费市场所产生的影响。

二、文化产业项目市场推广的基本形式

文化产业项目市场推广的最终目的在于促进项目产品和项目服务的交易，要达到这一目的，项目组织必须通过运用各种推广手段，引起消费者的关注，使他们对项目产品和服务信息感兴趣，触发其需求动机，进而实现对项目产品和服务的购买。即使消费者暂时不会采取购买行为，项目产品的推广也会起到提高项目产品知名度和美誉度的作用，为项目产品日后的发展奠定良好的基础。文化产业项目推广的形式主要有：

(一) 广告

广告是项目组织以付费的方式，将有关文化产业项目产品和服务信息，通过一定的媒体向顾客进行宣传的一种促销方式。广告已成为现代文化产业传播信息的最得力的工具。项目产品的促销，更是离不开它的帮助。在大型的文艺演出、新拍的影片上映之前，人人都可以体会到广告的威力。

广告投放的媒介众多，可以根据不同载体特点进行针对性的投放或选择广告媒体组合，具体如表6.2所示。

表6.2 各广告媒介对比表

媒介	优点	缺点	适用对象
报纸	时间提前量短，市场集中，灵活，高频率，有一定的传阅率，有内容左右相伴	色彩有限、创造性有限	适合地域性的宣传
电视	影响面适中，单位观众的成本低，有一定的说服力，创造性丰富，灵活，高频率，有节目前后伴随	总成本较高，一般性受众较多，受欢迎的节目需要时间提前量，广告信息占有时间较短，不具备保存性	适合地域性和全国性的投放广告
直接邮寄	传播的精确性较高，灵活，来自其他内容的干扰性小	被遗弃的概率较高，可信度较低	适合全国以及多个国家的市场范围
杂志	有色彩，制作精良，有较大的创造空间，有丰富的读者，信息持久，传阅率较高，灵活，有内容左右相伴	时间提前量较长，频率低，有干扰，受众可能过于分散	适合地方、全国以及多个国家的市场范围

续表

媒介	优点	缺点	适用对象
电台广播	低成本,可选择的市场广阔,高频率,消息及时,有内容前后相伴	缺乏视觉影响,商业干扰大,换台率较高,受众注意力不集中	适合于都市和乡村,地域性较强
户外广告	尺寸大,色彩丰富,创造空间较大,重复率高,干扰少,消息持久	受众精力不集中,一般性受众较多,不灵活,内容有限,需要时间提前量	覆盖整个市区或者有选择地覆盖,适合地方性宣传
移动广告	市场集中,消息持久,重复率高,色彩丰富,创造余地大	广告干扰多,受众注意力不集中,可传播的空间受限	适合以都市为覆盖区域的文化企业
电话簿	成本低,消息持久,分类排列,便于寻找	广告干扰多,创造性有限,时间提前量非常大,目标市场不是很精确	适合以都市为覆盖区域的文化企业
传单	成本低,市场覆盖的可选择性强,浪费较少,灵活、集中	形象差,拒绝率较高	适合于文化企业所在地的宣传
互联网	低成本,潜在受众量大,地域覆盖广泛,信息传递量大,可以互动	广告干扰多,关注度较低	适合地方、全国以及多个国家的目标市场覆盖

(二) 人员推销

人员推销是指文化产业项目组织派出销售人员通过与对方面对面交谈,以及电话、信函、传真等方式,将项目产品或服务的信息传递给消费者,运用一定的推销手段和技巧,使消费者认识项目产品或服务的性能、特征,并引起注意,激发消费者购买的欲望、激励消费者购买行为,以实现项目组织推销商品,促进和扩大销售的目的。这是一种比较古老的推销方法。采用这种推销方式来拓展产品的出路,早已司空见惯。直到今天,这种推销方式也未过时,仍在推销活动中占有一席之地。

这种方式人情味浓、灵活机动、介绍详尽、便于反馈顾客意见,但是投入人员多、成本大、影响面较小。人员推销的这一特点决定了推销员在项目推销中的地位和作用,而推销人员的素质则决定了人员推销活动的成败。因此,推销人员必须具备较全面的素质和技能(表6.3)。

表 6.3　销售员的个人要求

销售员的责任	有关个人特性
挖掘潜在顾客的需要	主动、机智、多谋、富有想象力和分析能力
宣传产品	知识丰富、热诚、富有语言天分、有个性
说服顾客	具说服力、具持久力、机智多谋
答辩	有自信心、知识丰富、机智、有远见
成交	具有持久性、有冲劲、有自信心

续表

销售员的责任	有关个人特性
常访问报告、计划和访问编排	有条不紊、诚实、留意小节
以服务建立企业信誉	友善、有礼貌、乐于助人

推销员推销产品的形式五花八门，作用也大小不一，其中上门推销是最常见的人员推销形式。它由推销人员携带项目书或产品的样品、说明书和订单等走访顾客、推销项目或产品。这种形式可以针对顾客的需要提供有效的服务，方便顾客，故为广大顾客所广泛认可和接受，是一种积极主动的、传统的推销形式。

（三）会展推广

利用专业的展览和会议进行推广，或利用综合性展会推广。一是利用展览向参展人员推广项目，有的项目处于策划阶段，可以通过展会推广吸引投资者，有的项目产品已生产出样品，通过展览吸引销售商，以便打通销售渠道，同时为项目产品做宣传。二是利用各种会议向与会人员宣传和介绍文化产业项目产品，开展推广活动。例如，在项目推介会、订货会、交易会、物资交流会等会议上推销产品。深圳文博会中就设有“动漫项目推介会”。这种会展推广的形式接触面广，且为专业人士，推销集中，可以同时向多个目标对象推销产品，双方可以进行深入的交流沟通，推销成功性大、成交额较大，推销效果较好。

（四）营业推广

营业推广也称为销售促进，是文化产业项目组织为了鼓励购买和销售某一文化产品与服务而采取的短期刺激的推销方法。例如，为了吸引广大读者，有些出版公司对读者实行赠送样品、寄赠代价券、价格折扣、特价包装、附加赠品等促销活动。营业推广是人员推销和广告的补充和延伸。一般多以临时性措施为主，采取刺激性强、吸引力大的方式，常见的形式主要包括：

(1) 附送赠品。即以免费赠送某小商品作为对特定时间的文化消费者选择特定文化产业项目产品的刺激。我国报业市场每年过了 9 月份，就开始进入征订大战时期，为了吸引读者订阅，订报送食用油、牛奶、纯净水、电饭煲等活动时有发生。

(2) 优惠券。文化消费者持有该优惠券可以在购买指定项目产品时享有一定的折扣。优惠券可以是对购买本文化产品的优惠，也可以针对项目产品优惠活动合作者的商品。

(3) 免费文化产业项目产品使用。在推出新产品的时候，向目标市场赠送免费样品，可以吸引目标消费者率先使用。另外的一种形式是项目产品赠送一些新产品或免费产品。

(4) 惠顾回报。文化消费者获取项目产品的时候，能够得到现金或其他形式的回报，回报价值的大小以使用周期和频率为基础。目的是鼓励文化消费者连续使用项目产品，培育消费者忠诚度。

(5) 兑奖、竞赛、抽奖。通常是提供现金、旅行或商品的机会，作为消费某种项目产品的奖励。

（五）公共关系促销

公共关系促销指文化产业项目组织为了树立良好形象，沟通与其有关的社会各界和内部各个群体的联系，而运用的一种推销方式。公共关系对文化产品的营销起的作用不是直接的，但其影响却是深远的。好的企业形象蕴涵的价值远非金钱能够衡量。可能每一个歌星都希望由宝丽金或百代这样的唱片公司为自己出一张专辑。同样是买一本关于西方文化研究的学术著作，在书籍价格相差不大的情况下，一般读者宁愿买商务印书馆或三联书店的而不愿问津其他版本，这里面就蕴藏着商务印书馆或三联书店多年来建立的品牌形象，这是别的出版社不易取代的。

公共关系是推销的一种间接方式。它通过对企业有关的个人和组织的亲密关系的培养而建立良好的企业形象和声誉，获得公众的信任和赞许，从而间接地促进产品销售。

（六）中介机构促销

中介机构促销指的是文化传媒企业、文化艺术产业公司等中介机构，利用其专业特长承接各类文化产业项目活动的形象代言、项目推广、产品推介、大型活动策划与执行、各类广告代理，以及提供系列商务咨询服务、营销策略、企业形象策划（VIS设计）、多媒体交互设计（UI设计）、企业终端形象识别系统设计（SI设计）等营销业务。

上述各种推广形式有其自身的特点，将其对比总结如表6.4所示。

表6.4　各推广形式对比表

推广形式	特点	简评
广告	告知、公众性、渗透性、表现性	广告对树立企业的长期形象有利
人员推销	直接、沟通	人员推销是双向沟通，推销过程实际上是沟通人际关系的过程
会展推广	专业、集中、沟通	对象为目标客户，集中，能进行深入交流，促进成功
营业推广	吸引、刺激、短期	与日常营业活动紧密结合，在促销活动中最具创造力
公共关系促销	可信度高、传达力强、戏剧性	公共关系是一种软广告，往往能起到事半功倍的效果
中介机构促销	专业性强、服务面广	能够提供更加专业和全面的服务

三、文化产业项目推广策略

把文化产业项目作为一个整体进行推广，在目标明确的前提下，首先要厘清推广的思路，然后选择合适的推广策略，再制订推广计划。如果推广计划周期较长，一般要分阶段进行。收集相关案例，根据网络公开资料，下面以“西安曲江大唐不夜城项目的整合推广”为例来阐述文化项目的推广策略。

西安曲江大唐不夜城项目位于西安曲江新区的大雁塔脚下，是陕西省、西安市重点建设项目。该项目以盛唐文化为背景，以唐风元素为主线，建有大雁塔北广场、玄奘广场、贞观广场、领创新时代广场四大广场，西安音乐厅、陕西大剧院、西安美术馆、曲江太平洋电影城等四大文化场馆，大唐佛文化、大唐群英谱、贞观之治、武后行从、开元盛世等五大文化雕塑，以体验消费为特征，着力打造集购物、餐饮、娱乐、休闲、旅游、商务为一体的一站式消费天堂——中国第一文化购物商场。该项目在 2008 年 12 初开始布局招商，为了更好地招商引资以及吸引终端消费者，制定一系列项目市场推广策略，从而达到树立项目形象，占领消费者心智，并有效提升招商率和销售率的目标。

(一) 推广思路

文化产业项目的市场推广要以市场调研为基础，以整体文化项目宣传为核心，以营销渠道建设为途径，全面提高文化产业项目宣传推广的针对性、专业性和有效性。

(1) 要认真分析、调研文化项目宣传的受众群体，细分目标客源地，了解客户的需求，开展有策略、有重点的媒体宣传。

(2) 要了解文化项目或文化产品的优点和优势，再去比较竞争对手的产品，做到知己知彼。对推广的文化产业项目要进行专业的品牌规划、准确的品牌定位，要策划鲜明的品牌形象、震撼的品牌口号，从而实现有效的品牌传播。

(3) 创新宣传思路与手段，充分利用新兴媒体的优势，扩大文化产业项目的认知范围和影响范围。

在对西安曲江大唐不夜城项目自身的卖点提炼上，针对不同的推广对象也提炼了不同的卖点。如针对国际品牌运营商提炼的卖点为：凝聚盛唐文化的低密度仿唐建筑，项目地处曲江开发区核心板块，西北五省百万高端消费人群聚集地，政府规划的未来西安市最具国际气质的商圈，曲江区政府重点支持项目。而针对终端消费者的卖点提炼为：无形的唐文化元素在“曲江大唐不夜城”有形的表现和展示，让消费者触摸盛唐文化，体验现代商业与盛唐文化完美结合的文化气质；复合的商业业态、一站式消费模式、“鲜活”的盛唐文化，使消费者感受商业与文化双重体验；汇集全球商业品牌运营商；集合全球知名的国际品牌；全球首席的大型盛唐文化体验消费之都。

在对市场分析和自身卖点提炼的基础上，西安曲江大唐不夜城项目的推广思路是将大唐文化的包容与广博特性与现代商业的高度复合特性，进行完美结合，实现复兴盛唐文化，创造曲江商业繁荣的战略构想。

(二) 项目推广策略的制定

推广策略的制定是推广策划的核心，制定推广策略不能盲目为之，而是要遵循一定的规律和原则，运用一定的手段。具体说来，包括：

(1) 确定推广对象，对症下药。推广不能漫无目标，否则既耗时耗力又达不到预期效果。文化产业项目的推广必须确定好项目的目标消费者，根据目标消费者的需求，制定推广策略。例如，西安曲江大唐不夜城的推广对象就是国际品牌运营商和终端目标消费者，根据两者的特性和需求，制订一系列针对性的分阶段推广计划和推广主题。

(2) 确定项目推广方式，多管齐下。文化项目的推广，需要结合项目的特性，选择合适的推广方式，既可以是网络、广播、电视，也可以是报纸、杂志、户外广告等。西安曲江大唐不夜城的推广在不同推广时期就选用了不同媒介的组合，在形象推广期，采用本省主流报纸、电视、电台等媒体＋本市户外广告＋全国发行量最大的专业财经媒体，对项目推广信息进行深度传播；在招商推广期，采用本省主流报纸、电视、电台等媒体＋国内专业、经济类媒体，从而达到深化印象的目的；在招商推进期，采用本省主流报纸＋电视媒体＋电台媒体等，全面强化品牌、招商推进及入住信息的全面告知。

(3) 确定项目推广时间，抓住有利节点。对于项目而言，时间就是生命。西安曲江大唐不夜城的一些推广活动选择在国庆期间展开，能够吸引市民积极参与其中。

综上，西安曲江大唐不夜城的总体推广策略为通过全球招商推广传播，引进国际运营商和国际著名品牌的加盟，以传播其品牌带动优势，与消费者发生互动。使项目成为陕西省周边省市及西安市民关注的焦点，最终实现商业和消费的双重繁荣。

(三) 推广计划的制订

推广计划的制订，是以项目的推广策略为依据的，实际上是推广策略的具体化。具体内容包括推广目标、推广主题、推广内容、推广形式、推广媒体等。西安曲江大唐不夜城的推广计划具体包含：

1. 推广目标:分阶段实现

(1) 推广曲江及大唐不夜城的社会效应:形象推广期实现。在形象推广期阶段达到对曲江地理、文化、政策、商业等价值的传播；对“大唐不夜城”项目全面业态设置概念的认知；对“大唐不夜城”A 地块业态组合的认知。

(2) 推广大唐不夜城的招商优势及招商进程:招商推广期实现。在招商推广期要实现的目标有该项目具有消费潜力巨大的商业基础环境(消费者人气诉求)；具有国际化人才的储备与空间(经营者发展诉求)；具有科学的商业业态设置(商业业态规划诉求)；具有和谐稳定的投资环境(曲江政府支持诉求)。

(3) 推广周边消费业态及区位核心优势:招商推进期。在招商推进期推广项目周边消费群的“全景展览”，细腻描绘消费者类型；项目处于曲江核心区，体现大唐不夜城的地域唯一性。

2. 推广主题:分阶段不同

(1) 形象推广期主题系列。围绕“气势磅礴——荣耀”这一核心进行三波形象推广。第一波主题是“曲江·大唐不夜城”，目的是固化“不夜城”已经拥有的知名度；第二波主题是“曲江荣光路　繁华不夜城”，目的是借势曲江成功大背景，传播“不夜城”未来形象；第三波主题是“曲江·大唐不夜城——世界首席文化体验消费之都”，目的是通过系列传播，引入主题，提升项目的影响力，告知消费者项目定位。

(2) 招商推广期主题系列。围绕“时尚激情——动势”这一核心进行四波形象推广。第一波主题是“环球商业，辉耀曲江”，目的是引发全球商业的目光，在曲江板块上彼此辉煌、彼此荣耀；第二波主题是“沸腾不夜城”，目的是让所有消费者的关注、互动、期待和消费欲望都瞬间沸腾；第三波主题是“世界为我所动”，目的是让全球运营商与“不夜城”互动，全球消费者向往“不夜城”，中国消费者体验不夜城；第四波主题是“曲江·大唐不夜城——世界首席唐文化体验消费之都”。

(3) 招商推进期主题系列。围绕“专注细节——沉醉、时尚、体验”核心形容词，进行四波形象推广。第一波主题是“沉醉与曲江的繁华，往返于盛唐和现代”，目的是用盛唐文化打动消费心理，推出以唐文化和地域文化为主的区域；第二波主题是“时尚之地——曲江大唐不夜城”，目的是用传统即时尚，表现不夜城不一样的时尚定位，推出主力店域；第三波主题是“体验之地——曲江大唐不夜城”，目的是所有的娱乐、购物、文化等都是一种体验，推出文化娱乐区域；第四波主题是“曲江·大唐不夜城——世界首席唐文化体验消费之都”。

3. 媒介及公关传播策略

(1) 媒介传播目标。媒介针对不同的消费群体，其目标也不同。针对陕西省消费者，力求达到人尽皆知；针对全球品牌运营商深入传播西安曲江大唐不夜城的商业运营价值；针对全球消费者，使其接受西安曲江大唐不夜城的经营特色及服务功能；提升曲江大唐不夜城的项目品牌形象。

(2) 媒介传播策略。在不同时期，采取不同的媒介推广策略。形象推广期媒介策略是，本省主流报纸、电视、电台等媒体＋本市户外广告＋全国发行量最大的专业财经媒体，采用发行量大、普阅率高、受众目标明确的大众类媒体，对项目推广信息进行深度传播；对信息进行传递辐射，强势诉求不夜城的形象定位。

招商推广期媒介策略是，本省主流报纸、电视、电台等媒体＋国内专业、经济类媒体，采用渗透性媒体策略，以事件营销和公关营销为主，强调与国际品牌运营商和终端消费者的互动以及形成口碑传播链条，同时强化媒体的针对性，适当增加媒体投放量和版面，使之达到深化印象的目的。

招商推进期媒介策略是，本省主流报纸＋电视媒体＋电台媒体等，这一阶段全面强化品牌、招商推进及入住信息的全面告知。

(3) 媒介选择及优化分析。

① 媒体选择。基于项目的媒体传播目标及项目受众的购物、生活、工作等习惯，有针对性地选择媒体组合，以达到有效媒体接触率，从而全面促进项目的招商运营。比如，在“大唐不夜城项目”中的媒体选择为：

平面广告报纸媒体以《华商报》为主，《三联生活周刊》《中国航空》《周末画报》《中国经营报》《21世纪经济报道》《西安晚报》《三秦都市报》《陕西日报》为辅。

电视、视频类媒体以陕西电视台为主，北京、上海、西安三地的楼宇视频，以及西安电视台、中央电视台、凤凰卫视等为辅。

户外广告地段主要集中在项目所在地周边范围(以曲江区及项目周边为中心，二环线为圆环，长安路为中轴，机场和钟楼商圈，小寨商圈，北经开区，高新区等沿线为辐射点)。

② 媒体分析论述。

一是针对全国传播的电视：中央电视台经济频道和凤凰卫视中文台。这两个频道为全国性覆盖媒体，中央电视台经济频道以经济类新闻和互动专题类节目为主，凤凰卫视中文台以政治经济类新闻和互动节目为主，与大唐不夜城目标受众人群收视习惯相吻合。

根据央视索福瑞数据显示，CCTV-2覆盖率和入户率仅次于央视一套，是中国第二大卫视频道，曾被电视观众评价为最有活力的电视频道之一，最具品牌特征的电视专业频道之一；以及从覆盖的广度和受众人群结构上分析，中央电视台经济频道均符合大唐不夜城传播需求。

凤凰卫视透过亚卫三号S卫星，24小时以普通话向中国、日本、东南亚地区、澳洲、新西兰、中东地区播出；凤凰卫视中文台节目包括中外电视的代表作，并集新闻资讯、体育、音乐、电视剧于一身，且凤凰卫视中文台的节目取向，主要代表亚洲华人地区内各种社会文化动态及观众的生活方式，与大唐不夜城目标受众人群节目取向相吻合。

二是针对全国的报纸媒体。《中国经营报》《21世纪经济报道》《周末画报》。以上三类为经济文化类媒体，从媒体性质看，与大唐不夜城相吻合。

《中国经营报》的发行网络以京、沪、穗及沿海发达城市为中心，形成向内的梯次传播。

《中国经营报》和《21 世纪经济报道》作为影响力位列全国经济类报纸媒体前两位。从受众结构、受众占有状况和区域影响来看,《中国经营报》和《21 世纪经济报道》也位列前两位,大唐不夜城在面向全国的推广时,选择这两家专业类经济报纸媒体,能够实现对全国受众人群进行重点覆盖。

《周末画报》创刊于 1980 年,最高发行量高达 150 万份,一报四册:新闻版、财富版、生活版、城市版,是一本包罗时尚、新闻和生活类的杂志式报纸。该报受众性别比例中男性占到 55.1%,女性占比 44.9%;受众年龄结构中,30 岁以上人群占 46.2%;受众受教育程度中,大学本科以上学历者占 74.4%;从职位状况看,公司高层、中层管理人员占 40.1%,这些都和大唐不夜城受众人群媒介接触习惯相吻合。

三是针对全国传播的杂志:《三联生活周刊》《中国航空》。《三联生活周刊》定位是做新时代发展进程中的忠实记录者,通过新闻调查与文化分析相结合的方式,关注工业时代与信息时代交汇中的当代热点问题,内容与不夜城的目标受众媒体接触习惯有良好的契合度。不夜城的目标受众在出差时的出行方式基本为航空,故选择全国性航空杂志——《中国航空》进行投放,以锁定目标受众,产生有针对性的影响。

《三联生活周刊》发行总量超过 450000 册,发行区域为全国,发行渠道主要是邮局、全国各省市设立办事处及发行经销零售分布在各书报亭、机场、地铁、写字楼、酒店等消费者容易接触到的位置,以及在中国东方航空公司、国泰航空公司、美国西北航空公司、美联航和国航公务机的飞机上也有发行。《三联生活周刊》的目标消费人群是以知识阶层的白领,各大企业的中高层管理者以及众多的政府公职人员为主,他们具有较宽的视野,敏感于社会变革,关注时代发展潮流中的重要思潮,对社会、经济、文化等各方面发生的问题有敏锐的感受能力。知识文化结构高、收入高、事业处于上升期,非常注重自己的生活品质和生活质量,具有很强的物质消费能力和强烈的精神消费欲望。总之,《三联生活周刊》的消费人群与大唐不夜城目标受众的媒介接触习惯和文化需求有良好的契合度。

四是针对陕西省的报纸:《华商报》《西安晚报》《三秦都市报》《陕西日报》。《华商报》日发行量 60 万份,70%在西安,30%在宝鸡、咸阳、渭南、延安和榆林,覆盖人群广泛,是陕西地区影响力最大的报纸媒体;《西安晚报》日发行量 40 万份,其中城市中心六区占 51%,高新区、经开区、曲江新区占 32%,是西安地区影响力第二的报纸媒体;《陕西日报》是西北地区创刊最早、订阅发行量最大,首家向国外发行的省级日报,是陕西地区最权威的官方舆论喉舌,对陕西政界、商界均有高度的影响力。故本地报纸媒体以《华商报》为主,兼顾《陕西日报》《西安晚报》和《三秦都市报》。

五是针对陕西省的电台:西安音乐台(FM93.1)、西安交通台(FM104.3)、陕西音乐台(FM98.8)、陕西交通台(FM91.6)。此四个频道是在陕西乃至西安地区广播市场中排名前列的媒体,收听率分别为西安音乐台 2.5%,西安交通台 0.75%,陕西音乐台 1.2%,陕西交通台 0.75%;音乐台以音乐为主体内容,穿插经济、时尚生活类节目,符合受众人群媒体接触习惯;不夜城目标受众基本上代步工具为私家车,故交通台也是他们主要收听的频道。故以陕西交通台和西安音乐台为主,其他两个频道补充,配合其他媒体进行传播。

六是上海、北京、西安楼宇液晶电视。通过对上海和北京的楼宇液晶电视的受众群体分析,其年龄层主要集中在 25～45 岁的人群中,其中 90%的月收入在 3000 元以上,53%的月收入在 5000 元以上,同时公司高层决策人员在上班过程中受到一定程度的影响,故实效媒体选择重点城市的楼宇液晶电视,配合其他媒体进行针对性广告传播。

（4）公关活动计划。为了实现推广目标，特别是面向大众群体的推广，可以举办一些公关活动。

① 针对形象推广期的公关活动。形象推广面向的是公众，为了提高广大市民的关注，可以举办大型的公关活动，设置一定的讨论主题，通过专家研讨会、电视辩论会、平面媒体讨论会、电视媒体热线大讨论等活动，配合开盘仪式、各个城市新闻发布会、文化广场奠基仪式等活动。市民大讨论的活动一般持续时间要长一些，为15～30天。在“大唐不夜城项目”推广中就举办了“西安未来商圈市民共商讨”大型媒体活动，设置了4个活动话题：西安需要什么样的新商圈？西安商业和其他城市的差距在哪里？西安有没有国际化的商业中心？西安市民需要国际化的商业中心吗？2个活动：“大唐不夜城大家评”“曲江大唐不夜城”全景展示。

② 针对国际品牌运营商的公关活动。有些大型文化项目需要品牌运营商的加入，为了吸引他们，可以开展一些公关活动，其目的是推广项目的运营价值，加强主力店招商并扩大招商推广期招商成果。参与人群为政府领导、全球商业运营商、国内外知名媒体等。活动形式有邀请相关重要领导、国际品牌运营商及行业专家，通过媒体传播项目各种业态的先进性和独创性，最终满足运营商的追捧和消费者的期待。比如“大唐不夜城项目”推广就举办了“西安曲江大唐不夜城新财富高峰论坛（暨不夜城运营价值报告会）”，全球知名“不夜城”考察暨国际品牌运营商高端互访活动。

③ 针对终端消费者的公关活动。文化项目产品或服务最终要通过消费终端的消费才能实现投资的收益，公关活动更需要针对消费者开展。可以利用节假日举办相关活动对项目做市场的铺垫，活动内容的选择当然与项目主题相一致。“大唐不夜城项目”针对终端消费者在国庆节期间举办了“首届大唐不夜城国际艺术节”，邀请国内外知名乐团及音乐人，并联合西安本土知名演出团体及音乐学院，在“贞观文化广场”举行盛大演出，并通过媒体传播引发市民参与，同时举办了“2008年曲江时尚之春——时尚体验发布会”。

本章小结

文化产业项目市场定位实际上是在已有基础上的深层次的市场细分和目标市场的选择，即从产品特征出发对目标市场进行进一步的细分，进而在按消费者需求确定的目标市场内再选择确定企业产品的目标市场。文化产业项目营销管理是文化企业为了实现文化企业或文化组织的目标，建立和保持与目标市场之间的互利的交换关系，而对策划项目的分析、规划、实施和控制。

文化产业项目市场推广与营销管理是文化产业项目管理活动的重要组成部分，通过引入现代市场营销理念，进行有效的项目策划和创意，包装、广告和推介文化产业项目，不仅可以更好地满足文化市场的消费需求，促成文化产业项目和文化产品的价值实现，而且可以不断提高文化企业的实力、竞争力和影响力。

◆ 思考题

1. 什么是文化产业项目的市场定位？
2. 文化产业项目营销管理的流程是什么？结合具体案例进行分析。
3. 当前文化产业项目产品定价的方法有哪些？
4. 结合具体案例，分析文化产业项目市场推广的策略。

案例分析

中国 2010 年上海世博会沟通推介计划

一、上海世博会的目标

中国 2010 年上海世博会将实现世博会史上前所未有的宏伟目标：邀请 200 个国家和国际组织参展，吸引海内外 7000 万人次参观者前来参观，招募 25 家左右全球合作伙伴和赞助商。

二、目标受众

（一）目标受众分析

1. 参观者

根据 2004 年由 AC 尼尔森在全球 9 个国家、地区进行的 2010 年上海世博会海外参观者意向调查，调查结果显示：

海外	知名：总体为 17%，其中在德国、法国的知名度稍高，分别为 33%和 25%
	30%的海外受访者有意向参观上海世博会

国家统计局 2006 年 12 月至 2007 年 2 月在全国 46 个城市进行的中国 2010 年上海世博会国内参观者意向调查显示：

国内	知名度：上海为 99.7%，苏浙地区为 71.6%，其他地区为 66%～69%
	44.2%的国内受访者对参观上海世博会有兴趣

2. 参展者

上海世博会国际招展工作自 2006 年 3 月启动，截至 2007 年上半年，已有 154 个国家和国际组织确认参加上海世博会。

在上海世博会的知名度方面，国内参展商相对高于海外参展者；对世博会理念和具体内涵的认知度上，海外参展者相对高于国内参展者。

3. 企业

2006 年 3 月 14 日，上海世博会市场招商工作全面启动，计划于 2008 年中完成。截至 2007 年 5 月，已有 6 个全球合作伙伴签约，数个行业正在征集与谈判中。

在上海世博会的知名度和赞助意愿方面，国内企业相对高于海外企业；对世博会理念和内涵的认知度上，海外高于国内企业。

4. 媒体

上海世博会在国内媒体的知晓度高于海外媒体；在媒体覆盖率方面，国内和海外都相对不足。

（二）针对不同目标受众的工作目标

1. 针对参观者

提高国内民众对世博会的认知度，强化上海世博会针对海外参观者的推介；提升国内和海外参观者对上海世博会的兴趣和参与度；根据国内和海外受众逐步上升的需求，分别制订相应的沟通推介计划。

2. 针对参展者

吸引更多国家和国际组织参展，提升对参展者的配合与协作；鼓励富有教育意义、高质量的参展内容；鉴于国内和海外参展者的不同背景，沟通推介的方法将有所区别。

3. 针对企业

吸引更多的国内和全球性企业参展；为合作伙伴和赞助企业提供支持性的服务；鉴于国内和海外赞助商不同的市场和推广活动，应制订不同的沟通推介计划。

4．针对媒体

提高国内和海外的媒体覆盖率；策划密集的国际媒体活动；建立一个清晰的媒体沟通平台。

三、策略

根据办博工作的推进节点、不同目标受众的现状与需求，沟通推介工作的策略划分为阶段化策略、主题化策略。鉴于传播渠道多样性，相应制定多渠道的整合传播策略。

（一）阶段化策略

根据目标受众的需求和办博工作的阶段性推进，确定从当前起到2010年每一阶段的工作目标，即

阶段	第一阶段	第二阶段	第三阶段	第四阶段	第五阶段
目标	提高认知	激发兴趣	鼓励参与	传播盛况	延续效应

针对不同目标受众，各阶段沟通推介工作的重点将有所不同：

阶段 目标	第一阶段	第二阶段	第三阶段	第四阶段	第五阶段
	提高认知	激发兴趣	鼓励参与	传播盛况	延续效应
针对参观者	传递信息	普及教育	召唤吸引	传播盛况	描绘未来
针对参展者	传递信息	招募	组织工作	运作	评估展望
针对企业	传递信息	招募	会前服务	会期服务	评估展望
针对媒体	沟通信息	建立网络	新闻中心	提供服务	评估展望

（二）主题化策略

中国2010年上海世博会的主题“城市，让生活更美好”是首次在世博会出现的“城市”主题，也是沟通推介工作需要传递的最重要的信息。

主题信息，既为世博会形象的宣传定位，同时又是灵活的、可调整的，即必须针对不同阶段、不同对象而有所不同。

（三）整合传播策略

1. 统一的品牌和视觉规范

作为一项面对大众的大型活动，世博会必须整合所有的渠道、传播形式，统一信息与视觉的传递，使“品牌”传播的效应规范化、清晰化。

视觉识别的统一与规范，是整合传播中最基本的工作，包括：完善规范的视觉识别手册；建立专业的视觉管理团队，对内、对外加强视觉应用系统的规范管理。

2. 不同的传播渠道

整合运用多层次、多途径和多样化的传播渠道,使沟通推介效应达到最大化。根据不同渠道的特点及其发挥作用的形式,沟通推介的渠道可归纳为四项:活动、公关、媒介、宣传品。

活动:主办方以独立、联合、协办、委托等多种形式举办的各种类型活动,通过与目标受众的直接接触和互动,增强他们对上海世博会的了解和兴趣。活动形式包括:巡游路演、文化娱乐演出、名人推介、旅游推广、吉祥物推广、宣传品征集、各种论坛与会议等。此外还将根据办博工作进展、阶段性工作重点,在每一阶段举办1～2项特别策划活动,整合各项资源,达到最大化的效果。

公关:主办方借用其他国内外实践、知名活动等平台,与上海世博会主题进行有机整合,以达成更广泛的传播效应。可利用事件与活动,包括其他类型的世博会、著名国际会议与论坛、体育赛事、媒体热点事件、文化娱乐活动、行业活动、节庆假日等。

媒介:沟通推介工作的媒体或媒体组合,将根据不同目的和需要,采用投放广告、新闻报道、专栏或其他形式,广泛而有针对性地传播上海世博会信息。媒介形式包括:电视、报纸、杂志、广播、户外媒体、互联网、数字新媒体等。

宣传品:针对不同的沟通推介对象,由主办方提供的各种信息与宣传资料(根据实际工作情况,用于推介的宣传品随时增加)。赞助商针对世博开发的产品,也是上海世博会沟通推介的一个重要渠道。

(资料来源:中国2010年上海世博会沟通推介计划,https://wenku.baidu.com/view/beefecd033d4b14e8524686c.html?rec_flag=default&sxts=1581669289879.)

思考题

在"中国2010年上海世博会沟通推介计划"中,其项目推广的思路是什么?是否实现了推广目标?

实务训练

以小组为单位,讨论并确定本小组确定的文化项目的市场定位,做一个项目宣传推广方案。

第七章　文化产业项目效益评估与风险管理

本章结构图

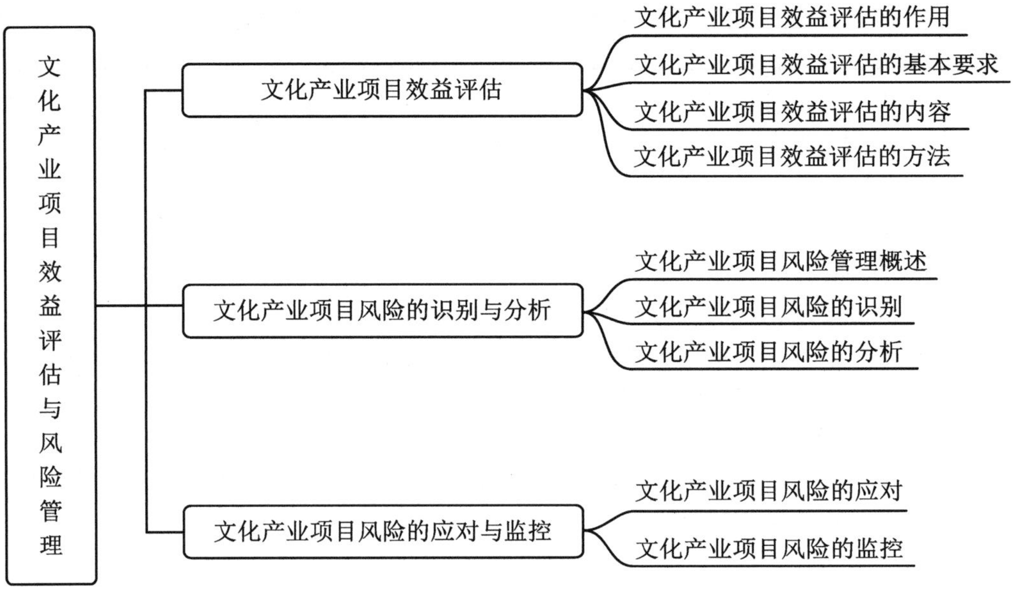

学习目标

1. 了解文化产业项目效益评估的要求，文化产业项目风险的特征、分类，文化产业项目风险管理的意义。

2. 理解文化产业项目效益评估的重要性，文化产业项目风险识别的含义与方法，文化产业项目风险分析的方法。

3. 掌握文化产业项目效益评估的方法，文化产业项目风险管理的内容，文化产业项目风险的应对措施。

【导入案例】

进博会需要靠精细化管理加上“安全阀”

第二届中国国际进口博览会于2019年11月5日至10日在上海举行。来自150多个国家和地区的3000多家企业签约参展，50万专业采购商和观众注册报名。与首届进博会相比，第二届进博会规模更大，质量更高，活动更丰富。为保证进博会的顺利举办，主办方利用精细化管理为进博会保驾护航。

众所周知，大型群众性活动在安全管理方面存在诸多难点：一方面，大型群众性活动需要投入大量的人力、物力维护运营；另一方面，大型群众性活动具有参与人数多、涉猎面广、可变因素多等特点，因此风险来源广泛，容易出现突发情况。此外，当前大型活动相关方进行风险管控主要依据个人经验，缺乏科学系统的数据分析和具有针对性的专项培训，而各部门机构又缺少高效的信息交流渠道，所以风险管控能力水平难以得到普遍提升。

可见，大型活动的安全管理应采用科学的方法。通过风险评估来加强大型活动的日常安全管理，将危险降到最低；通过应急管理来增强突发事件防范和应急处置能力，从而使活动安全成功举行。首先，要对活动现场的隐患进行排查，例如检查临时搭建物的安全以及火灾隐患等，要充分考虑人员疏散的要求，确定合理的场地布局；其次，活动举办方必须掌握识别活动的安全风险、必要时应采取的安全保障措施等重要知识；第三，要明确告知参与者在活动举办过程中应当遵守的规定以及必须避免的不安全行为，并告知他们在突发事件下如何应对和自救。

做好强化风险管控，不留隐患死角，才能保障大型活动中的每项安全措施有效实施，让活动圆满成功举办，让参观者尽情享受观赏中的乐趣。

（资料来源：《生命与灾害》编辑部. 进博会需要靠精细化管理加上“安全阀”[J]. 生命与灾害，2019(11)：1.）

第一节　文化产业项目效益评估

文化产业项目的效益评估是指对规划的项目（或已经完成的项目）的目的、作用和影响进行系统、客观的分析。本章论述的效益评估是从策划的角度对文化产业项目的预期效益进行评估。通过评估判定项目预期的目标是否能达到，项目或规划是否合理有效；通过及时有效的信息反馈，为文化产业项目的决策和项目未来的实施管理提出建议，从而达到提高投资效益的目的。文化产业项目的效益评估对项目的决策者、管理者和建设者学习更加科学合理的方法和策略，提高决策、管理和建设水平都是十分有益的。

一、文化产业项目效益评估的作用

文化产业项目效益评估工作不仅能进一步提高项目投资决策水平，提高项目投资效益，而且有利于提高项目后期的管理水平，实现项目管理的科学化。具体来讲，文化产业项目效益评估的作用主要体现在以下几个方面：

（一）提高项目决策水平

项目的效益评估就是通过数据采集、整理、分析后，对项目的经济、社会效益做出客观的预估，实现对项目进行全面的预测、分析和评价，有利于促进在投资决策中全面衡量项目的财务、经济和社会效益，充分发挥投资效益，提高项目成功率，提高项目科学决策的水平与能力，从而促进国民经济整体效益和社会发展目标与社会政策的顺利实现。

（二）推动项目的可持续发展

通过对文化产业项目的预期效益进行评估，还可以对项目与项目产品未来的可持续发展方案做出必要的分析和评价，提出实现项目后续健康发展的方法与思路，并对这些备选方案进行必要的分析和评价，以便项目决策者能够依据这些评价为项目的可持续发展做出正确的决策。

（三）减少项目的负面影响

文化产业项目效益评估的另一个重要目的，就是要对项目给社会和自然环境可能造成的实际影响做出必要的评估，从而使项目管理者能够根据这些评估结果去采取必要的应对措施，以减少项目对于社会和自然环境的负面影响，防止社会风险；同时增大项目对于社会环境的正面影响，促使项目与社会相互适应和协调发展，最终实现在发展文化产业的同时，社会、经济、文化和环境能协调发展。

二、文化产业项目效益评估的基本要求

（一）独立进行，客观公正

文化产业项目效益评估的目的是促进投资决策的科学性，全面衡量项目的财务、经济和社会效益，促使文化产业项目与社会相互适应和协调发展。因而，文化产业项目的效益评估应遵循公正、客观的原则，独立进行，避免在发现问题、分析原因和做出结论时出现避重就轻的现象。同时从可信度来看，项目评估的透明度越大越好，这样才能对投资决策和投资效果进行更有效的帮助，还有助于其他文化产业项目借鉴经验、吸取教训。

（二）内容全面，结论可信

文化产业项目效益评估是对文化产业项目的全方位评估与考察，应包括政治、经济、文化、环境等社会影响的各个方面，也包括针对某个具体方面的评价，例如顾客的年龄、收入、消费动机、消费模式等，只有这样才能全方位反映文化产业项目的建设与社会是否适应、能否协调发展。同时，为了实现项目效益评估的科学性，要求评估指标的设计、内容、时空限定性以及计算范围、计量单位和计算方法等必须科学明确、没有歧义，以减少误差；引用的资料，应尽可能注明出处和来源，其结论也应该说明是在采用何种方法的情况下获得的；效益评估还应有一定的透明度，以便对投资决策活动进行有效的监督，做到文化产业项目效益评估的内容全面、结论可信。

三、文化产业项目效益评估的内容

策划阶段的文化产业项目效益评估是一个科学地观察、测量和预测的活动过程，以便精确地评估其产出。文化产业项目效益评估就是对项目未来的工作和效果进行评价，一般包括以下内容：

(一) 项目财务评估

不管什么样的项目都要考虑其经济性，希望最小的投资能获得最大的收益。经营性文化产业项目在其经济性方面，重点应考虑该项目的财务评价，即该文化产业项目的投资能否获得投资回报，获得价值增值。

财务评价是在国家财税制度和市场价格体系下，在确定的建设方案、投资估算和融资方案的基础上，分析预测项目的财务效益与费用，计算财务评价指标，考察拟投资项目的盈利能力、偿债能力，据此判断该项目的财务可行性。

1. 投资利润率

投资利润率是项目在正常年度的利润额与项目总投资之比。计算出的利润率如果大于或等于行业基准投资利润率(如果有的话)或行业平均投资利润率，则认为该项目可以投资。如果有多个项目建议，则选择投资利润率最大的项目。由于项目各个年度利润变动较大，投资利润率法有其局限性，适合于项目初选阶段。

2. 投资回收期

投资回收期(P_t)是不考虑资金的时间价值因素，用生产经营回收投资项目的净现金流量抵偿原始投资所需要的全部时间，一般用年来表示。计算的回收期如果小于行业规定的投资回收期或平均回收期，则认为该项目是可以接受的。投资回收期的计算公式为

$$P_t = \text{累计净现金流量开始出现正值的年份数} - 1 + \frac{\text{上一年累计净现金流量的绝对值}}{\text{出现正值年份的净现金流量}}$$

3. 财务净现值

财务净现值($FNPV$)是指在项目计算期内，按行业基准折现率或给定的折现率，计算各年净现金流量的现金值之和，净现值法是考察项目在计算期内盈利能力的动态指标。其公式为

$$FNPV = \sum_{t=1}^{n}(CI - CO)_t(1 + i_c)^{-t}$$

公式中，CI 为项目的现金流入量；CO 为项目的现金流出量；i_c为基准投资收益率或设定的折现率；$(1+i_c)^{-t}$为第 t 年的折现系数；n 为项目的计算期。

$FNPV$ 可根据项目的财务现金流量表计算求得，即用计算期内各年的净现金流量乘以其折现系数，然后汇总求得。当 $FNPV > 0$ 时，表明该项目用净效益抵付了相当于用折现率计算的利息之后还有盈余，在财务上是可行的；当 $FNPV < 0$ 时，该项目在财务上是不可行的；若 $FNPV = 0$，要分析所选用的折现率，若选择的折现率小于或等于银行的长期贷款利率，一般项目不可行；若折现率大于银行长期贷款利率，项目是可以接受的。

例如，某两个项目的净现金流量情况如表 7.1 所示，可分别计算出折现率为 10%的净现值。

表 7.1　项目 A 与项目 B 的净现金流量表

(单位：万元)

期数		1	2	3	4	5	6	合计
项目 A	−5000	1620.5	1601.58	1580.77	1557.88	1532.7	1505	4938
项目 B	−5000	1505	1505	1505	1505	1505	1505	4030

项目 A 的净现值为

$FNPV=0.9091\times1620.5+0.8264\times1601.58+0.7513\times1580.77+0.6830\times1557.88+0.6209\times1532.70+0.5645\times1505-5000=1743.90$(万元)

项目 B 的净现值为

$$\mathrm{FNPV}=1505\times4.3553-5000=1554.73(\text{万元})$$

如果项目要求的折现率≤0,则上述两个拟建项目的财务净现值都大于零,说明此项目财务评估的结果是可行的。

(二) 项目影响评估

对项目投资进行科学的评估与分析,是实现项目决策科学化,提高项目效益及其经济持续性发展的关键。国内外的经验表明,对大型投资项目仅从财务上进行评估,是不足以对项目做出最优选择的,还必须从国民经济和社会发展方面分析其利弊得失,使项目得以整体优化,而且项目符合社会需求并能为社会所接受,往往能提高项目的经济效益。

1. 经济影响评估

经济影响评估主要分析评估文化产业项目对所在国家、区域、相关行业以及所属行业可能产生的经济影响,内容包括文化产业项目的直接经济收益和分配、就业、国内资源成本、技术进步等间接效益。一些经济影响因素难以量化,一般只作定性分析,或并入社会影响评价的范围。需要注意的是,项目的经济影响不只有正面效应,还包括负面效应。项目会给举办地带来的经济方面的促进作用如产生财政收入、创造就业机会、改善经济结构、增加政府税收等。但如果文化产业项目与举办地的发展结合不当的话,则可能产生负面效应,比如过度投入,基础设施投资建造不合理,造成设施闲置等,如一些国家都曾因主办奥运会而兴建大量设施,会后又得不到有效的开发利用而给当地造成长期、沉重的财务负担。

2. 环境影响评估

环境影响评估一般包括文化产业项目所在地的环境质量、自然资源利用和保护、区域生态平衡和环境管理等几个方面。文化产业项目的开展对所在地的环境既有积极的影响,如改善交通运输服务等基础设施,增强环保意识,保护、修缮历史古迹和建筑等;也会有消极的影响,如过分拥挤,当地水、空气质量下降,噪音、废弃物污染和生态环境破坏等。如一些大型活动喜欢在风景名胜地举办,如果组织管理不当,会对当地自然环境造成一定程度的破坏,甚至无法修复补偿。

3. 社会影响评估

社会影响评估是对文化产业项目在社会发展方面产生的有形或无形的影响或结果的分析,重点评估文化产业项目对所在地政治、文化、生活的影响,如保护当地文化特征、保护当地传统文化、扩大文化视野、引入外来理念等。

(三) 项目可持续性评估

文化产业项目可持续性评估是指项目是否可以持续地举办下去,是否具有可重复性,是否可以在未来以同样的方式运作同类项目。影响因素一般包括:本国政府的政策,管理、组织和地方参与情况,财务因素,社会文化因素,环境和生态因素等。

四、文化产业项目效益评估的方法

（一）调查法

调查法是评估项目最常用的方法，可用来确定可靠的统计信息。根据项目效益评估的目标，全面或比较全面地收集文化产业项目各方面情况的材料，并做出分析、综合，得到某一结论的研究方法，就是调查法。调查法能在短时间同时调查很多对象，获取有关文化产业项目大量资料，并能对资料进行量化处理，既经济又省时，调查法主要有问卷调查和访谈调查等形式。

（二）定量预测分析法

定量预测分析法是对文化产业项目涉及的数量特征、数量关系与数量变化进行预测分析的方法。在对文化产业项目的预期效益进行评估时，定量预测分析法是投资分析师使用数学模块，以科学的数据来源为依据，按照某种数理方式对数据进行分析、加工整理，得出可信结果，对文化产业项目做出投资判断。

（三）定性预测分析法

定性预测分析法是依据预测者的主观判断分析能力来推断事物的性质和发展趋势的分析方法。这种方法可充分发挥管理人员的经验和判断能力，但预测结果准确性较差。一般是在文化产业项目缺乏完备、准确的历史资料的情况下，首先邀请熟悉该项目经济业务和市场情况的专家，根据他们过去所积累的经验进行分析判断，提出初步意见，然后再通过召开调查会和座谈会方式，对上述初步意见进行修正、补充，并作为预测分析的最终依据。

（四）统计预测法

文化产业项目策划阶段的效益评估就是对项目未来发展的预测。统计预测法就是根据反映事物过去发展规律性的数字资料对未来发展变化的数字进行推断的统计方法。在文化产业项目效益评估过程中，在评估时间节点以前的项目统计数据是项目未来发展评估的基础，以统计学原理和预测学原理为基础，对评估时间节点未来的发展数据做出科学的预测。

案　例

济南华山历史文化主题公园项目效益评估

一、项目经济效益评价

1. 直接效益估算

华山历史文化公园项目属于公益性项目，项目收益主要依靠土地拍卖及租赁，拍卖面积包括住宅建设中的春花园、夏荷园两处，水上游乐园以对外租赁方式盈利，详见表 7.2 所示。

表 7.2　项目收益估算表

编号	面积(m^2)	单价(元/m^2)	总价	备注
春花园	200000	1000	2.0 亿元	
夏荷园	500000	1000	5.0 亿元	
水上游乐园	20000	4000	0.8 亿元	
总计			7.8 亿元	

2. 间接效益估算

(1) 防洪效益估算。济南市是一个洪涝灾害发生频繁的城市。据资料记载，1962 年、1987 年、2007 年七八月份济南市都发生过洪涝灾害，造成农作物受灾和直接经济损失。

华山湖设计的防洪标准为百年一遇，正常蓄水量达到 900 万立方米，滞洪水量 1200 万立方米，可以有效地预防洪水灾害的发生，其产生的防洪效益也是巨大的。

(2) 旅游效益估算。新的华山历史文化公园建设后，将为济南增添了水域风光景点和历史旅游景点；另外，旅游娱乐区的建设也使济南旅游娱乐的数量、规模及档次得到很大的提升，还带动旅游相关产业的发展，比如交通、餐饮、住宿等相关行业。

华山历史文化公园开发后，按照来济南旅游的游客中有 65％的人能多滞留半天，每人消费就增加 100 多元计算。每年的旅游收益为：4008.5 万人次/年×65％×100 元/人次＝26.06(亿元)。

(3) 投资环境改善效益。华山历史文化公园建设项目将为济南投资环境的改善起到关键作用，可以带动周边即将发展的养生及职教园区产业的发展，预计平均每年为济南吸引 10 亿元外资。

(4) 生态效益估算。华山历史文化公园建成后，将对济南市生态环境建设起着重要的作用。

二、项目社会效益评价

项目社会评价的一个主要内容是分析那些难以货币化的效益，全面评价项目的可行性。

1. 社会环境改善

华山历史文化公园工程的社会环境影响因素众多，除了减少了洪灾的影响外，项目规划与实施中的群众参与，可以提高环境意识，使群众认识到了可持续发展的重要性。增强济南市民的凝聚力和集体荣誉感，唤醒和提高济南市民环境保护意识。项目可以有效改善周围居民的生活环境，创造更多的公共空间，为城市居民提供更多的休闲场所，丰富了市民的业余文化生活。

2. 自然与生态环境改善

华山历史文化公园项目的自然与生态环境影响主要体现在两个方面：净化空气效益和环境污染。

3. 自然资源的合理利用

水资源利用更加有效：未来华山湖需水量极大，华山湖开挖后，可以引入污水处理厂的水作为景观用水，发挥其应有价值。土地利用更加合理：周围土地的利用价值得到提高，由原来的农用地变为国有土地，开发后将产生巨大的效益。

4. 对社会经济的贡献

华山历史文化公园项目对社会经济的贡献是明显的，主要是广泛的促进国民经济发展，促进地区经济发展，增加就业岗位。

（资料来源：梁亚．济南华山历史文化主题公园项目策划研究[D]．青岛：青岛理工大学，2013.）

第二节　文化产业项目风险的识别与分析

风险一词从理论角度来理解，是指预期结果的不确定性，即在特定的客观情况下，特定期间里，某一项目的预期结果与实际结果间的变动程度。预期结果与实际结果之间的差异越大，风险越大；反之风险越小。任何项目都是有风险的，文化产业项目也不例外，风险贯穿于项目的整个过程，而且在项目的不同阶段，风险也不同。

文化产业项目风险管理过程包括项目风险识别、项目风险分析、项目风险应对和项目风险监控。

一、文化产业项目风险管理概述

（一）文化产业项目风险

1. 文化产业项目风险的含义

结合文化产业项目的特点，我们认为，文化产业项目风险就是指由于项目管理者不能预见的或控制的一些影响因素，使得项目实施的过程与结果和项目管理者的预期产生了一定的背离，从而使项目利益相关者蒙受损失的可能性。文化产业项目不同阶段有不同的风险，项目风险大多数会随着项目的进展而变化，项目不同阶段的风险性质、风险后果也不一样。

2. 文化产业项目风险的特征

（1）风险存在的客观性。文化产业项目风险是客观存在的，它不以人们的意志为转移，人们可以在有限的空间和时间内改变风险存在和发生的条件，降低其发生的频率和减轻损失的程度，但不能、也不可能完全消灭文化产业项目风险。

（2）风险存在的普遍性。风险在文化产业项目的整个过程是普遍存在的，在项目的不同阶段都面临各种各样的风险，如市场风险、投资风险、经营风险、资源风险及政策风险等。

（3）风险的偶然性。风险虽然是普遍存在的，但是风险发生具有偶然性，它是一种随机现象。在发生之前，人们无法准确预测风险何时发生，以及发生的后果。风险发生的偶然性意味着在时间上具有突发性，在后果上往往具有灾难性。

（4）风险的可变性。在一定条件下文化产业项目风险可以转化，客观条件的变化、风险的性质、风险的大小也可能会发生变化。

风险是客观存在的，它不随人们的意志为转移，但风险也与一定的客观条件有关，包括个人的行为，也包括群体或组织的行为，当这些条件发生变化时，风险的性质、大小也会发生变化。因此我们可以用客观尺度来计量项目的风险，可以认识并掌握风险客观状态变化的规律性，对相关的状态做出科学的预测。

3. 文化产业项目风险的分类

为了深入、全面地认识文化产业项目风险，并有针对性地进行管理，有必要对风险进行分类。下面根据不同的需要，从不同的角度，按不同的标准对文化产业项目风险进行分类。

(1) 从风险诱发原因看，文化产业项目风险可以分为：

① 自然风险。由于自然因素的不确定性给文化产业带来的风险，如洪水、风暴、地震等均属此类风险。这种风险通常是灾难性的，多数情况是人力无法抗拒的，会给项目组织造成极大的损失，这些损失包括项目前期筹备所支付的人员工资、部分制作、市场推广等一系列开支。“5・12”地震后，四川银厂沟风景旅游区的消失就属于此类风险。

② 经济风险。由于文化产业项目与生产经营活动相联系的各种经济因素的不确定性，而给文化产业项目带来的风险称为经济风险。这种风险是项目经常遇到的，它既可能给项目造成获益机会，也可能使项目承受损失。

③ 政治文化与宗教民俗风险。这是指由政治因素变动、对宗教民俗的不了解给文化产业项目带来的风险。它包括国际政治风云变幻，也包括国内政策的改变及各民族各地区宗教民俗习惯。影视文艺作品涉及诸多敏感题材，必须备案审查，政策红线是一点都不能碰的。因而，在进行文化产业项目策划时，一定要考虑社会意识形态、社会道德规范、宗教民俗习惯，如果与之相悖，就会出现风险。

④ 技术风险。技术风险指由于科学技术的发展，给文化产业项目带来的风险，这种风险通常是积极的，可为企业发展提供机会，但如果企业不能及时抓住机遇，墨守成规，也可能蒙受风险损失。动漫产业的技术含金量就很高，要求企业要不断掌握核心技术，才能立于不败之地。

⑤ 管理风险。文化产业项目决策不当，中途仓促进行各种变更以及变换负责人，项目范围、项目计划的变更，以及项目目标不明确、缺乏沟通、组织机构不当、后勤保障管理不当等，都会给文化产业项目带来风险。

(2) 按风险发生范围划分，文化产业项目风险分为来自外部影响整个行业的系统风险和由个别企业或项目诱发的非系统风险。系统风险包括政策环境和经济周期的变化导致文化产业项目面临风险，其中金融危机就属于典型的系统风险。而单个项目在项目运转中面临的市场运营风险及财务管理风险、流动性风险等则属于非系统风险。

(3) 按风险程度划分，文化产业项目风险可分为轻度风险、中度风险和高度风险。轻度风险是风险程度最低的，在一般情况下即使有风险，对整体不产生大的影响；中度风险虽然未达到左右整体的程度，但对整体却会产生明显的影响；高度风险一旦发生，就会使整体文化产业项目陷于困境，必须经过一定的时间才能恢复正常状态，严重时能造成文化产业项目无法继续进行，导致项目失败。

(4) 按风险能否给承担者带来收益，可以将文化产业项目风险分为纯粹风险和机会风险。纯粹风险是文化产业项目在不改变原有条件和维持原有状况下所遇到的风险，这种风险的结果只有遭受风险损失，而不会带来风险效益。而机会风险是文化产业项目在其进行的经营活动中由于进行某种探索，使原有经营条件有所改变的情况下所遇到的风险，这种风险的结果，可能造成损失，也可能带来效益，损失和盈利的可能性并存。

案　例

台风橙色预警高挂！上海迪士尼10日暂停开放

2019年8月9日22时10分，上海中心气象台更新台风黄色预警信号为台风橙色预警信号：受9号台风“利奇马”影响，预计未来24小时内本市沿江沿海地区最大阵风可达11～12级，台风黄色预警信号更新为台风橙色预警信号。

受“利奇马”外围影响，截至21时，上海市出现阵雨，南部地区出现大到暴雨，上海市沿海海面和浙北沿海海面最大阵风12～13级。上海市沿海海面最大波高达9～11米。

8月9日21时41分，上海迪士尼度假区发布重要通知：由于天气原因，上海迪士尼度假区（包括上海迪士尼乐园）于2019年8月10日（周六）暂停开放。

已经购买2019年8月10日的上海迪士尼乐园门票的游客，可以在未来六个月内任选一天到访上海迪士尼乐园。到访时，游客可以在乐园入口闸机处，出示在购买2019年8月10日乐园门票时所使用的身份证或者旅行证件原件，换取当日门票。

（资料来源：看看新闻. 台风橙色预警高挂！上海迪士尼10日暂停开放[EB/OL]. [2019-8-9]. https://baijiahao.baidu.com/s?id=1641404075588082628&wfr=spider&for=pc.）

（三）文化产业项目风险管理

1. 文化产业项目风险管理的含义

文化产业项目风险管理，是指文化产业项目的组织管理者对可能遇到的风险进行预测、识别、评估、分析，并在此基础上有效地处置风险，以最低成本实现最大安全保障的科学管理方法。其主要管理过程包括风险识别、风险分析、风险应对和风险监控。

2. 文化产业项目风险管理的意义

作为文化产业项目全方位管理的重要一环，项目风险管理对保证文化产业项目的成功实施具有重要的意义。

（1）通过风险管理，可加深对文化产业项目风险的认识与理解，澄清各方案的利弊，了解风险对项目的影响，以便减少或分散风险。

（2）通过风险管理及时掌握有关的信息、数据和资料，有针对性地编制应急计划，进而减少在项目管理中的被动，增加主动。

（3）通过风险管理，不但可以提高项目各种计划的可行性，还有利于改善项目执行组织内部和外部之间的沟通。

（4）通过风险管理，深入的研究和了解情况，可以使决策更有把握，更符合项目的方针和目标，从总体上使项目减少风险，保证文化产业项目目标的实现。

（5）通过风险管理，可促使项目执行组织和管理人员积累有关风险的资料和数据，以便改进将来的文化产业项目风险管理，以便采取措施防止和避免风险损失。

二、文化产业项目风险的识别

（一）文化产业项目风险识别的含义

文化产业项目风险识别是指在风险发生之前项目组织运用各种方法认识所面临的各种

风险以及确定风险的来源和类别，研究风险事件是否会对文化产业项目产生影响。它是文化产业项目风险管理的第一步，即识别整个项目过程中可能存在的风险。一般是根据文化产业项目的性质，从潜在的事件及产生的后果或潜在的后果、产生的原因来检查风险，充分征求各方意见后形成文化产业项目的风险列表。风险识别包含两方面内容：识别哪些风险可能影响文化产业项目进展及记录具体风险的各方面特征。

不是所有的风险都会对项目产生严重后果的高风险，然而，几个小风险的累积也可能会对项目产生严重影响。因此，风险识别不是一次就可以完成，而应当在项目中自始至终不断进行。只有对项目中存在的潜在风险进行充分的认识和分析，并制订出相应的应对计划，才能对文化产业项目风险进行有效的管理。

(二) 文化产业项目风险识别的方法

文化产业项目风险识别的方法很多，主要包括核对表法、流程图法、情景分析法、头脑风暴法、德尔菲法等。

1. 核对表法

核对表法是指利用在风险识别方面不断取得的经验，列出以前类似的文化产业项目成功与失败的原因，项目组织可以拿自己的实际情况与列出的原因对比。核对表一般按照风险来源排列。利用核对表进行风险识别的主要优点是快而简单，缺点是受到项目可比性的限制。表 7.3、表 7.4 为不同内容所列的核对表。

表 7.3 文化产业项目融资风险核对表

类型	风险因素	是，不是，不确定
外部环境	政治稳定，没有被政府没收的风险	
	国家风险和主权风险令人满意	
	对货币、外汇、利率、通货膨胀和变化做了预测并采取措施	
关联方	承包商的能力和信誉可靠	
	合营各方签有令人满意的协议书	
	承包商财务困难	
	投资者可以获得足够高的资金收益率和投资收益率	
风险规划	有详尽的可行性研究和财务计划	
	考虑过成本超支问题，估计了不可抗力，并有应急措施计划	

表 7.4 文化产业项目风险核对表

风险类别		发生的可能性	潜在的打击	及时发现难度	总体风险
政治文化和宗教民俗约束风险					
1	与当地的社会意识形态不符				
2	与当地的社会道德规范不符				
3	与当地的宗教民俗习惯不符				

续表

风险类别		发生的可能性	潜在的打击	及时发现难度	总体风险
法律政策约束风险					
1	与国家产业政策的导向不符				
2	与现有的法律、法规可能冲突				
3	有关申请文件不能通过审批				
4	不能取得必要的政府有关部门支持				
5	政府干涉、管制可能导致项目失败				
6	与临时的政府重大活动发生时间、场地、目标观众的冲突				
7	涉及户外活动、参加人数众多、贵宾出席、焰火燃放、道路管制的特殊申请				
8	境外涉及食品、酒精、商品售卖、当地用工雇员的特殊许可问题				

核对表法主要是依据各种各样的历史信息，对文化产业项目进行风险识别，因为“前车之鉴”往往对风险管理有着非常重要的借鉴意义。一般来说，历史资料可以通过以下渠道获得：

(1) 历史上类似文化产业项目的各种原始记录。如很多文化产业项目都是公开的，一般发生了什么大家都知道，这可以很好地提醒后来者类似项目都会有什么可能的风险发生。任何执行组织都会保留以往项目活动的记录，这些记录可能会描述该项目在实施过程中出现的问题、采取的措施以及经验教训，这些记录能够帮助我们识别文化产业项目的风险。

(2) 公开发表的资料。在许多应用领域中都可以查询相关的商业数据库、行业标准及公开发表的一些学术成果。

(3) 历史团队成员的经验。文化产业项目团队成员中的许多人会保留参与项目的经验和数据，这是一种思想型的历史项目信息，也是风险识别的重要依据。但是这种信息通常比较难以收集，多数需要通过与团队成员面谈的方式获得，而且只有在团队成员的主观意愿下才能够实现。

在实施核对表法时，需要建立检查表。检查表是风险管理中用来记录和整理数据的常用工具。用它进行风险识别时，将项目可能发生的许多潜在风险列于一个表上，供识别人员检查核对，用来判断该项目是否存在表中所列或类似的危机。检查表中所列都是历史上类似文化产业项目曾经发生过的危机，是项目风险管理经验的结晶，对项目管理人员具有开阔思路、启发联想、抛砖引玉的作用。一个成熟的文化产业项目组织要掌握丰富的风险识别检查表工具。检查表可以包括多种内容，如：项目成功或失败的原因；项目其他方面规划的结果（范围、融资、成本、进度、采购与合同、人力资源与沟通等计划成果）；项目产品或服务的说明书；项目组成人员的技能；项目可用的资源等。

编制检查表的过程如下：

(1) 对问题有准确的描述，确保达到意见统一。

(2) 确定资料搜集者和资料来源。资料搜集者由具体项目而定，要求他们有一定的耐心、时间和专业知识以保证资料的真实可靠。资料来源可以是个体样本或总体样本，搜集时间要足够长，以保证搜集的数据能够体现文化产业项目风险规律。

（3）设计一个方便实用的检查表。经过系统地搜集资料，并进行初步的整理、分类和分析，就可着手制作检查表。在复杂项目风险管理过程中，为避免出现重复或遗漏，采取工作核对表，每完成一项任务就在核对表上标出记号，表示任务已经完成。

2. 流程图法

流程图法是将文化产业项目的全部过程，按其内在的逻辑联系绘制成作业流程图。流程图法的结构化程度比较高，所以对识别文化产业项目风险和风险要素都是非常有用的。通过对项目流程的分析，可以发现和识别项目风险可能发生在项目的哪个阶段，以及项目流程中各个环节对风险影响的大小，运用这种方法完成的项目识别结果，还可以为后面项目实施中的风险控制提供依据。

流程图通常包括项目系统流程图、项目实施流程图等详细程度不同的流程图。这些流程图给出了一个项目的工作流程，体现了项目各部分之间的相互关系，可以用来分析和识别活动的各种风险。

通常，绘制一个项目流程图的步骤如下：

（1）确定工作过程的起点（输入）和终点（输出）。

（2）确定工作过程经历的所有步骤和判断。

（3）按顺序连接成流程图。

而后通过对流程图的分析，有效揭示本项目开发经营过程中的"瓶颈"分布及其影响，找出影响全局的"瓶颈"，并识别可能存在的风险。在进行风险识别时，可根据特定需要建立流程图，而后对每个环节、每个过程进行分析，以达到识别开发过程中所有风险的目的。图 7.1 为大型体育场馆项目开发经营过程的流程图。

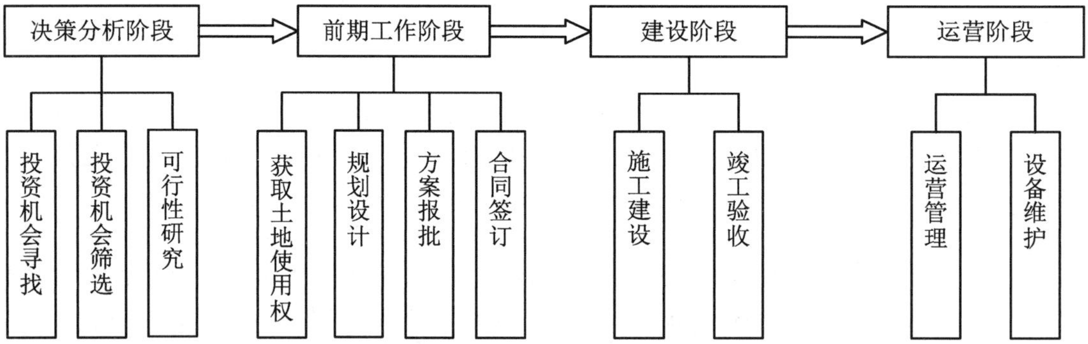

图 7.1　某大型体育场馆项目开发经营过程流程图

3. 头脑风暴法

头脑风暴法是在进行项目风险识别时最经常使用的方法，对文化产业项目风险识别来说，它通过会议的形式充分发挥与会者的创造性思维、发散性思维和专家经验来识别项目风险。关于头脑风暴法的详细介绍，可参考本书第二章第三节相关内容。要想穷尽文化产业项目的潜在风险是非常困难的，但召开风险预测会议有助于尽早发现这些风险。要允许与会的各方面专家和分析人员畅所欲言，共同搜寻和发现项目存在的各种风险。使用这种方法时，要鼓励大家对别人提出的意见进行改进或展开讨论，不能对他人的意见提出批评和指责，以便与会者各抒己见。另外，会议的组织者也应善于提问，并及时整理会议的讨论结果。

4. 德尔菲法

用德尔菲法进行文化产业项目风险识别的过程是由文化产业项目风险小组选定与该活动有关领域的专家，并与这些数量适当的专家建立直接的函询联系，通过函询收集专家意见，然后加以综合整理，再匿名反馈给各位专家，再次征询意见。这样反复经过四至五轮，逐步使专家的意见趋向一致，作为最后预测和识别的依据。

（三）风险识别的成果

1. 风险来源及风险产生条件

风险来源属于那些可能对文化产业项目有好的或坏的影响的可能风险事件，例如不确定的估计、项目管理班子的更迭等。通过项目风险的识别，对可能产生风险的事件分析，可以寻找出风险的来源及产生条件。风险来源的罗列应当全面，即应当包括所有识别出的条目，不管发生的频率和可能性的大小，或者收益和损失的大小。风险来源的说明中不仅应当包括可能发生的项目风险种类、风险来源及风险产生的条件，还应当包括对风险发生的概率、可能发生风险的后果程度、预期风险发生的时间及预期风险发生频率的估计。

2. 风险症状

风险症状是指风险事件产生或即将产生时的各种外在表现、苗头或症状。例如，文化产业项目涉及的各利益方配合不积极，就会导致项目无法按照预先的安排进行，可能会使得项目无法按时完工。项目团队士气的低落以及通货膨胀的发生都是风险发生的症状。项目风险发生的症状很多，要对风险症状进行及时和全面的识别，对出现的风险症状及早安排对应的措施。

3. 潜在风险

潜在风险既不同于已经识别出的风险，也不同于风险症状，它们是尚没有任何迹象表明未来会发生，只是人们想象到的一种主观判断风险。例如，虽然从目前来看并没有通货膨胀的迹象，但是有些文化产业项目的周期很长，在未来的时间内也还是有通货膨胀的可能性。潜在风险一般是一些在其他文化产业项目中经常出现的并且后果严重的风险，虽然在目前的项目中还没有出现，但是出现的可能性很大。因此，对文化产业项目的潜在风险也应该进行严密的跟踪和严格的评估，特别是当潜在的风险向实际风险转化时更应该对它们十分重视。

案　例

上海世博会的风险研究

世博会内部脆弱性，即弱点，是指系统特性中本来就具有的、可能被某些目的所利用的系统某些弱点，包括技术方面、组织方面和社会方面的脆弱性。从过程上来讲，可能是设计弱点或者实现弱点或者配置弱点等；从原因上来讲，可能是技术方面的脆弱性或者管理方面的脆弱性。对于世博会而言，信息平台设计中的内在弱点，或者良好设计但在实现中由于错误而导致的弱点，甚至是系统配置和管理方面而导致的弱点都有可能被外部的威胁所利用。如重要的服务器直接暴露在攻击之下；网络配置漏洞；没有有效的用户鉴别和验证手段；系统或应用软件存在后门；或者机房进出没有控制；没有专人负责实施系统加固的工作等，都可能是世博会的弱点。

世博会外部威胁，是指借助于某些工具，利用系统脆弱性，得到未授权结果。在威胁分析基础上，建立包括威胁树在内的威胁配置文件。对于世博会而言，它包括人为故意的破坏、意外的损害或者系统故障、其他问题等，如内外人员故意的攻击破坏、无意的损害；硬件、软件、相关系统故障；计算机病毒；断电、缺水甚至自然灾害等。上述威胁都可能造成世博会的资产损失或者破坏，甚至导致世博会的服务中断等。

（资料来源：吴忠. 上海世博会风险研究[J]. 上海企业，2006(7)：39-42.）

三、文化产业项目风险的分析

（一）文化产业项目风险分析的含义

文化产业项目风险分析就是对将会出现的各种不确定性及其可能造成的各种影响和影响程度进行恰如其分的分析和评估，并依据风险对文化产业项目目标的影响程度进行项目风险分级排序的过程。通过风险分析，确定每个风险对项目的影响大小，使项目决策更加科学，在比较充分了解项目风险的前提下，主动、及时做出安排，尽量减少或避免风险损失。

（二）文化产业项目风险分析的内容

文化产业项目风险分析的具体内容包括三个方面：

（1）要确定风险事件在一定时间内发生的可能性，即概率的大小，并且估计可能造成损失的严重程度。

（2）根据风险事件的概率及损失的严重程度估计总体损失的大小。

（3）根据以上结果，预测这些风险事件的发生次数及后果，为决策者的决策提供依据。

（三）文化产业项目风险分析的基本原则

1. 全面周详原则

必须全面了解各种风险存在和可能发生的概率以及损失的严重程度，分析风险因素以及因风险的出现而导致的其他问题。损失发生的概率及其结果直接影响人们对损失危害的衡量，最终决定风险管理工具的选择和管理效果的优劣。因此，必须全面了解各种风险损失的发生及后果的详细状况，及时而清晰地为决策者提供比较完备的决策信息。

2. 综合考察原则

文化产业项目面临的风险是一个复杂的系统，其中包括不同类型、不同性质、损失程度不等的各种风险。复杂风险系统的存在，使独立的分析方法难以对全部危机奏效，从而必须综合使用多种方法。风险清单列举的项目风险损失一般分为以下几类：

（1）直接损失，识别直接财产损失的方法很多，如访问经验丰富的经营人员、查看财务报表、分析流程等。

（2）间接损失，指文化产业项目受损后，修复前因无法提供服务和获取利润所致损失。有的间接损失在量上大于直接损失，间接损失的识别可以采用投入产出、分解分析等方法。

（3）责任损失，责任损失是由受害方对过失方的胜诉而产生的。识别和衡量责任损失，既需要熟练的业务知识，又需要充分的法律知识。

3. 量力而行原则

文化产业项目风险分析的目的在于为文化产业项目风险管理提供前提，以保证文化产业项目组织以最小的支出来获得最大的安全保障，减少损失。因此，在经费有限的条件下组织风险识别必须根据实际情况和自身承受财务能力，选择效果最佳、经费最少的识别和评价方法。文化产业项目组织在风险分析的同时，应将该项目活动所造成的成本列入项目的财务账目作综合考察，以保证以较小的支出换取较大的收益。如果风险分析的成本超出对风险管理的收益，这项工作就没意义了。

4. 科学计算原则

风险分析的过程是对文化产业项目经营状况及其所处的环境进行量化核算的过程。风险分析以严格的数学理论为基础，在普遍估计的基础上，进行统计和运算，以得出比较科学和合理的分析结果。风险分析过程中的财务状况分析、投入产出分析、分解分析以及概率分析和损失后果的测量，都有相应的数学方法。

5. 系统化、制度化、经常化原则

风险分析是风险管理的前提和基础，分析是否准确将决定管理效果。为保证最初分析的准确度，就必须做周密系统的调查分析，将风险进行综合归类，揭示各种风险的性质及后果。如果没有科学系统的方法来分析风险，就不可能对风险有一个总体的、综合的认识，难以确定哪种风险是可能发生的，不可能较合理地选择控制和处置风险的方法。不论在风险管理的其他方面做得多么完备，只要在分析方面失去系统性和准确性，则无法对风险做出正确的判断，不能有效地实现管理目标。此外，由于风险是随时存在的，因此，风险分析也必须是一个连续的和动态的过程。

案　　例

“首都各界迎接新世纪新千年庆祝活动”之气候条件风险分析

出席这次活动的贵宾有党和国家领导人，参与总人数约 25000 人，盛况向全球现场直播，这些都对项目的规划控制提出了很高的要求。同时值得注意的是，活动的地点全部在户外，现场的天气情况成为风险分析中极其重要的因素。在对天气风险分析过程中，一方面安排北京市气象台提前一个月开始每两天发布一期“天气专报”，对天气情况监控，另一方面，活动管理者还请北京市气候中心提供累年同时段气象条件和气候概况，为风险估计提供依据，以利于进一步的风险规划方案的制定。

下面是北京市气候中心为新千年活动项目提供的气候背景分析。

分析内容之一：累年 12 月 25 日至 1 月 2 日的气象条件。

新中国成立以来的气象资料统计，12 月 25 日至 1 月 2 日的平均气温为－3.9 ℃，平均最高和最低气温分别为 1.4 ℃和－8.5 ℃，极端最低气温曾降至－18.3 ℃，但这只是极个别情况。

冬季是全年风速较大的季节，12 月 25 日至 1 月 2 日最大风速的平均值为 6.0 m/s(相当于 4 级风)，不超过 5 级风的几率为 72%，对户外活动影响不大，极端最大风速曾达 16.7 m/s(相当于 8 级风)，这种风对户外活动会产生较大影响，但其出现概率很小。

在此期间，晴到多云的概率为 86%，阴天概率仅为 14%；共出现过 21 个降水日，其中绝大多数为小雪天气，降水概率为 5%，出现大雾天气的概率为 6%。可见恶劣天气出现的可能性很小，对户外活动较有利。

分析内容之二:累年12月31日、1月1日的气候状况,具体数据见表7.5。

表7.5　12月31日、1月1日气候状况一览表

(资料年代:1951～1998年)

项目日期	平均气温(℃)	平均最高气温(℃)	平均最低气温(℃)	极端最低气温(℃)	降水概率(%)	晴、多云概率(%)	阴天概率(%)	雾概率(%)	大于5级风概率(%)
12月31日	−3.7	1.7	−8.6	−17.6	2	90	10	4	35
1月1日	−4.0	1.5	−8.6	−16.6	4	92	8	4	18

分析内容之三:12月31日、1月1日具体时段的气候状况,具体数据见表7.6。

表7.6　12月31日19:00至1月1日20:00气候状况一览表

(资料年代:1968～1997年)

日期	时段	平均气温(℃)	极端最低气温(℃)	雾概率(%)	降水概率(%)	大于5级风概率(%)
12月31日	19:00	−2.1	−8.5	3	3	0
	20:00	−2.7	−8.5	3	3	0
	21:00	−3.1	−8.6	3	3	0
	22:00	−3.3	−9.5	3	3	0
12月31日	23:00	−3.9	−10.4	3	3	0
	24:00	−4.2	−10.7	3	3	0
1月1日	1:00	−4.6	−10.2	3	7	0
	2:00	−4.9	−10.7	3	7	0

另据1968～1997年的资料统计,12月31日19点至1月1日2点的累年平均气温为−3.6℃,此时段平均气温高于0℃的占7%,介于−5～0℃的占63%,在−10℃——5℃之间的占30%。

这一时段内出现降水、雾的概率均为3%(只出现过一天),没有出现过大风,这对各项活动是极为有利的。

分析结论:岁末年初北京天气以晴为主,出现降雪、大雾、大风天的可能性小,这些条件有利于户外活动。但气温却偏低,不适宜进行长时间的户外活动。

(资料来源:邱菀华,等.如何成功运作大型活动[M].北京:机械工业出版社,2004:312.)

(四)文化产业项目风险分析的方法

文化产业项目潜在风险的种类很多,需要对每个风险的表现、范围、时间做出尽量准确的判断,对不同类型的风险采取不同的分析办法,具体来说有以下方法。

1. 确定型风险分析

确定型风险分析是假定项目中各种风险出现的概率为1，只计算和比较各种方案在不同状态下的后果，进而选择出风险不利后果最小、有利后果最大的方案。确定型风险通常使用盈亏平衡分析、敏感性分析等方法。

(1) 盈亏平衡分析。盈亏平衡分析通常又称为量本利分析或损益平衡分析。它是计算和分析成本和盈利之间的关系，从中找出它们的规律，并确定文化产业项目成本和收益相等时的盈亏平衡点的一种分析方法。在盈亏平衡点上，文化产业项目既无盈利，也无亏损。通过盈亏平衡分析可以看出文化产业项目对市场需求变化的适应能力。

(2) 敏感性分析。敏感性分析的目的，是考察与文化产业项目有关的一个或多个主要因素发生变化时对该项目投资价值指标的影响程度。通过敏感性分析，使我们可以了解和掌握在文化产业项目经济分析中，由于某些参数估算的错误或是使用的资料不太可靠而可能造成的对投资价值指标的影响程度，有助于确认文化产业项目对各种风险的承受能力，有助于我们确定在项目投资决策过程中需要重点调查研究和分析测算的因素，明确进一步的项目风险管理途径和技术方法。

2. 不确定型风险分析

不确定型风险分析是指那些发生概率未知且会出现哪些状态也不能完全确定的风险。由于掌握的有关项目风险的情况极少，可供借鉴参考的数据资料又少，故而人们在长期的管理实践中，通过小中取大、大中取小等原则来对不确定性风险进行分析。

(1) 小中取大原则，又叫悲观原则，先在各方案的损益值中找出最小的，然后在各方案最小损益值中找出最大者对应的方案。

(2) 大中取小原则，又叫乐观原则，先在各方案的损益值中找出最大的，然后在各最大损益值中找出最大者对应的方案。应用乐观原则要冒较大风险，应十分慎重，一般只有在没有损失或损失不大时才可采用。

除此之外，风险清单也是文化产业项目风险分析和管理的工具，风险清单上列出了在任何时候碰到的风险名称、类别、概率及该风险所产生的影响。美国危机管理与保险协会于1977年制作了一份比较规范的风险损失清单模型。其具体内容包括直接损失和间接损失。风险清单的格式必须包括项目的全部资产，即有形资产和无形资产，还必须列出项目活动所处的自然、经济、政治和社会环境。其作用在于帮助项目组织在项目实施过程中及时清晰地发现所面临的各种已存在和可能出现的潜在风险。

完成了风险列表的内容，就可以根据概率及影响来进行综合考虑。一个具有高影响但低概率的风险因素不应当占用太多的风险管理时间，而具有中到高概率、高影响的风险和具有高概率及低影响的风险，就应该进行重点管理。

总体而言，文化产业项目风险分析侧重于分析项目实施过程中一切可能的风险及其后果。其意义在于通过对风险分析，使人们对该风险的损失给予及时的关注，该损失一经得到比较准确的估计，就可使一些后果较严重的分析更容易被识别；可以减少有关损失发生的不确定性；风险管理者可以在估计和衡量的基础上较合理地制定和选择恰当的风险管理手段和风险管理方案。

第三节　文化产业项目风险的应对与监控

一、文化产业项目风险的应对

完成了风险分析后，就可以根据风险性质和文化产业项目对风险的承受能力制订相应的防范计划，即风险应对。在考虑到风险的可规避性、可转移性、可缓解性、可接受性后一般可以采取规避风险、预防风险、自保风险、转移风险等措施。确定风险的应对策略后，就可编制风险应对计划，它主要包括：已识别的风险及其描述、风险发生的概率、风险应对的责任人、风险对应策略及行动计划、应急计划等。

这部分工作要最终形成风险管理方案、各种预防性措施、管理储备、各种保险契约等。可使用的工具包括做好物资采购、人员储备、资金储备、投保、预防措施、替代战略等。

（一）风险应对的概念

风险应对就是对文化产业项目风险提出处置意见和办法。通过对文化产业项目风险识别、风险分析，把项目风险发生的概率、损失严重程度以及其他因素综合起来考虑，就可得出文化产业项目发生各种风险的可能性及其危害程度，再与公认的安全指标相比较，就可以确定项目的风险等级，从而决定应采取什么样的措施，以及控制措施应采取到什么程度。

（二）风险应对计划的依据

（1）风险管理计划。针对文化产业项目开发可能涉及的风险，包括在项目开发周期过程中可能出现的风险以及项目实施过程中外部环境的变化可能引起的风险等进行评估，以此为依据制订风险管理计划。

（2）风险排序。将风险按其可能性、对文化产业项目目标的影响程度、缓急程度分级排序，说明要抓住的机会和要应付的威胁。

（3）风险认知。风险认知是指对可放弃的机会和可接受的风险的认知，项目组织的认知度会影响风险应对计划。

（4）风险主体。文化产业项目利益相关者可以作为风险应对的主体，风险主体应参与制订风险应对的计划。

（三）风险应对措施的确定

风险应对可以从改变风险后果的性质、风险发生的概率和风险后果大小三个方面进行，对不同的风险可用不同的处置方法和策略，对同一个项目所面临的各种风险，可综合运用各种策略进行处理。

1. 预防风险

预防风险是指采取预防措施，以减少损失发生的可能性及损失程度。预防风险涉及一个现时成本与潜在损失比较的问题。

预防风险的策略通常采取有形和无形两种手段。有形手段主要是工程技术法，它是以工程技术为手段，消除物质性风险威胁。无形手段有教育法和程序法两种。教育法主要是通过对有关人员进行风险和风险管理教育，以减轻与不正当行为有关的风险；程序法是指以制度化的方式从事文化产业项目活动，减少不必要的损失。

但是，因为不是所有的风险都能够预防，所以文化产业项目组织必须建立一个应对意外事件的计划，使其在必要时能够以可控的及有效的方式做出反应。

2. 回避风险

回避风险是指通过改变文化产业项目计划以消除风险或风险条件以保证项目目标的实现，这种技术把风险因素控制在风险发生之前，而其他技术只能减少损失发生的概率和损失的严重程度。这是最彻底的控制风险技术。当文化产业项目风险潜在威胁发生可能性太大，损失也很严重，而且又无法转移和不能承受时，就要主动放弃项目或改变项目与行动方案，从而回避风险。项目团队不可能回避所有风险，但是可避免一些具体的风险。例如，对于存在不成熟性的技术坚决不在项目实施中采用，就是一种项目风险回避的措施。

文化产业项目管理者在采用回避措施来处理风险时必须考虑以下几方面的因素：

(1) 对文化产业项目而言，某些风险不可能回避，如地震、水灾、疾病、死亡、世界性的经济危机、能源危机等。

(2) 对某些风险即使可以回避，但从经济效益来衡量时也许不适当。项目组织固然可以选择不从事任何风险性项目活动来回避风险，但从正常情况来看，项目组织没有任何项目活动自然也就没有任何收入，当然也就无法赚取利润。同时，项目组织在成本和效益的比较分析下，当回避风险所花的成本低于回避风险所产生的经济效益时，如果仍然采取回避风险的方法，在经济上是得不偿失的。

(3) 回避了某一风险有可能产生另外新的风险。例如，文化产业项目的实施需要购买一些大型设备，用汽车运输大型设备可能产生道路事故风险，准备改用船运，此时又产生了新的船舶失事的风险。

综合考虑以上因素，以下两种情况适合采用风险回避办法：第一，某种特定风险所致的损失概率和损失程度相当大；第二，应用其他风险处理技术的成本超过其产生的经济效益，采用风险回避措施可使文化产业项目受损失的可能性最小。

回避风险的具体方法有两种：一是放弃或终止某个项目的实施或运营，在尚未承担风险的情况下，拒绝承担风险。二是改变项目的性质，在已承担风险的情况下，通过改变工作地点、工艺流程等途径避免未来生产活动中承担的风险。

3. 转移风险

转移风险是将文化产业项目本身面临的损失风险转移给其他个人或单位去承担的行为。转移风险又叫合伙分担风险，指通过应对措施将风险的影响转移给第三方，其目的不是降低风险发生的概率和损失的大小，而是借助合同或协议，在风险事故一旦发生时将损失的一部分转移到项目以外的第三方的身上。这类风险控制措施多数是用来对付那些概率小，但是损失大，或项目组织很难控制的项目风险的情况。例如，通过合同或购买保险将项目风险转移给分包商或保险商的办法就属于这类措施。风险转移具体有两类方法：

(1) 非保险转移方法。非保险转移方法是借助合同或协议，将损失的法律责任转移给非保险的个人或群体。它又有两种：一是出售；二是分包。

出售是通过买卖契约将风险转移给其他单位，这种方法在出售项目所有权的同时也就把与之有关的风险转移给了其他单位。这种出售有些类似于避免风险的放弃行为，但区别在于风险有了新的承担者。

分包就是通过从文化产业项目执行组织外部获取货物、工程或服务而把风险转移出去。例如，对于有些文化产业项目而言需要进行一定的建筑施工，高空作业的风险较大，利用分包合同能够将建筑工程的任务交给专业的建筑工程队，从而将建筑工程的人身意外伤害风险和第三者责任风险转移出去。

(2) 保险转移方法。保险是指合同双方当事人约定，一方交付保费，他方承诺于特定事故发生后，承担经济补偿责任的一种合同。保险是一种通过转移风险来对付风险的方法。通过保险机制，社会上众多的经济单位结合在一起，建立保险基金。面临风险的文化产业项目组织，以财务上确定的小额支出参加保险，从而将风险转移给保险公司(实际上是所有向保险公司投保的投保人)，当风险事故发生时就能获得保险公司的补偿。保险是转移纯粹风险非常重要的方法。

4. 减轻风险

相对于风险回避而言，减轻风险措施是一种积极的风险处理手段，是指项目组织对不愿放弃也不愿转移的风险，通过降低其损失发生的可能性，缩小其后果不利影响的损失程度来达到控制目的的各种控制技术或方法。

减轻风险是将风险的概率或其影响降至可接受的水平。一般而言，采取预防措施阻止或减轻风险发生比风险发生后再弥补其造成的损失费用要低、效果要好。例如采用成熟的技术可减少文化产业项目产品可能面临的风险。减轻风险要按照已知风险、可预测风险和不可预测风险来分别对待。对已知风险，可以在很大程度上加以控制，使其风险减轻。对于可预测风险，可以采取迂回策略，尽量将每个风险因素都减少到可接受的水平上。对于不可预测的风险，要尽量使之转化为可预测风险或已知风险，然后加以控制和处理。

按照执行时间分，即以减轻风险措施执行时间为标准，可分为损失发生前、损失发生时和损失发生后三种不同阶段的损失控制方法。应用在损失发生前的方法基本上相当于损失预防，而应用在损失发生时和损失发生后的控制实际上就是损失抑制。

(1) 损失预防。损失预防是指在损失发生前为了消除或减少可能引起损失的各项因素所采取的具体措施，也就是消除或减少风险因素，以便降低损失发生的概率。它从化解文化产业项目风险产生的原因出发，控制和应对项目具体活动中风险事件的措施。例如，对于可能出现的项目团队冲突风险，采取双向沟通、消除矛盾的方法去解决问题就是一种风险化解措施。损失预防不同于风险避免，损失预防不消除损失发生的可能性，而风险避免则使损失发生的概率为零。

(2) 损失抑制。损失抑制是指在事故发生时或事故发生后，采取措施减少损失发生范围或损失程度的行为。损失抑制措施大体上分两类：一类是事前措施，即在损失发生前为减少损失程度所采取的一系列措施；另一类是事后措施，即在损失发生后为减少损失程度所采取的一系列措施。在损失发生前所采取的损失抑制措施，有时也会减少损失发生的可能性。损失发生后的抑制措施主要集中在紧急情况的处理，即急救措施、恢复计划或合法的保护，以此来阻止损失范围的扩大。

5. 接受风险

接受风险是指项目团队决定不变更项目计划而是面对项目风险，接受风险事件的后果，这是自己承担风险的一种风险处理方式。当对项目中的某一风险，其他风险管理技术无法实施或可能实施效果不好，而且成本较高时，只有选择接受风险。接受可以是主动的、积极的，也可以是被动的、消极的。

如果在风险管理规划阶段已对一些风险有了准备，风险管理者识别了风险的存在并对损失后果做了详细的评估，考虑了各种风险管理技术的优缺点后，从而决定将风险损失的全部或部分由项目人所承担，所以当风险事件发生时马上执行应急计划，这是主动接受。

被动接受风险是指由于认识的限制，没有识别到某风险的存在，或对损失后果估计不足，而被迫接受风险，它的损失数额一般不大，不影响项目大局，通常将损失列为费用处理。

6. 风险应急措施

这类项目风险应对措施是针对文化产业项目中可能出现的、可以预料风险来源以及发生过程而制订的计划。它是应对无预警信息风险事件的一种主要措施。例如，在文化产业项目施工过程中可能发生火灾，在场地事先准备好各种灭火器材以对付可能出现的火灾，这种就属于风险应急措施。

二、文化产业项目风险的监控

（一）文化产业项目风险监控的含义

文化产业项目风险监控就是通过对项目风险规划、识别、分析、评价、应对全过程的监视和控制，从而保证风险管理能达到预期的目标，它是文化产业项目实施过程中的一项重要工作。监控风险实际是监视项目的进展和项目环境，即项目情况的变化，其目的是核对风险管理策略和措施的实际效果是否与预见的相同；寻找机会改善和细化风险规避计划；获取反馈信息，以便将来的决策更符合实际。在风险监控过程中，及时发现那些新出现的以及随着时间推延而发生变化的风险，然后及时反馈，并根据对项目的影响程度，重新进行风险规划、识别、估计、评价和应对。

风险监控策略的基本原则是：在风险发生之前，控制风险要素，避免或减少风险的发生；在风险发生过程中，及时而有效地阻止或抑制事态的发展，以减轻损害程度；在风险发生后，迅速地对风险损失进行充分而有效的经济补偿，以便在最短的时间里排除直接损失以及对大型活动顺利进行的影响，最大限度地减少间接损失。

（二）风险监控的依据

（1）风险管理计划和风险应对计划。

（2）文化产业项目进展报告。随着项目的进展，在对项目进行评估和报告时，可能会发现以前未曾识别的潜在风险事件。应对这些风险继续执行风险识别、评估、量化和制订应对计划。

（3）文化产业项目评审。风险评审者检测和记录风险应对计划的有效性以及风险主体的有效性，以防止、转移或缓和风险的发生。

(三) 风险监控的内容

一个文化产业项目的风险可以分为系统性风险和非系统性风险。

系统性风险是指由于项目组织外部、不为项目组织所预计和控制的政治、经济、社会等环境因素造成的风险，是所有项目都面临的固有的风险。例如，酷暑、台风、暴雨等自然因素都会影响文化产业项目(在露天体育场举办演唱会、在公园里举办各类展览和表演等)的运作，甚至导致项目失败。

非系统性风险来自项目组织内部的微观因素。这种风险产生于项目组织或文化产业行业的独特事件，是总的项目风险中除了系统风险外的偶发性风险。例如，资金不到位、内部不团结等。这些因素都会直接影响文化产业项目的投资和进程，甚至会导致项目完全失败。

项目经理必须充分估计各种风险，及时防范和化解可能出现的问题，确保项目按计划推进。其中除了需要项目团队的应变能力和经验外，更重要的是要在计划阶段就留有余地，并事先对项目过程中可能发生的各种问题及处理方法提前做好预案。

风险监控就是要跟踪可能变化的风险、识别剩余风险和新出现的风险，修改风险管理计划，保证风险计划的实施，并评估风险管理的效果。它由两部分组成，即风险监视和风险控制。

1. 风险监视

风险监视是非常必要的，因为事件的影响是很难预计的。一般来说，风险的不确定性随着时间的推移而减小，这是因为风险存在的根本原因，是由于缺乏信息和资料，随着文化产业项目的进展和时间的推移，有关项目本身的信息和资源会越来越多，对风险的把握和认识也会变得越来越清楚。因此，在风险监视中可能会发现做出的决策是错误的，一旦发现错误就要尽早承认和立即采取纠正行动。

风险监视一日不可缺。如果发现已做出的决策是错误的，就一定要尽早承认，立即采取纠正行动。如果决策正确，但是结果却不好，这时不要惊慌，不要过早地改变正确的决策。频繁地改变主意，不仅会减少应急的后备资源，而且还会大大增加项目阶段风险事件发生的可能性，加重不利后果。

2. 风险控制

风险控制是为了最大限度地降低风险事件发生的概率和减小损失程度而采取的风险处置技术。在风险控制上，一般可采取以下措施：

(1) 建立文化产业项目风险控制体制。在文化产业项目开始之前，要根据项目风险的识别和分析报告所给出的项目风险信息，制定出整个项目的风险控制的大体方针、具体程序，以及项目风险控制的管理体制。这包括项目风险责任制度、项目风险信息报告制度、项目风险控制决策制度和项目风险控制的沟通程序等。

(2) 确定要控制的具体文化产业项目风险。要根据项目风险识别与分析报告所列出的各种具体项目风险，确定出对哪些项目风险要进行控制，对哪些风险可以容忍并放弃对它们的控制。通常这要按照项目具体风险后果严重性的大小和风险的发生概率，以及项目组织的风险控制资源情况去确定。

(3) 确定文化产业项目风险的控制责任。这是分配和落实项目具体风险控制责任的工作，所有需要控制的项目风险都必须落实负责控制的具体人员，同时要规定他们所负担的责任。

(4) 确定风险控制的计划和方案。为了更好地进行项目的风险控制,必须做好相应的时间计划和安排。没有时间安排和限制,多数项目风险问题都不能有效的加以控制。许多项目风险损失都是因为错过了风险控制的时机造成的,所以必须制订严格的项目风险控制时间计划。根据风险的特性和时间计划,项目风险控制人员必须制订出各具体项目风险的控制方案。

(5) 实施与跟踪具体文化产业项目风险控制。在实施项目风险控制活动时,必须不断收集风险事件控制工作的信息并给出反馈,即利用跟踪去确认所采取的项目风险控制活动是否有效,项目风险的发展是否有新的变化等。这样就可以不断地提供反馈信息,从而指导项目风险控制方案的具体实施。根据文化产业项目风险的发展与变化,不断修订项目风险控制方案与办法。

(6) 判断文化产业项目风险是否已经消除。如果认定某个项目风险已经解除,则该具体项目风险的控制作业就已经完成了。若判断认为该风险仍未解除,甚至出现了因为采取了控制措施而引发第二次风险,就需要重新进行项目风险识别,这需要重新使用项目识别方法,对项目具体活动的方向进行新一轮的识别,然后开展新一轮的具体项目风险控制活动。

(7) 控制效果评价。风险控制效果评价是指对风险控制技术适用性及其收益情况的分析、检查、修正与评估。在一定时期内,风险控制方案是否为最佳,其效果如何,需要有科学的方法来评估。看风险管理效益的高低,主要看其能否以最小的成本取得最大的安全保障,而成本的大小则是为了采取某项风险处理方案所支付的费用及其机会成本,而保障程度的高低则要看采取了该方案所减少的风险损失。

本章小结

文化产业项目的效益评估是文化产业项目可持续发展的必然要求。开展文化产业项目的评估工作对于促进文化产业项目发展上水平、建品牌具有重要的意义和作用。文化产业项目效益评估具有现实性、客观性、公正性、全面性和针对性,在对文化产业项目进行评估时,对不同的被评估主体评估的要素应不同,应有针对性的对文化产业项目开展效益评估。

文化产业项目风险是影响项目目标实现的所有不确定因素的集合。项目风险管理是在项目过程中识别、评估和量化各种风险,采取必要对策控制能够引起不希望变化的潜在领域和事件。项目风险管理的目的就是把有利事件的积极结果尽量扩大,而把不利事件的消极结果降低到最低程度。

文化产业项目风险管理包括制订风险应对计划、风险识别、风险分析、制订风险应对措施和风险监控等。风险管理规划是规划和设计如何进行项目风险管理的过程;风险识别是对潜在风险领域的确定和分类;项目风险分析是对风险进行定性分析和定量分析,进而对风险进行处理,即考虑各种风险对策;最后是对整个风险管理过程进行监控。

风险管理是文化产业项目管理的重要组成部分。通过风险管理,项目组织能有效地保证文化产业项目的顺利进行,寻找项目实施的最大保障,最终使文化产业项目的总目标最佳地实现。

◆ 思考题

1. 文化产业项目效益评估的内容有哪些?

2. 文化产业项目风险识别的方法有哪些?

3. 举办一个大型活动项目可能存在的风险有哪些?

4. 如何应对文化产业项目管理过程中所遇到的风险?

5. 如何建立风险监控体制?

案例分析

新冠肺炎疫情对我国文化产业的影响

2020年年初，突如其来的新冠肺炎疫情使电视剧、电影停拍，剧组工作人员在一段时间内面临失业的困扰，相关投资方也不得不面对停拍期间产生的场地、设施、人员等额外成本，在疫情结束后还需重新协调演员档期，一些中小型影视公司甚至将面临倒闭的危机。

1月23日，包括《唐人街探案3》《夺冠》《囧妈》在内的多部影片宣布退出春节档；1月27日，横店影视城宣布暂时关闭，大量在拍影视剧停工；1月28日下午，应国家广电总局要求，各大卫视宣布将减少娱乐性节目的播出，原定节目将让位于新冠肺炎疫情报道……

对于这些电影的出品公司而言，上映时间越往后拖，宣发节奏、档期竞争等各种因素将在很大程度上影响票房收入，如同在非典时期撤档的《炮制女朋友》《紫蝴蝶》等电影，票房一路遇冷，片方损失惨重，电影复映后成本能否收回尚不可知。

而对于三四线城市的小影院来说，此次撤档对于它们更是一次不小的打击。春节历来是小影院赚钱的最佳时机，每年春节档的票房收入占影院全年收入的1/3以上，经历这次事件后其能否撑过今年还是一个未知数。

除电影院线外，线下演出业也遭受重创。为防止疫情进一步扩散感染，1月23日故宫宣布自2020年1月25日起闭馆，开放时间另行通知。另外，各地景区也陆续停止开放，图书馆、博物馆相继宣布闭馆，春节期间的庙会、集会等娱乐活动也被取消。

据澎湃新闻发布的相关数据显示，疫情期间上网(73%)、游戏(56%)、影音(44%)成了人们宅在家中打发时间的主要选择，而线上文娱产业也在春节期间迎来了一波小高锋。

在短视频领域，成为央视2020年春晚独家互动合作伙伴的快手应用商店下载量飙升，并在1月24日成功登上了免费榜单第一的位置；另外，在春晚直播期间，全国观众参与红包互动累积次数达到639亿，创春晚视频点赞纪录新高。短视频领域的另一巨头“字节跳动”也在春节期间收获了大批用户。1月23日，电影《囧妈》投资方欢喜传媒与字节跳动达成协议，《囧妈》将在抖音、西瓜视频等网络平台免费在线播出，开业内春节档电影在线播放之先河。在此消息公布仅一天后，字节跳动旗下的西瓜视频就打败快手登顶应用商店免费榜，其下载量持续走高；而电影资方欢喜传媒港股也疯涨43.07%，市值增长18.6亿港元。电影《囧妈》的在线播放成绩也同样喜人。截至1月27日零时，其在抖音、西瓜视频、今日头条、抖音火山版及智能电视鲜时光的三日总播放量超过6亿，总观看人次1.8亿。

在电视领域，春节后各省级卫视收视率达到了0.58%，较之节前上涨了23%；除此之外，线上电视剧的播放量也有大幅度的上升。截至1月28日，腾讯视频独播的《三生三世枕上书》已有超9亿次的播放量；上映仅四天的电视剧《下一站是幸福》在芒果TV上的播放量也已突破1.7亿。

春节期间，遭遇了肺炎疫情的“不速之客”，文娱产业的线下和线上，迎来了冰火两重天的无奈处境。

（资料来源：新冠肺炎导致线下娱乐几乎停摆，下半年影视行业仍将面对“疫情”后遗症，https://mp.weixin.qq.com/s/THGaxogEs8BPWmECZf-20w.）

思考题

结合案例，分析线上线下文化产业项目在同样的风险中面临的考验有何不同？结合文化产业项目风险管理的知识，如何在风险中降低项目损失？

实务训练

以小组为单位，评估本小组所策划项目的效益问题，并做出项目风险计划。

第八章　文化产业项目策划书与相关文案的撰写

本章结构图

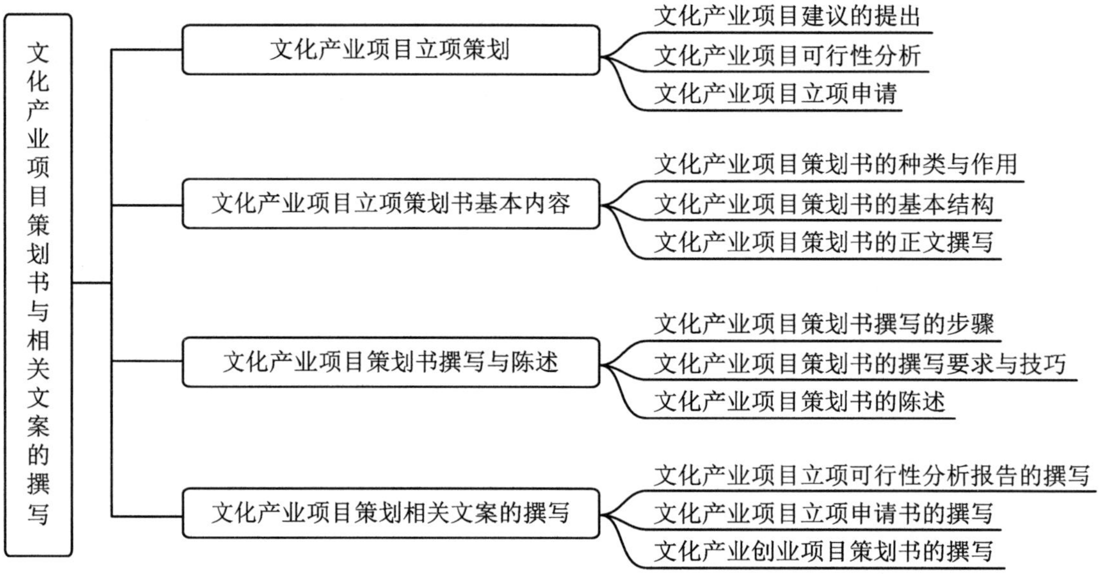

学习目标

1. 了解文化产业项目策划书的作用，文化产业创业项目计划书撰写。
2. 掌握文化产业项目立项策划书的基本结构与内容，文化产业项目可行性分析报告撰写。
3. 理解文化产业项目策划书的撰写要求。

【导入案例】

电视项目策划书的撰写

一、项目意义。电视项目策划书要明确做这个项目、这部作品的初衷。这部分最能反映策划人的思想维度与创作理念。精彩的策划书能从中看到专业、思想、情怀和诉求。

二、项目内容。不同性质的电视项目会有完全不同的呈现方式。这部分考量的是策划人的案头准备和知识积累。对于电视项目的表现主体，是否具备思考研究、总结归纳、辨别取舍的能力。

三、项目风格。项目风格指电视项目最终是以什么模样面世，成为一部什么样的电视作品。以电视纪录片为例，项目风格要明确的是作品的结构、节奏、讲述方式、呈现方式等。

这需要策划人将导演构想、摄像风格、剪辑特色甚至包装特点都囊括进来。

四、项目预算。这是广电市场化转型过程中,电视项目策划书中非常重要的一部分。它需要结合电视生产创作中的各环节,结合当下的市场行情、业内信息,结合项目预期呈现效果等因素,来进行全面细致的测算。这其中某一个环节的信息误判,就有可能导致项目实操阶段的被动与困扰。这是市场化运营背景下一个非常显著的特点。

五、项目周期。含前期文案创作、团队组建、前期勘景、文案案头修正、前期拍摄、后期制作、作品修改等多个阶段。

六、项目市场预估。项目市场预期部分既需要电视专业知识,更体现对政策、市场的把握。这部分要就电视作品面世后,市场认可度如何,有无潜在价值可以挖掘,能否进行衍生产品的开发等,做有理有据的专业性分析。以市场为核心的分析,是电视项目市场运行中,投资方最看重的一部分。这部分包含的内容相当宽泛,特别是在市场化运作的背景下,项目市场预估需要做细致严密的市场调查和收视预判。要从政策导向、社会形势、项目吸金力、项目聚焦度、播出平台、覆盖人群、观众构成、项目衍生产品等多个维度进行分析研判。

(资料来源:宋沈平.广电市场化转型背景下电视项目策划书的写作[J].科技传播,2019(1).)

你认为一份成功的项目策划书应该如何去撰写?

第一节　文化产业项目立项策划

一个文化产业项目从最初的构想,到文化企业根据宏观背景、产业环境和自身的微观条件分析,进行文化市场的细分,再到市场目标确定和项目定位,拟进行的文化项目逐渐清晰,但项目到底能不能做,还要进行项目的可行性分析,直至撰写出项目策划案和项目建议书,向有关管理机构报批,申请立项。

一、文化产业项目建议的提出

文化产业项目建议是在对项目进行需求分析和项目选择的基础上提出的。

(一) 文化产业项目需求分析的含义及内容

文化产业项目需求分析是文化产业项目发起人或项目投资者,通过对市场需求、社会需求、公众需求以及项目发起人或项目投资者自身发展需求等方面的综合分析,确定项目的方向及项目投资必要性的项目准备工作。

文化产业项目需求分析在综合分析基础上,明确了项目方向和项目目标,以保障项目的经济效益,增强项目竞争力,提升项目服务水平。

文化产业项目需求分析内容主要包括:① 发现问题并提出项目设想;② 分析项目机遇和条件;③ 分析需求提出项目提案。

(二) 文化产业项目选择

项目发起人在充分进行文化产业项目需求分析和环境条件研究的基础上，要积极寻找、识别并提出可行的项目方案，并进行可行的项目选择。

1. 文化产业项目选择的要求

选择的文化产业项目要有较高的艺术水准，因为文化产业是文化经济，要求有较高的艺术水准和深度的创意；文化产业项目还要符合目标受众的需求，项目产品能满足受众需求；一些文化产业项目，特别是大型的文化活动，一般需要企业的赞助，所以项目要能够满足赞助商的利益目标，如提升企业形象及品牌的知名度，增加产品销售等；另外，更重要的一点是，文化产业项目还必须符合国家的法规政策及导向等。

2. 文化产业项目选择的程序

第一步，寻找并提出文化产业项目建议，包括以下几种情况：

(1) 根据市场需求研究，提出有意义的文化项目建议与项目方案。

(2) 根据政府、主管上级，以及政府相关机构、集团、中心的提议、命令和委托等承接的相关文化项目。

(3) 承接合作单位或意向合作单位的文化项目提议。

第二步，文化产业项目部门内部立项，并组建文化产业项目策划小组。

第三步，进行文化产业项目方案的调研、咨询与讨论，选择出满意的文化产业项目，内容包括：

(1) 文化产业项目的效益性判断。效益性是选择文化产业项目的逻辑起点和归宿，文化产业项目效益既是经济效益、社会效益、文化效益、生态效益的统一，也是微观效益与宏观效益的统一，又是近期效益与远期效益的统一。

(2) 文化产业项目的可行性判断。项目的可行性是项目决策的前提。文化产业项目的可行性判断应首先分析项目所涉及的人力、财力、物力能否满足项目活动的需要，充分论证项目的竞争能力、发展潜力及其影响力，以及项目的投入产出比、项目周期长短等。

(3) 文化产业项目的创新性判断。创新是文化产业项目的灵魂，因此所选择的文化产业项目必须充分体现出创新性。

(4) 文化产业项目的灵活性判断。环境是影响文化产业项目顺利进行的重要因素。无论是内部环境还是外部环境都会对文化产业项目活动产生不可预知的影响。因此，文化产业项目选择应确保所选择项目的灵活性，即项目应能够根据实际情况随时调整方案，以确保项目的实施效果，或能将损失降到最低。

(三) 文化产业项目建议

在完成文化产业项目需求分析和项目选择工作的基础上，项目发起人应提出有意义的文化产业项目建议，并形成项目的提案或项目建议书。项目提案和项目建议书在作用和内容上基本是相同的，一般国外习惯使用项目提案的说法，我国习惯于使用项目建议书的说法。一个文化产业项目建议书一般主要包括以下内容：

(1) 项目目标。项目建议书首先应明确所建议的项目预期要达到的目标。一个文化产业项目的目标主要包括两个方面：一方面是项目产出物所要达到的目标要求，如项目产出物的质量、数量等；另一方面是有关项目工作的目标要求，如项目周期、成本等。一个文化产业项目建议书中所定义的项目目标应符合具体、可行、能够度量、便于检查和表达简洁等方面的要求。

(2) 项目任务和范围。项目建议书要根据项目目标界定项目的任务和项目的范围,包括阐明和界定项目要解决的具体问题、要满足的具体需求、项目的主要任务、项目最终成果的形式与内容,以及实现项目目标所需开展的主要活动等内容。项目建议书界定的项目任务和范围应达到表述明确、切实必要、有相应的资源保障和有一定的弹性等方面的要求。

(3) 项目工作和项目产出物的具体要求。项目建议书要以项目目标为依据,进一步规定和描述项目工作和项目产出物的具体要求,包括度量项目工作任务、绩效、质量、经济效益等方面的具体指标。文化产业项目建议书中有关项目工作和项目产出物的具体规定和要求,应是切实可行和能够度量的,因为这些是最终检验项目工作和项目产出物的基准。但文化产品不同于一般的产品,其形式包括有形的文化产品和无形的文化服务,由于文化产品的艺术性、文化性具有主观评判成分,而文化服务的评判就是一种主观的评判,因此在项目产出物的具体要求中更加复杂,有时无法量化和标准化。

二、文化产业项目可行性分析

项目可行性分析是项目策划的重要内容,它是对项目建议的论证,是进一步项目策划的关键。如果项目本身不可行却仍要实施,就会直接导致经济效益和社会效益不佳,失败的可能性很大。

(一) 文化产业项目可行性分析的含义

文化产业项目可行性分析,也称项目前评估,是项目投资决策之前对项目方案进行充分的分析、研究、讨论与评价的过程,是对项目方案在详细调查、周密研究的基础上所做的技术、经济、财务、社会、环境、法律及组织上的可行性论证和方案比较,并最终以可行性报告的形式发布。

文化产业项目可行性分析,又称项目论证,项目评估。可行性论证通常以组织专家进行讨论、分析、测评、认定的形式,对项目建议方案中不妥之处做适当的修改。论证时要求记录论证的会谈纪要,并要求专家出具意见书。专家在进行全面、深入、严格的论证后,出具论证意见书并签字。

(二) 项目可行性分析的必要性

对项目进行可行性分析的目的在于为投资决策从技术、经济等多方面提供科学依据,提高项目投资决策的水平,提高项目的社会效益和经济效益。项目可行性分析的必要性体现在以下几个方面:

(1) 是项目科学决策的依据。任何一个项目的成功与否都要受到经济、社会、自然环境、技术等多方面的影响和制约,存在许多不稳定因素。个人很难凭借经验把一个复杂的项目分析得很清楚,对项目进行可行性分析,有利于利用各种专项方法有层次全面地分析和识别相关因素,从而依据分析论证的结果采取有效措施,修改项目策划方案,提高项目的效益,实现项目决策的科学化。

(2) 是项目筹集资金的依据。项目可行性分析结果是文化产业项目能否筹集资金的基础。银行的项目贷款融资、企业的项目赞助、社会的投资等方式的筹集资金判断依据就是项目的可行性分析，所以项目可行性分析是项目筹集资金的重要依据。

(3) 是项目计划的基础。项目计划是在项目策划方案和可行性分析之后，从前到后一步步地详细计划。项目计划严格按照批准的项目策划案和可行性分析报告的内容进行，不能随意改变前者规定的规模、标准、项目目标等指标和内容。如果有具体的情况变化，则需要再次进行项目可行性分析。

(4) 是项目组织机构和项目团队组建的依据。项目可行性分析报告中，一般都要对各项目干系人进行分析，这些影响到项目组织管理机构和项目团队及人员的组建。

(5) 是项目实施与控制的依据。项目策划案和项目可行性分析报告中对项目的性质、任务、时间、市场定位等都做了详细的说明。批准后的项目可行性分析报告是项目经理安排各项工作的依据，可以作为项目编制计划和实施的基准文件。

此外，项目可行性分析报告还是项目相关部门审查、审批的依据，是寻找合作单位、签订有关合同的依据，是项目评估和后评估的依据等。

(三) 文化产业项目可行性分析的三个阶段

文化产业项目可行性分析是一个由粗到细、由浅入深循序进行的过程。一般可以分为如下三个阶段：

1. 项目机会分析

项目机会分析是项目可行性分析的初始阶段，是鉴定项目的投资机会，目的在于寻求那些可能会有良好发展的投资项目，能给企业带来赢利，能给国民经济带来多方面好处的投资项目。项目机会分析早在进行项目构思或项目策划之时就已经开始，并体现在项目策划方案和项目建议书中。项目机会分析与评价一般包括地区评价、行业评价和资源评价三部分内容。

地区评价主要是通过对地理位置、自然特征、民族特性、人文习俗、地区经济结构、经济发展状况、教育文化程度、消费特色等方面的分析来选择项目，这在项目市场分析时就已经进行了；行业评价主要是通过分析行业的特征、企业或合作投资者在行业中所处的地位和作用、增长状况等进行项目的方向性选择；资源评价对文化产业项目具有决定性的意义，它是对文化产业项目能利用的资本、技术、专利、文化资源的丰富程度和质量高低的分析和评价。

2. 项目初步可行性分析

项目初步可行性分析与评价是在项目机会分析的基础上，对项目方案进行初步的技术、经济和社会环境的分析与评价，是对项目是否可行做出的初步判断。它是介于项目机会研究和详细项目论证之间的一个中间阶段。项目初步可行性研究的重点，主要是根据国民经济和社会发展的长期规划、行业规划和地区规划以及国家产业政策，从宏观上分析和论证项目建设的必要性，并初步分析项目建设的可能性。如果经过项目初步可行性研究，判断该项目是有生命力的，并有必要进行投资建设，即可进行进一步的项目可行性研究。如果在项目初步可行性分析阶段就判断项目不可行，此项目提议就此终止，不需要进入下一阶段的详细分析。需要指出的是，不是所有的项目都要进行初步可行性分析，一些小型的项目，在明确了项目投资机会后，可以直接进行项目可行性分析。项目初步可行性分析的结果将形成项目初步可行性分析报告。

3. 项目详细可行性分析

在项目初步可行性分析的基础上通过对与项目有关的文化资源、工程、技术、经济等各方面条件和情况进行详尽、系统、全面的调查研究与分析，对各种可能的建设方案和技术方案进行详细的比较论证，并对项目建成后的经济效益、社会效益进行预测和评价，是文化产业项目进行评估和决策的重要依据。对项目进行详细的可行性分析，可综合利用各种专项方法、有层次地对项目进行全面分析和识别相关因素，从而依据分析论证的结果采取有效措施，修改项目策划方案，有利于提高项目的经济效益和社会效益，实现项目决策的科学化。项目详细可行性分析的结果是项目详细的可行性研究报告。

（四）文化产业项目可行性分析的内容及方法

文化产业项目可行性分析的内容主要包括以下几个方面：

(1) 技术可行性论证。技术可行性论证是指对项目实施中可能遇到的各种技术问题能否解决进行论证。技术可行性分析往往表明一个项目在技术上是否能够实现项目目标要求，保证项目质量。一般而言，技术可行性分析首先经过市场调查，列出实现策划内容的实现手段，然后分析其技术成熟度，实现可能性，以及从成本和效果方面综合考评并选择。常用的方法是有利部件分析法，它是对用于共同目的的各种产品信息进行收集和整理，并且在非成本的其他方面进行比较的一种方法。有利部件指的是项目的重要组成部分，包括设备、软件系统或其他某些重要成分。比如，举办会展所需要的展台搭建技术、舞台演出所需要的灯光技术、动画制作所需要的 CGI 制作技术等。

(2) 经济效益可行性论证。项目经济效益可行性论证是分析项目对本公司的财务贡献。包括项目的支出组成与数额、项目的收入构成与数额、项目的资本结构、本公司承担项目的财务能力和融资能力、项目投资回报率等。鉴于文化产业项目较短，可采用账面数额直接核算。

(3) 社会环境可行性分析。社会环境可行性分析是评估项目产生的社会影响，如，是否有利于公司形象的宣传，是否有利于维护公司与政府有关部门、合作单位的关系以及项目与法律、环境保护、社会公众的关系等。在社会环境可行性分析中，大多采用调查问卷或专家评估的方式，了解确认项目建议书和策划案中关于这些内容的预测和规划。

(4) 组织机构可行性分析。组织机构可行性分析是评估公司的组织结构对项目成败的影响。

文化产业项目可行性分析的方法，主要采用专家审核论证。专家审核论证是由专家审核上述各项内容，由相关工程的技术人员和专家顾问人员，审核上述第(1)、(3)(不包括法律部分)和(4)项内容；由公司的法律顾问审核第(3)项中的法律内容；由公司的财务部门分析第(2)项的内容，并都要出具审核内容的意见书。

（五）撰写文化产业项目可行性分析报告

经过三个阶段的项目可行性分析，明确了可行性分析的主要内容，我们就要进行项目可行性分析报告的撰写，提出分析报告的结论，配合项目立项策划书提交给领导审核，以便领导的项目决策。有的项目还要提交相关管理部门审核，也需要提交项目可行性分析报告。项目可行性分析报告的具体撰写，在本章第四节具体阐述。

三、文化产业项目立项申请

项目的可行性分析得出了项目可行的结论后，文化产业项目发起人，以书面报告的形式向相关行政主管部门进行项目申请，即提交项目的立项申请。项目只有最终获得相关行政主管部门批准或承认，才能够进入下一阶段的工作。关于文化产业项目立项申请书的撰写，我们在第四节中具体阐述。

第二节　文化产业项目立项策划书基本内容

文化产业项目策划书既是艰苦的文化产业项目策划工作的表现形式，也是下一步实施文化产业项目活动的具体行动指南。任何一种文化项目策划，只要通过项目策划书的内容就可以了解策划者的意图与观点。

一、文化产业项目策划书的种类与作用

（一）文化产业项目策划书的含义

文化产业项目策划书又叫文化产业项目策划文案、项目策划方案，是将文化产业项目策划人的创意思想与创新概念转化为一种具体的、有形的、看得见的物质载体。文化产业项目策划书是文化产业项目策划工作的进一步深化、升华和文字化，是文化产业项目策划人为实现企业文化项目策划目标的行动指南和行动方案。

（二）文化产业项目策划书的种类

1. 按策划对象及应用范围划分

（1）新产品（项目）文化产业项目策划书——策划型。新产品（项目）文化项目策划书是为公司尚未推出的产品、服务、产品线实现一定的市场目标而做出的全盘文化项目计划。在项目启动之前，制订一份完整的新产品（项目）策划书是完全有必要的。即使这个阶段的一些市场信息仍不是很明确，但仍需在投入大量资源之前尽早做出筹划，这样可以提高企业投入文化项目资源的有效性、竞争性。

（2）文化产业项目诊断书——诊断型。企业在运营活动中不可避免地会出现各种问题，有了问题就要找出原因所在，提出改进的对策和方法。这就是文化产业项目策划中文化项目诊断书所要解决的问题。文化项目诊断书通过分析调查企业经营的实际状况，发现运营中存在的问题，然后运用科学的方法，有针对性地进行分析，查找产生问题的原因，提出切实可行的改进方案，从而调整行动方向，绕过阻碍，以最小的代价实现企业目标。

（3）年度文化产业项目计划书——计划型。计划型年度文化产业项目计划书是企业提前对下一年的文化产业项目工作做出的规划。年度计划书需要接受企业高层管理人员的正式审核、批准，一般为当年年底做出，一年一次，当然也要随着环境的变化做出相应的调整和

修改。

2. 按照策划书呈报对象划分

按照策划书呈报对象的不同，可把文化产业项目策划书分为内部项目策划书和外部项目策划书两大类。每一大类中又可按照具体内容细分出许多不同主题的策划书，如市场调研策划书、产品策划书和促销策划书等。内部文化项目策划书是呈报给企业的各级领导，供其作为决策依据的策划书。

内部文化产业项目策划书是绝密级的，要求在以下方面有详细说明，并对外严格保密：策划实施方面的人际关系对策；策划实施方面的相关组织与团体对策；策划实施中的资金对策；策划实施中的传播媒介关系对策；策划实施中的障碍因素及消除对策；与策划实施有关的政府机构对策；与策划实施有关的法律问题。

外部文化产业项目策划书是呈报给企业的顾客或经营伙伴等，以及与企业经营相关的个人、组织或机构的策划书。外部文化项目策划书是非绝密文件（但对一般公众仍旧保密）。在外部文化项目策划书中应把握好保密的“度”；应站在对方的立场上，使语言、思路都让对方满意；强调策划给对方带来的利益。

（三）文化产业项目策划书不同于市场调查报告

市场调查报告是策划活动的一个环节，重点在于通过市场调研，判定或判断策划活动是否具有可行性、可操作性与现实性。市场调查的过程是一种去粗取精、去伪存真的过程，市场调查报告既可能认可原有的策划，也可能推翻或者部分修改原有的创意与策略。因此，市场调查报告形成的过程是整个策划活动中极为重要的组成部分。

文化产业项目策划书是策划活动的另一个环节，重点在于在已经具有可行性的市场调查报告的基础上，着手绘制一幅总的蓝图、方案、设计和规划。文化产业项目策划书的形成，标志着策划活动走向了成熟阶段，为策划的操作和实施提供了可以依据的行动指南。

这两者的区别就在于在整个策划活动中所处的阶段不同、侧重点不同，其地位与意义自然也就不同。它们之间有一种相互依存的联系，即只有建立在市场调查报告基础之上的文化产业项目策划书，才具有充分的可行性和现实性。离开了市场调查，文化产业项目策划书便成了无源之水、无本之木，也就没有科学的依据了。而文化产业项目策划书则是市场调查报告的进一步深化和升华，它使策划活动向深层次发展。

（四）文化产业项目策划书不同于可行性论证报告

文化产业项目策划书是一份涵盖内容十分丰富的具有全方位、多视角、多层次的项目计划书，涉及人、财、物、制度、管理等多种因素。

可行性论证报告只侧重于计划本身是否具有可操作性的分析和计划的实施能否带来经济效益的一种评估。可行性论证报告只涉及文化项目策划书的一部分内容，属于局部的东西，它的侧重点在于分析、评估它的可操作性层面和技术层面，一般并不涉及项目实施中的管理因素、人的因素和对投资人在利益方面的回报及回报的方式等诸多方面的内容。

而文化项目策划书则是一幅宏伟蓝图，它涉及的内容、要求和目标都比较广泛。它不仅要在技术方面和产业化的模式方面进行详细的阐述和说明，同时更要对项目实施中的管理因素、人的因素和对投资人在利益方面的回报及回报的方式等诸多方面的内容加以分析和说明。

两者之间的联系在于：可行性论证报告是为文化产业项目策划书服务的，有了可行性论证报告作为前提条件，文化产业项目策划书就更加具有可操作性和现实性；否则，文化产业项目策划书操作性就不强，写出来的策划书也就没有多大的说服力。

（五）文化产业项目策划书的作用

文化产业项目策划书的作用可以归结为以下几个方面：

1. 反映文化产业项目策划的内容

文化产业项目策划书是项目策划的书面反映形式。因此，文化产业项目策划书的内容是否能准确地传达策划者的真实意图，就显得非常重要。从整个策划过程来看，文化产业项目策划书是达到文化产业项目策划目的的第一步，是文化项目策划能否成功的关键。

2. 说服决策者的手段

通过文化产业项目策划书的文字表述，首先使企业决策者信服并认同文化产业项目策划的内容，说服企业决策者采纳项目策划中的意见，并按项目策划的内容去实施。因此，如何通过文化产业项目策划书的文字表述魅力及视觉效果去打动及说服企业决策者，也就自然而然地成了策划者所追求的目标。

3. 执行和控制的依据

文化产业项目策划书不但包括项目战略和项目策略，而且还包括落实这些战略和策略的具体行动方案、项目活动的具体安排，并指导其活动。因此，文化产业项目策划书作为企业实施文化项目策划方案的依据，能使文化产业项目职能部门在操作过程中增强行动的准确性和可控制性。同时，策划书中的文化项目目标，还是策划方案实施以后测评策划实施效果的依据。

二、文化产业项目策划书的基本结构

文化产业项目策划书种类多样，我们这里主要介绍作为新项目策划的文化产业项目策划书撰写。文化产业项目策划书没有一成不变的格式，它依据产品或项目活动的不同要求，在策划的内容与编制格式上也有变化。但是，从文化产业项目策划活动的一般规律来看，其中有些要素是共同的。

（一）文化产业项目策划书的基本要素

关于文化项目策划书应该具备的基本要素，学术界有两种公认的基本观点。

第一种是“5W1H”观点，这种观点反映了策划界早期的认识水平，其内容是：What（什么）——策划的目标、内容；Who（谁）——策划的相关人员；Where（何处）——策划的场所和地点；When（何时）——策划的时间和日程计划；Why（为什么）——策划的原因和理由；How（怎么样）——策划是如何运行的。

另外一种是“5W3H”观点，这种观点反映了策划界对策划活动更深层次的认识，其内容是：What（什么）——策划的目标、内容；Who（谁）——策划的相关人员；Where（何处）——策划的场所和地点；When（何时）——策划的时间和日程计划；Why（为什么）——策划的原因和理由；How（怎么样）——策划是如何运行的；How（多少）——策划的总体预算；How（怎么样）——预测策划的结果和效益。

(二) 文化产业项目策划书的基本结构

一般情况下，文化产业项目策划书的结构框架应由封面、前言、目录、概要、正文、结束语、附录等部分构成，具体为：

1. 封面

文化产业项目策划书重在内容，但也不可忽略了封面的形象效用。项目策划书需要有一个美观的封面，这是因为阅读者首先看到的是封面，封面能在视觉效果上给人强烈的视觉冲击，从而给人留下良好的第一印象，进而有助于策划内容的形象定位。

封面可以起到美化、装饰策划书，清晰表明策划的标题，传达策划内容，表述在正文中不宜表达的内容等作用。封面设计的原则是醒目、整洁，切忌花哨，至于字体、字号、颜色，则应根据视觉效果具体考虑。

封面应该提供如下信息：

(1) 委托方。如果是受委托的文化产业项目策划，那么在策划书封面上要把委托方的名称列出来，如××公司××策划书。这里要注意不能出现错误，否则会给人留下不良印象。

(2) 标题。标题要简洁明了。有时为了突出策划的主题或者表现策划的目的，也可以加副标题或小标题。

(3) 策划者。一般在封面的最下部标出策划者。如果策划者是公司，则须列出企业全称。

(4) 日期。日期应以正式提交日为准，不应随随便便定一个日期，同时要用完整的年月日表示，如 2022 年 1 月 10 日。

2. 前言

前言一方面是对策划内容的高度概括和表述，另一方面在于引起阅读者的注意和兴趣，使其关注正文。前言的文字不能过长，一般不要超过一页，字数应控制在 1000 字以内。前言的具体内容如下。

(1) 简单阐述接受文化产业项目策划委托的情况。例如：××公司接受××公司的委托，就××活动进行具体策划。

(2) 进行策划的原因。将策划的重要性和必要性表达清楚，以吸引读者进一步去阅读正文。如果这个目的达到了，那么前言的作用也就被充分发挥出来了。

(3) 策划的目的及策划实施后要达到的理想状态。

(4) 策划及策划书的特色，策划过程的概略介绍，参加人员的情况，致谢等。

3. 目录

目录的作用是使文化产业项目策划书的结构一目了然，同时也使阅读者能方便地查询文化产业项目策划书的具体内容。因此，策划书中的目录不宜省略。但如果文化产业项目策划书的内容篇幅比较少，目录可以和前言同列。列目录时要注意目录中所标页数与实际页数必须一致，否则会损害项目策划书的形象。

4. 概要

概要是对文化产业项目策划书的总结性陈述，使阅读者对文化产业项目策划内容及策划结论有一个非常清晰的概念，便于阅读者理解策划者的思路、意图与观点。通过概要可以大致理解策划内容的要点。概要的撰写同样要求简明扼要，篇幅不能过长，但概要不是简单地把策划内容予以列举。概要的写作要注意以下几点。

(1) 选择适合自己的写作顺序。概要提示有的在撰写策划书正文前写就,这样可以使策划内容的正文撰写有条不紊地进行,从而能有效地防止正文撰写离题或无中心化;有的是在文化项目策划书正文结束后写就,这样简便易行,只要把策划内容归纳提炼就行了。

(2) 提纲挈领,勾画出策划的骨架。

(3) 巧妙地利用框图。

5. 正文

(1) 文化产业项目目标。

(2) 环境分析。

(3) SWOT 分析。

(4) 文化产业项目战略。

(5) 文化产业项目战术。

(6) 行动方案。

(7) 文化产业项目预算。

(8) 文化产业项目控制。

6. 结束语

结束语要与前言呼应,使策划书有一个圆满结束。

7. 附录

附录是策划方案的附件,附录的内容对策划方案起着补充说明的作用,便于策划方案的实施者了解有关问题的来龙去脉,为策划提供有力的佐证。凡是有助于阅读者对策划内容理解的可信资料都可以列入附录。但是为了突出重点,可列可不列的资料以不列为宜。

三、文化产业项目策划书的正文撰写

(一) 文化产业项目目标

文化产业项目目标部分主要是对文化项目策划所要实现的目标进行全面描述,它是文化项目策划活动的原因和动力。

(二) 环境分析

环境分析是文化产业项目策划的依据与基础,所有文化产业项目策划都是以环境分析为出发点的。环境分析一般应在外部环境与内部环境中抓重点,描绘出环境变化的轨迹,形成令人信服的依据资料。

1. 环境分析撰写要求

环境分析撰写要具有明了性和准确性。

所谓明了性,是指列举的数据和事实要有条理,使人能抓住重点。具体做环境分析时,往往要收集大量的资料,但所收集的资料并不一定都要放到策划书的环境分析中去,因为过于庞大繁杂的资料往往会减弱阅读者的阅读兴趣。如果确需列入大量资料,可以用"参考资料"的名义列在最后的附录里。因此,分析的明了性是策划者必须牢记的一个原则。

所谓准确性,是指分析要符合客观实际,不能有太多的主观臆断。任何一个带有结论性的说明或观点都必须建立在客观事实的基础上，这也是衡量策划者水平高低的标准之一。

2. 环境分析撰写的内容

环境分析具体包括哪些内容在第三章中已经阐述清楚，在这里再简要其内容。

（1）宏观环境状况。描述宏观环境的主要趋势（如人文、经济、政治法律、社会文化），阐述它们与本项目的某种联系。

（2）市场状况。列出目标市场近 3～4 年的数据，通过年度相对指标对比，得出分析结果。

（3）竞争状况。对主要的竞争者进行辨认，并逐项描述他们的规模、目标、市场份额、质量、文化产业项目战略和其他特征，从而恰如其分地了解他们的意图和行为。

（三）SWOT 分析

对企业内部环境的优势（Strengths）、劣势（Weaknesses）、外部环境的机会（Opportunities）、威胁（Threats）的全面评估称为 SWOT 分析。这一部分和前面的环境分析可以看作一个整体，而实际上在很多场合，一些文化项目策划书也确实是如此处理的。

在这一部分，要从上面的环境分析中归纳出企业的机会与威胁、优势与劣势，然后找出企业存在的真正问题与潜力，为后面的方案制定打下基础。企业的机会与威胁一般通过外部环境的分析来把握；企业的优势与劣势一般通过内部环境的分析来把握。在确定了机会与威胁、优势与劣势之后，再根据对市场运动轨迹的预测，就可以大致找到企业问题所在了。SWOT 分析的主要内容如下：

（1）机会/威胁分析。根据外部环境的分析，归纳出企业所面临的主要机会和威胁。

（2）优势/劣势分析。根据内部环境的分析，归纳出企业所具有的优势和劣势。

（3）综合分析。应用以上两部分的分析，确定企业必须注意的主要问题及发展的潜力。

（四）文化产业项目战略

文化产业项目战略主要由三部分组成，可以用文字表述，也可列表说明，即市场细分、目标市场、市场定位。

（1）市场细分。依据一定的细分标准，对市场进行细分。

（2）目标市场战略。选定企业准备进入的细分市场，并确定采用哪些策略。不同的细分市场在顾客偏好、对市场文化项目行为的反应、盈利潜力及企业能够或者愿意满足其需求的程度等方面各有特点，所以企业需要精心选择的目标市场上，慎重地分配其市场文化项目资源和能力。

（3）市场定位。在对市场分析和细分化的基础上，寻求建立某种项目或项目产品特色，通过为自己的项目或项目产品创立鲜明的个性，从而塑造出独特的市场形象来实现。

（五）文化产业项目战术

确定文化产业项目目标、目标市场和市场定位之后，就必须准备在各个细分市场所采取的具体文化项目策略，以及确定相关的文化项目组合策略。

所谓文化项目组合策略，就是企业的综合文化项目方案，即企业根据自己的文化产业项目目标与资源状况，针对目标市场的需要对自己可控制的各种文化项目或其产品因素（产品、价格、渠道、促销）进行优化组合和合理的综合运用。

(1) 产品策略,阐述产品体系、品牌体系、品牌管理、包装体系、包装设计等内容。

(2) 价格策略,阐述定价原则、定价方法、价格体系、调价体系等内容。

(3) 渠道策略,阐述渠道建设指导方针、渠道开发步骤、渠道网络架构、渠道激励措施等内容。

(4) 促销策略,阐述人员推销、广告、文化项目推广、公共关系的方式方法。

(六) 行动方案

要实施文化产业项目策划,各项项目策略还要转化成具体的活动程序。为此,必须设计详细的策略行动方案。通常,行动方案要落实人员安排、物资设备、时间计划、地点选择等具体问题。在行动方案中,需确定以下内容:

要做什么? 何时开始? 何时完成? 其中的个别作业为多少天? 个别作业的关联性怎样? 在何地? 需要何种方式的协助? 需要什么样的布置? 要建立什么样的组织机构? 由谁来负责? 实施怎样的奖酬制度? 需要哪些资源? 这些内容使策划活动由单纯的构想一步一步地付诸实施,并作为检验策划活动的标准。这是文化项目策划进一步具体化的表现,也是文化项目策划活动得以实施的必要保证。在这一部分中,一般写明以下两个方面内容:

1. 组织机构

在此应列明实施策划的组织机构及其相应的职责。对于专项的文化产业项目,企业一般要建立临时的专门机构来实施文化项目方案,临时机构的人员在企业的正式组织中抽调相关人员组成,或临时招聘一部分人员;对于常规的文化产业项目,一般不建立临时的组织机构,而是指定组织的相关部门的人员负责专项活动。

2. 文化产业项目行动程序安排

对于常规的文化产业项目,一般把行动的程序、负责人、预算及行动方案评估和控制方法等内容集中在一起,用图表列出。

文化项目行动的程序安排一般用甘特图和箭头线图表示,这样既能够使行动安排一目了然又能明确各项作业之间的关联性。

(七) 文化产业项目预算

在做文化项目预算费用时,策划者最好列出表格,列出总目和分目的支出内容,并计算出费用总额。这样既方便核算,又便于以后查对。注意:文化项目预算方案往往还列出估算的收入及利润金额。

(八) 文化产业项目控制

文化产业项目控制主要说明如何对计划的执行过程、进度进行管理,分为一般程序和例外管理两个方面的工作。

一般程序的常用做法是把目标、预算按月或季度分开,便于上级主管及时了解各个阶段的实施情况,掌握未能完成任务的部门、环节,分析原因,并要求限期做出解释和提出改进措施。

例外管理是指针对意外事件的应急计划。应急计划应扼要地列举可能发生的各种不利情况、发生的概率和危害程度,应当采取的预防措施和必须准备的善后措施。制订和附列应急计划,目的是事先考虑可能出现的重大危机和可能产生的各种困难。

第三节　文化产业项目策划书撰写与陈述

一、文化产业项目策划书撰写的步骤

(一) 文化产业项目策划书的框架构建

所谓构建文化项目策划书的框架，就是要在编写文化项目策划书之前，先用因果关系图（也称树状图）将策划的有关概念和框架汇集起来描述策划的整体构想，其目的在于将核心问题、内外环境因素及解决问题的思路清晰地展现出来。

(二) 文化产业项目策划书的资料整合

整理资料对于编写文化产业项目策划书十分重要。在汇集资料时，应先对资料加以整理、分类、筛选，再按照文化产业项目策划书的框架顺序一一选用，杜绝将无关紧要的资料硬塞进项目策划书中，影响文化项目策划书的质量。

(三) 文化产业项目策划书的文稿撰写

在完成以上几步准备工作后，文化产业项目策划书文稿可以按以下程序进行。

(1) 在框架基础上列出大纲。

(2) 细化大纲，列出大纲中各部分具体内容范围。

(3) 检查大纲结构及各部分的具体内容是否合理得当。

(4) 调整、确定各部分内容。

(5) 撰写 SWOT 分析，列出分析结果。

(6) 依据分析结果从构思要点出发写作策划核心部分的个别策划，即文化项目目标、战略和策略的策划。

(7) 写出策划书的概要提示，从而决定策划书的整体构成。

(8) 写出策划的实施计划及策划方案的控制措施。

(9) 补足其他部分。

(10) 统撰全篇，润色定稿。

(四) 文化产业项目策划书的版面设计

文化产业项目策划书的版面设计如果过于零散，将不利于使用者理解、阅读，因此应该统一文化项目策划书中各部分所使用的符号。具体应注意的事项如下：

(1) 确定版面的大小。

(2) 确定每页标题的位置。

(3) 确定版面中的文本、图片各自的位置。

(4) 确定页码的位置与设计。

(5) 目录的设计排列不应该一成不变，防止刻板老套。

(6) 多运用图表、图片、插图、曲线图及统计图表等，并注意辅之以文字说明，增加可读性。

(7) 通过每一页的策划识别符号来增加版面的美感。可以在标题前加上统一的识别符号或图案作为策划内容的视觉识别。

(8) 自行设计的文字符号将会产生意想不到的效果，应该适当加以应用。

(9) 标题可以分为主标题、副标题、标题解说等，通过这种简练的文字，使策划书的内容与层次一目了然。

(五) 文化产业项目策划书的完善与装订

1. 文化产业项目策划书的完善

文化产业项目策划书的完善，就是对文化产业项目策划书进行通篇复查，对重点内容进行审核，以修正错误与不妥之处，提高文化产业项目策划书的质量。文化产业项目策划书写作完成之后，要进行全面校正，也就是对项目策划的内容、结构、逻辑及文字等进行检查与修改。对文化产业项目策划书校正完毕以后，要将项目策划书从头读到尾，作最后的确认。通过这种方式来确认项目策划书内容及其表现手法是否合适，项目策划书文字是否有错误。

2. 文化产业项目策划书的装订

文化产业项目策划书的写作、校正工作完成以后，还要对文化项目策划书进行装订。一份装订整齐得体的项目策划书同样是项目策划工作顺利推进的重要内容之一。在装订项目策划书时要注意：文化项目策划书是否要分成若干册；各大部分之间是否使用分隔页；如果文化项目策划书内含彩色图片，则应灵活应用彩色复印；确定文化项目策划书的复印或印刷册数。

二、文化产业项目策划书的撰写要求与技巧

一份出色的文化产业项目策划书，仅仅掌握其书写结构与写作步骤还是不够的，还需一些基本要求与技巧，这样才能使策划书更具有说服性与实效性。

(一) 文化产业项目策划书的撰写要求

1. 文化产业项目策划书的表述要通俗

文化产业项目策划书是一种说服性材料，应该考虑使用者的思维习惯和理解能力。其体系要井然有序，具有较强的逻辑关系。各个部分之间要承上启下、顺理成章，局部内容也可采用通俗易懂的方法表达。所涉及的概念要深入浅出，使人易领悟；策划书中标明的总费用和明细费用详尽明确，使人知晓；策划书显示的方案全貌要使人一目了然。

2. 文化产业项目策划方案要有一定的弹性

文化产业项目策划方案的实施过程会受到众多因素的干扰，其中“人”的因素影响很大，往往易打乱策划方案的运行进程，因此策划书的执行进度与计划进度很难相符。过于刚性的计划进度不适于文化项目活动动态的背景环境；过于柔性的计划进度不利于控制文化项目活动的节奏，不便于规范文化项目操作质量。实践证明，在撰写文化项目策划书时，尽量使用具有较大弹性的计划方法，如甘特图表明文化项目的进度，以指导文化项目的进展。

3. 项目策划书要注意增强可信度

文化产业项目策划书中应用足以信赖的资料对文化产业项目策划的预期效果进行预测，同时对可能产生的成本收益状况也要一并说明。从说服的角度来看，如果将该企业或近似企业成功范例作为实证的依据，将会增大策划书被接纳的可能性。另外，对策划过程中遇到的难点问题不应回避，在策划书中阐明问题的实质，提出策划实施应特别注意的事项，并将其做成备忘录，简洁地附在策划书上。

4. 项目策划书要注意重点突出

当策划主体面对错综复杂的文化产业项目问题时往往产生很多想法，然而不可能把这些想法全部纳入策划书中；否则策划方案里面的构想、创意太多，目标分散，不易形成策划焦点，也会分散使用者的注意力，使其不易聚合能量解决要害问题。因此，撰写策划书的关键性要求是尽量浓缩精华，适当舍弃。

5. 项目策划书要独具风格

优秀的文化产业项目策划书往往显示出独特的策划风格，正是这种独特的思维方式和策划风格，使之别具魅力，从而才能抓住策划方案使用者的心理，引起共鸣，获得信赖。

（二）文化产业项目策划书的撰写技巧

文化产业项目策划书和一般文章有所不同，它对理解度、可信度、可操作性及说服力的要求特别高。因此运用撰写技巧提高理解度、可信度、可操作性及说服力是策划书撰写的目标。

在撰写文化项目策划书时应该注意运用以下技巧：

1. 恰当使用文字

文字表现是文化产业项目策划书的最基本的表现手法，比较适用于对概念、状况、策略等进行说明。它是框图、图表表现手法的支柱，是数据表现及视觉图片表现的补充。在撰写策划书时，应避免使用令人难以理解的措辞，要使用通俗易懂的文字、词汇和语句。文字表现的具体要求如下：

（1）文体统一。在整个策划书中前后文体必须统一，避免使用口语化的文体及过于书面化的文体，一般使用说明文体。同时要求策划用语统一、数字使用方法统一。

（2）文字简洁、准确。简洁在文字表现中是非常重要的，具体要求：一段文字最好掌握在40～50字；最好能将文字内容分条列出，这样做的最大好处在于即使不擅长写文章的人也能比较容易写作，而且这种方式能够明确文章主题，加深阅读者的印象。

（3）结论明确。文化产业项目策划书中应避免出现内容含糊、态度模糊的表述。例如，在文中出现“也许”“我想大概”等，容易给人留下策划者缺乏自信或过于主观的印象。

2. 正确运用各类图形

（1）框图。框图是将图形与文字二者结合到一起的表现形式，利用框图能够更好地表现策划的整体结构及策划内容相互间的逻辑关系，从而使阅读者更好地理解策划内容。

（2）表格。表格的类型有普通二维表、甘特图、网络工程推进表等。

① 甘特图。甘特图是一种用线条表示在一个时期内各项活动的关系和时间安排的表格，主要用于对各项工作进度计划的管理，其优点是简单明了。

② 网络工程推进表（箭头线图）。网络工程推进表是一种用网络图来表达策划的进度安排的手段，它反映了各项活动之间的相互关系，能把千头万绪、错综复杂的活动，在确定它

们的先后次序、所需的时间和相互衔接的关系之后用网络图表示出来，并通过数字计算，找出活动过程中存在的主要矛盾，再通过调整、平衡，使整个策划达到统筹兼顾、合理安排，以收到预期效果。

（3）图形。图形的类型及其作用如下：

① 柱形图。比较数值的大小，发现随时间推移的数值变化规律。

② 饼图。表现构成比例。

③ 面积图。同时表现时间变化及构成比例变化。

④ 散点图。表现分析对象的整体分布，发现其规律性。

⑤ 条形图。表现构成比例，比较随时间变化的数值关系。

⑥ 雷达图。变数较多时，表现各变数间的相关关系。

（4）图片。图片的种类有插图、设计图或透视图、照片、拼贴图等。通过图片能够表现出用文字及其他方式难以表现的微妙差异，强化策划内容的现实感。

在文化产业项目策划书中运用框图、表格、图形、图片，不仅能够使策划书美观、大方，更重要的是通过它们有助于对数据的理解，使数据特征一目了然。所以，策划人在撰写文化项目策划书时应尽量使用这些图形。

3. 合理使用理论依据、数据和实践例证

要提高文化产业项目策划书的可信性，更好地说服阅读者，就要为策划书中的观点寻找理论依据。理论依据可以是专家学者的经典理论，也可以是通过调研获得的统计数据。要注意的是，数字需有出处，以证明其可靠性，数据资料不应是简单的数据罗列，而应是使用上面提到的表格和图形来表现。在策划书中适当加入一些成功与失败的案例，也是印证策划书中所倡导观点的有效方法，在具体使用时一般以多列举国内外成功的案例为宜。

4. 巧妙设计版面

策划书视觉效果的优劣在一定程度上影响着策划效果的发挥。有效利用版面安排也是策划书撰写的技巧之一。策划书的版面风格要统一，层次分明，重点突出，严谨而不失活泼，以便使阅读者从视觉上比较容易接受，具体设计要点如下。

（1）统一设定页面纸张规格、页边距大小、页眉和页脚的大小、页眉名称、页码位置。

（2）统一设定各级标题的位置，字体、字形及字号，标题号的体例。

（3）统一设定正文的字体、字形及字号。

（4）统一设定行间距及每行的字数。

（5）统一设定表格和图形的字体、字形和字号，表标题和图标题的位置、字体、字形、字号；统一设定表标题号和图标题号的编号。

（三）成功或失败策划书的特征

1. 失败策划书的特征

（1）缺乏创意和创新的特征，提出的策划比较平庸、平淡。

（2）缺乏充分的市场调查，可行性不强，在现实生活中不具备可操作性和现实性。

（3）策划书以自我为中心，完全从策划者自身利益的角度看问题，不关心委托方的利益要求。

（4）策划书不具有充分的说服力，引用的论据不充分。

（5）内容不精练、冗长繁杂。

（6）缺乏严密的逻辑性和条理性。

（7）文字表达生硬、僵化。

2. 成功策划书的特征

（1）粗略过目就能了解策划的大致内容。

（2）使用浅显易懂的语言，充分体现对方的利益与要求。

（3）策划书展现的内容与同类策划书相比，有相当明显的差异性与优越性。

（4）图文并茂，增强策划书的表现效果。

（5）全文条理清楚，逻辑分明，阅读者看完策划书后，能够按照策划书的内容有步骤有计划地执行。

（6）策划书能够充分体现企业的勃勃生机和企业的基本特征。

三、文化产业项目策划书的陈述

策划者完成策划书并非策划设计工作的结束，还有一项很重要的工作，即向上级、同仁或顾客陈述文化产业项目策划书。这项工作会影响文化产业项目策划书能否被接受、采纳，影响策划方案能否付诸实践。

文化产业项目策划书的陈述是通过召开文化产业项目策划书的介绍会来进行的。与一般的讲座、演讲等有很大的不同，这类介绍会有以下特点：介绍对象的人数较少，介绍对象主要是策划委托者、上司或同事；介绍文化产业项目策划书往往使用视觉化的工具，如幻灯机、黑板、挂图、投影机、计算机模拟、样品展示、模型等；介绍文化项目策划书的目的是为了说服对方接受策划方案并将方案付诸实施。

（一）介绍文化产业项目策划书的程序

介绍文化产业项目策划书包括实施前的准备和实施介绍两大部分内容。其中，介绍实施前的准备工作显得尤为重要，其工作步骤和工作内容如下。

（1）明确介绍目的。即首先要明确介绍文化产业项目策划书的目的、必须达到的最低目标，以及是否要预先将此目的传递给对方等。

（2）准备会场与熟悉对象。要确定会场的大小，所需要使用的装置和工具，以及达到会场的交通如何安排。同时，要对介绍对象的知识水平、人员构成情况等有所了解。

（3）确定介绍方法和工具。要明确在陈述文化项目策划书时应用什么样的视觉工具和用什么样的方法介绍文化项目策划书的各部分内容。

（4）资料准备。要明确资料是否易懂且令人印象深刻，资料是否过多，提供证据的数据是否已经准备充分、可能会出现哪些问题、资料是否准备充分等。

（5）排练。要了解方案及时间安排是否可行、是否能获得通过等。

（二）介绍文化产业项目策划书的技巧

1. 语言表达的技巧

陈述文化产业项目策划书的中心是使用语言。在文化产业项目策划书的陈述中，表达方法很重要，同样的内容若表达不当，结果会差异很大。认真的态度、充满自信的语言表达是必要的。

运用语言表达陈述文化产业项目策划书时要注意以下几点：

（1）声音洪亮，应使最后一排的人也能听见。

（2）声调的高低及说话的速度应有变化。声调的单一很容易使听众厌烦，对于重要的策划内容要大声表达并放慢速度。

（3）应适当地提出结论。策划的倾听者往往都是企业的决策者，他们时间安排较紧。因此，在陈述文化产业项目策划书的内容时，可先将结论提出，使他们心中有数，能够耐心听下去。全文叙述完毕以后，再重复一遍结论。

（4）重要的内容应当反复强调。重要的内容如果仅提一次，一方面听众不能完全理解，另一方面也没有突出重点。因此，对重要的内容要反复强调。

2. 身体语言技巧

交流除了语言，另一个重要的因素就是身体语言表达。身体语言表达技巧的正确运用对文化项目策划书介绍的成功同样具有重要作用。身体语言表达主要是加强印象。身体语言表达包含以下基本要素：

（1）视线。介绍者应凝视对方，抓住对方的视线，吸引对方加入交流之中。

（2）手的动作。必要时辅之以相应的手的动作，将会增加说服力。例如使用手指表示数字、用手比拟销售额的提高等动作都能给倾听者强烈的印象。但要注意动作一定要自然，过多的手动作，有时反而会起反作用。

（3）表情及站立姿势。表情应该是温和的，站姿要舒展，不要东摇西晃；要注意必要的身体移动，要面对对方，不要背对对方说话。

（4）服装。服装也是交流的手段之一，应穿整洁的正式套装。

3. 回答问题的技巧

陈述完项目策划书以后，接受者可能就策划内容中的重点、难点、疑点等进行提问。因此，正确的回答对说服对方接受策划方案、快速做出决策能起到有效的促进作用。即在文化项目策划书介绍之前，就必须考虑可能出现的问题。

（1）事前要做好充分的准备并将答案预备好。

（2）始终抱着欢迎提问的态度。应充满自信地要求大家提出问题，策划者应当了解，提出疑问是接受者在寻求正面的证据。

（3）回答中要反复强调自己的主要主张。回答问题是反复强调策划者自己主张的最好机会。

第四节　文化产业项目策划相关文案的撰写

一、文化产业项目立项可行性分析报告的撰写

文化产业项目立项可行性分析报告要对文化产业项目立项是否可行做出系统的评估和说明，并为最终完善该项目立项策划的各具体执行方案提供改进的依据和建议。

(一) 文化产业项目立项可行性分析报告的主要内容

1. 项目概况

文化产业项目概况包括项目的名称、组织机构、项目实施的时间和地点。

2. 项目组织机构的基本情况和条件

举办活动或项目，要写明组织机构的资格、能力、取得的成果。如果有项目的合作方，还要写明合作方的条件、资格及各方的分工情况。

3. 项目可行性分析论证

(1) 项目实施的必要性。主要从两个层次进行分析：一是从项目层次分析拟做项目在实现企业自身可持续发展重要目标、重要战略和竞争能力的必要性；二是从国民经济和社会发展层次分析拟做项目是否符合合理配置和有效利用资源的要求，是否符合区域规划、行业发展规划、城市规划的要求，是否符合国家产业政策和技术政策的要求，是否符合环境保护、可持续发展的要求等。

(2) 项目市场分析。内容包括项目调查分析和预测拟做项目或项目产品在国际国内市场的供需状况和价格，研究确定项目的目标市场，项目竞争力分析等，并在此基础上预测可能的市场份额，以及项目的营销策略等。

(3) 项目建设方案。项目的建设方案是从计划实施的文化产业项目本身出发，分析该项目立项计划准备实施的各种执行方案是否完备，是否能保证项目目标的实现。如果是建设项目，其内容应该主要包括：项目建设规模和项目建设方案，使用的工艺技术和主要设备方案，厂址选择，主要原材料与辅助材料，职业安全、卫生和消防设施方案，项目组织机构与人力资源配置等；如果是活动项目，其主要内容包括活动的基本框架、宣传推广计划评估等。

(4) 项目投资估算和融资方案。项目投资估算是在确定项目建设方案的基础上估算项目所需的投资，分别需要估算项目建设工程费、设备购置费、基本预备费、建设期利息及流动资金等。在进行项目投资估算，确定项目投资额的基础上，需要研究分析项目的融资主体，资金来源渠道和方式，资金结构，以及融资成本和融资风险等。结合项目融资方案的财务分析，比较、选择和确定项目融资方案。

(5) 项目财务、经济分析。项目财务分析的内容包括按规定科目详细估算项目营业收入和项目成本费用，预测项目现金流量，编制现金流量表等项目财务报表，计算相关指标，进行项目财务赢利能力、偿债能力及财务生存能力分析，评价项目的财务可行性。对于财务现金流量不能够全面、真实地反映其经济价值的项目，应进行项目经济分析，即从社会经济资源有效配置的角度，识别项目产生的直接和间接的经济费用和效益，编制经济费用效益流量表，计算有关评价指标，分析项目建设对经济发展所做出的贡献，以及项目所耗费的社会资源等，评价项目的经济合理性。

(6) 项目技术可行性分析。有些文化项目可能会使用到新的技术或新工艺。在项目可行性分析中应分析当前此项技术或工艺是否成熟，项目的执行者是否拥有这种技术或工艺等。

(7) 项目资源影响分析。对于区域及宏观经济影响较大的项目，还应从区域经济发展、产业布局及结构调整、区域财政收支、收入分配以及是否可能导致垄断等角度进行项目分析。对于涉及国家经济安全的项目，还应从产业技术安全、资源供应安全、资本控制安全、产业成长安全、市场环境安全等角度进行项目分析。

(8) 项目社会评价。对于涉及社会公共利益的项目,还应分析拟做项目的社会影响,分析主要利益相关者的需求及对项目的支持和接受程度,分析项目的社会风险,提出防范和解决社会问题的方案等。

(9) 项目不确定性分析。项目不确定性分析主要是进行项目敏感性分析,即计算敏感度系数和临界点,找出敏感因素及其对项目效益的影响程度,进行项目盈亏平衡分析,计算盈亏平衡点,粗略预测项目适应市场变化的能力。

(10) 项目风险分析。项目风险分析是对项目的主要风险进行识别,采用定性和定量分析方法估计项目风险的程度,研究并提出防范和降低项目风险的对策措施。

(11) 结论和建议。在完成以上项目分析内容之后,应做出项目可行性分析的归纳与总结,说明所推荐项目方案的优点,指出可能存在的主要问题和可能遇到的主要风险,做出项目是否可行的明确结论,并对项目下一步工作和项目实施过程中所需解决的问题提出建议。

(二) 文化产业项目可行性分析报告的撰写要求

(1) 可行性分析报告应内容齐全、数据准确、论据充分、结论明确,能够满足项目决策者确定项目方案的需要。

(2) 可行性分析报告中的项目重大技术、财务方案,应该有两个以上的方案备选。

(3) 可行性分析阶段对项目投资和成本的估算应采用分项详细估算法,估算的准确度应达到规定的要求。

(4) 可行性分析确定的融资方案应能满足自己筹措及使用计划对投资数额、时间和币种的要求,并能够满足银行等金融机构信贷决策的需要。

(5) 可行性分析报告应反映出在可行性研究过程中出现的对某些方案的重大分歧及未被采纳的理由,以供决策者权衡利弊进行决策。

(6) 可行性分析报告中应附有供项目评估、决策审批所必需的合同、协议、意向书、政府批件等。

二、文化产业项目立项申请书的撰写

有的文化项目需要上级机关的批准,所以要撰写文化产业项目立项申请书,文化产业项目立项申请书又称申请报告。不同机构要求的项目立项申请书的格式有很大区别:有的要求宽泛,可以任意发挥;有的则限定格式,提供表格。

(一) 文化产业项目立项申请书的内容

文化产业项目立项申请书的内容一般包括以下几部分内容:

1. 项目名称、项目由来及背景等项目概述性内容

经过项目的可行性分析和项目的初步论证,项目的选题和方向已经确定。在撰写项目立项申请书时,还需要仔细斟酌用词,以确定一个能够高度概括而又能准确表明项目内容的名称。项目立项背景主要是描述项目所在行业的历史、发展及现状;通过该项目的实施,项目受益人群将会有何种变化,会给社会带来哪些有益的影响等。

2. 项目内容、进程、预算及难点等项目核心性内容

项目立项申请书最核心的内容包括项目目标、项目内容,以及如何达成项目目标,选择项目运作方式的说明；项目的简单计划，与地方政府、其他组织合作的计划等。项目进程是指详细的日程安排，进度计划的作用是将工作安排反映到日历上，它不仅规定了整个项目以及各阶段的起止日期，还具体规定了所有项目活动的开始和结束日期。项目预算过程可以分成估算和预算两大部分。项目估算的目的是估计项目的总成本和误差范围，而预算则是将项目的总成本分配到各项工作中去。项目估算的内容包括人工成本、费用、设备、原材料、劳务和外包成本等。

3. 项目参与人员、项目合作者等项目实施主体内容

项目主持人、项目执行人、项目参与人员和项目合作者等项目实施主体的详细资料，包括具体的资质、经历、项目运作经验、该领域的主要研究经历等。有些项目要求有不同类型的合作者，包括国际合作者、政府部门合作者和其他非营利组织等。填写项目立项申请书时应列出合作者的基本数据、合作形式及合作内容，以及项目合作者开具的有关合作的承诺书等。

4. 项目预期成果等目标性内容

项目立项申请书填写的成果是指项目运作的预期成果，即该项目期望获得的成果，如果需要的话，还要包括项目的中期成果等说明。除此之外，也包括对项目实施过程中可能出现的项目风险及项目风险管理的内容，以及必要的项目辅助说明性、支撑性、证明性附件。

（二）文化产业项目立项申请书的撰写要求

1. 项目立项申请书的技术要求

文化产业项目立项申请书撰写的要求包括以下几个方面：一是字数不易太多，以3000～5000字为宜，论证材料可以以“附件”的形式附于正文后面；二是排版要简洁、清晰、美观；三是恰当运用多级标题，最好分为三级，既有层次又不致凌乱；四是图表、数据使用，恰当使用图表，使用的数据应是科学、权威的数据。

2. 政府审批所需材料

不同的项目申请书申报的上级机关不同，对材料的要求也不一致。下面以大型活动为例，政府所需的材料，主要包括国家主管部门或地方行政主管部门的批准文件，大型活动登记表，主办方的法人资格证明材料，活动的内容及简介，场地出租单位出具的场地租赁协议，活动场地平面图，安保方案、安全责任制、安保负责人的材料，相关主管单位的消防安全审查意见书等。

三、文化产业创业项目策划书的撰写

创业项目策划书又称创业计划书，是商业计划书的一种，是由创业者准备的书面计划，分析和描述创办一个新企业时所需要的各种因素，其目的是通过撰写计划书的过程对企业自身进行自我评估，对创业前景有更加清晰的认识，甚至期望通过计划书获得风险投资家的风险资本。

（一）创业计划书的内容框架

1. 封面

封面应包括创业计划书的名称、组织名称、核心成员、撰写时间、计划书适应时间段等，是计划书的名片。

2. 摘要

摘要应包括创业计划书主要内容概述，是计划书的精髓。

3. 目录

目录为创业计划书的提纲，即结构框架。

4. 前言

前言应包括创业的背景、目的、方法、意义等的说明。

5. 正文

(1) 商机及产品介绍：包括顾客需求、市场规模、产品（或服务）定义、产品功能、技术含量、产品创新、顾客价值、竞争优势。

(2) 环境分析：包括宏观环境、行业与市场环境、企业内部环境、竞争环境。

(3) 综合分析：包括关键成功要素和 SWOT 综合分析。

(4) 企业战略：包括企业使命、发展战略、竞争战略、核心竞争力。

(5) 营销策划：包括 STP 战略、品牌策划、营销重点。

(6) 营销组合：包括产品策略、价格策略、渠道策略及促销策略。

(7) 生产运作：包括产品研发、原料工艺、生产计划和流程、生产条件要求及其现状。

(8) 经营管理：包括业务流程、组织机构、人力资源管理、创业团队展示。

(9) 财务管理：包括经营业绩预测、财务报表及其分析、融资（额度、对象方式、回报、退出）、投资（资金使用、监督）。

(10) 风险管理：包括风险预测、风险分析、风险防范。

6. 项目启动计划

包括人员安排、资金设备计划、时间计划、地点选择等。

7. 附件

包括数据资料、问卷样本及其他背景资料，以提高项目的可信度。

（二）创业计划书的内容要点

1. 关于商机的描述

可以从以下几点来证明这个项目是很棒的：

商机来源：源于某种未被充分满足的需求。

创意来源：源自于对生活与工作的深度体验。

商业模式：提出令人信服的盈利模式和商业逻辑。

市场估算：提出需求的量化与精算模型。

需求满足：满足需求的方案能够被大范围复制和接受。

首创说明：阐明以往需求未被满足的背景成因（为何别人没有看见商机或无法满足需求?）。

2. 关于产品的描述

能够在极简篇幅内讲清楚产品或服务的相关问题。具体包括，

目标市场：产品和服务是针对谁提供的?

产品定义：产品是什么? 属于什么类别?

核心产品：产品服务提供的核心利益? 满足哪些需求?

产品描述：产品形体如何？有哪些功能？为顾客提供哪些价值？

产品创新：与市场已有产品服务有什么差异？

竞争优势：与市场通路产品或替代产品相比有什么优势？

技术含量：产品技术是否先进和成熟？技术含量是否足够高？

产品生产：哪些事自己做？哪些通过外包或策略联盟做？

3. 关于环境分析

宏观环境分析：即政治、经济、文化和科技等环节因素，其目的在于发现宏观环境中存在哪些对项目有利和不利的因素，以便利用有利因素和设法规避不利因素。

行业环境分析：行业发展现状及其趋势，分析目的在于了解行业现状，发现行业机会和威胁。分析工具是波特五力模型。

市场分析：也是顾客分析，分析顾客是谁、在哪里、有什么需求、有什么特征、其购买力如何、采取何种购买方式等。分析的目的在于以此为依据制订有针对性的营销策略。

竞争分析：分析竞争者是谁、实力如何、有何种优劣势、其战略意图是什么、对于你发起的进攻会如何反应等。分析的目的在于以此为依据制定相应的竞争策略。

企业自身分析：介绍企业的现状，分析企业自身的优劣势。目的是根据分析结果制订相应策略，发挥和提升自身的优势，避免和弥补自身的不足，打造自己的核心竞争力，进而占据较有利的竞争地位。

4. 关于综合分析

关键成功要素分析：即分析企业要想成功所必须具备的关键要素，据此来审视企业是否具备这些要素或具备到何种程度，创业计划必须提出这些关键要素的解决方案。

SWOT 分析：即在环境分析的基础上对分析结果进行汇总分析的工具，通过宏观环境、行业和市场的分析发现企业的优势和劣势。

5. 关于企业战略

战略理念：包括企业的价值观、使命、信念、行为准则或公司宗旨、基本经营方针等。

战略定位：就是确定企业是什么和干什么，包括目标顾客定位、业务范围定位、行业定位、价值链定位和市场区域定位。

战略目标：包括市场与商品构成目标、组织建构目标、企业规模以及设备投资目标、业绩目标。

企业发展模式：市场如何逐步扩大？业务发展路径是什么？

企业竞争战略：企业采取何种方式与竞争对手展开竞争？是成本领先战略，还是差异化战略及何种差异化？

企业核心竞争力构建：企业是否具备某种优势，这种优势是竞争对手无法短期内模仿，而且对企业获取有利竞争地位起到决定性作用。如具备什么技术、模式、专利、品牌或可以设置进入障碍等。企业如何获得和维持这种优势？

6. 关于营销策略

市场细分：根据顾客需求的某些特征或变量对顾客进行分类。

目标市场：选择你打算进入的细分市场，去满足这些细分市场顾客的需求。

市场定位：根据竞争者现有产品在市场上所处的地位和顾客对产品某些属性的重视程度，塑造出本企业产品与众不同的鲜明个性或形象并传递给目标顾客，使该产品在细分市场上占有强有力的竞争位置。

品牌策划：通过品牌要素的设计和组合，为你的品牌塑造个性，使其人格化和富有生命力，进而通过适当的手段传播出去，以期达到为顾客广泛认可的目的。

7. 关于营销组合

产品策略：设计产品组合（即产品种类、花色、规格等）和产品包装（品牌名称、标志、图案、颜色、材料、标签等）。

价格策略：分析成本构成、竞争者价格、消费者购买力，制定你的产品价格组合。

渠道策略：选择你将产品打入市场的渠道方式，制订进入这些渠道的策略和方法，估计进入这些渠道的成本。

促销策略：选择你的广告方式、公关方式、人员推销方式、促销方式。

8. 关于生产运作

技术研发：展示你的技术研发能力，规划你的产品研发、工艺研发进行情况。

原材料供应：分析你的原材料需求，选择供应商，制订原材料供应保障措施。

生产条件分析：分析生产所必备的条件、检查现有生产条件，制订完善生产条件的策略和计划（生产场所、设备、设施、工具、人员等通过何种方式落实）。

效益分析：估算你的生产能力、产量产值、生产成本等。

9. 关于经营管理

业务流程：你的业务流程有哪些？

组织结构：设置你的部门分工协作方式，描述部门的职能及其所扮演的角色，画出公司的整体组织结构图。

人力资源管理：设计各个部门内部的岗位，制定岗位之间分工协作方式、设计人员的招聘和配置方式，制定关键业绩考核标准和方式、制定企业拟采取的主要激励手段（薪酬、福利、股权、个人发展等制度）。

创业团队展示：人员构成（学历、专业、专长、经历、行业经验、行业认识水平、创业者特质等）。

10. 关于财务管理

经营业绩预测：预测未来的销售量、销售额、利润、成本及费用支出、融资及投资方向和额度。

财务报表：编制未来3～5年的利润分配表、资产负债表和现金流量表。

对财务报表进行分析：给出关键财务指标数据，如销售利润率、资产负债率、投资回报率、盈亏平衡点。

融资说明：选择准备说服的投资者，说明融资的额度以及融资的方式和条件，融资的股权结构，选择投资回报的方式和预计回报的额度，设计投资者推出投资的渠道。

投资说明：说明资金使用的项目、额度预算及资金使用的控制和监督机制。

11. 关于风险管理

风险识别：分析创业过程中可能出现的风险种类和风险产生的原因。

风险分析：分析各类风险出现的可能性和出现后造成的影响有多大。

风险应对：制定防范分类风险的措施和风险出现后的应对措施。

（三）创业计划书应具备的十大要素

（1）能否点出令人眼睛一亮的商机或创意？

(2) 能否清楚简明界定提供的产品或服务?
(3) 能否证明市场具有广泛性和持久性?
(4) 能否证明产品技术有足够的优势且已足够成熟?
(5) 能否证明生产运作切实可行?
(6) 能否证明本团队执行本计划胜算足够大?
(7) 能否证明商业模式确实可行且不易被模仿?
(8) 能否证明财务运作具有可行性?
(9) 能否保证公司运作具有可持续性?
(10) 能否让百忙之中的投资者一目了然,迅速抓住重点?

(四) 创业计划书撰写的注意事项

(1) 计划书应该重点突出。摘要部分提纲挈领,图表胜于文字,标题重点胜于段落文字,首位一致、互相呼应,另准备 10 页以内的缩减版。

(2) 计划书结构应有条理、有逻辑性。环境分析必须为战略决策和策略决策提供依据,防止资料堆砌、充凑篇幅;策略决策尽可能有数据支撑,而非想当然;策略决策及职能管理必须以企业战略为导向,防止二者脱节;团队分工协作必须相互沟通配合、相互之间工作必须配套。

本章小结

文化产业项目策划书是提交给项目发起人或有关项目审批部门的文字产品,是策划人员在对文化产业项目运作过程中的每一部分做出分析和评估,并制定相应策略而最终形成的纲领性文件。项目策划书要求语言简洁,逻辑清晰,言必有据,并具有很强的可操作性。文化产业项目策划书一般包括封面、目录、正文、附录部分,而正文是策划书的重点,一般包括策划目的、项目简介、市场分析、项目内容、营销方案、进度控制、财务分析、组织结构等内容。文化产业项目策划书没有固定的格式,要根据具体项目而定。

文化产业项目策划书制定完成后,为了更好地让项目发起人或相关部门理解项目策划内容,需要项目策划人员与其进行面对面的沟通,即项目推介会。在项目推介会上,策划人员一般通过 PPT 对项目进行陈述,项目陈述是项目策划书能否被接受的重要环节。项目陈述要求陈述人在陈述之间必须做好充分的准备,陈述时合理安排时间,选择恰当的辅助器材,营造良好的沟通环境,以实现说服项目发起人或项目人员的目的。

◆ **思考题**

1. 简述文化项目策划书的基本结构与内容。
2. 简述文化产业项目可行性分析报告内容。
3. 阐述文化项目策划书的编写技巧。
4. 阐述创业项目策划书的内容与编写要求。

案例分析

动画短片策划文案

一、项目概况

动画短片:《寻找泰尔》(FIND TAIL)的类型定位为温馨、喜剧、励志、家庭剧,长度为 20

分钟，语言为中文、英文双语字幕，风格形式为轻松愉悦的童话励志故事，受众定位：全年龄（以3～12岁儿童为主）。

播出处定位为卡通卫视及视频网站、社交网站、手机视频网站。

内容简介：一颗没有尾巴的流星皮皮，为了实现自己的梦想冒险到捕流星者的家里寻找自己丢失的尾巴，最后与捕流星家族中不长头发的小男孩泰尔发生了一系列有趣的故事。

二、项目介绍

（一）策划意图

受中国传统观念的影响，大量的动画片硬生生地充斥着各种教育意义，真正的以娱乐大众、让孩子们开心为目的的动画影片是少之又少。同时，现在市场上的动画作品，大多走低龄化路线，对陪同观看的成人或者年龄稍大的青少年都不会产生太大的吸引力，这样使得目标群众的范围受到很大局限，也使得经济效益得不到最好发挥。基于此，在借鉴美国迪士尼、梦工厂的经验下，我们按照传统的好莱坞动画编剧模式写出了这样一个符合当前人们接受度和认可度较高的，带有喜剧色彩的家庭动画故事。

对于人物设计而言，故事中愿望工厂里各式各样的可爱流星，每个都拥有自己的个性和特征。这对于后期衍生品的开发有着极大的优势，无论是玩具公仔、生活用品、文化用品甚至是网络聊天表情等，都可以以"长尾巴"的流星这个标志性形象，设计出各种系列产品。同时，作为一个冒险有趣的故事，无论是做成手机、网页等小游戏，还是将剧情扩展制作成PC平台或者家用游戏机平台上的大型游戏，可行度都是非常高的。

（二）市场调查

我们对中国动画市场上的原创作品类型做了一个粗略的市场调查。调查显示，目前中国原创动漫市场主要以教育或者低龄化动画题材为主，如《喜羊羊与灰太狼》《雷锋的故事》等大约占总比例的42%。其次就是以商业娱乐为中心的占比约为25%，如奥飞动漫以自身玩具为主题的动画《火力少年王》等。剩下的除了《魁拔》《快乐驿站》《李献计历险记》等主要面向成人（占16%）或大龄青少年观众的动漫之外，就是一些高端的、不太适宜市场商业化运营的艺术动画（占14%）了。

然而，用国际化视野来看，一部好的作品应该是前三者的优点都具备的。它既要受众面广，接受年龄层次丰富，同时又要具备较高的商业价值。如近几年国际上大受好评的《功夫熊猫》《玩具总动员3》《卑鄙的我》等很多动画作品都兼具这些特点。而针对中国动画市场上题材类型划分很鲜明这个问题，我们的这个作品借鉴好莱坞式的编剧模式，将几种类型的优点积聚一身，良好的平衡了其艺术价值和商业价值。

（三）受众分析

随着时代的进步和媒体模式的发展，动画影片的受众年龄层也随之变化。对此，我们做了一个调查（图8.1）。20世纪90年代中期，动画以美术短片的形式且主要以电影和电视作为播出平台，大多以教育题材为主，并主要针对的是儿童和幼教方面。21世纪后，外国动画进军国内市场，使"动画片都是给儿童观看的"这个理念被颠覆，剧情相对较丰富，人物形象较突出的动画片如《樱桃小丸子》《名侦探柯南》《杜比狗大冒险》等作品在儿童拥有大量儿童观众的基础上还吸引了很多青少年观众的注意。从2005年开始，互联网、手机等新兴媒体的高速发展，使得动画作为新媒体传播的一个主要内容得到了社会的广泛关注，这一时期的国产原创FLASH动画《小屁孩儿系列》《大鱼·海棠》《绿豆蛙》《新长征路上的摇滚》《小小》等，不仅用新的形式和语言诠释了中国动画，更扩大了动画的观众圈和年龄层。我们的作品，以儿童和青少年为主要受众，同时覆盖大学生和白领等年龄阶层的定位，是符合当前动漫产业的适时发展的，也是有着巨大的可行性的。

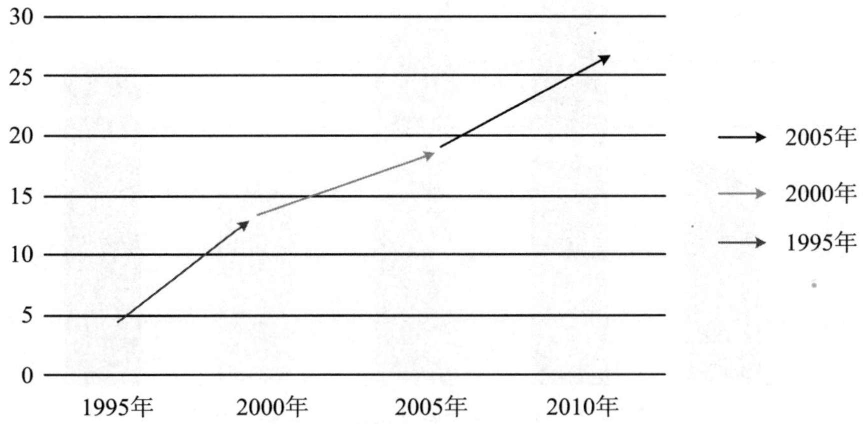

图 8.1　不同时期动画片观众主要年龄分布层

（四）作品主题

故事采用了“生活中的一个弱者，通过一次冒险，变得强大，从而实现了自己的梦想”这样最容易被大众接受，也是最经久不衰的故事模式。这样的主题，会给观众一种积极向上、为梦想努力的热情和感受，来达到励志的效果，从而感染观众引发其对生活的希望和梦想的奋斗。

（五）市场环境分析

目前，中国动画片市场处于一个不稳定的过渡转型阶段，真正意义上的优质影片凤毛麟角。从近几年动画市场的运营状况来看，全国能“消费动画”的人大约有 3 亿人，但这一市场产生的利润有六成以上被日本和美国的动画揽去。在 2010 年度的动画电影市场中，《功夫熊猫 2》《玩具总动员 3》等好莱坞动画大片以压倒性的优势战胜许多国产的动画影片。这也证明了，在改革开放的今天，中国的动画市场已经具有了国际化视野，再单单用各种政府扶持或者保护政策来维护国内动画市场的发展已经不再是明智选择，应该根据市场和观众的需求，生产符合市场，同时具有较高商业价值的动画影片。而《兔侠传奇》作为首部国产 3D 商业动画影片在这条道路上就起到了良好的实践效果，它采用当今经世界上最易被观众接受的故事情节和创意点，并同时使用国际化商业运营模式，使得其成为动画产业转型道路上的一个里程碑。

由此可见，一部符合国际化市场的动画影片，能够在当今动画市场上占得一席之位，而我们这部影评片正是以此为目标和基准作为整体思考的主线的。

（六）同类作品分析（影片下影后在网络上的点击量统计，见图 8.2）

《卑鄙的我》：虽然没有被引进中国大陆，但是作为一度北美票房冠军，其成功的人物设定和精良的制作，是我们作品的第一学习对象。其故事中的小胶囊角色和我们的“流星工人”们有很多相似之处，所以我们也可以通过小胶囊后期衍生品的大卖推测出我们的“流星工人”的衍生品也会很受观众欢迎。

《功夫熊猫 2》：作为 2010 年度最佳运作的商业动画，其商业价值挖掘程度可谓到了相当深厚的境界。它的宣传、营销以及后期衍生品开发作为一个成功案例，是我们这部作品在运

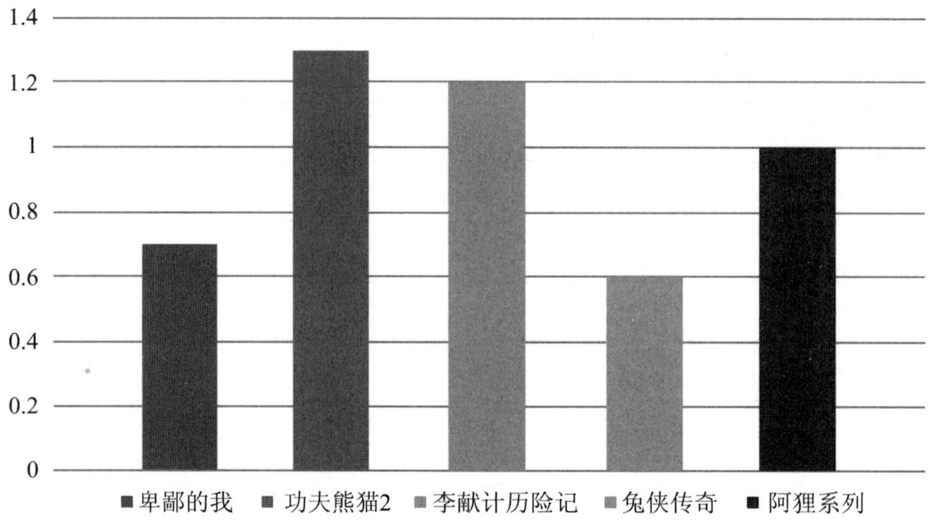

图 8.2　同类动画影片的受欢迎程度对比(亿次)

营方面学习的典范和模板。

《李献计历险记》:中国首部定位人群在成人的动画作品,事实上它打破了传统中国动画市场动画完全低龄化的现状。在它取得了巨大影响的同时,也对我们的作品有了一个良好的启发,即作品的年龄范围扩大,在当今市场上是不会对作品的收益有任何影响的,反而能增加其商业价值。

《兔侠传奇》:之前已经提到过其作为中国动画市场转型的一个里程碑,对本作品各方面都有很大的启发。

《阿狸系列》:在由绘本改编的动画片中,《阿狸系列》应属相对成功的了。制作者成功地将阿狸这个形象进行后期的商业运作,使其在动画播出前就已经有了很大的市场影响,它作为小成本动画片的典范,其前期运作和商业营销是非常符合当前中国动漫市场环境的,这也对我们在做策划运作计划部分时有了很大的灵感。

三、作品阐述

(一) 故事梗概

略。

(二) 人物设定

姓名:皮皮(Pip)。性别:男;年龄:120 岁;星座:船底座;身高:46 公分;体重:20 千克;皮肤颜色:天空蓝。

简介:愿望工厂里最特殊的流星。小时候因为一次意外,失去了自己的尾巴,从此变得很自卑,最大的梦想是找回自己的尾巴。

姓名:泰尔(Tail)。年龄:12 岁;星座:白羊座;身高:151 公分;体重:43 千克;收藏品:各种各样的帽子。

简介:从小就不长头发,所以随时都戴着帽子。因为经常被同龄的孩子们嘲笑所以性格很内向,不爱说话。最大的愿望,捕到流星实现自己长出头发的愿望。

其他角色:略。

(三) 作品话题阐述

中国首部国际化商业动画电影短片。

（四）团队介绍

策划团队：中国首个专业动漫策划专业，北京电影学院动画学院2011动漫策划班。他们有着最专业的动漫策划能力和对当前动画市场状况的分析能力，又有青春的气息，使这个团队能够拥有最好的创意和最热情的工作态度。

制作团队：来自中国最顶尖的动画学府——北京电影学院动画学院。成熟的制作工艺和尖端的动画制作技术，无论再复杂的、要求精良的作品都可以得到完美诠释。

四、运营计划

（一）项目预算（大致报价）

制作成本：约100000元/分钟×20分钟＝2000000元；宣发费用：1500000元；预备金：1000000元。

（二）运营模式

从作品制作的一开始，就与玩具商，游戏开发商合作，使动画制作周期和衍生品的开发同步进行，使动画作品与衍生品同步上市。争取作品的第一播出是一个较高平台（如CCTV、卡酷卫视、金鹰卡通等），并同时和各大视频网站合作，以当今最流行的WEB 2.0（微博＋SNS＋BBS）为最主要的宣传手段进行推广。

为衍生品量身打造最有噱头的广告，如"寻找你生命中的尾巴　寻找旅途中的另一个TA"，即为每个流星尾巴匹配一个编号，这个流星尾巴的编号能和另一条异性的流星尾巴配对，用户可以通过在官方网站寻找配对的尾巴拥有者。这样的"缘分模式"活动对当今的白领、在校大学生等有着很大的吸引力，强有力地扩大了受众群，也可以针对少年儿童开展相应的活动。

（三）融资模式

采用制作委员会制度，将作品版权分流，分到不同的衍生品厂商和出版商手中，版权持有人按照版权拥有比例和发行量大小投资。

（四）资源介绍

略。

（五）具体制作周期

影片大约制作周期约为6个月。

（资料来源：孙立军，等．动漫策划概论[M]．北京：北京联合出版公司，2014.）

思考题

根据文化产业项目策划案的内容和撰写要求，你认为本项目策划案撰写得如何？可以从哪些方面去完善？

实务训练

在前面工作基础上，撰写一份完整的文化项目策划方案。并以PPT的形式在班级进行汇报，以教师和部分学生组成评审组，对项目进行评审，确定其是否立项。

第九章　文化产业项目的计划与编制

本章结构图

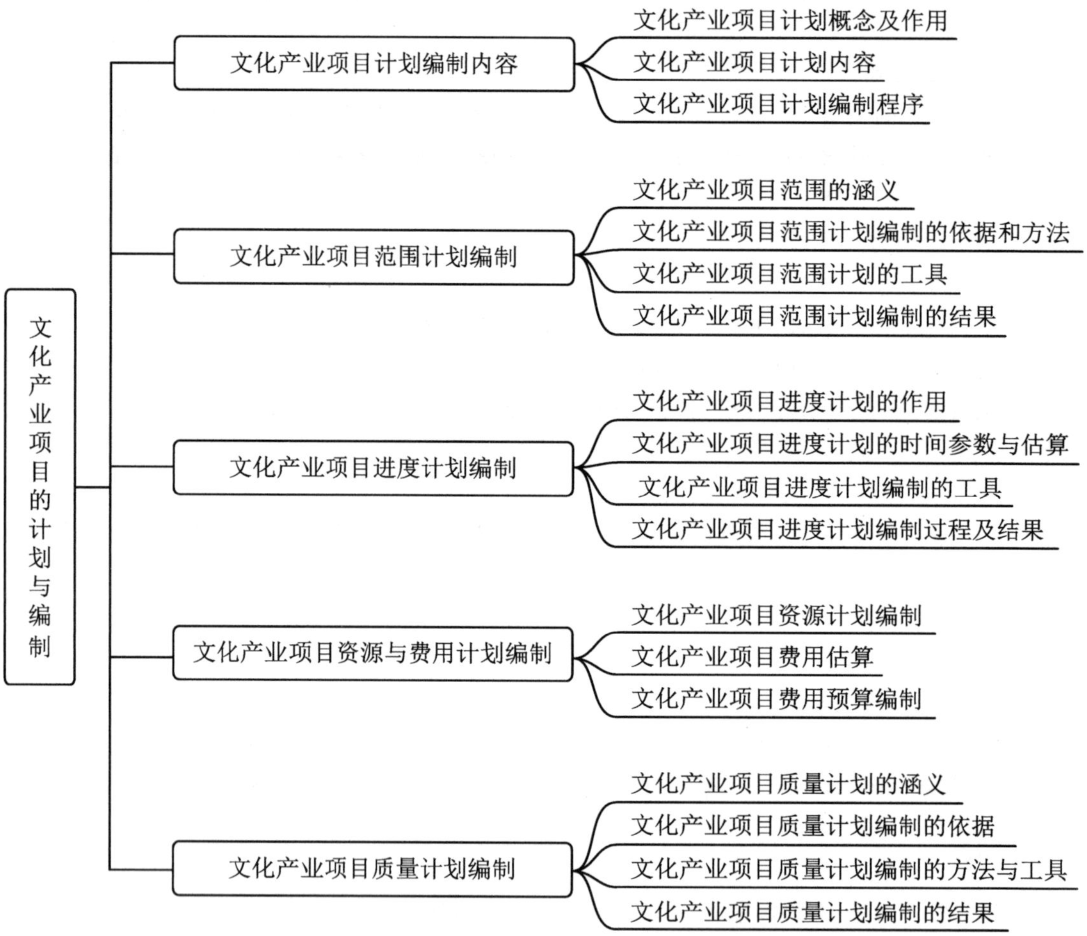

学习目标

1. 了解文化产业项目计划的概念、作用和主要内容。
2. 理解文化产业项目范围的内涵，掌握项目范围计划工具，并能熟练运用 WBS 工具。
3. 掌握项目进度的时间估算，熟练运用项目进度计划工具。
4. 了解项目资源成本计划的依据，掌握项目资源计划的工具，费用估算方法。
5. 理解文化产业项目质量内涵，掌握项目质量计划的工具。

【导入案例】

《阴山学刊》出版流程图(图 9.1)能够清晰地反映出版工作各个环节的先后次序,出版项目流程图也包括了不同的项目组成员在一个完整流程中如何相互配合、正确衔接,从而保证《阴山学刊》出版项目工作更好地开展。在出版项目管理实施过程中,专门的、科学的项目管理方法可以帮助出版工作各个环节的数据分析与计算。在申报选题、订立合约、加工制作、装订发行等不同的环节,项目的成本、时间、质量、风险等都需要进行预计和分析。

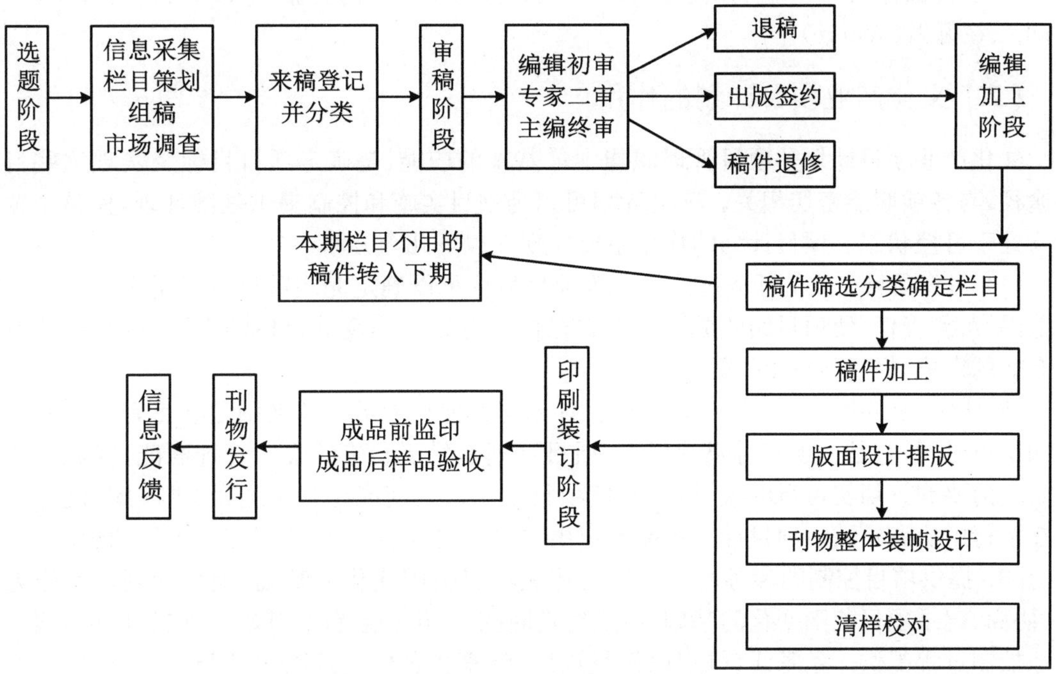

图 9.1 《阴山学刊》出版流程图

(资料来源:常芳芳,田兵,李琬华. 期刊出版的项目进度计划管理:以《阴山学刊》为例[J]. 阴山学刊:自然科学版,2015(1).)

《阴山学刊》出版流程图,运用了什么项目计划工具?能否进行优化?

第一节 文化产业项目计划编制内容

文化产业项目计划是文化产业项目获得立项以后,项目团队对项目的进度、资源、质量等进行的全盘规划,是项目实施的依据,在整个项目管理过程中处于指导地位。

一、文化产业项目计划概念及作用

(一) 文化产业项目计划的概念

文化产业项目计划,是项目组织根据项目目标的规定,在项目预算范围内为完成项目预期目标对文化产业项目各项活动做出的一系列安排，确定项目的任务、安排项目进度、编制完成项目任务所需要的资源等。

文化产业项目计划是整个项目实施的基础和依据，是文化产业项目策划中的重要环节。项目计划的质量是决定项目成败、优劣的关键性因素之一。

项目计划是为了明确项目团队必须完成哪些工作、由谁来完成、确定各项工作的开始时间，需要多少时间和成本。在文化产业项目计划制订过程中必须清楚6个基本问题(4W+2H)，即项目做什么(What)、如何做(How)、谁去做(Who)、何时做(When)、花费多少(How much)、在哪做(Where)。

(二) 文化产业项目计划的作用

文化产业项目计划是项目管理职能中最基本的职能，是确定项目目标及实现这些目标的途径，与各项职能密切相关。项目计划可以为项目实施和控制提供基准计划，使整个项目始终处于可控状态。项目计划的作用主要体现在以下几个方面：

(1) 明确项目完成的任务范围。明确项目目标可以确定完成项目目标所需要的项目任务范围，落实责任，使项目团队成员明白自己的目标以及实现其目标的方法，从而使项目更加有效的完成，提高项目工作效率。

(2) 协调项目各活动目标一致。项目计划与其他计划最大的区别是项目有明确开始时间和结束时间，它是一项有时限的任务，项目计划是付诸实施的唯一管理职能，因此在工作开始之前要制订切实可行的项目计划，使项目干系人之间能相互沟通，增进理解，使整个项目在运行中协调一致。项目计划还能确定出项目的关键活动，以确保完成项目的预定目标。

(3) 提供项目控制的参考基线。作为控制项目范围变化的基础，项目计划可以作为分析、协商、记录项目范围变化的基础，也是约定时间、人员和经费的基础。项目计划为项目的跟踪控制过程提供一条基线，可用以衡量进度，计算各种偏差及决定预防或整改措施，便于对变化进行管理。

(4) 确保项目活动始终处于可控状态。因为项目计划可以为项目的实施和控制提供基准计划，所以能够使整个项目生命周期中始终处于可控状态，从而减少了项目的不确定性，提高项目成功的可能性。

二、文化产业项目计划内容

一个完整的文化产业项目计划包括宏观的战略性规划，如项目的意图、构想和使命，项目的环境分析等；也包括微观的、具体操作性的计划，如项目团队与人力资源计划，项目进度安排、项目市场营销与推广方案、项目赞助计划、项目资源配置计划等。由于项目团队及人力资源计划、项目市场营销与推广等内容另有专门章节讲述，这里按照项目管理的知识领域划分，介绍其他的项目计划内容。

(1) 项目范围计划。项目范围计划就是确定项目范围并编写项目说明书的过程。文化产业项目范围计划确定了一个文化项目所必需的工作和活动范围，是在明确了项目制约因素和前提假设的基础上进一步明确项目目标和项目产出物。

(2) 项目工作计划。项目工作计划也称项目实施计划，是为保证项目顺利开展，围绕项目目标的最终实现而制订的实施方案。工作计划主要说明采取什么方法组织实施项目，研究如何最佳地利用资源，用尽可能少的资源获取最佳效益。具体包括工作细则、工作检查及相应的措施等。

(3) 项目人员计划。项目人员计划主要是标明工作分解结构图中的各项工作任务应该由谁承担、各项工作间的关系如何，以及项目人员应该具备的文化储备及技能要求，还要制订出项目成员工作绩效的考核指标，构建项目人员激励机制。

(4) 项目进度进化。项目进度计划是表达项目中各项工作的开展顺序、开始及完成的时间及相互衔接关系的计划。通过进度计划的编制，使项目实施形成一个有机整体。进度计划是进度控制和管理的依据。按进度计划所包含的内容不同，可以分为总体进度计划和分进度计划、月进度计划和年度进度计划等，这些不同的进度计划构成了项目的进度计划系统。

(5) 项目费用计划。项目费用计划包括资源计划、费用估算、费用预算。项目资源计划是明确项目所需要的各种资源，如技术、信息、设备、材料的供应和采购安排等资源的来源、数量、质量、规格等具体的计划内容。文化产业项目的特殊性要求，在资源计划中还要考虑无形的文化资源要素，针对无形资源特性估算资源价格。资源计划必然和费用估算联系在一起，是费用估算的基础，费用预算是给每一个独立工作分配全部费用，获得度量项目执行的费用基线。

(6) 项目质量计划。项目质量包括保证项目质量的所有活动。质量计划是对待定的项目、产品、过程或合同，规定由谁来监控，应使用哪些程序和相关资源的文件，是针对具体项目目标要求，以及重点控制环节所编制的对设计、采购、项目实施、检验等质量环节的质量控制方案。

(7) 项目变更计划。在项目的实施过程中，计划与实际不符的情况时常发生，项目变更则规定了当一个文化产业项目实施中发生偏差时，处理项目变更的步骤、程序，以及实施项目变更的具体准则等内容。

(8) 项目风险计划。项目风险计划是对文化产业项目实施过程中可能发生的各种不确定因素进行充分的估计，确定项目风险管理所需要使用的各种工具和方法，包括项目风险的识别、项目风险分析、项目风险监控和项目风险的应对方法等，并对项目可能出现的某些意外情况制订出相应的应急方案。

(9) 项目采购计划。项目采购计划是在考虑了买卖双方之间的关系后，从采购者的角度来进行的。项目采购计划就是分析项目实施组织已有的资源，识别项目缺少的资源，制订从项目实施组织外部采购的产品和设备的计划，以满足项目实施所需资源的过程。

(10) 项目支持计划。项目支持计划是对文化产业项目管理的支持性手段，包括项目市场营销传播推广支持计划、项目软件支持计划、项目培训支持计划、项目行政支持计划，以及项目的文件管理和维护支持计划等内容。

三、文化产业项目计划编制程序

(1) 项目范围的计划与界定。文化产业项目计划首先要说明和描述文化产业项目或项目阶段的具体工作范围，即定义项目的目标并进行项目目标分解，将一个项目分解为多个较小的、可实施和易管理的各项活动。

(2) 项目工作内容的确定和项目工作顺序的安排。在项目任务分解的基础上，文化产业项目计划要完成项目各个阶段所需要开展的具体工作任务和活动，并明确各项活动间的顺序关系，安排相应的项目工作排序文件。

(3) 项目各项工作持续时间的估算与计划安排。文化产业项目计划应估算项目各项工作所需要的时间，并分析各项具体工作的顺序关系，在持续时间和所需各种资源的基础上，安排各项工作的实施计划。

(4) 项目资源的安排与项目费用估算。文化产业项目计划要确定各项工作实施所需要的资源种类和数量，包括人员、资金、设备、技术、原料等资源，还包括知识产权转让或使用的费用等，要估算完成项目各项工作所需费用等。

(5) 项目费用预算和项目集成计划的确定。根据以上各项计划内容，进一步确定文化产业项目或项目阶段各项工作的总预算，以及项目各项具体工作的详细预算，制订一个项目集成计划文件。主要包括项目质量计划、项目组织计划、项目人员计划、项目沟通计划、项目风险计划、项目采购计划等。文化产业项目计划程序可以用图 9.2 表示如下。

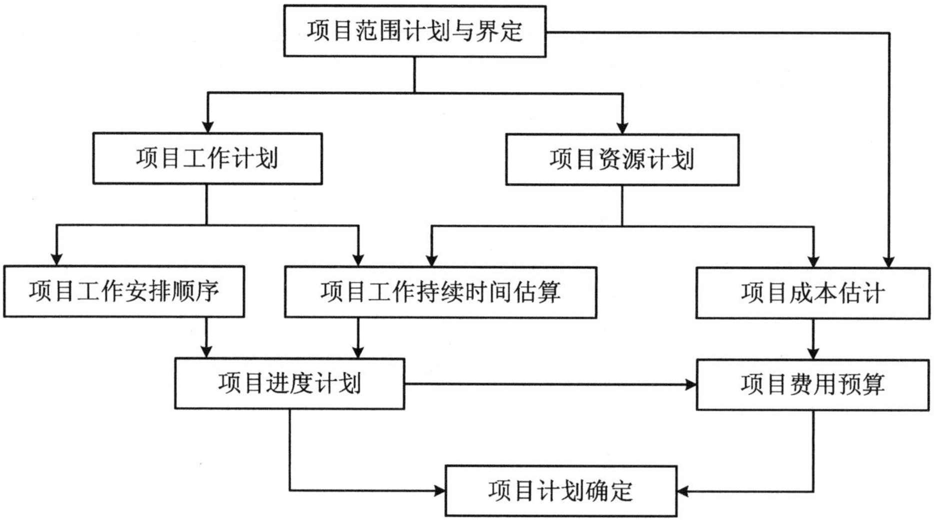

图 9.2　文化产业项目计划程序

第二节　文化产业项目范围计划编制

文化产业项目计划的制订要以项目目标为前提。目标确定的依据是项目论证报告和合同，总目标的确定通常包括工作范围、进度计划、成本，即要求在一定期限和预算内完成预定任务。

一、文化产业项目范围的涵义

项目范围是指为了成功达到项目的目标，项目规定所要做的事项。确定项目范围就是定义项目管理的工作边界，确定项目的目标和项目可交付成果，即为项目界定一个界限，划定哪些事项是属于项目应该做的，而哪些事项是不应该包括在项目之内的。确定项目范围是项目起始阶段的战略工作之一。

在项目中，“范围”一词的涵义包括两个方面：一是产品范围，是指一个产品（服务）应该具有的特性和功能；标志产品范围完成的对比依据是产品（需求）说明。二是工作范围，是指为提交上述具有该特性与功能的产品所必须完成的各项活动，包括管理工作和实施活动；项目范围的完成是以项目计划的完成为对比依据的。简单地说，就是项目做什么、如何做，才能交付该产品。

比如，一个动画项目中，动画项目产品范围是以某个动画项目为基础，所应包含的所有项目产品的种类。动画项目最终产品是动画内容产品（动画片），而完成动画片的制作包含生产制作的中间产品——剧本、造型、场景、分镜、设计稿、原动画、音乐等。因此，动画项目工作范围就是为实现动画项目目标——制作动画片而要完成的工作，如动画的剧本编写、造型设计、场景设计、分镜头设计、动画音乐制作等工作。

产品范围就是对产品要求的度量；工作范围是对项目管理边界的度量，在一定程度上是产生项目计划的基础。项目的产品规范和工作范围应高度一致，以保证项目最终能够交付满足特定要求的产品。工作范围以产品范围为基础，工作范围的确定是一个由一般到具体、层层深入的过程。

确定了项目范围也就定义了项目的工作边界，明确了项目的目标和主要的项目可交付成果。确定项目范围，需要编写正式的项目范围说明书，并以此作为将来项目决策的基础。

二、文化产业项目范围计划编制的依据和方法

（一）文化产业项目范围计划制订的依据

文化产业项目范围计划是把实现项目目标所有给定的项目产出物描述、项目说明书及其相关信息作为依据。此外，还包括有关项目和项目产出物描述的各种支持细节文件，以及在项目起始阶段所明确和定义的各种项目限制条件和假设前提条件等方面的信息和资料。

一般而言，项目团队在编制项目范围计划前，需要参考大量的项目背景信息，并将项目章程作为项目范围计划的依据。因为项目章程对项目范围已经有了初步的约定，项目范围计划是在项目章程的基础上对项目工作的进一步深入和细化。另外，在制订项目范围计划时，还要考虑组织的文化、人力资源、支持条件以及相关制度等主客观因素对项目范围的影响。

（二）项目范围计划制订的方法

项目计划是为实现目标而制订的方法。一般先是提出各种各样的方案，最终选择最佳方案。项目范围计划就是定义最佳方案的项目范围。所以，根据项目范围计划的程序，一般需要使用这样一些方法：

（1）项目备选方案的提出采用的方法包括头脑风暴法、横向思维法。头脑风暴法有利于创造性思维的发挥和思维碰撞后新方法的产生。利用头脑风暴法可以产生实现目标的多种方案。横向思维法可以使参加讨论方案的人员能够从解决问题的办法入手，从众多项目

任务的解决方案中综合出项目的最终实现方案。

(2) 项目产出物分析法:对项目产出物的分析可以使项目业主/客户与项目团队形成对项目产出物的准确、共同的理解,从而指导项目范围计划的编制。项目产出物分析法包括系统分析法、价值工程法、价值分析法、功能分析法等。比如举办晚会或周年庆典、节日庆典等活动中可以采用这种方法。

(3) 收益/成本分析法:不管是什么属性的文化产业项目,都要考虑项目的成本和收益/效益,并依此作为设计项目范围计划的依据,也必然影响到项目范围的界定。

三、文化产业项目范围计划编制的工具

文化产业项目范围计划的目的是定义项目范围。项目范围定义是一项非常严密的分析和推导工作。因此需要采用一系列逻辑推理和分析识别的方法和技术,但主要的是使用项目工作分解结构法。通过项目工作分解结构,可以将项目任务明确到最小单元。

(一) 项目工作分解结构

项目工作分解结构(Work Breakdown Structure)是面向可交付成果的对项目元素的分组,它组织并定义了整个项目范围,未列入工作分解结构的工作将排除在项目范围之外。工作分解结构既是项目范围计划的工具,也可以看作项目范围计划的结果。

项目分解结构主要有以下作用:

(1) 明确说明项目的范围。

(2) 为各独立单元分派人员,规定这些人员的相应职责。

(3) 针对各独立单元,进行时间、费用和资源需要量的估算,提高时间、费用和资源估算的准确度。

(4) 为计划、预算、进度和费用控制奠定共同基础,确定项目进度策略和控制的基准。

(5) 将项目工作与项目的财务账目联系起来。

(6) 便于划分和分配责任。

(7) 确定项目整体和全过程的费用,估算项目整体和全过程的费用。

(二) 项目工作分解的步骤

(1) 识别项目的主要组成部分。识别项目的主要组成部分可以通过提问的形式实现,比如,要实现项目目标需要完成哪些主要工作?可以按照项目生命周期的阶段、项目的主要提交成果、产品、系统或者专业划分。这一步骤的结果在WBS中处于第二层上,并在结构图形上标示出来。

(2) 判断。在已经分解的基础上,判断能否快速方便地估算各个组成部分各自所需的费用和时间以及责任分配的可能性与合理性。如果不可以,还要进一步细分,即进入第三个步骤(一般情况下,在项目提交成果或阶段这么粗的层次上是很难进行时间或预算估算的,必须进行更细的分解);如果可以,则不须再分,可以直接进入第四个步骤。

(3) 识别更小的组成部分。可以通过这样几个问题获知:要完成当前层次上各个部分的工作,需要做哪些更细的工作?这些工作是否可行?是否可核查?它们之间的先后顺序怎样?在WBS上标示出来,就表示为第三、四……层。

是否进入下一步，要看能否快速方便地估算该层的各个组成部分各自所需的费用和时间以及责任分配的可能性与合理性。如果还不行，就重复第三步，进一步细分；如果可以，就进入第四步。

(4) 检查工作。可以通过设问这样几个问题来检查：① 如果不进行这一层次的工作，上一层的各项工作能否完成？ ② 完成了该层的所有工作，上一层次的工作就一定能完成吗？ ③ 根据检查，对当前层的工作进行增加、删除或者修改，或者对上层工作进行适当的整理。 ④ 本层各项工作的内容、范围和性质是否都已经明确？如果回答肯定，则需要写出相应的范围说明书，该说明书就是工作包的范围说明书。 ⑤ 对“④”的回答是否定的，就要进行必要的修改和补充。

(三) 工作分解结构的制作

项目工作分解完成后，必须提交的成果就是项目工作分解结构，通常以工作分解结构图的形式呈现。工作分解结构是一个以产品或服务为中心的项目组成部分的“家族树”，规定了项目的全部范围。工作结构图是将项目按其内在结构或实施过程的顺序逐层分解而形成的示意图，它可以将项目分解到相对独立、内容单一、易于成本核算的工作包，并能把各工作单元在项目中的地位与构成直观地表示出来。某展览会的工作分解结构如图 9.3 所示。

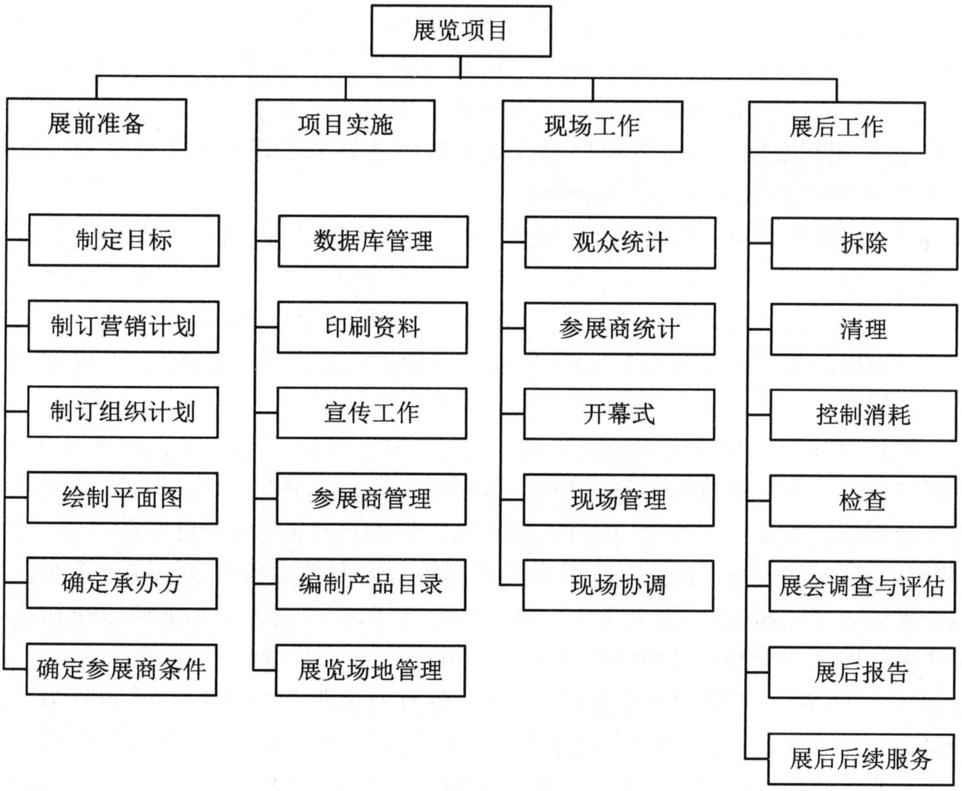

图 9.3　某展览会的工作分解结构

1. WBS 一般模型

文化产业项目是一个系统工程，由于不同的项目复杂程度、规模不同，形成了 WBS 不同的层次。WBS一般模型可以用图9.4表示。

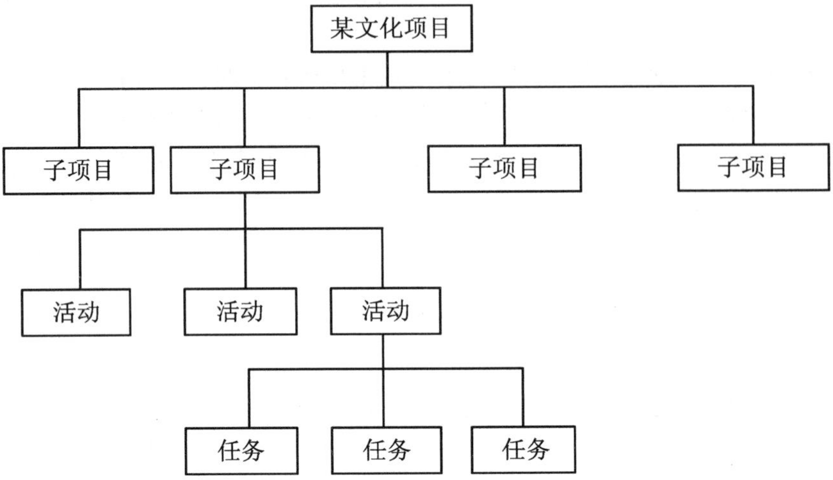

图9.4 某项目WBS模型

2. WBS的三个基本要素

(1) WBS的结构设计。结构应以等级状或树状来构成，使底层代表详细的信息，而且其范围很大，逐层向上。最低层次要能够满足用户对交流或监控的需要，这是项目经理、项目组人员管理项目所要求的最低水平；结构上的第二个层次比第一层要窄，而且另一层次的用户所需的信息由本层提供，以后依此类推。WBS的最底层的项通常被称为工作包，这些工作包还可以在子项目工作分解结构中进一步分解。如果项目经理把一个工作范围分包给另一个组织，这个组织必须制订比主项目更详细的层次计划来管理这个工作范围。在项目计划和进度中，这些工作包也可以进一步分解。

结构设计的原则必须是有效和分层登记的，但不必在结构内构建太多的层次。对于一个较大的项目来说，4～6个层次就足够了。在设计结构的每一层中，必须考虑信息如何向下流入下一个层次。原则是从一个层次到另一个层次的转移应当以自然状态发生。此外，还应考虑使结构能够具有增加的灵活性，并从一开始就注意将结构译成代码，这对于用户来说是易于理解的。

(2) WBS的编码设计。工作分解结构中的每一项工作或者称为单元都要编上号码，用于唯一确定项目工作分解结构的每一个单元，这些号码的全体叫作编码系统。编码系统同项目工作分解结构本身一样重要，在项目规划和以后的各个阶段，项目各基本单元的查找、变更、费用计算、时间安排、资源安排、质量要求等各个方面都要参照这个编码系统。特别是计算机技术的运用，编码显得更为重要。通过系统软件，直接输入编码就可以获知这一编码代表的任务。图9.5为某电影拍摄项目编码结构。

在图9.5中，WBS编码由4位数组成，第一位数表示处于0级的整个项目；第二位数表示处于第一级的子项目；第三位数是处于第二级的具体工作单元的编码；第四位数是处于第三级的更细更具体的工作单元的编码。编码的每一位数字，由左至右表示不同的级别，即第一位代表0级，第二位代表1级，第三位代表2级，第四位代表3级。

在WBS编码中，任何等级的一位工作单元，是其全部次一级工作单元的总和。如第二个数字代表子项目，于是所有子项目的总和就是整个项目。所有子项目的编码的第一位数字相同，而代表子项目的第二位数字不同，再往后面两位数字是零。类似地，子项目代表 WBS 编码第二位数字相同、第三位数字不同、最后一位数字是零的所有工作之和，例如子项目 2 是所有 WBS 编码第二位数字为 2、第三位数字不同的工作单元之和，因此子项目 2 的编码为 1200，是由再下一级的任务组成的。

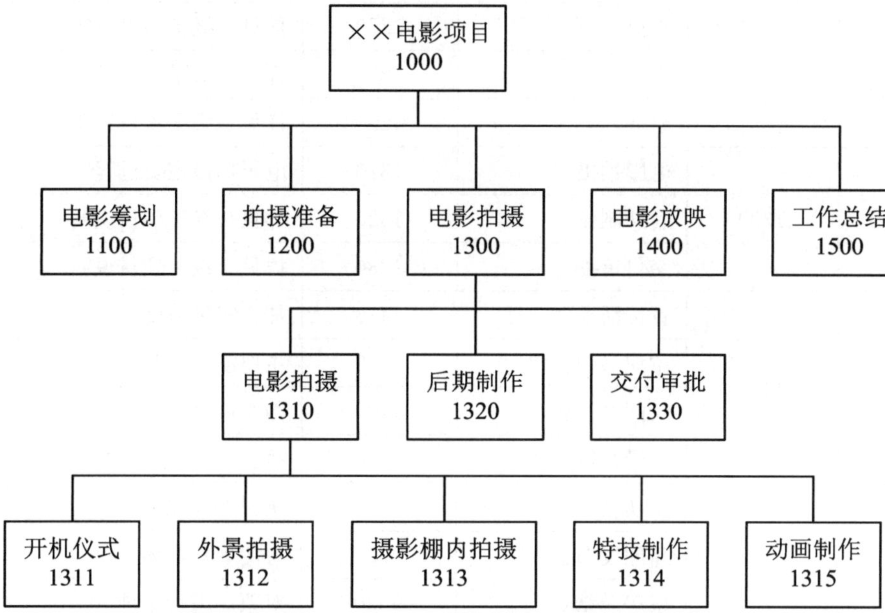

图 9.5　××电影项目编码结构

(3) 报告设计。报告设计的基本要求是以项目活动为基础产生所需要的实用管理信息，而不是为职能部门产生其所需要的职能管理信息或组织的职能报告，即报告的目的是要反映项目到目前为止的进展情况。通过这个报告，管理部门将能够判断和评价项目各个方面是否偏离目标，偏离多少。以图 9.5 为例，除了可以用图的形式表示出来，还可以用列表的形式表示出来，如表 9.1 所示。

表 9.1　工作分解任务表

任务名	任务号	子任务名	子任务号	备注
电影筹划	1100	临时筹委会	1110	对项目初期进行运作管理
		可行性研究	1120	邀请专家论证可行性
		项目范围及定位	1130	划定项目范围，为项目定位
		项目申报审批	1140	向有关部门申报、审批
		成立拍摄小组	1150	审批后成立正式项目机构
拍摄准备	1200	宣传	1210	进行宣传活动
		剧本制作	1220	创作剧本
		演员	1230	招募演员
		公关	1240	详见二级子项目说明

续表

任务名	任务号	子任务名	子任务号	备注
拍摄准备	1200	后勤	1250	详见二级子项目说明
		手续办理	1260	办理各种相关手续
		拍摄人员	1270	详见二级子项目说明
		人事	1280	详见二级子项目说明
		财务	1290	详见二级子项目说明
电影拍摄	1300	电影拍摄	1310	电影拍摄主要过程
		后期制作	1320	详见二级子项目说明
		交付审批	1330	详见二级子项目说明
电影放映	1400	宣传活动	1410	加大宣传力度
		主演参加首映	1420	主要演员与观众见面
		新闻发布会	1430	与媒体见面
		接受媒体专访	1440	接受专访，透露拍摄感受、花絮
工作总结	1500	庆功会	1510	庆祝影片成功
		新闻发布会	1520	答谢观众媒体
		票房总结	1530	对票房进行小结
		总结报告	1540	对电影的制作及回报进行小结

3. WBS样板

虽然每个项目都具有一定的独特性，但大多数项目总是在某种程度上与另一个项目类似，所以可以利用以前类似项目的工作分解结构作为样板，来减少项目分解的工作量，提高项目工作分解的准确性。

工作分解结构样板是以前类似项目所使用的工作分解结构，它包含了项目组织所要进行的全部典型工作。一个工作分解结构样板反映出从许多特定类型项目中所获取的累积经验。一般而言，在很多专业应用领域，都有标准化或者半标准化的工作分解结构作为新项目的样板，可通过对工作分解结构样板进行增删。

(四) 决定WBS详细程度和层次多少的因素

(1) 项目的复杂程度。项目越复杂，所分的层级越多。

(2) 为完成项目工作任务而分配给每个小组或个人的责任和这些责任者的能力。责任能力越强，层次可以越少；反之就需要分解得细些，层次多一些。

(3) 在项目运行期间管理和控制项目预算、监控和收集成本数据的水平。控制能力(水平)越高，层次可以越少；反之，就需要分解得细些，层次多一些，因为越细，项目就越容易管理，因而要求的能力就相对低一些。

(五) 项目工作分解注意要点

(1) 将项目的产品结构划分、项目的阶段划分以及项目组织的责任划分有机地结合起来。

(2) 最底层的工作包应当便于完整无缺地分派给项目内外的组织或个人，所以各个工作包之间必须有明确的界面，界面清楚有利于减少实施过程中的协调工作量。

(3) 最底层的工作包应该非常具体，以便承担工作的组织或个人都能明确自己的任务、努力的目标以及承担的责任。越具体越利于监督和业绩考核。

(4) WBS的每个分支并不一定需要分解到相同的层次。

(5) 逐层分解项目或其主要可交付成果的过程，实际上就是分派角色和职责的过程。

四、文化产业项目范围计划编制的结果

(一) 项目范围说明书

项目范围说明书是未来项目决策的主要依据。项目范围综述在一定程度上能够确保项目所有的工作，更能让利益相关者对项目的范围有共同的理解。项目范围说明书表达方式有多种，一般包括以下内容：

(1) 项目的合理性说明。它是对项目成立的理由所作的全面描述，也是对于项目能够满足项目相关利益者各种需要的综合说明。

(2) 项目产出物或可交付成果说明。它是有关项目产出物的简要描述，也是一个项目产出物的清单和说明。如果项目最终提供的项目产出物符合这类描述，就标志着项目已经完成。

(3) 项目成果的简要描述。它是完成项目所必须达到的标准和指标性描述，项目成果主要是定量性标准，包括项目成本、项目进度、项目质量标准等。

(4) 项目目标的实现程度说明。文化产业项目多属于创新性活动，因此项目的实现程度不是一成不变的，可能随着项目的进展和外界环境的变化而有相应的变化。

表9-2　项目范围说明书

项目名称：	项目编号：
编制日期：	负责人：
项目目标及成功标准 1. 包含什么 2. 不包含什么	
主要约束条件 1. 时间约束 2. 资金约束 3. 资源约束	
主要交付品 1. 是什么 2. 不是什么	

（二）项目范围说明书的相关支持性文件

文化产业项目范围说明书的各种支持性文件，主要包括对所有已识别的项目假设条件及项目制约因素的陈述。项目范围说明书支持性文件的组织和编写，应该能够支持项目范围管理和有利于项目管理其他过程使用和参考。

（三）项目范围管理计划

文化产业项目范围管理计划文件主要描述对项目范围如何进行管理，项目范围怎样变更才能与项目要求相一致等问题。项目范围管理计划可以作为整个项目计划的基础和核心。项目范围管理计划一般包括以下内容：一是说明如何管理项目范围以及如何将变更纳入项目的范围之内；二是对项目范围稳定性的评价，即项目范围变化的可能性、频率和幅度等；三是说明如何识别范围变更以及如何对其进行分类。

（四）项目任务责任分配

将工作分解结构与项目的有关组织机构图、人员计划相对照，可用于项目组织工作中分配任务和落实责任，并形成责任分配矩阵。

责任分配矩阵是将所分解的工作落实到有关部门或个人，并明确表示出有关部门（或个人）对组织工作的关系、责任、地位。责任分配矩阵可用以明确组织中各部门或个人的职责，还可用于系统地阐明项目组织内部与部门之间，个人与个人之间的相互关系。责任分配矩阵使得各部门或个人不仅认识到自己在项目组织中的责任，而且充分认识到在与他人配合的过程中应该承担的责任，从而能够充分、全面地认识自己的全部责任。

第三节　文化产业项目进度计划编制

文化产业项目进度计划是表达项目中各项工作的开展顺序、开始及结束时间及相互关系的计划，是保证项目在规定时间内完成的计划。通过项目进度计划的编制，使项目在实施时有一个参照时间基线。进度计划包括总体进度计划和分项进度计划。基本的进度计划要说明哪些工作必须于何时完成以及完成每一项工作所需要的时间，有时也应表示出每项工作所需要的人数。

一、文化产业项目进度计划的作用

项目进度计划是在工作分解结构的基础上对项目工作做出的一系列时间计划。进度计划将表示工作预计在何时开始，以及实际上是在何时开始的。安排这些时间有以下几个作用：

(1) 项目进度计划有利于保证项目能按时获得收益以补偿已经发生的费用支出，或者尽可能地节省开支。

（2）项目进度计划有利于协调资源。因为项目团队通常是临时因项目而组建的，有的成员或项目设备可能不属于项目经理的直接管辖，因此需要对这些资源做出合理的预期和假设。

（3）项目进度计划有利于项目资源在项目需要时可以随时利用。项目进度计划预测了项目在不同时间上所需要的资金和资源的级别，以便赋予项目以不同的优先级。

（4）项目进度计划有利于把握严格的完工时间。

在这 4 个作用中，重要性由强到弱，第一个是最重要的，因为这是企业项目的目的，也是政府或非营利组织的目的。第二个是次重要，因为它使现有的项目可行。第三个只是第一个作用的演变。第四个作用常常是项目经理所重视的，他们用严格的完工时间与项目的费用和质量进行折中权衡。

二、文化产业项目进度计划的时间参数与估算

（一）文化产业项目进度计划的时间参数

项目进度计划的时间参数主要有三种：

（1）周期（持续时间）。这是完成项目工作所需要的时间。周期有两种，一种是确定的，一种是随机的。一个工作的周期一般是固定的，但有些情况下，受不可控因素的影响，一项工作的周期会发生变化，对于不可控的周期，需要估计出三种完成时间：乐观时间、悲观时间、最可能时间，然后通过加权平均计算出完成该项工作的期望时间，计算公式为：

$$期望时间=(乐观时间+4\times最可能时间+悲观时间)\div 6$$

有些工作的完成时间与在该工作上的工作人数相关，人数越多完工时间越短。

（2）最早时间和最迟时间。每项工作都有最早时间和最迟时间。最早时间分最早开始时间、最早结束时间；最迟时间分最迟开始时间和最迟结束时间。一项工作的开始和结束时间往往依赖于其他工作的结束时间，因此每项工作都有一个可能的最早开始时间。最早开始的时间加上估算的周期就是最早结束的时间。

（3）总时差和自由时差。时差是指在一定的前提条件下，工作可以机动使用的时间。时差分总时差和自由时差。总时差是指在不影响工期的前提下，本项工作可以利用的机动时间。如果最迟开始时间与最早开始时间不同，那么该项工作的开始时间就可以浮动。总时差就是最迟开始时间减去最早开始时间的差。总时差最小的工作是关键工作，其周期决定了项目的总工期。

自由时差是指在不影响其紧后工作最早开始的前提下，本项工作可以利用的机动时间。一项工作的自由时差越大，在进度安排时该工作的灵活性就越大。

（二）文化产业项目工作间的逻辑关系

在文化产业项目工作中，每一个活动并不是孤立存在的，而是与其他各项活动有着不同的依赖关系，这种依赖关系就是项目活动之间的逻辑关系。项目活动之间的逻辑关系是项目各项活动进行时必须遵循的先后顺序，逻辑关系影响项目的时间进度。要确定每项工作的紧前工作或紧后工作，以及与相关工作的搭接关系，如表 9.4 所示。

表 9.3　工作逻辑关系分析表

工作名称	A	B	C	D	……
紧前工作	—	—	A	B	……

1. 项目活动之间的逻辑关系类型

(1) 结束-开始型:A 活动必须结束,B 活动才可以开始。即 B 在 A 结束之前不能开始,这是最常见的逻辑相关关系,示意如下。

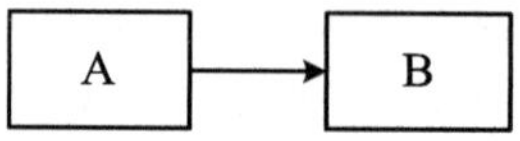

(2) 开始-开始型:B 活动开始前 A 活动必须开始。即 B 在 A 开始之前不能开始。此种逻辑关系允许活动 A 和其紧后活动 B 在某种程度上可以同时进行,示意如下。

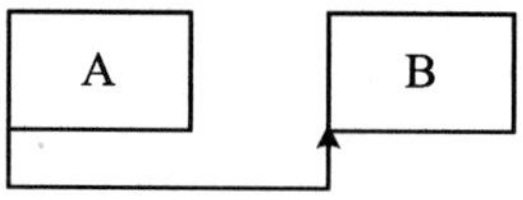

(3) 结束-结束型:B 活动结束前 A 活动必须结束。即 B 在 A 结束之前不能结束。此种逻辑关系允许活动 A 和其紧后活动 B 在某种程度上可以同时结束,示意如下。

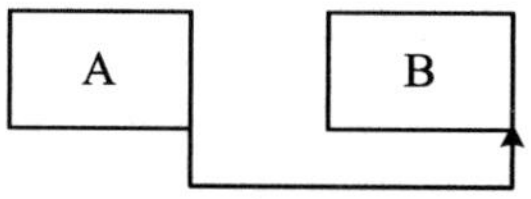

(4) 开始-结束型:B 活动结束前 A 活动必须开始。即 B 在 A 开始之前不能结束。此种逻辑关系很少使用,仅被编制进度计划的专业工程师象征性地使用,示意如下。

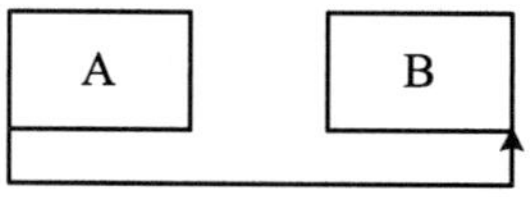

对于以上四种逻辑关系,如果标上时间间隔将能够更精确地描述活动之间的关系,具体如图 9.6 所示。

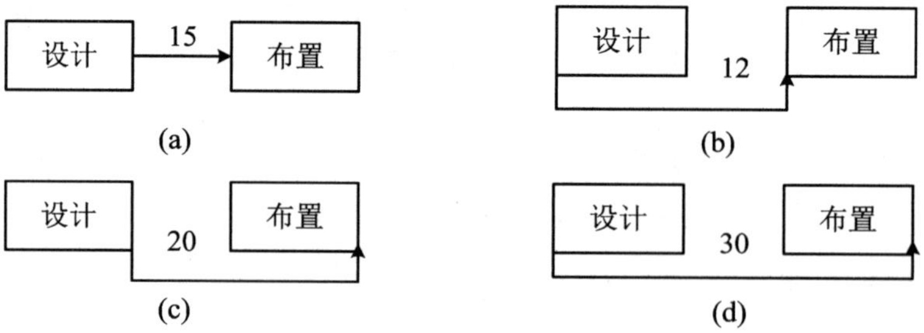

图 9.6　四种逻辑关系举例

图 9.6(a)表示两个活动之间的结束-开始型关系,其含义是布置要在设计完成 15 天后才可以进行。图 9.6(b)表示的是开始-开始型关系,其含义是从设计开始之时有 12 天的时间间隔,然后布置才可以开始。图 9.6(c)表示的是结束-结束型关系,其含义是布置要等设

计完成了20天后才可以结束。图9.6(d)表示的是开始-结束型关系，其含义是布置至少要在设计开始30天后才能完成。

2. 工作相互关系确定的主要内容

工作的先后依赖关系有两种：一种是工作之间本身存在的、无法改变的逻辑关系；另一种是人为组织确定的、两项工作可先可后的组织关系。

(1) 强制性逻辑关系的确定。这是工作相互关系确定的基础，工作逻辑关系的确定相对比较容易，由于它是工作之间所存在的内在关系，通常是不可调整的，主要依赖于技术方面的限制，因此确定起来较为明确，通常由技术和管理人员的交流就可完成。比如，只有先预定会场才能开会，先有剧本然后才能拍摄电影等。

(2) 组织关系的确定。对于无逻辑关系的那些工作，由于其工作先后关系具有随意性，从而将直接影响到项目计划的总体水平。工作组织关系的确定一般比较难，它通常取决于项目管理人员的知识和经验，因此组织关系的确定对于项目的成功实施是至关重要的。比如，在会议项目中，是先邀请嘉宾还是先预定会场，可以根据实际情况安排其逻辑关系。

(3) 外部制约关系的确定。在项目的工作和非项目工作之间通常会存在一定的影响，因此在项目工作计划的安排过程中也需要考虑到外部工作对项目工作的一些制约及影响，这样才能充分把握项目的发展。

(三) 文化产业项目周期的估算

项目工作的持续时间是计划过程的核心。它不仅可以用来设定给定工作的开始时间和结束时间，还可以根据其前面工作的累积持续时间计算最早开始时间，根据其后续工作的累积持续时间计算最迟结束时间。

一项工作的周期，一般取决于要完成的工作量的大小和完成工作的可用人数。但在实际计算中，还要加上一些其他因素，包括非项目活动消耗掉的时间，兼职工作时间，人们工作时的冲突问题、沟通情况的影响时间等。因此，估算工作周期还要考虑到影响工作持续时间的因素，如意外事件、小组成员的工作熟练程度与工作效率、资源供应情况等。

三、文化产业项目进度计划编制的工具

文化产业项目进度计划的编制以项目分解结构和人员配置为基础，并运用一定的进度计划工具。

(一) 工作清单

工作分解结构是编制项目进度计划的基本依据，项目范围说明书中有关项目和项目目标的说明以及历史资料也是重要的参照。工作清单就是工作分解结构中确定的工序或活动，工作清单必须包括本项目范围内完成的所有工作，应当对每项工作做出文字说明，保证项目成员准确、完整地理解该项工作，表9.4就是某文博会项目工作清单。

表 9.4　某文博会项目工作清单

编号	工作名称	完成标准	负责人	执行人	持续时间估计(天)	其他
Start	开始					
A	立项				1	
B	审批				1.5	
C	设计方案				0.8	
D	测量场地				1	
E	实施搭建				2	
F	服务培训				3	
G	开幕式				1	
H	展期保障				7	
I	宣传推广				7	
End	结束					

完成工作定义后，要进一步明确在项目实施过程中各项活动的逻辑关系，并估算各项工作的完成时间。

(二) 里程碑图

里程碑图是以项目中某些重要事件的完成或开始时间点作为基准所形成的计划，是一个战略计划或项目框架，以中间产品或可实现的结果为依据。它显示了项目为达到最终目标而必须经过的条件或状态序列，描述了项目在每一阶段应达到的状态，而不是如何达到。里程碑图(图 9.7)是项目进度计划的表达形式之一。

里程碑事件	一月	二月	三月	四月	五月	六月	七月	八月	九月
A	△								
B			△						
C				△					
D							△		
E									△

图 9.7　里程碑图

(三) 横道图

又称甘特图、条形图或棒状图，是一个二维平面图，横轴表示工作时间，纵轴表示项目工作内容，如图 9.8 所示。

横道图的优点是直观、简单、容易制作、便于理解；缺点是无法完整地表达清楚一个项目中各项工作之间的逻辑关系。利用甘特图进行动态控制具有相当的难度，甘特图处理问题的规模有限。

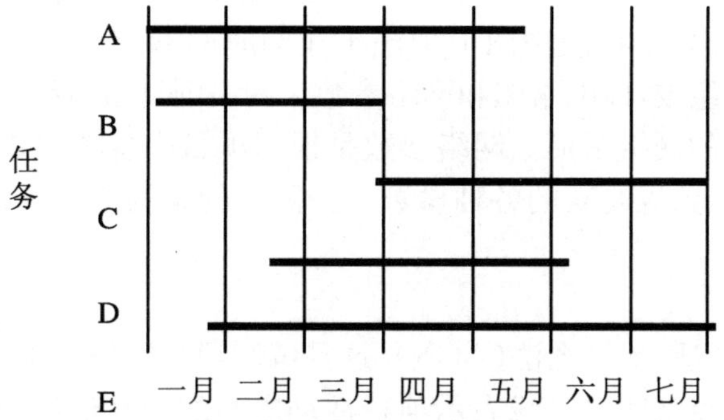

图 9.8 横道图

(四) 日程表法

很多会展和部分节庆活动多采用此方法，它是活动的日程或时间表。在计划的初期阶段，日程表的内容极为简单，时间分配只局限于活动的具体构成因素，随着计划的推进，日程表变得更为详细，如准确的舞蹈演员、技术人员或其他工作人员的工作时间安排等，最后制订更为详细的日程表来确定每个人的任务和责任，项目的日程表安排示例如表 9.5 所示。

表 9.5 第十九届中国豆腐文化节主要活动安排日程表

日期	时间	活动内容	地点
9 月 11 日	9:00	中华豆腐美食周启动	华联商厦门口
9 月 14 日	8:30	“游豆腐故里·赏淮南美景”系列亲民观光旅游活动	新锦江大酒店门前广场
	10:18	第十二届房地产展示交易会开幕	乾丰大厦门前
9 月 15 日	9:00	第十二届中国·淮南八公山旅游节开幕	八公山文化体育中心广场
	10:58	全国豆制品精品展暨淮南特色农产品展销会启动	市体育场全民健身网球场北门口
	18:00	豆腐宴暨招待酒会	各来宾下榻宾馆、酒店
	20:00	开幕式暨“两型城市·六十辉煌”大型综艺晚会	市体育场
9 月 16 日	8:30	第七届《淮南子》全国学术研讨会	市政务中心 A 楼政务中心
	9:00	中华名砚紫金砚暨中国观赏石博览会开幕	市体育文化中心
	10:00	投资说明会暨项目签约仪式	市体育文化中心主馆
	11:28	项目集中开工启动仪式	大通区
	15:30	中国(淮南)云计算产业高峰论坛	洞山宾馆礼堂
9 月 18 日	10:00	环中国国际公路自行车(淮南站)锦标赛	市政务中心楼前广场

(五) 网络计划技术

网络计划是利用网络技术对任务的工作进度进行安排和控制,以保证实现预定目标可行的管理计划。网络计划是在网络图上加注工作的时间参数等而编制成的进度计划。因此,网络计划由两部分组成,即网络图和网络参数。网络图是由箭线和节点组成的用来表示工作流程的有向、有序的网络图形。网络参数是根据项目中各项工作的延续时间和网络图所计算的工作、节点、线路等要素的各种参数。按网络的结构不同,可以将网络计划分为节点图法和箭线图法。

1. 节点图法

节点图也叫顺序图法、前导图法(AON),这是编制项目网络图的一种方法,它用单个节点表示一项活动,用节点之间的箭线表示项目活动之间的相互依赖关系。节点代表项目活动,使用节点之间的箭头代表项目活动之间的关系。如图 9.9 所示,每项活动用一个方框表示,对项目活动的描述或者命名一般直接写在框内。项目活动之间的关系用连接方框的箭头表示。

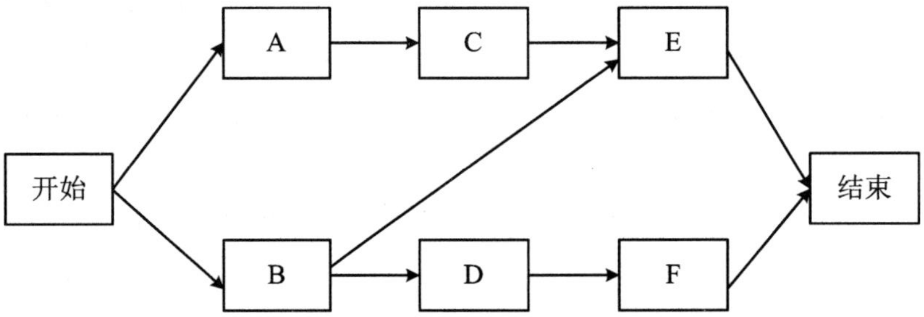

图 9.9 某会议节点图

在节点图中,每项活动有唯一的活动号,每项活动都注明了预计工期。一般地,每个节点的活动会有以下几个时间:

(1) 最早开始时间(ES):能够达到该节点的最早时间。

(2) 最迟开始时间(LS):为使项目在限定日期内完成该节点的活动开始的最迟时间。

(3) 最早结束时间(EF):某活动能够完成的最早时间。

(4) 最迟结束时间(LF):为使项目在限定的日期内完成,该节点的活动必须完成的最迟时间。

(5) 持续时间(Dur):活动持续时间长度。

(6) 时差(SL):在不影响后续活动最早开始时间的前提下,本活动所具有的机动时间。

(7) 关键路径(Critical Path,CP):网络中最长活动的路径,如果延迟会延误整个项目。

2. 箭线图法

箭线图法(ADM)又称双代号网络图法,是以横线表示活动而以带编号的节点连接活动,活动间可以有一种逻辑关系——结束-开始型逻辑关系。如图 9.10 为某会议项目的箭线图。

绘制箭线图时要把握以下规则:

(1) 在箭线图中不能出现回路。回路是逻辑上的错误,不符合实际的情况,而且会导致计算的死循环,所以这条规则是必须的要求。

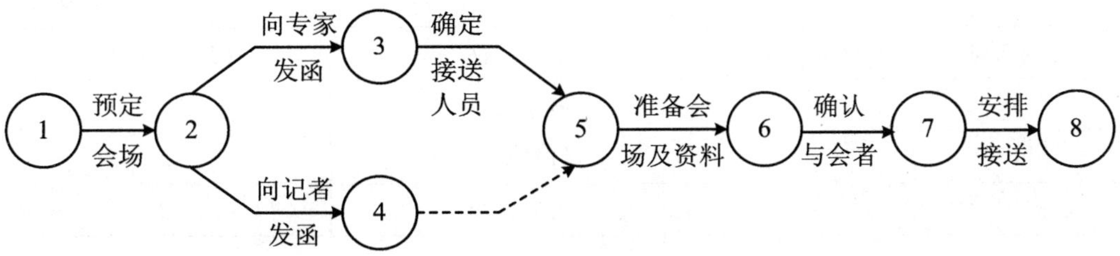

图 9.10　某会议项目的箭线图

(2) 箭线图一般要求从左向右绘制。

(3) 每一个节点都要编号,号码不一定要连续,但是不能重复,且按照前后顺序不断增大。这条规则有多方面的考虑,在手工绘图时,它能够增加图形的可读性和清晰性。

(4) 一般情况,编号不能连续,并且要预留一定的间隔。主要是为了在完成的箭线图中可能需要增加活动,如果编号连续,新增加活动就不能满足编号由小到大的要求。

(5) 表示活动的线条不一定要带箭头,但是为了方便表示,一般推荐使用箭头,可以增加箭线图的可读性。

(6) 一般箭线图要求开始于一个节点,并且结束于一个节点。

(7) 在绘制网络图时,一般要求连线不能相交,在相交无法避免时,可以采用过桥法或者指向法等方法避免混淆。此要求主要是为了增加图形的可读性。在箭线图中,有一些实际的逻辑关系无法表示,所以在箭线图中需要引入虚工作的概念。

(8) 计算关键路线。关键路线计算的关键是确定项目网络图的关键路线,这一工作需要依赖于活动清单、项目网络图及活动持续时间估计等,计算步骤如下:

第一步,把所有的项目活动及活动的持续时间估计反映到一张工作表中,如表 9.6 所示。

第二步,计算每项活动的最早开始时间和最早结束时间,计算公式为 $EF=ES+$活动持续时间估计。

第三步,计算每项活动的最迟结束时间和最迟开始时间,计算公式为 $LS=LF-$活动持续时间估计。

第四步,计算每项活动的总时差,计算公式为 $TF=LS-ES=LF-EF$。

第五步,找出总时差最小的活动,这些活动就构成关键路线。

例如,某展会展台施工活动清单如表 9.6 所示。

表 9.6　某展会展台施工活动清单

开始节点	结束节点	工序名称	工序时间(天)
1	2	放线	2
1	3	卫生、清料	2
1	4	展商统计、楣板制作	4
2	3	铺地毯	1
2	4	电料准备	2

续表

开始节点	结束节点	工序名称	工序时间(天)
3	4	展架安装	3.5
4	5	灯具安装	2
4	6	安装楣板	2
5	6	灯具调试	1
6	7	展品装卸	1
6	8	租赁服务	2
7	9	展台卫生	1
9	10	竣工验收	1

上述工序数据和会展项目的活动与工作顺序及其相互关系，可编制该会展布展项目的网络图，如图 9.11 所示为会展现场布展节点图。

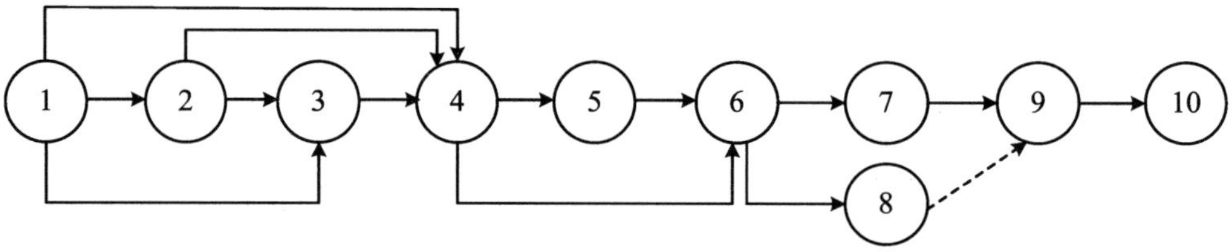

图 9.11 会展现场布展节点图

然后，根据节点的算法，我们得到表 9.7 所示的会展布展各项活动中的关键节点和关键工作。

表 9.7 关键点和关键工作表

节点	最早可能完成时间(天)	最晚可能完成时间(天)	关键点	关键工作
1	0	0	1	1—2
2	2	2	2	2—3
3	3	3	3	3—4
4	6.5	6.5	4	4—5
5	8.5	8.5	5	5—6
6	9.5	9.5	6	6—7 或 6—8
7	10.5	10.5	7	7—9
8	11.5	11.5	8	8—9(虚工作)
9	11.5	11.5	9	9—10
10	12.5	12.5	10	

由关键节点的关键工作可以得到关键路线如图 9.12 所示：

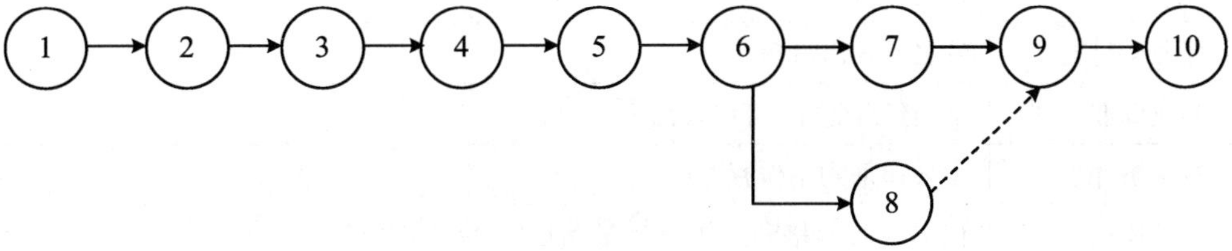

图 9.12　会展现场布展关键路线

总工期＝2＋1＋3.5＋2＋1＋1＋1＋1＝12.5(天)。

四、文化产业项目进度计划编制过程及结果

(一) 项目进度计划编制依据

(1) 项目描述。项目描述是用表格的形式列出项目目标、项目范围、项目如何执行、项目完成计划等内容。项目描述的目的是对项目的总体要求做一个概要性的说明。项目描述是项目计划和绘制工作分解结构图的依据。项目描述的依据是项目的立项规划书、已经通过的初步设计方案和批准后的可行性报告。示例如表 9.8 所示。

表 9.8　项目描述表

项目名称	项目管理软件开发
项目目标	25 周内开发出一套项目管理软件,开发费用 100 万元
交付物	满足性能要求的项目管理软件
交付物完成准则	试运行成功,验收通过
工作描述	项目及工作信息的录入、项目网络计划图的绘制、项目时间计划的安排、甘特图计划的制订、项目执行信息的录入与分析及各种计划报表的输出等
工作规范	依据行业规范
所需资源估计	人力、材料、设备的需求预计
重大里程碑	开始日期 1 月 1 日,完成日期 6 月 18 日
项目负责人审核意见	签名：　　　　　　　　　　　　日期：

(2) 项目分解。项目目标明确后,要制订出完善的项目进度计划,就必须对项目进行分解,以明确项目所包含的各项工作,一般以 WBS 形式表示。项目分解是编制进度计划和进行进度控制的基础。

(3) 工作描述。在项目分解的基础上,为了更明确地描述项目包含的各项工作的具体内容和要求,需要对工作进行描述。工作描述作为编制项目计划的依据,同时便于实施过程中更清晰的领会各项工作的内容。工作描述的依据是项目描述和项目工作分解结构,其结构是工作描述表(表 9.9)及项目工作列表(表 9.10)。

表 9.9　工作(任务)描述表

任务	订购材料
任务交付物	签名并发出订单
验收标准	部门经理签字,订单发出
技术条件	本公司采购工作程序
任务描述	根据 X 号表格和工作程序 Y 条规定,完成订单并报批
假设条件	所需材料存在
信息源	采购部、供应商广告等
约束	必须考虑材料的价格
其他	风险:材料可能不存在 防范计划:事先通知潜在的供应商,了解今后该材料的供货可能性
签名	项目组成员:×××

表 9.10　项目工作列表

工作编码	工作名称	输入	输出	内容	负责单位	协作单位	相关工作

(二) 项目进度计划编制

(1) 确定工作责任分配。工作责任分配是对项目的每一项工作分配责任人和落实责任,它以工作分解结构图表和项目组织结构图为依据,工作责任分配的结果形成工作责任分配矩阵或分配表。

(2) 确定工作先后关系。根据各项工作之间的逻辑关系,确定其先后。工作相互关系确定的最终结果是要得到一张描述项目各工作的相互关系的项目网络图以及工作的详细关系列表。

(3) 估算项目工作时间。工作延续时间的估算是项目计划制订中的一项重要工作,它直接关系到各项工作网络时间的计算和完成整个项目工作所需要的总时间。对延续时间的估计要客观正确。

(4) 工作进度。根据文化产业项目性质和特点,选择合适的进度计划工具,安排项目进度。如果项目复杂,所需要的项目进度工具可选择多种。

(三) 项目进度计划编制结果

(1) 项目进度计划。

(2) 细节说明。对于项目进度的支持细节至少应该说明有关的假设和约束,此外还应包括各种应用方面的详细说明。

(3) 项目进度管理计划。主要说明什么样的进度变化将应给予处理,可以是正式的或非正式的,可以是详细的说明或基本的框架,它是总项目计划的辅助说明。

案　例

某电视剧制作项目计划表如表 9.11 所示。

表 9.11　电视剧《×××》制作计划表

日　期	工 作 进 程	备　注
2月1日至10日	挑选编剧改编《×××》剧本	确定编剧后立马举行创作会议，由《×××》作者进行讨论
2月10日至20日	编剧根据《×××》准确表述剧目主题思想、主要人物、时代背景、故事情节等内容的不少于1500字的简介，并送审	到当地人民政府广播影视行政部门备案，经审核报请国务院广播影视行政部门公示。或按照有关规定向国务院广播影视行政部门直接备案，审核后公示
2月21日至3月31日	编剧根据送审意见及收集资料完成整剧初稿，并由投资方与制作方提出修改意见	制片方联系有意向以投代购的播出平台，让其率先进入制作过程
4月1日至25日	根据投资方与制作方的修改意见进行第一次修改	成立招商团队，并开始对外招商；第一阶段网络宣传启动
4月26日至28日	剧本深度创作第一次会议	由编剧、《×××》作家、投资方、制作方及受邀的播出平台委派人员、受邀的影视剧作家等参与；网络宣传跟进
4月29日至5月16日	编剧根据各方意见进行第二次调整修改	制片方挑选主创团队（导演、摄影、灯光、美术、演员等）
5月16日至18日	剧本深度创作第二次会议	由编剧、《×××》作家、投资方、制作方及受邀的播出平台委派人员、受邀的影视剧作家等参与
5月19日至6月5日	编剧完成剧本定稿，制作方选定导演及其他部分主创团队	网络宣传与招商跟进
6月6日至30日	由制作方组织编剧、导演及其他部分主创前期磨合	主要针对剧本进行拍摄商讨
7月1日	电视剧《×××》正式建组，制片人、制片主任与已定主创人员签订合同	开始第二阶段整合媒体宣传；做好新闻发布会各项准备工作；当地合拍单位准备布置好新闻发布会场地，邀请媒体、接待工作
7月2日至15日	总制片人和导演及部分主创人员看景，制片主任、副导演前期与选定演员、职员，签订合同，并支付10%的定金	景选定后，美术师和工作人员制景；演员加盟后进行第三阶段集中宣传（话题宣传、剧情宣传等）
7月10日至25日	导演及编剧最后修改并提高剧本	出剧本后，统筹做出分场景表、顺场景表、拍摄大计划
	制片部门定录音器材、发电车、器材箱车、摄制组用车	如发生不可预见事由延误拍摄时间，完成时间往后顺延
7月10日至25日	美术、道具组进组，置景，制作准备道具	7月25日前准备完毕，制片部门和导演验收

续表

日　期	工　作　进　程	备　　注
7月25日	执行制片人和现场制片买现场用品及摄影、灯光耗材	7月25日购买剧组用品：对讲机、喊话器、导演椅等物品，全部到位
7月26日至28日	服化部门进组，给演员定妆、服装定装	剧照师照剧照，并交由宣发组进行曝光宣传
7月28日	出开机仪式方案，做开机仪式准备工作，发邀请函	以全国各大媒体为主
7月29日	摄制组所有演职人员进组报到，开始工作	制片部门提前通知外地演职人员买好车票，准时进组，办理保险
7月30日	摄影、灯光、录音、辅助器材、器材箱车等所有车辆进组	执行制片人办理加油卡，确定专人负责加油
7月30日至31日	白天摄影部门试机器，拍些空镜；晚上开全组大会，后开机饭；晚上发第二次片酬	做好新闻发布会各项准备工作；当地合拍单位准备布置好新闻发布会场地，邀请媒体、接待工作；各部门进行最后一次检查确认工作
8月1日	上午开机仪式新闻发布会； 中午酒会结束后正式开机	进行第四阶段宣传（穿插剧透性质的持续曝光模式直至播放前）
8月1日至11月29日	进入拍摄工作阶段	制片部门安排并监督生产进度，严谨安全作业
11月30日	完成拍摄，发放片酬尾款	如发生不可预见事由延误拍摄时间，完成时间往后顺延
12月1日至12月31日	进入后期制作阶段	制作剧情片花，投放网络媒体与电视媒体预告本片

第四节　文化产业项目资源与费用计划编制

项目资源包括项目实施中需要的人力、设备、材料、能源及各种设施和无形资源。对于一个文化项目来说，人力资源是项目中最重要的资源。资源计划涉及决定什么样的资源以及需要多少资源和每一项工作中的资源分配问题。费用，即成本，一般被定义为“为达到一个特定的目标而牺牲或放弃的资源”。项目费用计划，也称为费用规划，在项目管理知识体系指南中，费用规划包括确保在批准的预算内完成项目所需要的各个过程。

因此，资源和费用关系密切，项目资源计划是项目费用估算的基础和前提。项目资源计划的详细程度和准确与否，直接影响到项目费用的估算。项目经理必须确定项目的范围定义是恰当的，项目的工作分解结构是合理的，项目的时间和费用估算是精确的，以及最后的预算是切合实际的。

一、文化产业项目资源计划编制

(一) 项目资源计划编制的主要依据

编制项目的资源计划，主要依据是项目工作分解结构、历史信息、范围陈述、项目安排的描述、资源描述和项目进度等。

(1) 项目工作分解结构：它是项目团队在项目实施中要完成的全部项目任务和工作，而要完成这些任务必须投入各种资源。不同的项目任务需要不同的资源，因此项目分解结构是安排项目资源计划的主要依据之一。

(2) 项目历史信息：指的是已完成的类似项目所需要的资源等方面的历史信息，记录了以往类似项目的资源需求和使用情况，对项目的完成具有一定的指导和借鉴作用。如果有可能，要尽可能多地了解历史上类似项目的详细信息，信息掌握的完备程度可以完善项目资源计划的制订。

(3) 项目范围陈述：包括了划定哪些方面是属于项目应该做的，哪些工作没有包括在项目之内。进一步明确资源应该安排在哪些工作，不应该安排在哪些方面。

(4) 项目资源描述：包括项目需要哪些类型的资源，这些资源的特性要求是什么、价格如何、何时需要等信息。

(5) 项目进度：包括项目工作任务的前后逻辑顺序、工作持续的时间等，这些都会影响到项目资源的使用。

(二) 项目资源编制的工具

1. 项目资源矩阵

项目资源矩阵也称资源计划矩阵，它是项目工作分解结构的直接产品，即根据具体工作分解结构情况来对资源进行分析、汇总。资源矩阵能够清晰表示 WBS 的结果，解决 WBS 中无法解决的问题。如表 9.12 所示。

表 9.12　某项目资源矩阵

项目工作	资源需要						
	方法学家	课程专家	评估员	科学专家	数学专家	印刷设备	计算机主机
识别需求	S	P					
建立需求		P					
设计预备课程	S	P		S	S		
评价设计	S	S	P				
开发科学课程		S			P		
测试综合课程	S	S	P				S
印刷与分销		S				P	

注："P"表示主要资源；"S"表示次要资源。

2. 资源数据表

资源数据表(表9.13)不同于资源计划矩阵,它主要表示的是在项目进行过程中,项目资源的使用和分配情况,而不是对项目所需资源进行的统计说明。

3. 资源甘特图

资源甘特图是进行资源平衡的主要工具,能有效显示行动时间的规划,适用于项目计划和项目进度安排。在网络计划技术出现之前,甘特图是计划和控制的重要手段。具体做法是,在纵轴列出项目中的各项活动,在横轴列出连续的各个时间段,在坐标图中标出每项工作所需的时间长度的横条。如图9.13所示。

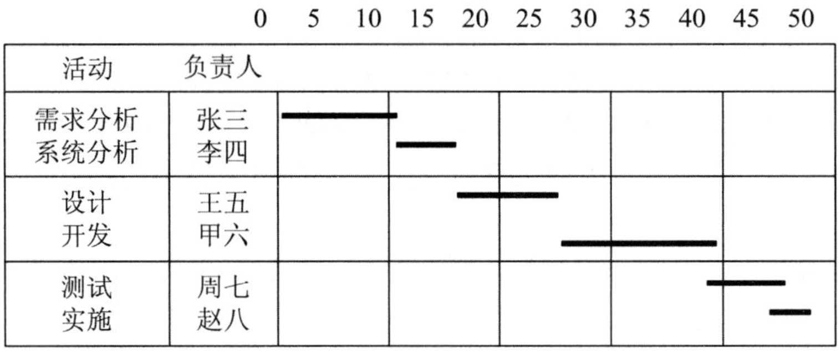

(a)

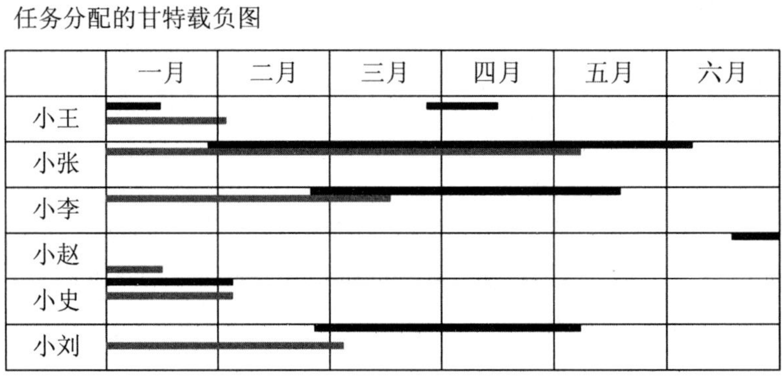

(b)

图9.13 信息系统开发的人力资源甘特计划图

4. 资源负荷图

资源负荷图一般用于表示人力资源情况,因为人力资源有一个统一的标准,而其他资源类别不同统计标准也会不同,不便在一个负荷图中表示出来。虽然人力资源也存在不同,但可以按照不同类的人力资源画出不同的人力资源负荷图。人力资源负荷图一般以条形图的方式反映项目进度及其资源需求情况,横轴表示时间,纵轴表示人力资源数量。

5. 资源需求曲线

项目资源需求曲线,是以线条的方式反映项目进度及其项目资源需求量的情况,如图9.14所示。

表 9.13 某项目资源数据表

资源	每周资源需求量(单位:人)																									
	1	2	3	4	5	6	7	8	9	10	11	12	13	14	15	16	17	18	19	20	21	22	23	24	25	26
方法学家	1.5	1.5	1.5			1	1	1	1	1	1	2	2													
课程专家	1	1	1	1	1	1	1	1	1	1	1	1	1	1	1	1	1	1	1	1	1	1	1	1	1	1
评估员											2	2	2								2	2	2			
科学家						0.7	0.7	0.7	0.7	0.7	0.7			2	2	2	2	2	2	2						
数学家						0.7	0.7	0.7	0.7	0.7	0.7			2	2	2	2	2	2	2						
印刷设备																								0.3	0.3	0.3
大型计算机主机																					0.1	0.1	0.1			

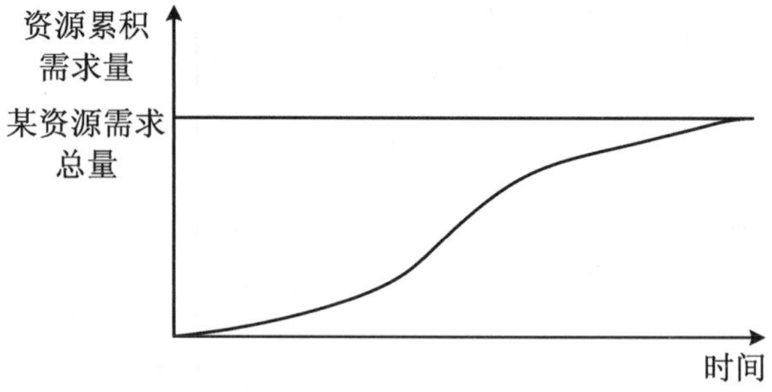

图 9.14　项目资源需求曲线图

(三) 项目资源计划编制的过程

1. 项目资源需求分析

通过分析和明确文化产业项目工作分解结构中每一项工作任务所需资源的数量、质量及种类,并根据有关项目领域中的资源消耗定额或经验数据,就可以确定出资源需求量。项目资源需求分析一般可按这样几个步骤来确定资源数量:

(1) 计算项目工作分解结构各项工作的工作量需求。

(2) 确定各项活动的实施方案。

(3) 估计人员需求量。

(4) 估计材料需求量。

(5) 估计设备需求量。

(6) 确定资源使用时间等。

2. 项目资源供给分析

文化产业项目资源供给的方式多种多样,可以从项目组织内部解决,也可以从项目组织外部获得,如文化项目赞助。因此文化产业项目资源的供给分析需要分别从内部、外部资源进行分析,分析资源的可获得性、获得的难易程度以及获得的渠道和方式等。预先安排一个切实可行的物质、技术资源供应计划,将会直接关系到项目的工期和成本。

3. 项目资源成本比较与资源组合

确定了一个文化产业项目需要哪些资源以及如何获得这些资源后,还需要比较这些资源的使用成本,从而确定项目的资源组合模式,即各种资源所占的比例及其组合方式。因为不同的项目资源组合模式及其成本有时会有较大的差异,因此,根据项目实际情况,综合考虑项目成本、进度等项目目标,具体确定合适的项目资源组合方式。

4. 资源分配

进行资源分配的一般途径是,先假设没有资源使用方面的限制,并从一条简单的关键路径着手进行分析;然后检查分析结果是否是不可行的。如果资源有限,基于关键路径法(CPM)分配资源不可行,就要根据优先原则确定活动优先次序,并据此分配资源。

资源约束条件下的资源分配,可以利用以下几种技术避免延期:一是用较低的资源使用量完成活动,只对那些工期可以延长,用较少资源就能完成的活动有效;二是分解活动,对于项目中活动的原有逻辑关系变化不太大的情况,可以将某些活动分解成一些子活动,根据资源的空闲情况先后完成;三是调整网络,例如用开始到开始的逻辑关系代替结束到开始的逻辑关系;四是使用可以更换的资源。

5. 资源分配计划编制

文化产业项目资源分配是一个系统工程，既要保证各个任务得到合适的资源，又要在实现资源总量最小的前提下，平衡资源的使用。因此，项目资源计划的编制要做到合理分配资源，使所有项目任务都分配到所需要的资源，而且做到所有资源的充分利用。

(四) 资源计划的结果

文化产业项目资源计划的结果是制订资源的需求计划，对各种资源需求及需求计划加以描述，资源的需求安排一般应分解到具体的工作上，并以图表的形式予以反映。文化产业项目资源计划的结果主要有：

(1) 资源的需求计划。

(2) 各种资源需求及需求计划的描述。

(3) 具体工作的资源需求安排。

案　例

游戏软件开发项目人力资源计划

某游戏软件开发项目人力资源计划涉及的工作图表分别如表 9.14、表 9.15、图 9.15、图 9.16 所示。

表 9.14　游戏软件开发项目人力资源计算(单位:天,每天按照 8 小时工作制计算)

序号	工作名称	人力资源类型	平均每天工作量(工时)	每天需安排人数
1	需求分析	分析员	24	3
2	总体设计	设计员	48	6
3	界面详细设计	设计员	24	3
4	动画详细设计	设计员	24	3
5	处理详细设计	设计员	24	3
6	界面编码	程序员	40	5
7	动画编码	程序员	40	5
8	处理编码	程序员	40	5
9	界面单元测试	测试员	32	4
10	动画单元测试	测试员	32	4
11	处理单元测试	测试员	32	4
12	系统测试	设计员	16	2
		测试员	32	4
13	项目管理	管理员	8	1

表 9.15　工作逻辑关系表

序号	工作名称	紧前事件	序号	工作名称	紧前工作
1	需求分析		8	处理编码	5
2	总体设计	1	9	界面单元测试	6
3	界面详细设计	2	10	动画单元测试	7
4	动画详细设计	2	11	处理单元测试	8
5	处理详细设计	2	12	系统测试	9,10,11
6	界面编码	3	13	项目管理	
7	动画编码	4			

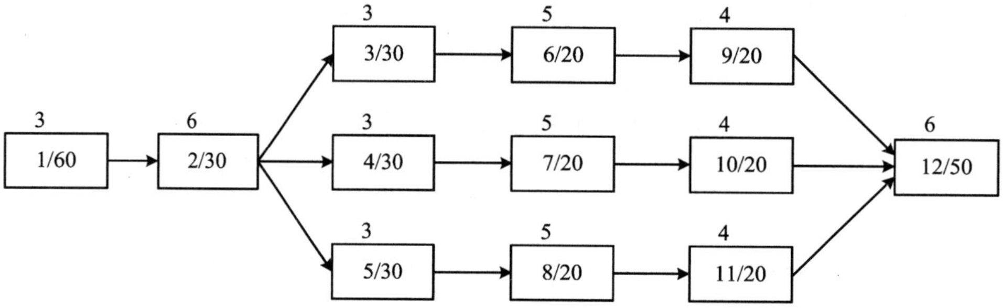

图 9.15　活动网络图

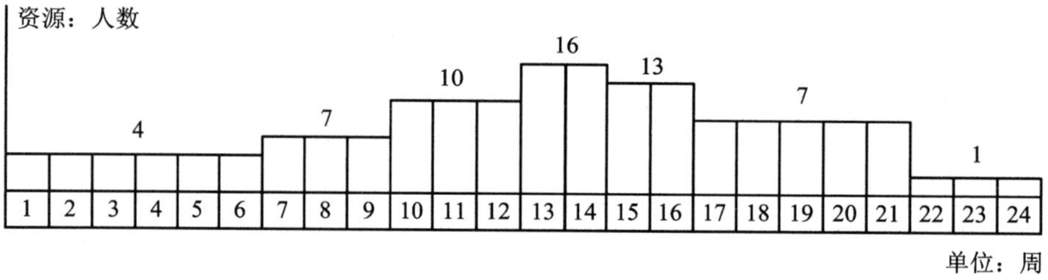

图 9.16　人力资源负荷图

二、文化产业项目费用估算

费用估计指的是预估完成项目各工作所需的资源(人、材料、设备等)的费用近似值。当项目在一定的约束条件下实施时,价格的估计是一项重要的因素。费用估计也应该与工作质量的结果相联系。在进行费用估计时,要考虑一些影响因素,如经济环境的影响等;还要考虑各种形式的费用交换,比如在多数情况下,延长工作的延续时间通常是与减少工作的直接费用相联系,相反,追加费用将缩短项目工作的延续时间,因此,在费用估计的过程中,必须考虑附加的工作对工程期望工期缩短的影响。

(一) 费用估计过程的依据

(1) 工作分解结构(WBS)。因为 WBS 可以与项目的财务系统和控制系统相结合,对项目的投资和进度进行追踪和报告，收集项目实施过程中的各种精确的信息，获得当前进度的实际费用，及时对预算进行修正。

(2) 资源需求计划。即资源计划安排结果。资源需求是项目费用估计的基础，项目估算的结果取决于项目的资源需求量和资源单价两个因素。资源需求的种类和数量及其单价，决定了项目费用估算值。在做资源需求估算时，要考虑到备选或替代方案的资源需求，目的是通过比较找出项目利益相关者最满意的实施方案。而资源的实际占用与资源利用效率有很大的关系。项目资源配置均匀，资源的利用率就高，资源实际需求量就低，实际成本就会下降。

(3) 资源价格。为了估算项目各工作的费用，必须知道各种资源的单位价格，包括人员工时费、单位材料费、额定的实施费用等。如果某种资源的实际价格不知道，就应该给它的价格做出估计。

资源单价可能会因为区域不同而不同，会为费用估算带来困难，但可以采用平均价格或加权平均价格作为整个项目资源的单价的基准。估算资源单价时，还要根据经验分析，判断资源价格的市场变化特性，科学估算，进而能有效降低项目的市场价格风险。

(4) 工作的延续时间。工作的延续时间将直接影响到项目工作经费的估算，因为它将直接影响分配给它的资源数量，包括人工费用、项目设备的使用费、资金的使用成本利息等。

(5) 历史信息。同类项目的历史资料，始终是项目执行过程中可以参考的最有价值的资料，包括项目文件、共用的项目费用估计及项目工作的经验知识等。

(6) 会计表格。会计表格说明了各种费用信息项的代码结构，项目费用的估计应与企业的会计统计科目相对应。

(二) 费用估计的技术和方法

费用估计是一种近似值的估计，更多的是基于一种历史信息对项目当前或将来费用支出的预计。常用的方法主要有以下几种：

(1) 类比估计法。通常是与原有的类似已执行项目进行类比，以估计当期项目的费用。这种方法简便易行，是经常使用的粗略估算的方法之一，但其精准度取决于被估算的项目与以前项目的相似程度、相距时间和地点的远近，需要较为详细的同类项目历史信息。

(2) 从下向上的估计法。这种方法是以 WBS 为根据，通常首先估计各个独立工作的费用，然后再汇总，从下往上估计出整个项目的总费用，这一方法，多用在项目的计划阶段，为项目实施，制订绩效考核标准时，精确估算项目的费用。

(3) 从上往下估计法。同上述方法相反，是从上往下逐步估计的，多用在项目的启动阶段，在参考类似已完成项目的情况下，估计新项目(招投标需要)的成本。

(4) 参数模型法。将项目的特征参数作为预测项目费用的数学模型的基本参数。如果模型是依赖于历史信息、模型参数已经量化，则它通常是可靠的。

(5) 计算工具的辅助。一般采用项目管理软件及电子表格软件辅助项目费用的估计。

(三) 项目费用估计过程的成果

(1) 项目的费用估计。描述完成项目所需的各种资源的费用，包括人员成本、实施费用、消耗品与材料，以及各种特殊的费用项，如折扣、费用储备等的影响。费用的表示方法，因项目情况不同而各异。

(2) 详细的说明。费用估计的详细说明应该包括：工作估计范围描述，通常是依赖于

WBS作为参考；对于估计的基本说明，比如费用估计是依据什么获得的；各种依据的假设条件说明；指出估计结果的有效范围及变动的判断条件。

三、文化产业项目费用预算编制

文化产业项目预算也称项目费用计划，其目的是在费用估计的基础上，将估计的项目费用分配到各项具体工作上。成本预算是费用估计在项目时间、任务上的反向分解，与我们日常的预算概念有极大的不同。

（一）项目费用预算的依据

（1）费用估计。将费用估计的结果作为项目各项基本工作费用分配的基础。

（2）工作分解结构。费用预算是为了确定测量项目实际绩效的基准计划而把整个费用预算分配到各个工作项上面去。因此，费用预算过程需要输入项目工作分解结构。

（3）项目进度计划。费用的分配和安排是与进度计划相适应的，项目进度指明了项目各工作单元的起止时间，从而确定了各工作单元需要的各类资源的时间，进而可以得出项目费用在项目持续时间内的分布。成本基线与进度密切联系。

（二）费用预算的技术和方法

类同于费用的估计。为了建立项目的预算，我们必须预测项目需要耗费何种资源、各种资源的使用量、何时需要以及相应的成本。其中还要考虑通货膨胀。任何预测都带有不确定性，不确定性随着所涉及内容的不同而不同。

（三）费用预算的成果

费用预算的成果就是费用计划，即费用线。在项目的生命周期内，项目的各项工作根据项目进度计划开始、执行和完成，所发生的累积预算费用形成了一条S型曲线。费用线将作为度量和监控项目实施过程中监控费用支出的依据，如图9.17所示。

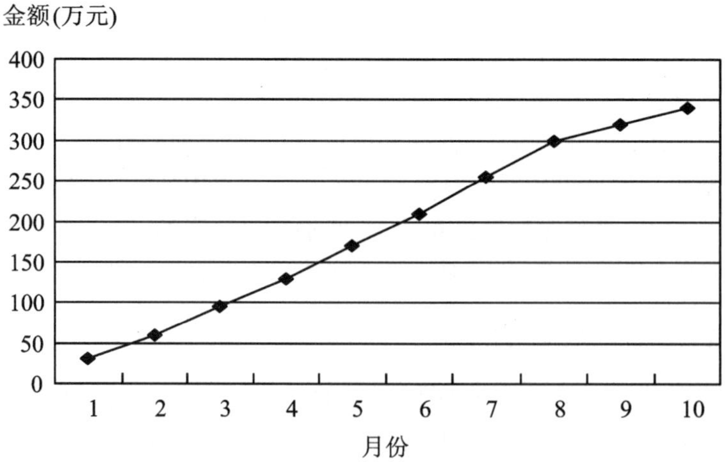

图9.17　某项目费用线

项目费用预算主要有两个特性：一是与费用估算相比它具有权威性，各个项目小组能够拥有多少资源得到了项目领导的肯定，并以正式的文件下达。因而，只有项目预算做完了，才有真正的项目开始。二是项目费用预算的约束性和控制性，它是一种控制机制，预算可以作为一种比较标准而使用，一种度量资源实际和计划用量之间差异的基线标准。

案　例

影视项目费用预算

影视项目成本预算是在项目成本概算的基础上，对影视项目在不同阶段的不同的活动及其成本概算的合理性进行进一步分析，采用更加合理的估计方法对项目总成本进行估计，得到精确度更高的结果，并且最终将总成本分摊到编剧组、导演组、制片组、摄影组、道具组、灯光组、化妆服装组、后期剪辑组等。

策划和前期准备预算应包括剧本费及酬金，包括原著改编权、原创编辑酬金和分镜头剧本等发生的有关费用和酬金；剧本审查费用和取得拍摄许可证费用；前期采景费、食宿费、交通费等。摄制预算应包括但不限于以下内容：投资总额及资金来源，主要演、职员报酬或报酬标准，设备、器材及胶片等消耗材料的价款或作价方式及价格标准，场地和场租费计价标准或支出标准，设备、器材租赁费用，仓储、运输费用，全体演职员食、宿、加班和交通标准或支出标准，后期制作费，税款和有关管理费的缴纳，不可预见费用和保险费用，财务、审计和法律费用，超支或预算的资金来源及其担保或保证。

影视项目预算流程包括四个步骤：

步骤一，将项目成本概算分摊到项目的各个工作小组。比如，把一个成本概算为800万元电影项目分摊到各个工作小组，即将10%的费用作为不可预见费用，其余的720万元按照成本估算和剧本的实际要求，将其分摊到导演组（150万元）、摄影组（90万元）、灯光组（45万元）、录音组（50万元）、道具组（10万元）、服装化妆（5万元）、置景组（40万元）、制片组（160万元）、后期制作（50万元）、特效制作（60万元）、底片洗印（20万元）、营销策划（30万元）、剧务（5万元）、公共关系（5万元），简易示意流程图如图9.18的第一层次。

步骤二，每个工作小组根据各自的任务要求进行再分配预算。比如，摄影组按照剧情需要设备及其附属设备和工作人员，继续分解为，阿莱Ⅲ摄影机（36万）、EFP STED-ECAM稳定器（10万元）、升降机（2万元）、轨道移动车（15万元）、胶片和其他耗材（19.5万元）和人员酬金（21万元）如简易流程图如图9.18第二层所示。

步骤三，各个小组分解完成后，汇总到制片部门，由制片人审核。

步骤四，预算修改，形成总预算成本额，并按职员、演员酬金、设备、制片部门、道具等分门别类编制出独立预算表。

一般来说，各个工作小组预算倾向于比他们的最优估计的费用支出要高。因而，各小组的最后的预算对他们来说是很容易达到的目标，预算的数据和最优估计之间的差异叫作"裕度"。制片人或制片主任在检查和复核的主要任务中是发现裕度，并与各小组协商后消除裕度，确保预算的科学性和上下一致性的最终环节。

制片人或制片主任在各工作小组预算的基础上，分门别类地编制出人工酬金预算表，设备器材预算表，制片部门预算表，置景预算表，道具、服装、化妆预算表，后期制作预算以及各种保险费用预算表。这些预算表作为影视项目运作过程中成本管理的主要基准，若发现偏离了预算计划，及时进行纠正并调整。所有的工作人员必须遵照预算要求，没有特

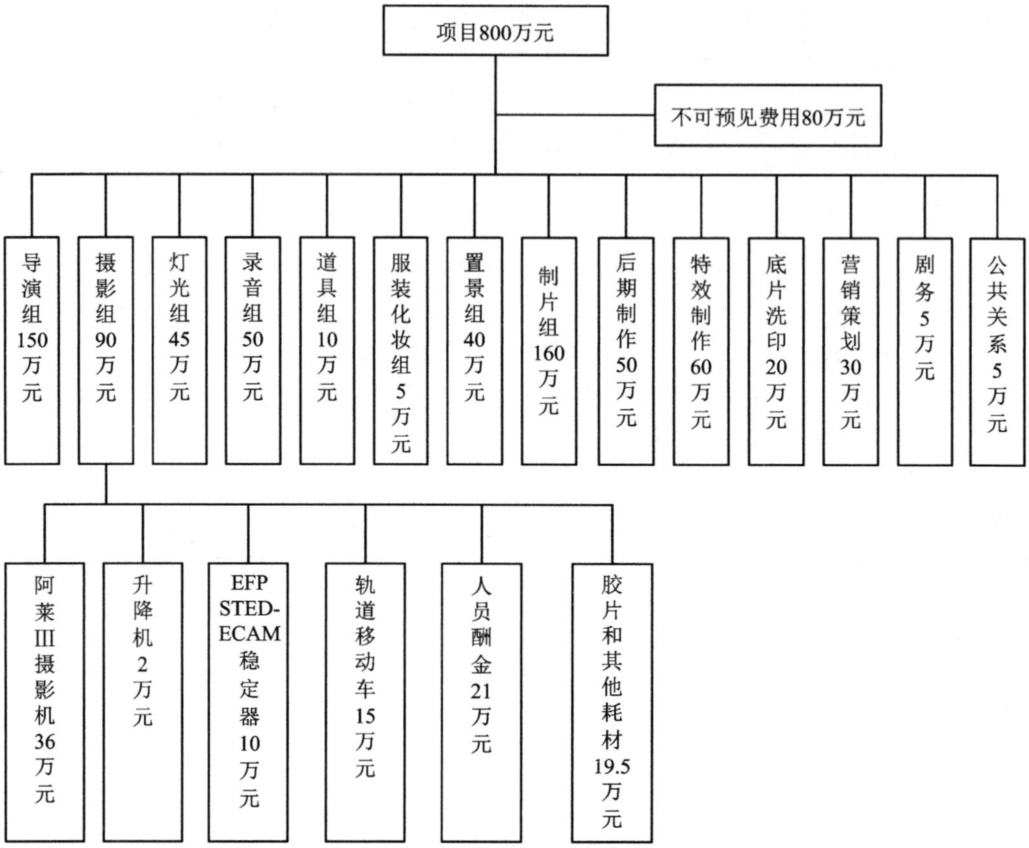

图 9.18　某电影费用预算图

殊情况，是不允许改动预算内容的。制片人需要对影片的风格和制作要求有总体把握，对各种类型的拍摄设备的制作功能效果与租赁价格有一个清楚的概念，在审核各部门预算时，对有限的资金按轻重缓急的原则分配，避免造成浪费或者因为设备性能不好而影响影视剧的质量。

分析：

(1) 影视项目总预算的依据：根据成本估算、根据分镜头剧本、分场景清单、进度计划表和工作流程图和各项活动的预算定额，对影视项目整个成本再次估算的工作。总预算确定的目的是将资金拨入预算计划，它的精度上下不超过10%。

(2) 预算方法：因影视项目处于项目的启动阶段，所以可以根据预算分摊流程，确定各项活动的预算，采用"自上而下"的方法，将项目总成本逐级分摊到项目的各个小组活动。

(3) 确定各工作小组的活动预算投入的时间，要根据影视项目进度安排和项目各种资源进入实际工作的计划进行。

第五节　文化产业项目质量计划编制

由于项目实施的一次性、任务的复杂性和过程的不确定性等，使项目的质量难以保证，因此，在项目的策划中要做好项目质量计划，在项目的实施中应加强质量控制，坚持“质量第一，预防为主”的方针和“计划、执行、检查、处理、循环”的工作方法。

一、文化产业项目质量计划的涵义

（一）质量的内涵

1. 质量的含义

国际标准化组织对质量定义：“质量是反映实体（产品、过程或活动等）满足明确和隐含需要的能力特性总和。”其中，“实体”是指承载质量属性的具体事物，包括产品、过程（服务）和活动（工作）三种。

质量本身的含义是指“实体”能够满足用户需求的能力和特性的总和。对于不同“实体”，质量的实质内容不同。对项目（工作）而言，质量一般是由项目的结果来衡量的，项目的结果既可以是项目所形成的产品，也可以是通过项目而提供的服务，所以项目质量也可以用产品或服务质量来度量。

2. 质量特性

质量特性就是产品或服务为满足人们明确或隐含的需要所具备的能力、属性和特征的总和。具体如下：

（1）内在质量特性，主要是指产品或服务的性能、特性、强度、精度等特性。

（2）外在质量特性，主要是指产品或项目在外形、包装、装潢等的特性。

（3）经济质量特性，主要是指产品或项目寿命、成本、价格、运营维护费用等特性。

（4）商业质量特性，主要是指产品保持期、保修期、售后服务水平等的特性。

（5）环保质量特性，主要是指产品对于环境保护的贡献或对于环境的污染等特性。

3. 质量管理

现代质量认证体系对“质量管理”的标准定义是指导和控制组织与质量有关的彼此协调的活动，通常包括制定质量方针、确立质量目标、质量策划、质量保证、质量改进等。

质量方针是由组织的最高管理者正式发布的一个组织总的质量宗旨和质量方向。

质量体系是为实施质量管理所需的组织结构、程序、过程和资源。

质量策划是确定质量的目标和要求，以及确定采用质量体系要素的目标和要求的活动。

质量控制是为达到质量要求所采取的作业技术与活动。

质量保障是指为了保证实体能够满足质量要求，并提供足够的证明以表明实体保证能够满足质量要求，而在质量体系中实施的并根据需要进行证实的全部有计划和有系统的活动。

质量改进是为向本组织及其顾客提供更多的收益，在整个组织内所采取的旨在提高活动和过程的效益和效率的各种措施。

（二）项目质量的概念

项目质量在很大程度上既不同于产品质量，也不同于服务质量。项目兼具产品和服务两方面的特性，另外还具有一次性、独特性与创新性等特征，在理解“项目质量”概念时，需要注意这样几个问题：第一，质量的广义性，在质量管理体系中，项目利益相关方对项目产品、过程和服务要求可能不同，而产品、过程和服务又具有各自固有的特性，因此，质量不仅指产品的质量，也可指过程和服务的质量。第二，质量的时效性，由于项目利益相关方对产品、过程和服务的需求和期望是不断变化的，因此组织应不断调整对质量的要求。第三，质量的相对性，项目利益相关方对需求和质量的要求不同，对同样的质量理解也不同，因此，质量具有相对性，但只要满足了需求就应该认为质量好。

（三）项目质量计划的概念

质量管理是为了保障项目的产出物，能够满足项目业主（客户）以及项目各方面相关利益者的需要，所开展的对于项目产出物的质量和项目工作质量的全面管理工作。它包括确定质量方针、目标和职责并在质量体系中通过诸如编制质量计划、质量保证、质量控制和质量提高使其实施的全面管理职能的所有活动。

项目质量计划是指为确定项目应该达到的质量标准和如何达到这些项目质量标准而做的项目质量的计划与安排。现代质量管理的基本宗旨是："质量出自计划，而非出自检查。"只有做出精准的质量计划，才能指导项目的实施，做好质量控制。

（四）文化产业项目质量的概念

就质量本体概念简单而言，质量是产品的优劣程度，但这个内容很难确切地评定文化产业项目和产品。就文化产业项目及产品的质量概念而言，产品的优劣程度并不是一个统一的标准，不能完全按照工业产品的传统计算方式来确定，也就是说文化产品取决于人们的精神需求。精神需求具有特殊性，因此，文化产业项目和产品的质量评判标准会不同，很难统一。

一个高质量的文化产业项目和产品的评定是有层次的，大致可以简单分类为三个逐步提高的层次：第一层是具有广泛的市场运作空间和利润增值空间；第二层是能够带动其他相关产业共同发展，形成产业链或产业集群；第三层是寓乐于教，启迪心智，具有广泛的社会影响。文化产业项目和产品最基本应该达到的层次是市场运作和利润增值。

同其他行业的质量管理一样，文化项目的质量管理也是讲求产品的内在品质与合格程度，其最重要的部分是满足顾客（消费者）需求的内在属性。虽然对于文化服务质量的评判不一，但也应该有最基本的要求，各种文化服务质量的提升就成为文化服务竞争的重要砝码。

（五）文化产业项目质量计划的概念

文化产业项目质量计划，就是确定与质量相关的质量标准，并确定达到质量标准的方法，从而做出的计划与安排。它是项目计划中的重要组成部分，应与项目其他计划一同制订。

文化产业项目质量管理就是从项目质量计划开始，通过对项目质量计划的实施与控制来保证项目质量的实现。文化产业项目质量计划实际上是对项目产出物质量和项目工作质量的整体设计与规划。这是一项在项目管理过程中决定项目产出物和项目工作质量的决策性工作。文化产业项目提供的产品是无形产品和有形产品的结合。进行文化项目质量管理的最终目标是确保项目满足它应该满足的要求。项目质量计划致力于制订质量目标并给定必要的运行过程和相关的资源，以保证质量目标的实现。

二、文化产业项目质量计划编制的依据

(1) 项目质量方针。项目质量方针是由文化产业项目组织的高级管理层制定的项目质量管理的总方向,是项目组织将如何实现项目质量的正式描述和表达,也是项目组织对待项目质量的指导思想和中心意图。文化产业项目质量方针应符合国家的文化政策法规,在实施过程中要兼顾各利益相关主体的需求,对照项目目标和要求给出项目质量要达到的最终目标。

(2) 项目范围描述。项目范围描述说明项目发起者的需求以及项目的主要要求和目标,是项目质量计划确定的主要依据。项目范围描述书说明了主要的项目可交付成果和项目目标,用以定义主要的项目干系人的需求。它明确了为提交既定功能的项目产出物而必须开展的工作和对工作的具体说明。

(3) 项目产出物的详细描述。项目产出物的详细描述又叫产品描述,是对项目产出物的全面与详细的说明。产品描述的相关要素可以在范围陈述中予以强调,通常包含更加详细的技术要求和其他的内容,对项目质量计划的制订非常有用。

(4) 相关标准和规定。项目组织在制订项目质量计划时,必须充分考虑与质量相关领域的国家、地方、行业等标准、规范及政府规定。文化产业项目涉及领域较多,凡涉及的行业都要符合其行业标准等。

(5) 其他的质量要求。其他质量要求是指除文化产业项目范围描述和项目产出物描述之外,其他相关的项目管理方面的要求及项目质量计划制订有关的信息,如项目工作分解结构、项目进度计划、项目成本计划、项目资源计划等。

三、文化产业项目质量计划编制的方法与工具

文化产业项目质量计划的方法很多,所使用的工具也较多。我们要根据文化产业项目的类型选择不同的计划方法,但常用的方法主要有这样几种:

(一) 文化产业项目质量计划编制的方法

1. 成本效益分析法

成本效益分析法也叫经济质量法。这种方法要求文化产业项目计划必须同时考虑项目质量的经济性。其中,项目质量成本是指开展项目质量管理活动所需的开支;而项目质量收益是指项目为组织带来的高质量产品和服务的高价格、高竞争力,有效的质量保证能带来低废品率和返修率,以及市场声誉和客户忠诚度的提高等。质量成本效益分析法的实质是通过运用此方法编制出能够保障项目质量收益超过项目成本的项目质量管理计划。

2. 质量标杆对照法

质量标杆对照法是指利用其他项目实际的或计划的质量结构或项目质量计划作为新项目的质量参照体系和比照目标,通过对照、比较最终制订出新项目质量计划的方法,是项目质量计划编制中常用的一种十分有效的方法。

质量标杆参照要求选择的项目标杆具有很大的相似性,例如,上海 2010 年举办世博会就可以将以往城市举办世博会的成果作为自己的质量标杆,并根据中国的特点,制订适合中

国的新的项目质量计划，同时分析以往城市举办世博会出现的各种质量问题，制定出相应的预防措施。质量标杆对照能有效地降低文化产业项目质量管理计划编制的盲目性，节省大量的成本，从而提高质量管理的有效性。

3. 服务质量纬度法

文化产业中很多行业属于第三产业，文化产品就是一种文化服务或包含服务的内容，因此，文化产业项目质量的评判应包含对服务质量的评价，在文化产业项目质量计划编制中应该使用服务质量纬度法。顾客对服务的满意度一定程度上能反映出文化产业项目产出物的质量问题，如果顾客期望未能实现，即使实际质量以客观的标准评判是不错的，但顾客仍感知质量是不好的。

顾客感知服务质量是一个多维概念，即顾客对感知服务质量的评价包括多个要素，这里，我们可以参考美国的三位学者研究顾客感知服务质量的五个指标：① 可靠性：公司（服务员工）按照其承诺行事；② 响应性：积极、快速地回应顾客、帮助顾客；③ 安全性或保证性：员工的行为能够增强顾客对企业的信息，让顾客感知到安全，如可信的名称、良好的声誉、训练有素的员工；④ 移情性：设身处地为顾客着想，并对顾客给予特别的关注；⑤ 有形性：服务机构有策略地提供服务的有形线索，帮助顾客识别和了解服务等。

（二）文化产业项目质量计划编制的工具

流程图是一个用箭头和直线连接而成的若干因素关系图，它反映一个过程中各相关步骤或环节之间的逻辑与顺序关系。常用在项目质量管理中的流程图技术主要有：

（1）因果图。又称石川图或鱼骨图，它直观地显示出各项因素如何会与各种潜在问题或结果联系起来。图 9.19 即是一个质量因果分析的图例。

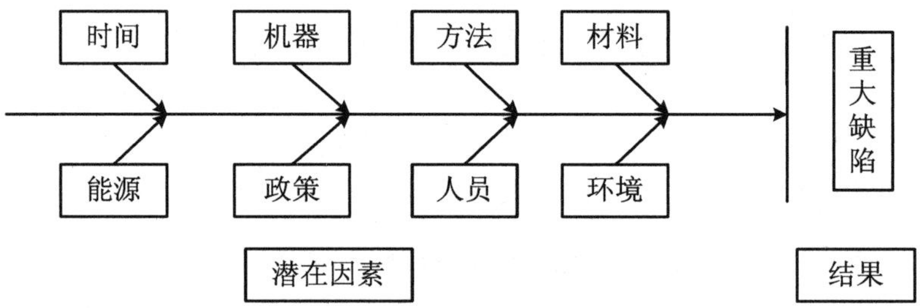

图 9.19 质量因果分析

（2）系统/过程流程图。流程图给出了执行项目中各项任务的步骤程序和处理质量问题的步骤，是项目质量保证的基础。这种图显示系统各要素间的相互关系，帮助项目组找出并解决遇到的质量问题。示例如图 9.20 所示。

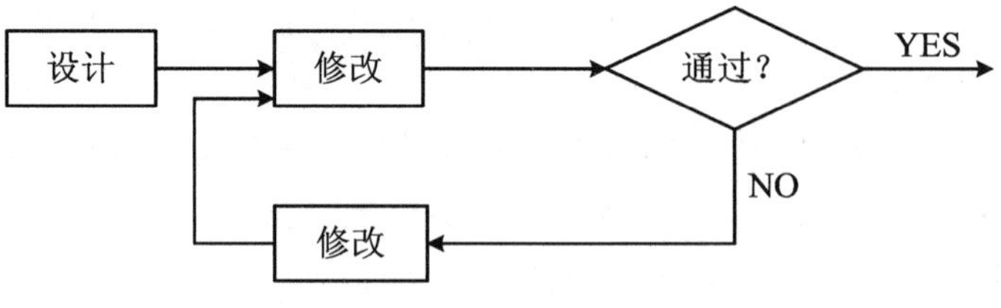

图 9.20 系统/过程流程

四、文化产业项目质量计划编制的结果

文化产业项目质量计划编制的工作结果是生成一系列质量计划文件，这些质量文件主要包括：

（一）项目质量管理计划

项目质量管理计划是项目主办方和项目管理者为实现项目质量方针所开展的文化产业项目质量管理工作的计划和安排。这一文件应包含项目质量体系的组织结构、质量体系的责任划分、质量体系的工作程序、项目质量管理的过程、实现项目质量目标所需的资源和项目质量管理的措施和方法。

也就是说，项目质量管理计划应描述项目队伍如何执行其质量方针，描述项目的质量管理体系，实施质量管理的组织结构、责任、程序、过程和资源。质量计划为项目总体计划提供输入，必须陈述项目的质量控制、质量保证和质量提高。

（二）项目质量管理工作说明

文化产业项目质量管理说明是指对项目质量管理工作的具体描述以及对项目质量控制方法的具体说明。这一文件通常要涉及如何检验文化产业项目质量计划的执行情况，如何确定质量控制规定等内容。质量管理工作说明应以非常专用的词汇描述某事物是什么，并在质量控制过程中是如何对其进行测量的。

（三）项目质量核检清单

文化产业项目质量核检清单是一种结构化的质量管理与控制方法和工具，可用于检查文化产业项目过程中各个步骤的质量计划执行情况和质量控制的实际结果，也是在质量计划编制过程中生成的质量管理计划文件袋组成部分之一。质量核检清单最常见的是以分别开列的一系列需要检查核对的工作与对象的清单形式出现的。

（四）可用于项目其他管理的信息

在文化产业项目质量计划编制过程中还会出现另外一个结果，即给出了一系列可用于活动其他专项管理的各种信息。这些信息的产生主要是因为在制订文化产业项目质量计划的过程中，通过分析与识别获取了各种有关项目其他专项管理和基础管理所需的信息，这些信息使得活动其他专项管理和项目基础管理的质量获得了提高，从而使项目质量管理得到更大的改进。

本章小结

文化产业项目计划是项目实施前对项目实施的具体策划，是项目组织根据目标的规定，对项目实施工作进行的各项活动的周密安排。项目计划围绕项目目标的完成系统地确定项目的任务、安排任务进度、编制完成任务所需要的各种资源，并估算项目成本等，从而保证项目能够在合理的时间内，用尽可能低的成本完成尽可能高的项目质量。

文化产业项目范围计划是其他各项计划的基础，项目范围的计划工具——工作分解结

构是一种非常实用的项目计划方法。在项目进度计划中，首先要正确估计各项活动的时间，理解各项工作的逻辑关系，运用项目工作清单、里程碑图、甘特图、日程表法、网络计划技术等工具编制项目进度计划。项目的资源计划和成本计划中，依据的主要是项目WBS、项目历史信息、项目范围陈述等，应用项目资源矩阵、资源数据表、资源甘特图、资源负荷图、资源需求曲线对项目资源进行计划。在资源计划的基础上，对各种资源的费用进行估算，从而制订项目成本计划。

文化产业项目质量具有一般项目质量的共同特点，也具有文化产品质量的特殊性，由于文化产品的精神属性、文化服务的无形性等特点，对文化产业项目质量的评价更为复杂，但仍然可以使用成本效益分析法、质量标杆对照、流程图等方法进行项目质量计划。

◆ **思考题**

1. 项目工作分解结构的编制过程是怎样的？为一个具体的文化产业项目编制WBS。

2. 项目进度计划中的时间估算应注意哪些问题？运用网络计划技术为一个文化产业项目编制进度计划。

3. 描述文化产业项目进度计划编制的过程。

4. 文化产业项目资源计划编制的依据有哪些？

5. 文化产业项目质量的含义及评判其质量的标准。

案例分析

上汽荣威成都国际车展项目进度计划

2017年成都国际汽车展览会将于9月2日至11日在成都新国际会展中心隆重举行。上汽集团荣威汽车作为国内知名的汽车企业是本次汽车展览会的参展商，携手成都裕记广告有限公司，打造荣威汽车"聚人气、收线索、提销量"为主题的汽车展览会分会场。

2017年上汽荣威成都国际车展项目参展周期为10天，车展正式开始前期一个多月进行项目的启动和计划相关工作，车展结束后一周进行项目总结等工作。该项目的成败关键在于项目的计划和执行，而整个项目管理工作的关键又在于项目管理计划的规范和科学性。

1. 上汽荣威成都国际车展项目工作分解结构

（1）项目工作描述内容见表9.16。

表9.16　项目工作描述

项目名称	第二十届成都国际汽车展上汽荣威展览会
项目目标	① 聚集上汽荣威展台人气、留下翔实的潜在客户资料；② 让关注车展信息的人意识到上汽荣威是本次车展中给出优惠最多、出击阵容最强、现场演绎最佳、最具出彩效果的品牌；③ 通过车展和展厅营销，完善区域营销的总体布局，带动销量增长；④ 凭借各项优惠政策和措施，全面提升本品牌汽车的销售量，实现成都区域年度销售目标
交付物	车展方案、车展服务合同、车展计划书、车展宣传材料、车展详细工作计划、应急预案、制作与采购清单、展车清单、相关广告方案、相关事项确认书、展位搭建完成、展车布置完毕、开幕式及行车发布会相关流程及议程、意向客户资料、相关总结报告等
交付物完成准则	车展方案符合厂家要求，车展服务合同条款双方达成一致，相关计划、宣传材料、方案、清单、相关议程、相关资料、相关报告通过上汽集团荣威汽车厂家验收批准，车展展位搭建与步骤与车展方案一致并通过验收

项目名称	第二十届成都国际汽车展上汽荣威展览会
工作描述	根据车展方案按照项目启动、计划、执行和收尾的阶段对车展的各项筹备和布展工作进行通盘考虑，对车展的开幕、宣传、撤展等车展服务的各个环节进行统筹安排，使车展的各项工作在进度安排、成本控制、质量保证等方面相互协调，确保车展项目的顺利实施以及车展项目目标的实现
工作规范	符合 A 级车展的相关硬软件条件要求，遵守成都国际会展中心的相关管理条例，服从厂家的指导和安排，实现车展方案的全部要求和内容
时间目标	项目启动时间：2017 年 7 月 21 日，项目结束时间：2017 年 9 月 21 日，时间历时 65 个日历日；确保 2017 年 9 月 2 日至 11 日在成都新国际会展中心隆重开幕
成本目标	参考往年车展筹备决算金额，确定本届车展项目的成本费用不超过 100 万元，并且需要包括代理费和税费等相关费用
重大里程碑	签订车展合同；完成编制车展详细计划及应急预案；参展样车的准备及运输落实；完成荣威车展展位搭建与布置；荣威车展开幕式及新车发布正常举行；荣威车展合同收尾完成相关款项收支
项目负责人审核意见	车展组委会同意

（2）项目工作分解如图 9.21 所示。

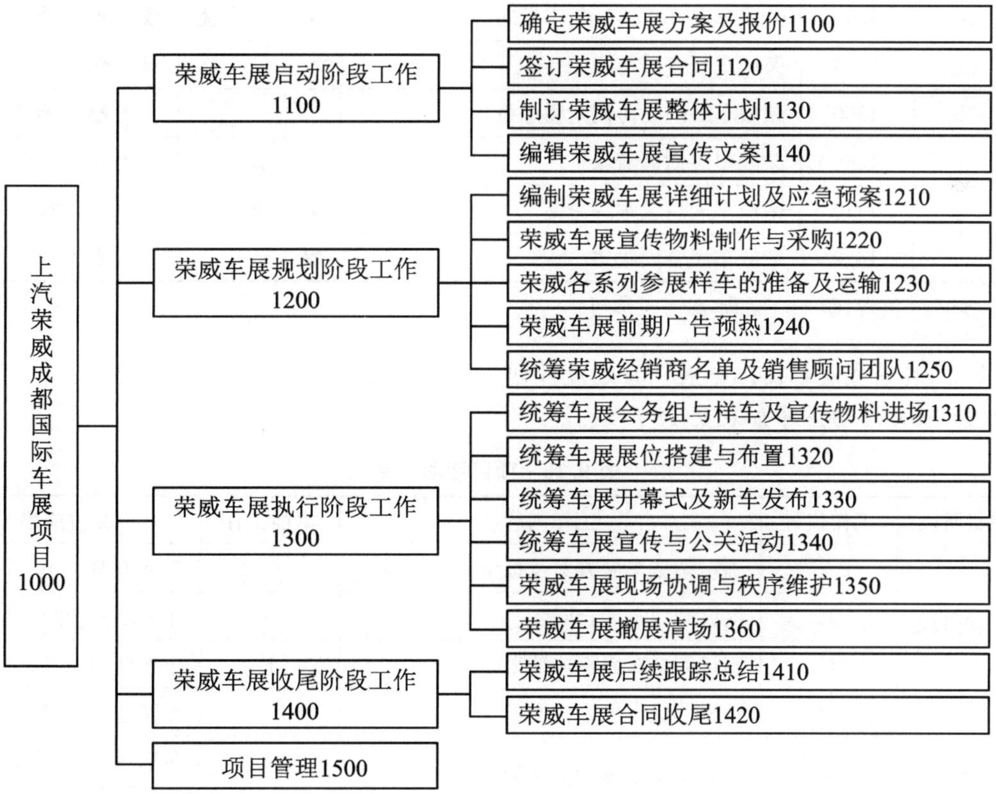

图 9.21 项目工作分解

(3) 项目工作责任分配如表 9.17 所示。

表 9.17　项目工作责任分配

工作代号	工作编码	工作内容	项目经理	财务组	策划组	宣传组	执行组	公关组	安保组
A	1110	确定荣威车展方案及报价	★	●	●				
B	1120	签订荣威车展合同	★	●					
C	1130	制订荣威车展整体计划			★	●	▲		
D	1140	编辑荣威车展宣传文案			●	★	▲		
E	1210	编制荣威车展详细计划及应急预案		▲	★	▲	●	▲	▲
F	1220	荣威车展宣传物料制作与采购		●		★	●		
G	1230	荣威各系列参展样车的准备及运输				▲	★		●
H	1240	荣威车展前期广告预热		●	●	★		▲	
I	1250	统筹荣威经销商名单及销售顾问团队			●		★		▲
J	1310	荣威车展会务组与样车及宣传物料进场				●	★	▲	●
K	1320	荣威车展展位搭建与布置			●	●	★	▲	
L	1330	荣威车展开幕式及新车发布	★		▲	●	●	●	●
M	1340	荣威车展宣传与公关活动				●	●	★	●
N	1350	荣威车展现场协调与秩序维护					●	●	★
O	1360	荣威车展撤展清场		▲			★		●
P	1410	荣威车展后续跟踪总结	★	●				●	
Q	1420	荣威车展合同收尾	●	★			▲		

注:★——负责,●——协助,▲——参与。

2. 上汽荣威成都国际车展项目进度计划

(1) 项目活动排序如表 9.18 所示。

表 9.18　项目活动排序

项目阶段	工作代号	工作内容	紧前工作	可交付成果
启动阶段工作	A	确定荣威车展方案及报价	—	车展方案
	B	签订荣威车展合同	A	车展服务合同
	C	制订荣威车展整体计划	B	车展计划书
	D	编辑荣威车展宣传文案	B、C	车展宣传材料
计划阶段工作	E	编制荣威车展详细计划及应急预案	C	车展详细工作计划、应急预案
	F	荣威车展宣传物料制作与采购	D	制作与采购清单

续表

项目阶段	工作代号	工作内容	紧前工作	可交付成果
计划阶段工作	G	荣威各系列参展样车的准备及运输	E	展车清单
	H	荣威车展前期广告预热	D	相关广告方案
	I	统筹荣威经销商名单及销售顾问团队	E	名单
执行阶段工作	J	荣威车展会务组与样车及宣传物料进场	F、G	相关事项确认书
	K	荣威车展展位搭建与布置	J	展位搭建完成、展车布置完毕
	L	荣威车展开幕式及新车发布	H、I、K	相关流程及议程
	M	荣威车展宣传与公关活动	L	活动方案
	N	荣威车展现场协调与秩序维护	L、M	现场记录
	O	荣威车展撤展清场	N	展车撤离
收尾阶段工作	P	荣威车展后续跟踪总结	O	意向客户资料、相关总结报告
	Q	荣威车展合同收尾	P	相关款项支付凭证

(2) 项目活动时间估计如表 9.19 所示。

表 9.19 项目活动时间估计

项目阶段	工作代号	工作内容	紧前工作	活动持续时间
启动阶段工作	A	确定荣威车展方案及报价	—	5
	B	签订荣威车展合同	A	3
	C	制订荣威车展整体计划	B	10
	D	编辑荣威车展宣传文案	B、C	4
计划阶段工作	E	编制荣威车展详细计划及应急预案	C	7
	F	荣威车展宣传物料制作与采购	D	5
	G	荣威各系列参展样车的准备及运输	E	8
	H	荣威车展前期广告预热	D	21
	I	统筹荣威经销商名单及销售顾问团队	E	3
计划阶段工作	J	荣威车展会务组与样车及宣传物料进场	F、G	2
	K	荣威车展展位搭建与布置	J	7
	L	荣威车展开幕式及新车发布	H、I、K	0.5
	M	荣威车展宣传与公关活动	L	9.5
	N	荣威车展现场协调与秩序维护	L、M	10
	O	荣威车展撤展清场	N	1

续表

项目阶段	工作代号	工作内容	紧前工作	活动持续时间
收尾阶段工作	P	荣威车展后续跟踪总结	O	6
	Q	荣威车展合同收尾	P	3

(3) 项目进度安排。上汽荣威成都国际车展项目进度网络图如图 9.22 所示。

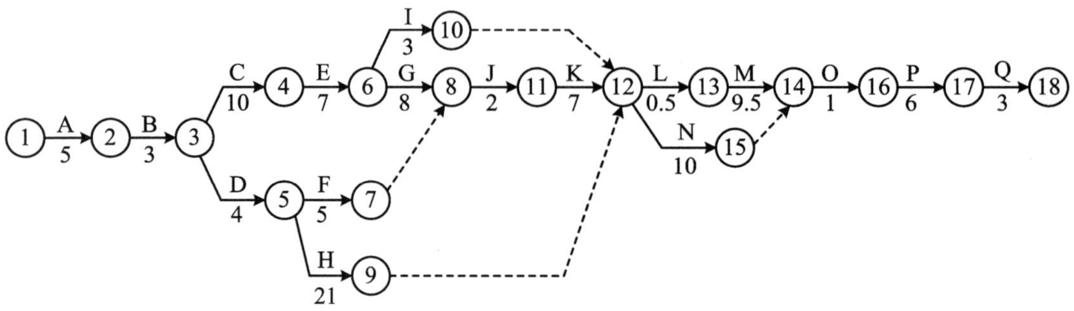

图 9.22　项目进度网络图

本届车展项目的关键路径即为 A→B→C→E→G→K→L→M→N→O→P→Q;就关键路径上的时间统计,可以确定本项目总工期为 5+3+10+7+8+7+0.5+9.5+10+1+6+3=70(个)工作日。

(4) 项目进度计划表如表 9.20 所示。

表 9.20　项目进度计划表

项目阶段	工作内容	持续时间(天)	开始时间	结束时间
启动阶段工作	确定荣威车展方案及报价	5	7 月 21 日	7 月 25 日
	签订荣威车展合同	3	7 月 26 日	7 月 28 日
	制订荣威车展整体计划	10	7 月 29 日	8 月 7 日
	编辑荣威车展宣传文案	4	7 月 29 日	8 月 1 日
计划阶段工作	编制荣威车展详细计划及应急预案	7	8 月 8 日	8 月 14 日
	荣威车展宣传物料制作与采购	5	8 月 2 日	8 月 6 日
	荣威各系列参展样车的准备及运输	8	8 月 15 日	8 月 22 日
	荣威车展前期广告预热	21	8 月 2 日	8 月 22 日
	统筹荣威经销商名单及销售顾问团队	3	8 月 15 日	8 月 17 日
执行阶段工作	荣威车展会务组与样车及宣传物料进场	2	8 月 23 日	8 月 24 日
	荣威车展展位搭建与布置	7	8 月 25 日	8 月 31 日
	荣威车展开幕式及新车发布	0.5	9 月 2 日	9 月 2 日
	荣威车展宣传与公关活动	9.5	9 月 2 日	9 月 15 日
	荣威车展现场协调与秩序维护	10	9 月 2 日	9 月 11 日
	荣威车展撤展清场	1	9 月 12 日	9 月 12 日

续表

项目阶段	工作内容	持续时间(天)	开始时间	结束时间
收尾阶段工作	荣威车展后续跟踪总结	6	9月13日	9月18日
	荣威车展合同收尾	3	9月19日	9月21日

(资料来源:彭苛.上汽荣威成都国际车展项目时间与成本管理研究[D].成都:电子科技大学,2018.)

思考题

1. 你认为本案例中的进度计划是否可以优化?为什么?如果可以优化,怎样优化?
2. 请根据以上项目信息绘制项目进度横道图。

实务训练

在文化项目策划案的基础上,为自己小组的文化项目做一份项目实施计划。

第十章　文化产业项目实施与控制

本章结构图

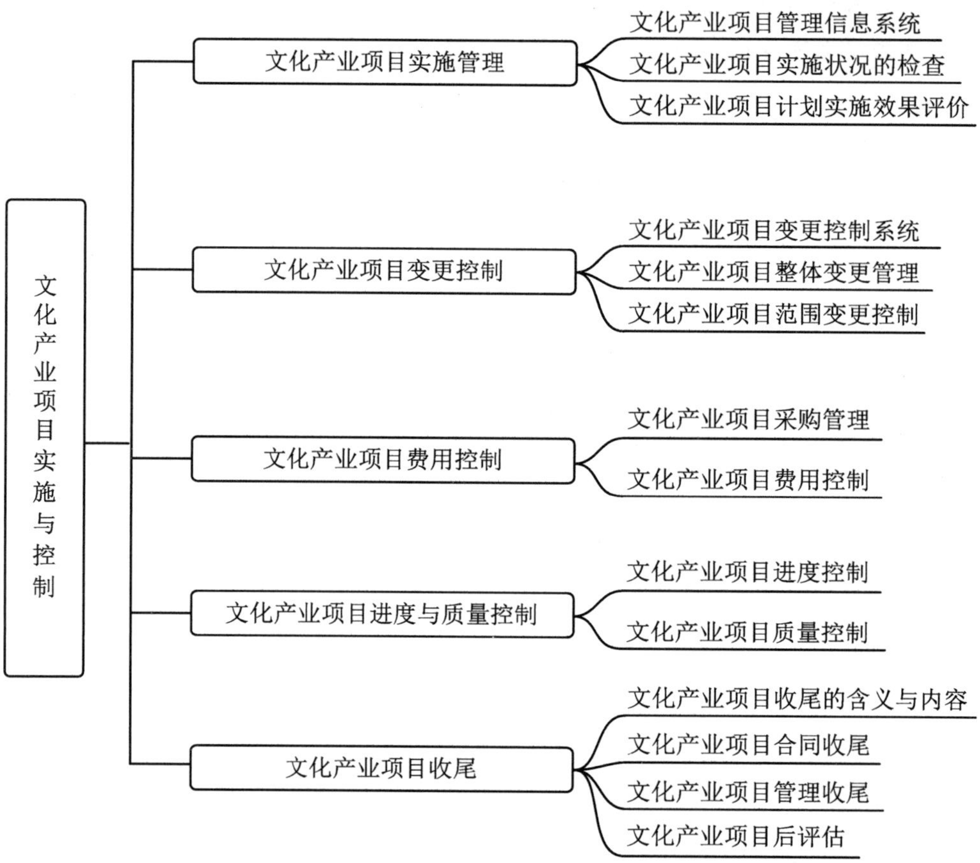

学习目标

1. 了解文化产业项目管理信息系统、项目实施控制的工作文件。

2. 理解文化产业项目变更控制系统、项目采购管理、项目沟通管理。

3. 掌握文化产业项目实施控制的主要依据，项目变更与控制的主要内容，项目进度、质量、费用的实施与控制，文化产业项目收尾工作的内容与要求。

【导入案例】

圆满完成进博会场馆建设

2018 年 11 月 5 日，首届中国国际进口博览会(简称“进博会”)在上海国家会展中心精彩亮相。

这座由中国建筑集团有限公司(下称中国建筑)旗下的中建八局、中建安装等单位参建的上海国家会展中心于2015年建成投入使用,一大批规模大、质量高、成效好、影响广、辐射强的国内外展会已经在此成功举办。

时间回溯到2012年,中国建筑旗下的中建八局中标上海国家会展中心项目二标段,主要包括C1双层展厅、C0办公楼、D0酒店等8个单体及相关配套设施,共60万平方米,956天工期。体量大、工期紧、高支模、深基坑、大跨度预应力等难题像一座座大山横在项目团队面前。

面对极限工期挑战,2013年2月18日,一场轰轰烈烈的"国展大会战"就此打响。项目团队将路基、架空线入地、桥梁等多专业工程立体穿插,同时推进。中国建筑项目设置现场协调员,点对点、面对面逐一沟通解决沿途各家问题,在市、区两级政府、业主监理等单位的支持下,有效化解各类问题。项目部倒排计划,细化节点目标,坚持每月组织管理推进会,每双周召开业主协调会,隔天举办总包协调会,每晚及时召集区域协调会……使阻碍现场生产的问题得到及时解决。

(资料来源:中国日报网.中国建筑圆满完成首届中国国际进口博览会配套项目建设任务[EB/OL].[2018-11-6]. https://baijiahao.baidu.com/s?id=1616375796378236879&wfr=spider&for=pc.)

第一节 文化产业项目实施管理

项目实施的过程实际上就是按实施项目计划,将计划付诸行动的过程。文化产业项目由于具有诸多的特性,在项目实施阶段将面临比其他类别项目更多不确定性因素的影响,这就要求项目团队根据实际变动情况及时调整预先制订的项目计划,使其具有更大的可操作性。为了保证项目能够按照预先设定的计划被执行,需要在项目实施的全过程对项目加以跟踪和控制。项目跟踪是指项目管理者通过建立完善的项目管理信息系统,在项目实施全过程,对项目进展的有关情况,以及影响项目实施的内外部因素进行及时、连续、系统、准确地记录和报告的一系列活动和过程。项目跟踪是实现项目控制的前提和条件。

一、文化产业项目管理信息系统

在如今这个知识经济时代,信息革命及其相关技术已经渗透到社会生活的各个方面,计算机与现代通信领域技术的结合,使我们的日常生活出现了前所未有的变革,数字化浪潮席卷全球。计算机技术已从发展初期的应用于科学计算的单一领域发展到今天的文字处理,信息管理,工业设计、自动控制、多媒体制作以及人工智能等方方面面。项目管理这一新兴的经济管理方式,有了计算机的辅助,更是如虎添翼,我们可以利用它进行项目动态管理与系统集成控制,对工程项目进行协调调度。施工项目的机具设备、建筑材料、合同图纸、人力资源等的管理以及工程的质量、进度、成本控制等均可基于计算机操作系统的项目管理软件来实现。

(一)项目管理信息系统的概念

项目管理信息系统(Project Management Information System)就是这样一种基于计算

机技术而进行的项目管理系统，它能够帮助进行费用估算，并收集相关信息来计算挣得值和绘制S曲线，能够进行复杂的时间和资源调度，还能够帮助进行风险分析和形成适宜的不可预见费用计划等。例如，项目计划图表(PERT 图、甘特图)的绘制、项目关键路径的计算、项目成本的核算、项目计划的调整、资源平衡计划的制订与调整以及动态控制等都可以借助于项目管理信息系统。

(二) 项目管理信息系统的内容

一个大型建设项目的信息管理涉及项目业主、规划设计、勘察设计、政府相关管理部门(环保、土地、质监、金融、工商等)、施工单位、设备制造与供应、材料供应、调试单位、监理单位等众多项目参与方(信息源)，每个项目参与方既是项目信息的供方(源头)，也是项目信息的需方(用户)，每个项目参与方由于其在项目生命周期中所处的阶段与工作不同，相应的项目管理信息系统的结构和功能会有所不同。

项目管理信息系统是针对项目信息管理构建的一系列信息管理构架(如图 10.1 所示)，从内部功能上一般包括项目进度信息管理系统、项目造价信息管理系统、项目质量信息管理系统、项目安全信息管理系统、项目合同信息管理系统、项目财务信息管理系统、项目物资信息管理系统、项目图(文)档信息管理系统、项目办公与决策信息管理系统等九大管理系统。

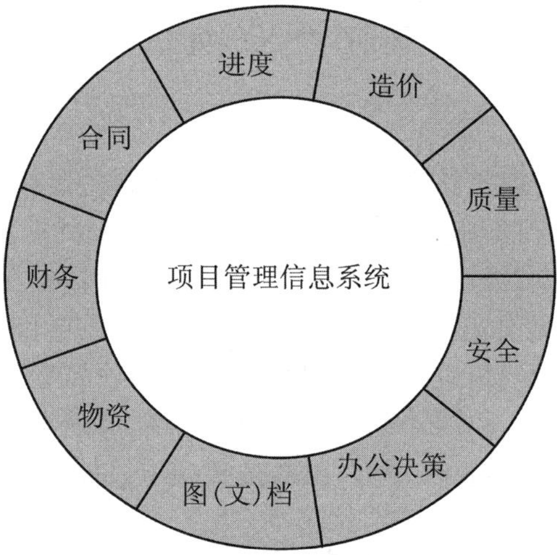

图 10.1　项目管理信息系统构架

对于周期短、规模小的项目，项目信息管理没有必要在项目运作的业务流程中单独构成一个独立的管理环节。对于大型项目，一般需要成立单独的项目管理机构。图 10.2 所示的组织机构图就是与大型项目的项目信息管理系统构架相对应的一种组织机构设计，它主要由以下几个部门组成：人力控制部门、计划进度控制部门、材料控制部门、成本控制部门、质量控制部门和资料管理部门。

实际上，一个项目管理信息系统可以看成由两部分组成，即计划系统和控制系统。计划系统将项目的时间、费用和其他性能数据转化为结构化的、适时的、准确的信息；控制系统使用这些信息，来辅助项目的管理决策，以及制定与项目组织和背景有关的一些重大方针等。计划系统用来管理与五个系统目标(界定、组织、质量、费用和时间)相关的计划和进行数据控制。控制系统能够为项目经理提供一些控制手段，以领导和协调项目组织的各种要素，包

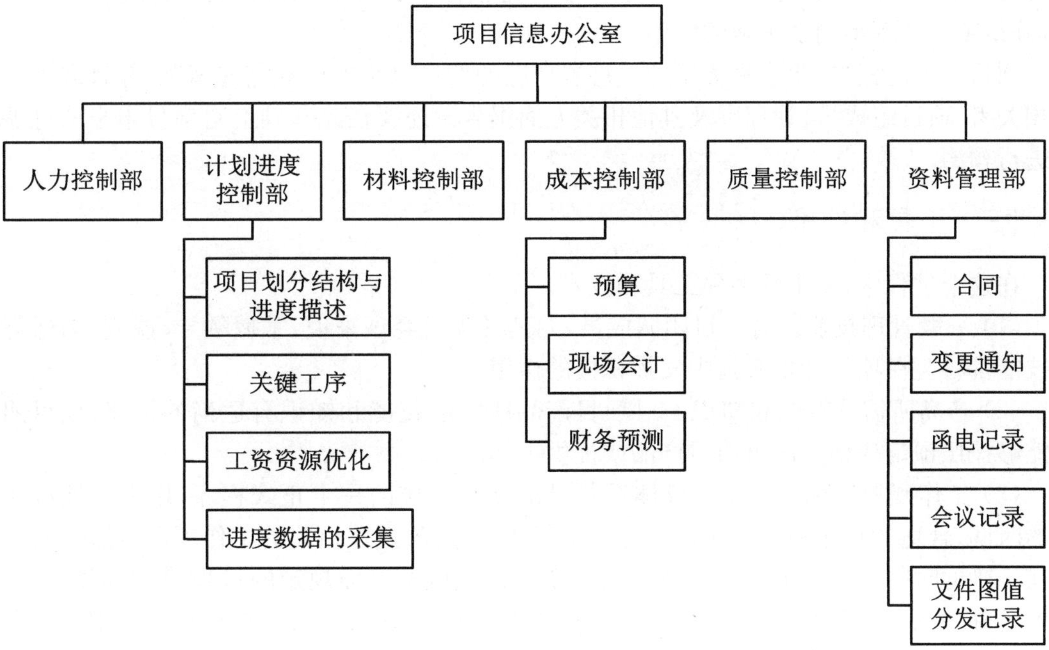

图 10.2　项目管理信息系统组织机构图

括人力资源、工程设计、原材料和财务等部门。

(三) 建立项目管理信息系统

(1) 建立项目管理信息系统的目的。项目管理信息系统能及时、准确地提供项目管理所需要的信息，完整地保存历史信息以便预测未来，为项目经理提供决策的依据，还能发挥电子计算机的管理作用，以实现数据的共享和综合应用。

(2) 建立项目管理信息系统的必要条件。首先，应建立科学的项目管理组织体系。要有完善的规章制度，采用科学有效的方法；要有完善的经济核算基础，提供准确而完整的原始数据，使管理工作程序化，报表文件统一化。而完整的、经编号的数据资料，可以方便地输入计算机，从而建立有效的管理信息系统，并为有效地利用信息创造条件。其次，要有创新精神和信心。第三，要有使用电子计算机的条件，既要配备机器，也要配备硬件、软件及人员，以使项目管理信息系统能在电子计算机上运行。

二、文化产业项目实施状况的检查

(一) 检查过程

项目计划的实施是项目的主体阶段。在这个阶段中，项目管理人员要随时关注项目过程，监视过程、实施计划、跟踪成本、度量输出、审批变更、采取纠正措施以及做出状态报告。

(二) 检查结果

监视工作结果涉及检查可交付成果，以确定哪些已经完成，哪些没有按期完成，还要查看可交付成果的质量和耗费的成本，这一切都是根据项目计划来进行的。通过监视工作结果，确认项目计划得到了正确的实施。

项目实施过程中，要收集关于项目进展情况的信息以及项目的完成情况，并且向项目利益相关者、项目组成员、管理层及其他相关方面报告。还要在此基础上对项目未来的进展情况进行预测。

(三) 工具和技术

在这个过程中，要用到多种工具和技术。

(1) 一般管理技能。对项目团队成员，尤其是项目经理来说，掌握领导、谈判、沟通等管理技能都将会在项目计划实施中发挥积极的作用。

(2) 产品所需的技能和知识。对项目产品所需的技能和知识有适当的了解，项目团队才能够按照预定计划生产出项目产品或提供工作成果。

(3) 工作授权体系。工作授权体系是批准项目工作的一个正式程序，用来确保按照适当的时间、合适的顺序完成工作。这是一个正式的过程，授权相关的工作可以按照正确的顺序在正确的时间开始。工作授权体系通常是由组织机构书面规定的过程，其中可能包括基于电子邮件或者基于书面的系统，甚至会有口头指示，这种口头指示在小型项目中可以发挥良好的作用。通常工作的授权要使用一个表单，其中会说明任务情况、组织机构的结构，相关工作可能是由项目经理来分配和授权，也可能由职能部门经理来分配和授权。

工作授权是项目管理中的一项重要内容，项目的全部工作不可能都由一个人去完成，此时就要进行合理的授权。项目经理要承担起全周期责任，就必须被授予充分和必要的权限。同样，项目经理要顺利开展工作，也必须对项目团队成员进行一定程度的授权。表 10.1 列出了项目经理的放权程度。

表 10.1 项目经理的放权程度

最低授权度	调查问题，汇报情况，由项目经理决定做什么、怎么做
↑	调查情况，提出可行性方案和自己的选择，由经理评价并最终决定
	调查问题，提出方案，最后由项目经理审批
	调查问题，提出方案，如果项目经理不反对，即可实施
↓	调查问题，提出方案，并向经理汇报如何去实施方案
最高授权度	调查问题，提出并实施方案，是否向经理汇报，由项目队员决定

(4) 实施状况检查例会。状况检查例会是一种定期的正式交换项目信息的方式，使项目的进展情况能及时、有效地得到交流。项目经理通常是例会的官方发布人员，应以书面的形式把会议时间和地点通知与会者，在会议举行前应公布一份议程，在会议时要执行议程。重要的是项目团队成员要对项目经理诚实，项目经理也要正确对待他们报告的内容。

(5) 项目管理信息系统。项目管理信息系统包括用于收集、综合和分发项目管理过程输出的工具和技术，它常用来支持项目从启动到收尾的各个方面，并且通常分为人工系统和自动系统。

(6) 组织程序。组织程序与组织方针非常相似，只是前者是项目实施过程的一种工具和技术，而组织方针则是一项输入内容。同样，项目经理实施项目计划时，应该事先充分考虑项目涉及的组织的那些正式或者非正式的程序，从而防止它们对项目实施过程造成干扰。

（7）范围核实。范围核实(Scope Verification)正式认可了项目范围，主要关注的是对工作结果的认可，是项目利益相关者正式接受项目范围的过程，需要审查可交付成果和工作结果，以确保它们都已经正确圆满地完成。范围核实不同于质量控制，前者主要关心对工作结果的"接受"，而后者主要关心工作结果的"正确性"。这些过程一般平行进行，以确保可接受性和正确性。项目范围的核实应当由所有关键的项目利益相关者来实施，所以关键的项目利益相关者都应当知道项目的范围和项目要提交的可交付成果。在进行项目范围核实时，项目团队必须向接收方出示能够明确说明项目(或项目阶段)成果的文件，如项目计划、技术要求说明书、技术文件、图纸等。范围核实一般在每个项目生命周期阶段的结束进行，是项目收尾过程的一部分。以工作结果、产品文档、工作分解结构、范围说明和项目计划为依据，通过检查，正式接受项目范围。检查的方式多种多样，一般包括测量、测试、检验等活动，确定结果是否符合要求。

三、文化产业项目计划实施效果评价

（一）评价内容

对照项目评估或可行性研究报告对项目实际实施过程进行比较和分析，找出差别，分析原因，这就是项目的计划实施评价。它主要包括以下内容：① 项目的评估和计划；② 项目规模；③ 项目进度情况；④ 项目效益状况；⑤ 项目的管理和机制；⑥ 财务状况。

（二）评价工具

项目计划实施的评价涉及对工作结果、产品文档、WBS、范围说明和项目计划的评价，要确定工作是否已经完成，以及是否满足项目目标的要求。应该使用检查过程来评价，这也是该过程唯一的工具和技术。换句话说，就是在项目实施过程中要做好项目范围的核实工作。即使项目被撤销，也应该进行范围核实，以便把该项目到目前为止的完成情况做好文档记录。这些结果可以作为历史信息，如果该项目又会重新开始，那么就有了相关的文档可以告诉项目团队完成了哪些工作以及项目进展到什么程度。检查的方式多种多样，一般包括测量、测试、检验等活动，来确定结果是否符合要求。

（三）评价的结果

评价结果要以实施报告的形式表现出来，其中收集关于项目进展情况的信息以及项目完成的情况，并且向项目利益相关者、项目团队成员、管理层及其他有关方面做报告，实施报告还应该涉及对项目未来进展情况的预测。可以使用多种工具和技术来完成这项工作，如绩效复审、偏差分析、趋势分析、挣值分析以及信息发送工具和技术等。

（1）偏差分析。偏差分析用来在项目进展过程中比较期望的项目计划结果和实际结果，以确定是否存在偏差。典型情况下，项目进度和项目成本是度量的主要方面，但是质量、实施技术指标、风险和项目范围也是可以度量的要素。

（2）趋势分析。趋势分析用来确定随着时间的推移，项目的实施是否得到了提高，其方法是定期地分析项目结果。这些结果都用数学公式进行了度量，试图根据历史信息和结果预测项目的产出，可以使用多个公式来预测未来的行为或发展趋势。

(3) 挣值分析。挣值(Earned Value)法是最常用的绩效测量技术，该方法用三值指标来比较项目获得的成果和付出的代价，可以综合分析进度、费用以及项目的范围。

(4) 信息发送工具和技术。信息发送工具和技术包括沟通技能、信息检索系统和信息发送方法，如会议、平时交流和文件发布等。

第二节　文化产业项目变更控制

文化产业项目的变更控制是指对项目中存在的或潜在的变化，采用正确的策略和方法成功地处理它。

在文化产业项目实施过程中，项目组织要对项目实施情况随时随地进行监控，将监控结果同项目计划进行对比，分析偏差。如果偏差对项目实施不利，就应及时采取纠偏措施，使项目回到原先的轨道或是使偏差朝着有利的方向发展。

一、文化产业项目变更控制系统

在多数情况下，实施组织通常采用原有的控制系统，然而，当现有系统不再满足系统的需求时，管理小组则应开发出一个新的系统，以适应新的情况。无论是旧的还是新的系统，都要包括措施、信息和反馈三大要素，这三大要素之间形成循环关系，保证了对项目变更的有效控制，如图 10.3 所示。

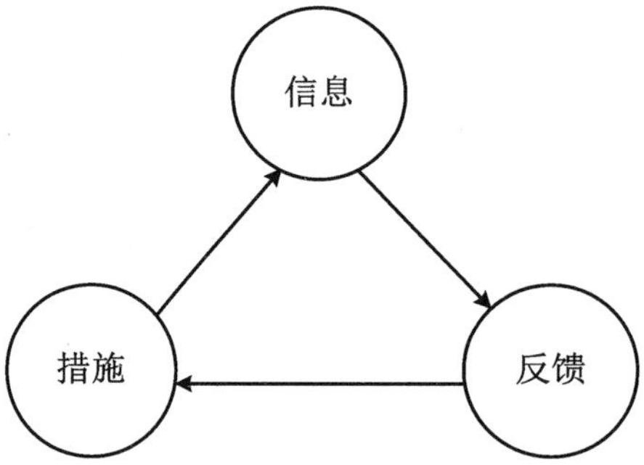

图 10.3　变更控制系统三要素

循环由措施开始，产生关于措施实施效果的信息，这些信息经过处理又作为反馈信息呈送给决策者，便完成了一次循环。如果反馈的信息表明一切正常，项目经理就可以指导项目团队按原定的项目计划继续进行；如果反馈的信息预示着要发生问题，项目经理就要采取补救措施，或调集资源，或调整计划，使项目得以顺利进行。在补救过程中又会产生新的信息。

通过这三个要素之间的循环，我们也可以将实际的变更控制过程用图 10.4 表示出来。

因此，要实施有效的变更控制，项目团队必须建立一套完善的变更控制系统。许多变更控制系统还成立一个变更控制委员会(Change Control Board, CCB)负责批准或拒绝变更申请。变更控制委员会的主要职能就是为准备提交的变更申请提供指导，对变更申请做出评价，并管理批准的变更的实施过程。变更控制系统应该明确变更控制委员会的责任和权限，并得到所有项目干系人的认可。对于大型复杂的项目而言，可能要设多个变更控制委员会，以担负不同的责任。变更控制系统还应该有处理自动变更的机制。

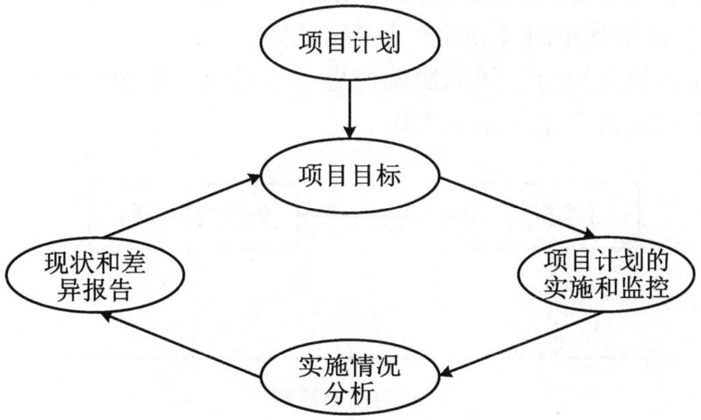

图 10.4　项目变更控制过程

变更控制系统也应该包括这样一些程序，这些程序是在没有预先审议的情况下通过的处理改变的程序。例如，一个控制系统将允许对一些确定的变化类别实行“自动放行处理”许可。这些变化必须也能被记录并让人们获得，以便在项目后期不要引发一些问题。

二、文化产业项目整体变更管理

项目整体变更管理是指在项目生命周期的整个过程中，对变更的识别、评价和管理等工作。例如，可交付成果的技术要求说明的改变，若影响到项目范围，进而影响到费用、进度、质量、风险或其他方面，则该变更就是整体变更，应该对其进行控制、管理。

（一）项目整体变更管理的目的

（1）查明项目进行过程中发生的变化是否构成变更。

（2）对造成变更的各种因素施加一定的影响，以保证这些变更是沿着我们所希望的方向发生的。

（3）当变更实际出现时，对实际变更进行管理。

整体变更管理的过程如图 10.5 所示。

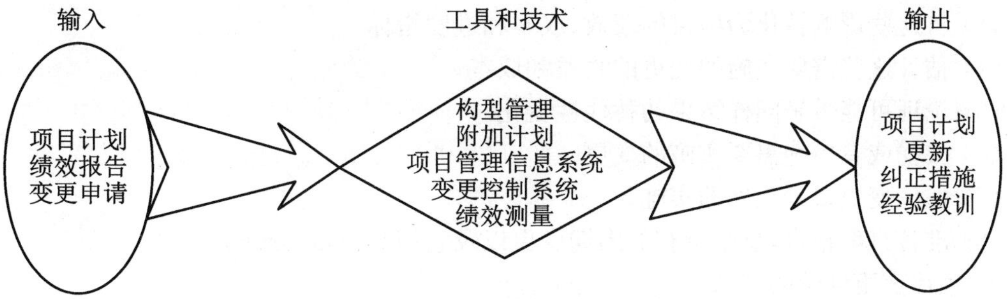

图 10.5　整体变更管理过程

(二) 整体变更管理的要求

(1) 维持实施方法基准的完整性。所有允许范围内的变更都应该在项目计划书中提到,但只有项目范围管理才影响到实施方法基准。

(2) 保证在项目范围确定时体现出产品范围变更。

图 10.6 描述了项目不同目标间的协调变更。如时间进度的变更经常会对项目的费用、风险、质量和人力资源管理产生一定的影响。

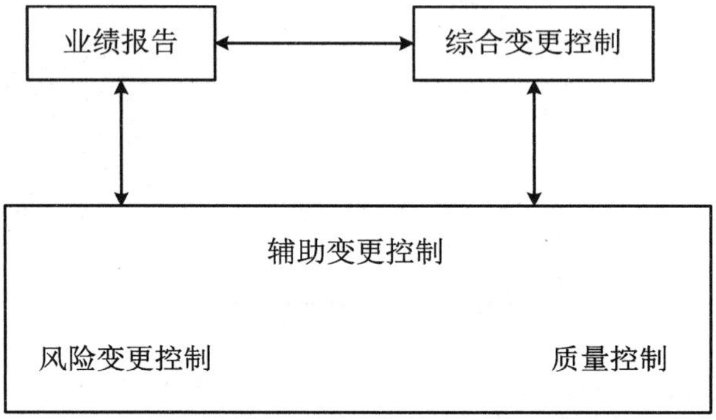

图 10.6　整个项目的变更协调过程

项目实施过程处于一个不断发展变化的动态过程中,项目的各个方面都会发生变化,而且彼此关联、相互影响。因此,整体变更控制必须同范围、进度、费用和合同变更控制等其他控制过程紧密结合起来。

(三) 项目变更的评价

随着项目的进展,变更申请随时可能出现,项目管理人员当然希望实施那些会对项目带来最多收益的变更。当一项变更申请提出时,应如何来评价这项变更是必需的呢? 可以利用绩效测量技术。绩效测量用于帮助评估发生偏差的程度,确定引起偏差的原因,并且决定这种偏差是否需要采取纠正措施,进而决定是否采取变更。绩效测量技术有很多种,如绩效审查、偏差分析、趋势分析、挣值分析等,这些技术在前面我们已经讨论过。通常,可以通过变更控制系统来实现对于变更的分析、评价。

1. 项目变更评价的内容

(1) 项目需要实施的变更有哪些,其内容和步骤分别是什么。

(2) 确认变更对所有任务的影响。

(3) 将这些影响转化为项目的绩效、成本和进度指标。

(4) 估计这些需要实施的变更的收益和成本。

(5) 论证可能带来同样结果的替代性变化。

(6) 接受或者拒绝需要实施的变更。

(7) 保证变更得到正确的实施。

(8) 准备月度报告,总结所有的当期变更以及它们对项目的影响。

2. 项目变更评价的要求

(1) 所有项目合同或协议必须包括对如何在项目计划、预算、进度计划和/或可交付成果中引进和处理需要实施的变更的描述。

(2) 项目中的任一变更都必须以变更申请的形式提出，其中包括对达成一致的变更以及那些源于该变更的计划、预算、进度和可交付成果的各种变化的描述。

(3) 各种变更都必须获得书面的批准，这种批准是由客户的代理人或负责实施项目的项目团队的高级管理层来完成的。

(4) 在准备和批准变更之前，项目经理必须充分了解所有预期变更，并进行充分的咨询。

(5) 一旦变更申请得到批准，那么项目的主体计划就应该根据变更进行修改，同时变更申请也成为项目主体计划的一部分。

这里要指出的是，在项目控制中项目管理人员容易犯的错误是没有认真地检查项目的工作进展情况。

三、文化产业项目范围变更控制

项目处在一个不断发展变化的环境之中，因此，项目也难免发生各种各样的变化，于是项目团队需要对项目进行这样或那样的修改，这些变化和修改就是变更。对项目范围进行控制也就是指按照项目计划实施和控制项目中实际实施的工作，并对项目中存在的或潜在的变化，采用正确的策略和方法成功地处理它。

(一) 影响项目范围变更的因素

范围变更(Scope Change)的请求可能由不同的来源提出，以不同的形式出现，如口头的或书面的，直接的或间接的，外部提出的或内部提出的，法律强制性的或可选择的，等等。变更可能是扩展项目范围，也可能是缩小项目范围，其影响因素主要包括以下几个方面：

(1) 项目要求发生变化。这是范围变化中最常见的一种情况，主要源于项目发起人(业主)对项目的需求和期望发生了变化，他们可能要求增加项目产品某一方面的性能或特征，也可能由于发起人的财务状况恶化而降低了对项目的要求和期望。

(2) 工艺技术的变化。在项目实施阶段，出现了新的生产技术或手段或方案等，如果采用，对项目会产生较大的影响，一般都会导致项目范围发生一定程度的改变。例如，在项目开始后发现了可以大幅度降低费用的新的技术。

(3) 人员的变化。在项目实施过程中，发生人事变动、组织结构调整等，项目经理、项目技术人员可能会被调离，项目发起人也有可能发生变化，因此，项目的要求、设计、技术以及经营理念都会随之调整。

(4) 项目设计的变化。在项目实施过程中，出现了种种困难，往往会激励设计人员去改进设计方案，提出实现项目目标的更好方法。这类变化一般是在项目实施以及设计思维逐渐成熟的过程中产生的。

(5) 经营环境的变化。项目外部环境的动态开放性，会引发项目经营环境的变化。例如，市场上出现了某种新产品或替代品、汇率或者利率浮动，都会使项目范围受到不同程度的影响。

(二) 范围变更控制系统

针对影响项目范围变更的因素，我们进行范围变更控制时，要以工作分解结构、项目绩效报告、来自项目内外的变更请求和范围管理计划为依据，利用范围变更控制系统、绩效测量和补充计划编制作为变更控制的工具。

范围变更控制系统(Change Control System)是对项目范围变更进行控制的主要方法。它定义了项目范围变更的有关程序，是一套修改项目范围文件时应遵循的程序，其中包括：

(1) 文档工作。文档工作是指一些有文档记录的过程，说明了如何提交变更申请、如何管理变更请求，以及由于这些变更附属于相关的项目而带来的管理方面的影响。

(2) 项目实施跟踪系统。跟踪系统会跟踪变更申请的状态，包括其批准状态。

(3) 项目范围变更审批制度。一些变更申请可以根据项目管理者的决定得到批准，有些则需要更正式的批准或者需要经过多级批准，如项目主管、行政长官等。并非所有的变更申请都可以得到批准，没有得到批准的变更也会被跟踪并且记录在项目记录簿中以便于将来参考。

(三) 项目范围变更控制方法

项目范围变更的原因来自各方面——一个外部事件、一个增值的变更、项目团队自身的变化、范围定义的疏漏和业主的要求等。在这诸多因素中，能够施加影响加以控制的，项目团队应该尽量采取相应的措施使项目范围变更最小化。

项目范围的变更控制与项目整体及其他变更控制所使用的方法是具有通用性的，主要包括三部分——信息反馈系统、监控系统和组织实施系统。

1. 项目范围变更控制工具和技术

在实行控制时，除了要有项目合同和计划作为依据外，首先应该建立起一套信息控制制度，或者说是协调程序。它是为各部门之间相互配合、沟通信息而建立的制度，从而使信息畅通，使各类文件的传递程序化。

具体的控制工作主要通过控制系统来完成，用于此过程的工具和技术主要有三种：范围变更控制系统、绩效测量以及补充计划编制。

(1) 范围变更控制系统。范围变更控制系统定义了项目范围变更的有关程序，包括文档工作、跟踪系统以及对于授权变更需要的审批层次等。其中文档工作是指一些有文档记录的过程，说明了如何提交变更申请、如何管理变更请求，以及由于这些变更附属于相关的项目而带来的管理方面的影响。跟踪系统会跟踪变更申请的状态，包括其批准状态。一些变更申请可以根据项目管理者的决定得到批准，有些则需要更正式的批准或者需要经过多级批准，如项目主管、行政领导等。并非所有的变更申请都可以得到批准，没有得到批准的变更也会被跟踪，并且记录在项目记录簿中以便于将来参考。

当项目在合同形式下进行时，范围变更控制系统必须符合有关的合同条款。

(2) 绩效测量。绩效测量用于帮助评估发生的偏差的程度，范围变更控制的一个重要部分就是确定引起偏差的原因，并且决定这种偏差是否需要采取纠正措施。绩效策略技术有很多种，如绩效审查、偏差分析、趋势分析、挣值分析等。

(3) 补充计划编制。很少有项目能够非常精确地完全按照计划进行，补充计划编制就是对由预期的范围变更所引起的对 WBS 的修改进行记录，或者对替代方法进行分析。

要想真正做好项目的控制工作，应该定期举行项目控制会议并做好项目报告。

2. 项目范围变更控制措施

以控制管理项目有关干系人的变更申请为例，项目团队可以采取这样一些措施来对变更要求进行管理：

(1) 制定并遵循一个严格的管理程序，包括项目最初要求的确定程序。

(2) 透彻理解客户的要求。

(3) 对所有要求都记录在案，并确保这些信息易于流传和获得。可以借助计算机建立数据库来进行记录和管理。

(4) 进行充分的测试，确保项目产品能够符合客户的期望和要求。

(5) 运用评审过程，从系统观点评审提出的变更要求。

(6) 强调完工日期，即当客户提出变更要求时，向他们强调项目的截止日期，让他们在项目进度和变更要求之间进行权衡。

第三节　文化产业项目费用控制

文化产业项目费用很大一部分来自原材料采购的支出，为了更好地控制费用，首先应该在采购环节做好管理。

一、文化产业项目采购管理

(一) 招投标的评价

对招投标的评价简称评标。评标由评标委员会负责，评标委员会由招标单位代表和有关技术、经济等方面的专家组成，成员人数为 5 人以上的单数，其中技术、经济等方面的专家不得少于成员总数的 2/3。评标结束后，评标委员会应当编制评标报告。评标报告应包括下列内容：

(1) 招标情况，包括工程概况、招标范围和招标的主要过程。

(2) 开标情况，包括开标的时间、地点、参加开标会议的单位和人员以及目标等情况。

(3) 评标情况，包括评标委员会的组成人员名单，评标的方法、内容和依据，对各投标文件逐个启封、审查、评价。

(4) 文件的分析论证及评审意见。

(5) 对投标单位的评标结果排序，并提出中标候选人的推荐名单。

(6) 评标报告须经评标委员会全体成员签字确认。

(7) 如果评标委员会经评审认为所有投标都不符合招标文件要求，可以否决所有投标。依法必须进行招标的项目的所有投标被否决的，招标单位必须重新招标。

(二) 供贷方选择方法

1. 总包与分包

选择供应商首先要解决的问题就是在总包和分包之间做出选择。在总包的情况下，完成整个任务(经常包括设计工作)的责任被交给供应商。在分包中，任务被分成几个部分，分别包给不同的供应商。协调由委托人负责。分包通常能够节约开支，但是也存在一些缺点，表 10.2 列出了两种承包类型的优点和缺点。

表 10.2　总包和分包的优点和缺点

类型	优点	缺点
总包	在项目实施过程中受到委托人的干涉比较有限；不要求委托人有相似项目的经验；委托人只需付出有限的努力	对项目的成本/价格结构缺乏了解；只对所用的原料(质量和数量)存在有限的影响
分包	委托人对项目的成本/价格结构有深入的了解；能够更好地对供应商和所用的原料加以控制；通常项目总成本较低	要求委托人对相关知识有深入的了解，并且经验丰富；项目的协调和监控需要付出较多的时间和努力；沟通问题造成的风险可能对项目活动造成延误

分包的主要问题在于委托人必须对于独立的合同之间的相互协调有相当的把握，因此，整个项目活动中的连续性的全部责任在于委托人，如果他失误了，很明显，期望中的成本优势将不会实现，并会导致额外支出。

2. 供货方选择

选择一个供应商是采购流程和其前期活动中重要的步骤之一，一般包括以下环节：

首先，以需求说明书为基础，总结要提出报价单的供应商所要满足的资格预审要求。

其次，将那些显示可能会从事这项工作的供应商列入初始竞标者名单(竞标者大名单)，接下来，通知这些供应商提供有关其资格的证明和信息并报价。在这个阶段，对供应商进行调查或审核以得到关于其能力的准确了解是必要的。有时会出现没有足够可用的被认可的供应商的情况，那么就需要寻找新的供应商。对于重要的任务，在征求任何出价之前必须首先对新的供应商进行仔细检查和筛选。通常的做法是确认三到五个预期的供应商，并向其询价，这些供应商构成了最后的竞标者候选名单。

第三，收到报价单后，采购部门会进行初步的技术和商业评估，形成评价方案。在此期间所有的相关方面都会被注意到，技术、物流、质量、财务和法律等各方面都会被加以衡量。通常，这个步骤会以一份供应商选择建议书为结果，它包括：① 选择某一供应商的决定；② 优先的评级方案；③ 优先被考虑的报价单。

对供应商的评估可能发生在以下四个不同层次上，但大多数供应商的评估主要用于前两个层次。

(1) 产品层次。这一层次将焦点集中在建立和提高供应商的产品质量上，并实施质量检验，以了解在途材料的质量水平。

(2) 流程层次。这里检验的主体不是产品，而是被严密调查的生产流程。其潜在的观念是产品的质量与供应商的制造流程密切相关。如果流程是在质量程序的持续控制下，这将导致产品符合预期的质量标准和规格。通过这种途径，供应商的机器状态和质量控制系统受到彻底的管控。

（3）质量保证系统层次。质量保证意味着关于质量检验的程序被开发出来，来保证质量和改进质量。换句话说，不仅程序和准则接受调查，而且所有的质量组织都是顾客调查的主体。

（4）公司层次。这是调查的最高层次，在这种方法中，评估人员不仅要关注质量方面，而且将财务也考虑进去，最后他们想得到一个关于管理质量的观念。客户通过这种方式努力确定某一特定供应商在不久的将来具有怎样的竞争力。

（三）采购合同编制的原则

项目采购合同的编制必须遵循以下七个基本原则：

（1）平等原则。采购合同双方当事人法律地位一律平等，各方应在权利义务对等的基础上订立合同。

（2）自愿原则。自愿原则是贯彻合同活动整个过程的基本原则。

（3）公平原则。采购合同双方当事人应遵循公平原则确定各方的权利义务。

（4）诚实信用原则。采购合同双方当事人应当诚实守信，善意地行使权利、履行义务。

（5）守法、不损害社会公共利益原则。

（6）成本效益原则。

（7）适合项目需求原则。

（四）采购合同的主要内容

项目采购合同的类型虽然众多，但大多数应具有以下内容：

（1）合同的彼此一致性。项目合同必须建立在一个双方均可接受的提议基础之上。

（2）报酬原则。项目合同要有一个统一的计算和支付价金的方式。

（3）合同规章。只有当承包商依据合同规章进行工作时，他们才会受到合同的约束，并享受合同的保护。

（4）合法的合同目的。合同中必须有一个合法的目的或标的物，它应当不是法律所禁止的。

（5）依据法律确定的合同类型。项目合同要反映双方的权利及义务，这将作用于合同的最终结果，而合同的类型也取决于此。

一个标准的项目采购合同应包含下列内容：

（1）产品名称、商标、型号、厂家、数量、金额、供货进度与日期。

（2）产品的质量要求、技术标准、供方对质量负责的条件和权限。

（3）交货地点和方式。

（4）运输方式及到达站港和运输费用的承担方式。

（5）合理损耗及计算办法。

（6）包装标准、包装物的供应与回收。

（7）验收日期、标准、方法及提出异议的期限。

（8）产品附件、配备工具的数量及供应方法。

（9）合同结算方式及期限。

(10) 如需提供担保,则另立合同担保书,作为本合同附件。

(11) 界定违约行为及应承担的责任。

(12) 解决合同纠纷的方式。

二、文化产业项目费用控制

(一) 项目费用控制原理及过程

项目费用控制保证项目的各项工作在预算或可接受范围内实施,用于控制预算的变更。所有控制系统都需要有基准(目标)和反馈,而项目费用控制的基准就是项目费用预算。在控制费用时,首先要规定各部门定期汇报其费用报告,然后由审计部门对这些报告进行费用审核,以保证各种支出的合法性。接着要将已发生的费用与预算相比较,分析费用偏差的情况。最后要找出原因,并采取必要的纠正措施。费用控制原理如图 10.7 所示。

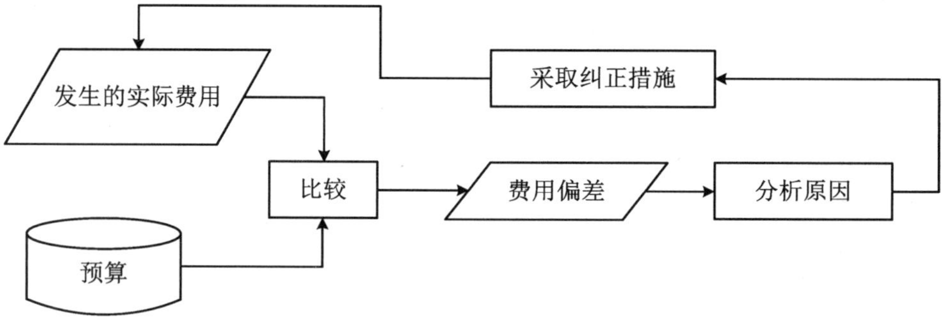

图 10.7　费用控制原理

费用控制过程主要包括:

(1) 监控费用实施情况(进展报告),查明与预算的偏差。

(2) 确保所有适宜的更改已经在费用曲线中准确地记录下来。

(3) 通知相关的部门(更改申请)。

(4) 进行控制。

这里需要注意的是,费用的控制还必须考虑与其他控制过程如进度控制、质量控制、范围控制等进行相互协调,因为项目的进度、费用和技术三者是相互联系的。仅仅片面地严格控制费用,可能会导致进度或质量方面出现问题,适得其反。

(二) 项目费用偏离计划的因素分析

费用偏离计划的因素分析是费用责任分析和提出费用控制措施的基础。项目费用偏离计划有超支和节约两种情况,但任何仅仅考虑费用偏离的做法都是片面的、没有意义的。不能简单地说超支就是坏事,节约就是好事,费用偏离必须与进度、工作质量等结合起来综合判断。

产生费用偏离的因素是多方面的,主要有宏观的和微观的、项目外的和项目内的,以及具体的如技术、管理、时间等。影响费用偏离的若干因素见表 10.3。

表 10.3　影响费用偏离的若干因素

	经济	社会	技术	管理	时间
项目外	项目资源价格	政策、环境	技术更新	业主、合同	气候
项目内	项目资源配置	非正式组织	技术不成熟	控制、沟通等	工期

费用偏离的因素分析可以采用因果关系分析图法进行定性分析，在此基础上可以利用因素差异分析法进行定量分析。此外，因素分析时应该注意贯彻系统分析的思想，注重各影响因素之间的相互关系，抓住主要矛盾，找出项目费用偏离的主要因素。

(三) 项目费用控制软件的基本知识

据有关统计，目前国内外正在使用的项目管理软件已有2000多种，大致可以分为综合进度控制管理软件和合同及费用控制管理软件两类，另外，还有一些专门的风险管理软件及专注特定行业的项目管理软件。绝大部分项目管理软件都或多或少具有费用控制的功能，这里介绍几种国内外常用的费用控制软件的基本知识。

1. Primavera Project Planner(P3)

P3由美国Primavera公司开发，是目前功能最为强大的项目管理软件，费用也很昂贵，主要用于项目进度计划、动态控制、资源管理和费用控制的综合管理。目前国内的大型和特大型工程项目几乎都采用了P3。

P3提供了较为完善的管理复杂大型工程项目的手段。拥有完善的编码体系，包括WBS编码、作业代码编码、作业分类码编码、资源编码和费用科目编码等。这大大方便了项目管理人员对复杂大型项目进行有效的管理。

P3可以对实际资源消耗曲线及工程延期情况进行模拟，从而平衡资源分配；可以进行挣值分析，并以图形方式表示出来；可以跟踪预算、本期实际费用、累计实际费用、完成百分比、挣值、完成时费用等；还可以自动计算费用，用户可以自己定义计算规则。

2. Primavera Project Planner for Enterprise(P3e)

P3e是Primavera公司专门为企业项目管理开发的、全面的、多工程进度计划和控制的项目管理套装软件。P3e可以对整个项目的生命期进行管理，具备完善的通信功能，可集中控制资源，进行事务管理和风险分析，同时还提供了决策分析工具、进度报表生成器、多项目调度/分析工具等多种实用手段，帮助企业更好地管理多个项目。

在费用管理方面，P3e支持按项目权重、里程碑权重、作业步骤及其权重进行绩效衡量，这些设置连同多样化的挣值分析技术使得“进度价值”的计算方法拟人化而又符合客观实际。

P3e提供了专业的、结合进度的资源分析和管理工具，可以通过资源分解结构对企业的全部资源进行管理，资源还可以按角色、技能、种类划分。使用资源的角色、技能、种类可为资源协调与替代提供方便，从而使资源得到充分的利用。在P3e中除跟踪劳动力和非劳力资源费用外，还可以跟踪作业的其他费用，并将实际费用、数量与预算进行对比，可通过图形、表格及报表加以反映。

P3e内置了临界值管理与问题追踪功能，通过预先设置的费用、进度以及挣值的临界值及其处理措施，对实施中出现的超临界状态自动通知相关责任人，并可利用问题跟踪功能对

"问题"进行跟踪。

P3e 所涵盖的管理内容较之以前推出的项目管理软件更广、功能更强大、使用更方便，充分体现了当今项目管理软件的发展趋势。

3. Microsoft Project

Microsoft Project 由微软公司开发，是目前为止在全世界范围内应用最为广泛的、以进度计划为核心的项目管理软件，主要针对要求不高的中小型项目。易学易用和价格低廉是它的主要优点。

Microsoft Project 的另一个突出优点是用户可以利用 VBA（Visual Basic for Application，Microsoft 开发的交互式应用程序宏语言）进行二次开发，一方面可以帮助用户实现日常工作的自动化，另一方面还可以开发该软件没有提供的额外功能。此外，用户可以依靠 Microsoft Project 与 Office 家族其他软件紧密联系，将项目数据输出到 Word 中生成项目报告，输出到 Excel 中生成电子表格文件或图形，输出到 PowerPoint 中生成项目演示文件，还可以将 Microsoft Project 的项目文件直接存为 Access 数据库文件，实现与项目管理信息系统的直接对接。

Microsoft Project 为项目资源管理提供了适度、灵活的工具，用户可以方便地定义和输入资源，可以采用软件提供的各种手段观察资源的基本情况和使用状况，同时还提供了解决资源冲突的手段。它提供了简单的费用管理工具，可以帮助用户实现简单的费用管理。Microsoft Project 提供的挣值法（它称之为"盈余分析"）所用到的术语解释与我们通常的解释不同，这在使用中需要特别注意。

案　例

《捉妖记》追加成本重拍

2014 年 10 月，电影《捉妖记》原定在上海举办的新闻发布会被取消，问题出在 8 月份因吸毒被拘的柯某身上。在发布会前夕，国家新闻出版广电总局下发了被称为"封杀劣迹艺人"的特急通知，明确指向吸毒、嫖娼的影视从业人员，他们的作品将不得在电视、影院、网络上播出。《捉妖记》成为了第一个受此波及的作品。

由于柯某是《捉妖记》的第一男主角，几乎占据了 70%的戏份，删减或者模糊化处理会对影片造成巨大的损伤，几乎不可行。出品方安乐公司老板江志强做出把男主角换成井柏然的决定，果断拍板在原先 2.8 亿元制作成本的基础上追加 7000 万元，最终这部电影成本高达 3.5 亿元。

由于重拍，《捉妖记》不仅在特效上制作更加精细，也成功避开竞争激烈的贺岁春节档，赶在 2015 年 7 月 16 日公映，成为暑期档最强特效大片，最终斩获超过 24 亿元票房成绩，成为当时中国电影票房总冠军。

（资料来源：许嘉. 揭《捉妖记》重拍内幕：回炉多花了 7000 万[EB/OL]. [2015-6-19]. http://ent.sina.com.cn/m/c/2015-06-19/doc-ifxefurs2631239.shtml.）

第四节　文化产业项目进度与质量控制

一、文化产业项目进度控制

在项目实施过程中，为了收集反映项目进度实际状况的信息，以便对项目进展(Project Progress)情况进行分析，掌握项目进展动态，应对项目进展状态进行观测跟踪，观测跟踪的结果以项目进展报告(Project Progress Report)的形式描述。

对于项目经理，要求能够及时记录项目的进展情况，能够及时汇总影响进度的变更和因素。

(一) 项目进展的跟踪

对项目进展状态进行观测跟踪的方法有日常观测跟踪和定期观测跟踪。

1. 日常观测跟踪

随着项目的进展，不断观测进度计划中所包含的每一项工作的实际开始时间、实际完成时间、实际持续时间、目前状况等内容，并加以记录，以此作为进度控制的依据。记录的方法有实际进度前锋线法、图上记录法、报告表法等。

(1) 实际进度前锋线法。实际进度前锋线是一种在时间坐标网络中记录实际进度情况的曲线，简称前锋线。它是网络计划实施过程中，某一时刻正在进行的各工作的实际进度前锋的连线，如图 10.8 中点画线所示。

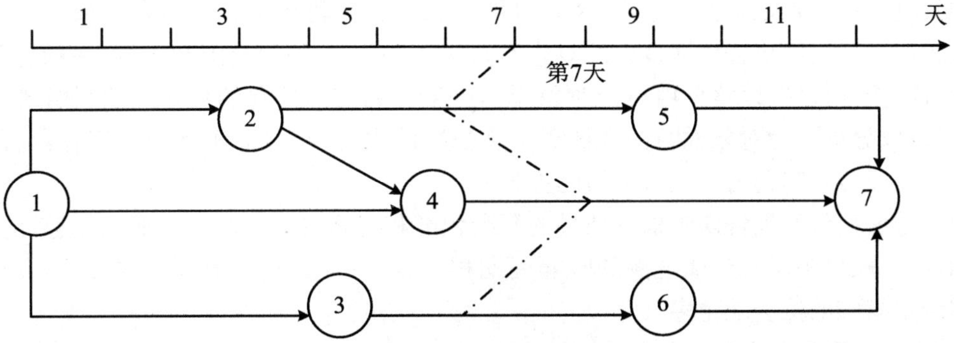

图 10.8　实际进度前锋线

(2) 图上记录法。当采用非时标网络计划时，可直接在图上用文字或符号记录。若进度计划是横道图，则可在图中用不同的线条分别表示计划进度和实际进度。随着项目的完成，可绘制实际进度网络图。该图表达了各工作实际开工、完工时间，并将项目进展中出现的问题、影响因素等反映在图中。绘制实际进度网络图，可明显表达实际与计划不相符合的情况，有助于计划工作的总结和资料的积累。

(3) 报告表法。将实际进度状况反映在表上，即为报告表法。报告表法的具体表现形式及其内容应根据报告表的形式而定。

2. 定期观测跟踪

定期观测跟踪是指每隔一定时间对项目进度计划实施情况进行一次较为全面、系统的观测、检查。间隔的时间因项目的类型、规模、特点和对进度计划实施要求程度的不同而异，可以一日、双日、五日、周、旬、半月、月、季、半年等为一个观测周期。观测、检查的内容主要有以下几个方面：

(1) 观测、检查关键工作的进度和关键线路的变化情况，以便采取措施调整或保证计划工期的实现。

(2) 观测、检查非关键工作的进度，以便更好地发掘潜力，调整或优化资源，以保证关键工作按计划实施。

(3) 检查工作之间的逻辑关系变化情况，以便适时地进行调整。

(4) 有关项目范围、进度计划和预算变更的信息，这些变更可能是由客户或项目团队引起，也可能是由某种不可预见事件的发生所引起的。

定期观测、检查有利于项目进度动态监测的组织工作，使观测、检查具有计划性，成为例行性工作。

(二) 项目进度的变更管理

在项目进展中，有些工作会按时完成，有些会提前完成，而有些工作则可能会延期完成，所有这些都会对项目的未完成部分产生影响。引起项目进度变更的原因也很多，如客户要求的变化、项目成员工作效率下降或工作出错、意外情况的发生等。由于各种因素的影响，项目进度计划的变化是必然的。作为项目经理，应做到及时汇总影响进度的变更和因素，并及时记录在项目进展报告中。

1. 项目进度的变更管理的工具是项目进展报告

项目进展报告是记录检查结果、项目进度现状和发展趋势等有关内容的最简单的书面形式报告。项目进展报告根据报告的对象不同，确定不同的编制范围和内容，一般分为项目概要级进度控制报告(以整个项目为对象说明进度计划实施情况的报告)、项目管理级进度控制报告(以分项目为对象说明进度计划实施情况的报告)和业务管理级进度控制报告(以某重点部位或重点问题为对象所编写的报告)。

项目进展报告的报告期应根据项目的复杂程度和时间期限以及项目的动态监测方式等因素确定，一般可考虑与定期观测的间隔周期相一致。一般来说，报告期越短，早发现问题并采取纠正措施的机会就越多。

2. 项目进展报告的主要内容

一份标准而全面的项目进展报告主要包括以下内容：

(1) 本报告期间取得的主要成果和达到的关键性目标，项目工作量完成情况以及里程碑实现情况。

(2) 与计划相比，项目的成本、进度和工作范围的实施情况，以及完成工作的质量情况。

(3) 前期遗留问题的解决情况，本报告期间发生的问题及存在的隐患，计划采取的改进措施及其理由。

(4) 下一个报告期内期望达到的目标及预期实现的里程碑。

(三) 进度控制软件

所有项目管理软件(Project Management Software)都包含了基本的项目控制功能,特别是当一项活动正在进行中或已经完成时,可将当前信息输入系统,软件会自动更新进度。同样,如果未来活动的预计工期发生了变更,软件会自动根据输入系统的这些变更更新进度计划,软件生成的全部网络图、表格和报告均会被更新,以反映最新信息。

目前常用的项目管理软件包括 MS Project 2000、P3 等,这些软件除了可以以里程碑、横道图、日历、网络图的方式显示进度表外,还可以用来跟踪进度及任务完成情况,以及产生项目的现金流、人力资源成本费用情况等报表信息。

二、文化产业项目质量控制

(一) 质量控制原理及工具

质量控制属于质量管理的一部分,致力于满足质量要求。从这个定义可以明显地看出,质量控制的目标就是确保产品的质量能满足顾客、法律法规等方面提出的质量要求。质量控制的范围涉及项目质量形成全过程的各个环节。

质量控制的工作内容包括作业技术和活动,也就是包括专业技术和管理技术两个方面,质量控制必须对干什么、为何干、怎么干、谁来干、何时干、何地干做出规定。

1. 质量控制原理

质量控制的原理是根据项目目标和质量要求,对项目实施过程的质量进行监督、检查,发现偏差及时进行反馈,采取纠正措施,使工作按既定目标和计划进行。质量控制原理也可称为质量控制的三步曲,即确立标准、衡量成效、纠正偏差。

(1) 确立标准或目标。如果没有标准或目标,就没有衡量实际工作情况的根据,就无法进行控制工作。标准可以多种多样,可以是定量的,也可以是定性的。

(2) 衡量成效。衡量成效通常在工作完成之后或告一段落后进行,但在工作进程中,必须加强监督、检查,及时获得有关信息。

(3) 纠正偏差。将实际测量结果与标准或目标相比较,弄清楚是否发生了偏差以及偏差的性质、程度和原因,采取相应的措施纠正偏差。

2. 质量控制的工具

(1) 排列图。排列图又称帕累特图,是一种寻找影响质量主次因素的方法,这种方法简明易懂,形象具体。排列图由两个纵坐标、一个横坐标、若干个矩形和一条曲线构成。一般左侧纵坐标表示频数,也就是各种影响质量因素发生或出现的次数;右侧的纵坐标表示频率,也就是各种影响质量因素在整个诸因素中的百分比;横坐标表示影响质量的各种因素,按其影响程度的大小从左向右依次排列,每个影响因素都用一个矩形表示,矩形高度表示影响质量因素的大小。除此以外,排列图上还有一条曲线,即帕累特曲线,它表示影响质量因素的累计百分数,排列图的基本形式如图 10.9 所示。

(2) 因果分析图。因果分析图又称鱼刺图,是一种逐步深入研究和讨论质量问题的图示方法,其基本形式如图 10.10 所示。应用此方法时可召开会议,由组织者、管理者和操作者共同参加,根据质量问题存在的主要因素去一步一步地寻找产生的原因,然后再制定相应的对策予以改进。

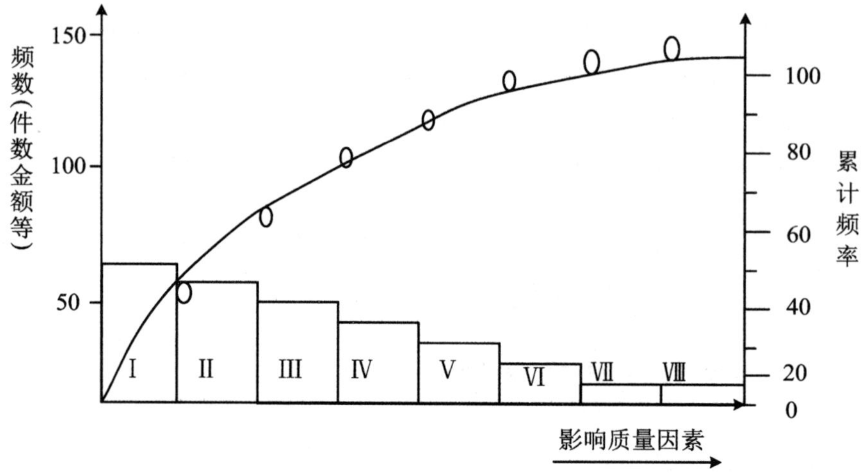

图 10.9　排列图的基本形式

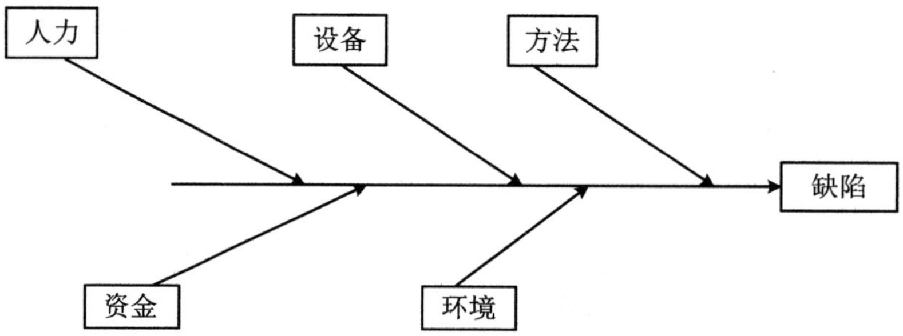

图 10.10　因果分析图的基本形式

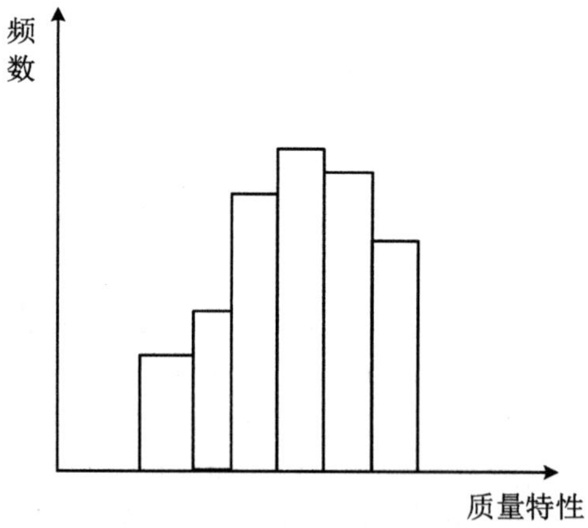

图 10.11　直方图的形式

(3) 直方图。直方图是将收集到的质量数据,按一定要求加以整理和分层,然后再进行频数统计,并绘制成由若干直方图形组成的质量分布图。直方图是一个坐标图,横坐标表示质量特性(如尺寸、强度),纵坐标表示频数或频率,还有若干直方块组成的图形,每个直方块底边长度即产品质量特性的取值范围,直方块的高度即落在这个质量特性值范围内的产品有多少。直方图可描述质量频数分布范围和特征。直方图的形式如图 10.11 所示。

(4) 控制图。控制图又称管理图,它是画有控制界限的一种图,用来分析质量波动究竟由于正常原因引起,还是由于异常原因引起,从而判明生产过程是否处于控制状态。

控制图的基本形式如图 10.12 所示,图上一般有三条线,上面一条虚线称上控制线,用 *UCL* 表示;下面一条虚线称下控制线,用 *LCL* 表示;中间一条实线称中心线,用 *CL* 表示。

在生产过程中定期抽样，将测得的数据用点子描在图上，如果点子全部落在控制界限内，且点子的排列没有异常状况，表明生产过程正常。如果点子越出控制界限或点子排列有缺陷，表明生产过程中存在异常因素，必须查明原因，采取措施，使生产过程恢复正常。

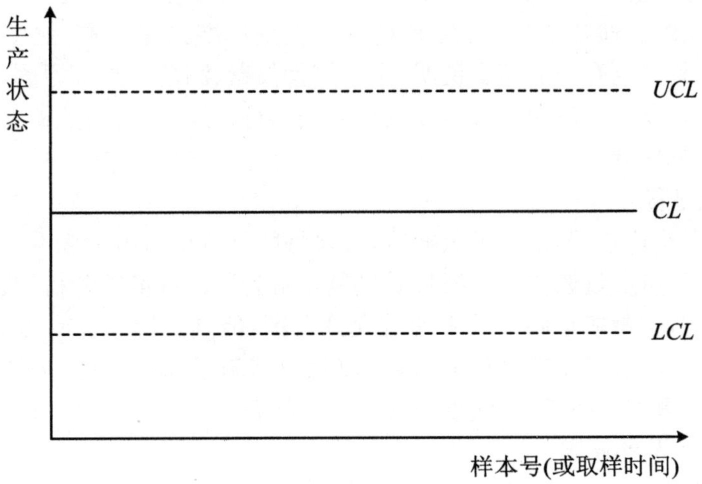

图 10.12　控制图的基本形式

（5）散布图。散布图又称相关图，是分析、判断、研究两个相对应的变量之间是否存在相互关系并明确相关程度的方法。散布图由一个横坐标 X 和一个纵坐标 Y 构成，根据测得的数据画出坐标点，进行相关性分析。散布图的形式如图 10.13 所示。

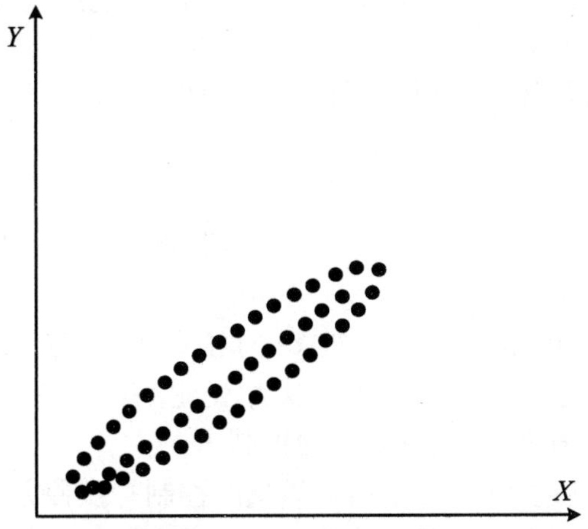

图 10.13　散布图的形式

（6）分层法。分层法又称分类法和分组法，就是把收集到的数据按不同的目的加以分类，把性质相同，在同一生产条件下收集到的数据归成一类，从而使杂乱无章的数据和质量问题系统化、条理化，便于区分问题，找出规律，采取有效措施。分层法经常同质量管理中的其他方法一起使用，如分层排列图、分层直方图等。

（7）调查表。调查表又称统计调查分析表，就是用图表、表格统计项目实施过程中发生的各种数据，并对统计数据进行粗略的分析。这种方法能将收集的数据，通过表格的形式列出来，使数据呈现的问题系统化、简明化，故便于分析使用。

（二）产生质量偏差的趋势和原因

如果不进行测量，就不能取得数据，没有数据就无法判断质量是否存在偏差；要对质量进行控制，应先制定质量标准，然后再确定控制水平。只有将上述两项工作完成后，衡量质量偏差才是有意义的。通常情况下，控制水平与质量标准大体一致，但由于加工过程的不同，有时也并不一致。还有一点需要说明，由于测量仪器、测量方法等原因，所测得的数据总会存在一定的误差，我们假设测量仪器和测量方法都符合规定，所测数据在允许误差范围内的前提下，研究质量偏差。

1. 质量检测过程

当我们进行质量检查，测得质量数据后，需要将所测数据与质量标准和控制水平进行比较时，我们就可以度量质量偏差了。度量质量偏差是为了进行偏差分析，其结果可能是偏差超出了允许的范围，也可能是偏差虽未超过允许范围，但其发展下去有可能超过允许范围。如果已经超过允许范围，应立即分析原因，采取相应措施予以纠正；如果是向不利的趋势发展，也应分析原因，采取预防措施，使生产处于稳定状态。

2. 产生质量偏差的原因

（1）人的因素。人的思想素质、责任心、质量观、业务能力、技术水平等都直接影响项目质量，因此，要狠抓人的工作质量，充分调动人的积极性，发挥人的主导作用。避免因责任心不强、工作马虎、不按操作规程作业等原因，产生质量偏差。

（2）机械设备。所采用的机械设备在生产上适用，性能可靠、使用安全、操作和维修方便。合理使用机械设备，正确地进行操作，是保证项目质量的重要环节。机械设备维修、保养不良也是产生质量偏差的原因之一。要注意当进行大量连续性作业时，由于机具磨损、温度升高，可能会产生规律的偏差。

（3）材料、零部件、构配件。材料、零部件、构配件的质量要符合有关标准和设计的要求，要加强检查、验收，严把质量关。要注意不同批次、不同厂家的材料、零部件、构配件在质量上会存在差异。

（4）工艺、方法。工艺流程、技术方案、检测手段、操作方法均应符合标准、规范、规程要求是有利于质量控制的。

（5）环境。影响项目质量的环境因素很多，有技术环境、劳动环境和自然环境等。环境的突然变化会影响项目质量，如温度、湿度的突然变化均可能造成加工质量偏差。因此，应对可能造成质量偏差的环境因素，采取有效的控制。

综上所述，在项目实施过程中，对于项目质量的控制有多种方法来保证项目质量符合项目要求。但是由于目前我国文化类项目在实施过程中，存在诸多不可控因素，如大型、国际性文艺演出项目、体育赛事项目等，都存在缺乏运作经验、项目化实施经验等方面的问题，在项目质量控制方面还停留在初级的水平上，因而在文化项目实施过程中，建议针对项目特色和具体情况，选择适用的、简单易行的方法来控制一些能够控制的因素，以达到提高项目运作质量的目的。

案 例

防止未成年人沉迷网游　游戏企业改进服务质量

2019 年 11 月，国家新闻出版署发布《关于防止未成年人沉迷网络游戏的通知》，提出六项举措。越来越多的游戏公司加入到了守护队伍中，以提升服务质量。

1. 网易家长关爱平台

2019年1月16日，网易官方微博表示旗下15款产品陆续上线防沉迷系统，同时升级了“网易家长关爱平台”。家长可在该平台查看自己子女的游戏账号信息以及充值行为，并且可以通过该平台禁止子女的账号登录游戏。此外，未实名登记的游戏账号将无法进行充值行为，且根据实名信息年龄限制1至3小时不等的游戏时间。该平台已经覆盖了网易旗下包括《梦幻西游》《阴阳师》《荒野行动》《楚留香》在内的15款核心游戏产品。

2. 腾讯的“儿童锁”与“16＋试点”

2017年2月，腾讯推出“腾讯成长守护平台”，“儿童锁”则是该平台的一个新模式。腾讯游戏增设准入确认环节，13岁以下未成年人需要家长进行验证解锁后才能进行游戏。“16＋试点”是在用户登录时，根据健康系统的公安实名校验结果，年满16周岁的未成年人可以无需家长验证直接登录游戏，但仍会受到健康系统的管理，每天只有2个小时游戏时间。

这一整套健康系统除了新设准入确认以外，还有事前设置、事中管理、事后服务四个环节，截至2019年4月，腾讯的这套全新健康系统已经覆盖了53款手游以及11款端游。而旗下无法支持健康系统的游戏产品将逐步停运、下架。

3. 米哈游，二次元游戏厂商的防沉迷第一步

除了对未成年人在线时长的弹窗提醒，限制其在线时长，以及宵禁制度外，米哈游对用户进行游戏或消费等行为也设置了相关提醒措施。在游戏以外，登录米哈游的成长关爱平台，家长还可以了解到孩子的游戏信息，包括在线进行游戏资料查询、游戏时长查询、游戏消费行为查询、多账号监管等。这无疑也是向大众释放出了一个信号——不仅是个别大厂，整个游戏行业都在高度重视未成年人保护问题。

同样主打二次元文化的B站响应国家网信办关于推行青少年防沉迷系统的号召，推出“青少年模式”。登录Bilibili后会主动弹出进入“青少年模式”的提示框，家长可以选择进入该模式。该模式将屏蔽不适于向青少年展示的内容，只展现经过官方筛选的健康积极的内容，家长可以在该模式中自由设置时间锁，控制持续浏览时间以及时间段，并且需要输入密码才能解除。

4. 360“家庭防火墙”路由器与魅族“家庭守护小程序”

除游戏企业主动推出未成年人防沉迷系统外，科技厂商也加入到了保护未成年人游戏的行列。2019年3月，360发布“360家庭防火墙”，家庭防火墙需要通过配套的路由器实现各项新功能。其中包括家长可以手动设置，屏蔽不适宜未成年人浏览的网页。开启儿童守护模式后，系统将限制重置打赏行为以及一系列线上支付行为，并通知家长，不仅能限制孩子打赏或充值，还能防止老人在网上受骗。

2019年7月，人民网上线“游戏适龄提示平台”，目前有包括腾讯、网易、三七互娱、盛趣游戏在内的33家游戏企业加入到该平台，参与游戏共83款，其中不乏进口游戏以及包括《闪耀暖暖》《明日方舟》等2019年系产品。

（资料来源：游戏日报. 防止未成年人沉迷网游，2019年的游戏行业都做出了哪些努力？[EB/OL]. [2019-11-6]. https://zhuanlan.zhihu.com/p/90551271.）

第五节　文化产业项目收尾

一个完整的文化产业项目生命周期的最后阶段就是项目的收尾，只有经过了这个过程，项目才有可能正式投入使用，才有可能面向市场提供出预定的产品或服务，项目的利益相关者也才有可能终止他们为完成项目所承担的责任和义务，并从项目中获益。即便由于某种特殊原因导致文化产业项目必须停止时，项目团队也需要做好项目的收尾工作。

一、文化产业项目收尾的含义与内容

当文化产业项目的各阶段性目标已经完成或项目最终目标已经实现，又或者项目目标已经表明不可能实现时，该项目就进入了收尾工作阶段。文化产业项目收尾工作是很重要的一个阶段，它对于资源的积累和经验的积累都具有非常重要的意义。

（一）文化产业项目收尾的含义

根据对项目生命周期的分析可得知，文化产业项目收尾是指文化产业项目按计划实施完工直至所有善后工作完成的过程。其工作主要包括：对文化产业项目已完成的工作成果或项目活动重新审查，整理最终交付品，整理相关文档，规整项目管理成果，形成项目总结报告等。

（二）文化产业项目收尾的内容

文化产业项目收尾是项目管理过程的最后阶段，主要包括：完成所有活动的情况，正式结束项目或项目阶段，移交已完成或取消的项目，解散项目团队。在文化产业项目收尾过程中，需要协调审核项目成果的各项活动并形成相应文件，与顾客或赞助人保持联系和沟通，协助验收项目成果，或调查项目未完成即被迫终止的原因并形成相应文件。在文化产业项目的收尾阶段，主要工作包括合同收尾与管理收尾。

二、文化产业项目合同收尾

合同收尾就是按照合同相关条款的规定验收、核实并进行移交、付款等工作，以及解决未尽事项、结束合同的过程。文化产业项目可能需要大量的合同以帮助项目运作的顺利进行。如一场大型的文化活动所涉及的合同大致包括场地租赁合同、赞助合同、与演艺人员的合同、与供应商的合同、与传播公司的合同、与客户的合同等。

文化产业项目收尾阶段不仅要了解所有合同协议，还要与管理收尾过程的相关活动相配合，文化产业项目合同收尾阶段的工作主要包括以下步骤：

（一）收集合同资料

在合同收尾中应收集的资料包括：合同正、副文本，合同附件，备忘录，相关表格，清单以

及在项目执行过程中所产生的会议纪要，合同变更申请及批准文件，合同补充协议，由承包商提出的技术文件，承包商的进展报告，合同付款凭证、单据等财务记录，合同验收报告等。在项目结束之前，应将这些资料收集齐全，以备查阅、对照、检验等。

（二）整理合同资料

文化产业项目团队应由专门人员对所有合同文件进行整理、编号、装订，连同项目其他文件一起作为一整套项目记录资料归档。在整理合同资料时，要注意分门别类、标注清楚，整理完毕后要交付专门的部门存放于专门的地点，以便于查阅。

（三）核实合同条款

合同的内容由双方当事人约定，在结束时需要对各项条款进行核实。在对合同条款进行核实时，以下条款应予以重点核实：

当事人的名称或姓名以及地址。合同应明确当事人，指明权利的享有者和义务的承担者。

标的。标的是合同当事人双方权利义务共同指向的对象，包括货物、劳务、工程项目等。

数量。数量是计算标的的尺度，是对标的的量化描述，以便计算价格或酬金。

质量。质量是标的物内在的特殊物质属性和社会属性，是不同标的物之间差异的具体体现。

价格。合同中应明确标明当事人一方提供劳务、服务而获得一定数额的货币报酬。

合同履行期限、地点和方式。履行期限是经济合同当事人履行义务的时间界限，是当事人交付标的和支付酬金的期限，是一方当事人要求对方履行义务的时间依据。履行地点是合同当事人履行义务的地方，通常需要根据合同标的的性质由双方当事人协商而定。履行方式是指当事人以什么样的方式来完成合同规定的义务。

违约责任。违约责任是指当事人一方或双方由于自己的过错造成合同不能履行或不能完全履行，按照法律或合同的规定应承担的经济或其他责任。

解决争议的方法。合同当事人应当约定解决争议的方法，比如仲裁或者诉讼。

当项目合同实施完成，要对照以上的条款对合同的实施情况进行核实，逐项检查这些条款的落实情况，检查合同标的、数量、质量等是否有效实现，以及付款、培训等后续工作是否完成。

（四）合同文件归档

合同期满后，除了要对合同的实施结果进行验收与确认，还要将合同的正、副文本以及补充协议、备忘录、更改记录等文件进行整理、编号、存档。

三、文化产业项目管理收尾

文化产业项目管理收尾也称为行政收尾，是指对整个项目或一个项目阶段的项目实施工作完成与终结的各种文件和信息进行收集、生成并分发的项目管理工作。包括一系列零碎、繁琐的工作，如收集、整理项目文件，发布项目信息，重新安排项目人员，庆祝项目结束，总结经验教训等。

文化产业项目管理收尾的主要工作是收集、整理项目相关文件，这样做便于为查阅项目资料提供依据，另外也可为将来实施类似文化产业项目提供借鉴。

（一）文化产业项目验收

文化产业项目验收，又称项目范围确认或项目移交，是指项目或项目阶段结束时，项目团队在将项目成果交付给项目使用者之前，由项目接受方会同项目团队、项目监理等有关方面对项目的工作成果进行的审查。文化产业项目团队在完成项目任务后，应协助有关方面对文化产业项目进行验收，检查项目任务的完成是否符合客户要求，确保客户满意。

1. 文化产业项目验收组织

文化产业项目验收小组一般由文化产业项目接收方、文化产业项目团队和文化产业项目监理人员组成。由于文化产业项目性质不同，项目验收的组织结构差异较大。对一般小型服务性项目，只是由项目接收人员验收即可；对内部项目，仅由项目经理验收即可。文化产业项目验收组织的主要职责是：项目质量验收和项目文件资料验收两个部分。

2. 文化产业项目验收流程

在文化产业项目验收过程中（图 10.14），首先要求文化产业项目团队必须与客户一起明确项目验收的标准；其次在验收时必须保证所有的完成标准是可以由双方事先商定的尺度进行衡量的；再次文化产业项目经理要与客户共同商定一个对照清单。

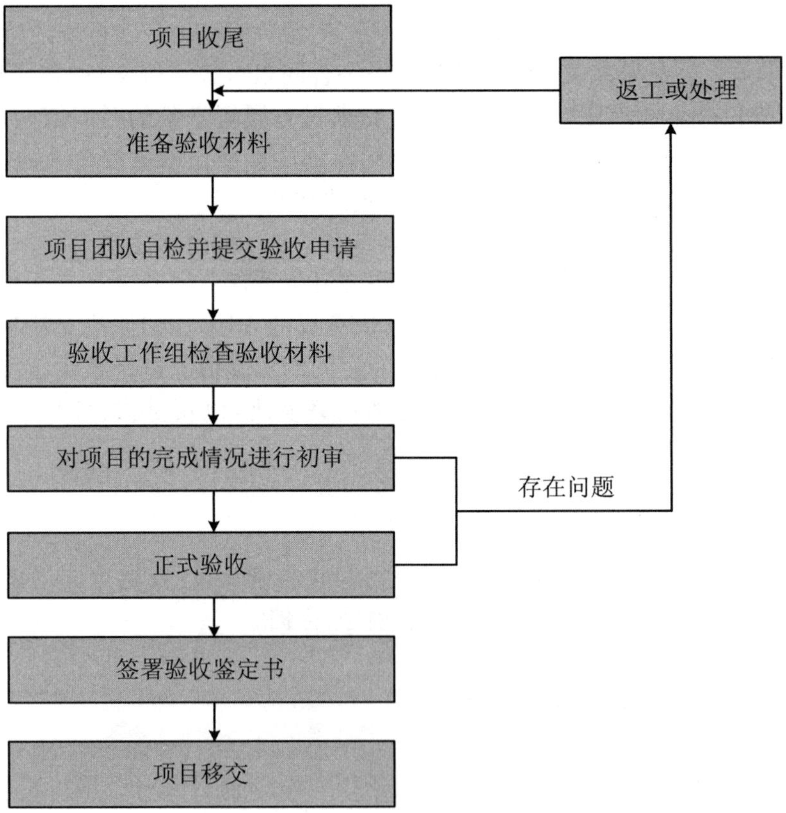

图 10.14　文化产业项目验收程序图

3. 项目验收资料

在文化产业项目验收过程中，需要准备相应的项目验收资料，主要包括：

(1) 项目定义阶段需验收移交归档的资料：项目初步可行性研究报告及相关附件、项目详细可行性研究报告及相关附件、项目方案及论证报告、项目评估与决策报告。

(2) 项目规划阶段应需验收移交归档的资料：项目描述资料（范围划分报告、详细设计报告等）、项目计划资料（完整的项目进度计划、质量计划、费用计划和资源计划等）。

(3) 项目实施阶段需验收移交归档的资料：全部项目采购的招标书和投标书；全部合格供应商资料；全部合同及变更文件、现场签证和设计变更等；项目质量记录、会议记录、备忘录、各类通知等；项目进展报告；进度、质量、费用、安全、范围等变更控制申请及签证；现场环境报告；质量事故、安全事故调查资料和处理报告；各种第三方实验、检验证明和报告等。

(4) 项目结束阶段应需验收移交归档的资料：项目完成图、项目完成报告、项目质量验收报告。

4. 项目验收工作

在项目验收过程中，验收方的主要工作包括：组成验收工作组或验收工作委员会；验收项目材料；现场（实物）初步验收；正式验收；签发项目验收合格文件；办理固定资产形成和增列手续等。某大型活动结束时整理的材料清单如表 10.14 所示。

表 10.4 某大型活动结束时整理的材料清单

1	日程	20	清单	39	填写的表格
2	声明	21	确认单	40	场地图
3	协议	22	合同	41	指南
4	申请	23	会议纪要	42	手册
5	文件	24	信函	43	散发品
6	宴会订单	25	顾客分析	44	插图
7	设计蓝图	26	日记	45	事件报告
8	书籍	27	通讯录	46	问询或面谈表格
9	情况简介	28	邮件	47	指示
10	小册子	29	雇员记录	48	保险单据
11	预算	30	设备订单	49	库存记录
12	广告牌	31	估算	50	发票
13	名片	32	评审	51	工作描述
14	录音录像带	33	数据和事实	52	租约
15	日历	34	传真	53	丢失业务报告
16	产品说明	35	财务报告	54	杂志
17	保险单据	36	传单和通告	55	邮寄清单
18	变更指令	37	预测	56	公告
19	图表	38	反馈	57	工作手册

续表

58	地图	76	新闻稿	94	赞助商计划
59	会议纪要	77	价格单	95	电子数据表
60	备忘录	78	进展报告	96	统计数据
61	运输记录	79	运作进度	97	演说稿
62	通讯简报	80	建议	98	总结
63	报纸	81	出版物	99	建议卡
64	笔记	82	采购单	100	调查表
65	通知	83	问卷	101	税收记录
66	指令单	84	登记表	102	时间表
67	操作手册	85	规章	103	培训手册
68	机构图	86	报告	104	交易记录
69	大纲	87	研究	105	更新文件
70	照片	88	简历	106	小贩单子
71	计划	89	评价	107	免责声明
72	政策和程序	90	采购建议书和报价	108	视频
73	文件夹	91	销售数据	109	网站
74	海报	92	草图	110	工作表
75	新闻简报	93	规格		

（二）文化产业项目总结

项目实施结束后，项目团队成员应总结项目实施的得失成败，一方面为个人总结经验，另一方面也为将来项目提供借鉴，有助于更好地开展未来的项目工作。

在项目总结过程中，团队成员和项目经理各有侧重。一般来说，项目经理的总结报告更关注项目本身，如项目目标的实现状况、团队工作情况、合同实施情况等等；而项目小组成员的个人总结则侧重于个人责任的完成情况、个人对团队的贡献等方面。

在进行项目总结时，仍然要注重多方面信息的收集，应重点收集的信息包括：对项目执行情况的总体评价；项目范围完成情况；项目进度执行情况；项目成本执行情况；项目交付结果的质量状况等。

在完成了项目移交核对清单上所要求的事项，项目验收就可以通过，项目的移交文件也就可以签署，然后就可以为项目的顺利完成举行适当的庆祝活动了。

（三）文化产业项目后续工作

在文化产业项目结束之后，主办方往往还要完成一些后续工作，这些工作既是本次项目的收尾工作，也可能成为下次项目的准备工作，因此，项目结束的后续工作是必不可少的。

(1) 答谢工作。在项目结束后要对所有的赞助商、合作伙伴、支持单位和媒体进行答谢。答谢的方式有很多,除了已经提到的表彰大会外,对于重要的客户,还可以采用登门致谢的方式,甚至可通过宴请的方式答谢;对于一般客户,可以通过电话回访的方式进行答谢,在答谢的同时应请他们提出相关意见。

(2) 发展和巩固客户关系。在一些文化产业项目中,客户往往是有限可数且具有黏滞性的,这种黏滞性是指这些客户还会是下一次项目的客户或潜在客户,因此,建立一个长远的客户关系就十分重要。在项目进行时,由于工作任务紧,常常很难和客户进行有效的沟通,所以在项目结束后,要迅速联系客户,沟通感情,巩固与客户的合作关系。

(3) 进行项目的总结性宣传。文化产业项目结束后,可针对活动的举办情况作一份总结性的宣传。工作人员可以制作一份关于项目的总结性宣传材料,提供给媒体并请他们代为宣传。

(四) 文化产业项目团队解散

文化产业项目在团队解散之前,往往需要召开一个表彰大会,以感谢和肯定团队成员对项目的贡献与帮助,与他们分享成功的喜悦。团队成员往往十分在意在项目结束后的去向,因此在解散团队时还要注意妥善安排人事变动,以减少他们的担忧。

(1) 感谢与表彰。对于文化产业项目团队来说,感谢与表彰团队成员的贡献是十分重要的。对全体成员要表示感谢,充分肯定他们对项目完成所做的贡献,对他们的努力做出评价,最好能为每个人做出绩效评估书。要尽量给队员以正面的反馈,如果有对不足之处的批评和建议,则应尽量在私下进行。如果能召开一次表彰大会,那将是再好不过的了,这对提高广大成员的士气具有重要意义,因为精神激励往往比物质激励更能发挥作用。在表彰大会上,要注意表彰的对象不仅包括团队成员,还可以邀请和表彰他们的家属,感谢他们对团队成员的鼎力支持。

(2) 安排项目团队成员的未来。随着项目的结束,项目经理及管理层需要计划如何让项目团队成员逐步退出项目,这时就需要考虑成员的个人发展问题。在保证他们平稳退出的同时,更要确保他们完全履行了各自的任务,然后为其安排或联系新的项目。若离开的成员未被充分利用,则有可能影响其他剩余成员,因此,可以采取协商的方式,让要离开的成员能够留任一段时间,以便给接替他的新成员留有足够的准备时间。

四、文化产业项目后评估

文化产业项目后评估指对已经完成的活动项目的目的、完成情况、相关数据、效益和影响进行系统的、客观的分析,以确定活动的效益指标是否实现,活动的目标是否达到,找出成败原因,总结经验教训,并利用评估所产生的反馈信息提高活动管理水平,为此后的类似项目提供经验。项目后评估的内容包括以下几个方面:

(一) 项目策划评估

文化产业项目后评估应从头开始,即率先从项目策划的评估工作开展。项目策划评估围绕文化产业项目定位、人员分工、营销策划等内容进行,通过评估找出策划方案局部存在指导性不强、深度广度不够、与实际情况脱节等各种问题,发现策划方案中的优缺点,从中学习经验，吸取教训，为提高今后项目的策划水平服务。

（二）项目目标评估

目标评估即评估项目实施后是否与原定目标相吻合。目标评估要按照预定的各主要指标检查这些指标在项目的运作过程中的实现程度以及发生了哪些变化，并对发生变化的原因进行分析；目标评估的另一项任务是要检验和评价原定目标的正确性、合理性和实践性。通过分析评估，找出其中存在的问题，为以后的其他项目制定目标时提供经验和依据。

（三）工作过程评估

文化产业项目运作的内容涉及面广，包括时间进度、推广宣传、现场服务等内容。对于工作过程的评估应对照立项评估或可行性报告的预计内容与活动的实际实施情况进行比较和分析，找出差距，分析原因。项目的工作过程评估一般包括筹备工作评估、服务代理工作评估、宣传推广工作评估、组织结构与人员评估、现场管理工作评估、财务实施评估等内容。

（四）项目效果评估

项目效果评估就是对参与文化产业项目人员的满意度进行调查评估。文化产业项目的参与者不仅有工作人员，更多的是参加活动的客户、媒体和社会各界群众等。项目效果是好是坏取决于这些参与者是否满意以及满意程度如何。客户或观众的满意程度可在活动期间进行调查，当然也可在活动结束后通过电话或者互联网等方式进行调查；对媒体满意度的调查，可以找出信息服务中的不足之处，有助于将来更加高效地进行宣传活动。总之，要了解参与者的满意度及其意见，总结经验教训，为项目的可持续发展打好基础。

（五）项目影响评估

项目影响评估可以从经济影响和社会影响两方面展开。经济影响评估主要分析评估文化产业项目对所在国家、区域、相关行业以及所属行业产生的经济影响，内容包括分配、就业、国内资源成本、技术进步等。社会影响评估是对项目在社会经济发展方面产生的有形或无形的效益或结果的分析，重点评估文化产业项目对所在地政治、文化、生活、环境的影响，如保护当地文化特征、保护当地传统文化、扩大文化视野、引入外来理念等。

文化产业项目后评估报告是项目后评估结果的汇总。项目后评估报告一方面应真实反映项目情况，客观分析项目问题，认真总结项目经验；另一方面，项目后评估报告也是反馈经验教训的主要文件形式，必须满足项目信息反馈的需要。

附件　文化产业项目实施控制的工作文件

1. 文化产业项目范围变更申请表(见表10.5)

表10.5　文化产业项目范围变更申请表

项目名称		项目编号	
制订日期		负责人	
申请日期			
范围变更申请人			
申请范围变更的内容			
项目经理意见(签字确认)			
总经理意见(签字确认)			
其他利益相关方意见(签字确认)			
同意变更的项目范围			
各方签字确认			

2. 文化产业项目范围变更控制记录(见表10.6)

表10.6　范围变更控制记录

项目名称		项目编号	
制订日期		负责人	
变更内容	变更影响	变更日期	负责人

3. 项目进度跟踪表(见表10.7)

表10.7 项目进度跟踪表

项目名称				项目编号		
制订日期				负责人		
WBS 任务编号	任务名称	任务实际 开始日期	任务实际 完成日期	进度超前 或滞后情况	任务实际 负责人	任务实际 实施人
1	审批项目					
1.1						
1.2						
1.3						
2	设计方案					
2.1	测量场地					
2.2						
2.3						
2.4						
3	实施搭建					
3.1						
3.2						
3.3						
3.4						
3.4.1						
3.4.2						
3.4.3						
4	开幕式					
4.1						
4.2						
5	展期保障					
5.1						
5.2						
5.3						
6	宣传推广					

4. 项目进度不利偏差原因分析和纠偏措施(见表 10.8)

表 10.8　项目进度不利偏差原因分析和纠偏措施

项目名称		项目编号		
制订日期		负责人		
里程碑		时间		
纠偏负责人				
进度偏差	偏差大小	偏差比例	产生的原因	纠偏措施

5. 项目费用不利偏差原因分析和纠偏措施(见表 10.9)

表 10.9　项目费用不利偏差原因分析和纠偏措施

项目名称		项目编号		
制订日期		负责人		
里程碑		时间		
纠偏负责人				
进度偏差	偏差大小	偏差比例	产生的原因	纠偏措施

6. 项目质量跟踪和改进记录(见表 10.10)

表 10.10　项目质量跟踪和改进记录

项目名称			项目编号	
制订日期			负责人	
质量问题	发生时间	纠正和改进措施	质量问题纠正时间	负责人

7. 沟通核查表(见表 10.11)

表 10.11 沟通核查表

项目名称				项目编号				
制订日期				负责人				
沟通内容	月/日/时	沟通方向	目的	目标	对象	效果评判		
						好	一般	差

8. 部门冲突争端协调表(见表 10.12)

表 10.12 部门冲突争端协调表

项目名称		项目编号	
制订日期		负责人	
需求部门(甲):			
需求部门(乙):			
事由:			
双方解决意见:			
项目经理协调方案:			
需求部门主管意见:			
解决部门主管意见:			

项目经理意见：

注：本意见为最终决定，双方主管必须遵守，如有异议可保留，进行存档。

9. 项目风险监视和控制记录(见表 10.13)

表 10.13　项目风险监视和控制记录

项目名称			项目编号		
制订日期			负责人		
风险	发生时间	风险控制时间	采取的措施和解决方案		负责人
			预防行动	应急行动	

本章小结

由于文化项目具有诸多的特性，在项目实施阶段将面临比其他类别项目更多的不确定性因素的影响，这就要求项目团队要根据实际变动情况及时调整预先制定的项目计划，使其具有更大的可操作性。

文化产业项目的实施控制主要涵盖项目实施管理、项目变更控制、项目采购管理、项目费用控制、项目范围控制、项目进度控制、项目质量控制、项目收尾管理等方面的内容。文化产业项目实施控制后就进入项目的收尾及后评估阶段。开展文化产业项目结束与后评估工作将促进文化产业发展上水平、建品牌，具有重要的意义和作用。

◆ 思考题

1. 文化产业项目实施控制的主要依据是什么？
2. 项目变更评价的内容和要求有哪些？
3. 简述文化产业项目质量控制的原理和工具。
4. 文化产业项目后评估的主要内容包括哪些？
5. 如何通过严格的控制来保证文化产业项目的成功运作？

案例分析

第一届中国国际进口博览会的实施控制

2018 年 11 月 5 日至 10 日，第一届中国国际进口博览会在国家会展中心(上海)圆满举办，作为进口博览会场馆的所在区——青浦，究竟在服务保障方面做了哪些行之有效的控制工作呢？

一、加强综合协调

1. 确保项目建设精益求精

在时间紧、任务重的情况下，青浦建立完善扁平化快速决策和推进机制、与上级部门紧密沟通机制、与闵行等兄弟区良好互动机制，倒排时间节点，实行挂牌督战，同步加强监管，确保所有项目保质保量按期完成。

2. 项目建设如期完成

结合市级要求、专家意见及实地踏勘情况，青浦区排定了66项进口博览会配套建设任务，全面落实项目资金保障，于9月底如期完成，同时实现安全、质量“零事故”。

3. 坚持高标准严要求

坚持优中选强设计团队，系统集成、精心设计。如架空线入地和合杆整治，青浦区邀请了行业龙头单位进行设计集成，与一家家设计单位对接方案。特别是对7个路口的合杆整治设计更是逐一踩点、细化方案，对11个电力开关站的外形都做了精心设计等。

4. 多级巡查力求完善

建立了“综合巡查、专项巡查和日常巡查”三级巡查机制，持续做好查漏补缺工作。从9月底开始，随着配套项目建设陆续进入尾声，区前线指挥部在督促做好相应项目竣工验收、落实养护主体的同时，组织分片进行重点区综合巡查，至11月3日共开展7次，发现了344个问题，均及时得以整改。

二、加强管理服务

1. 确保各方来宾更佳感受

青浦区以进口博览会举办为契机，大力实施并提升精细化管理，让城市“更干净、更有序、更文明”，同时加强各项服务，努力提升来宾的感受度和满意度。

2. 聚焦环境质量提升

在市容景观方面，聚焦国展中心周边1平方千米核心区，推进“美丽街区”建设，实施景观提升，改造夜间景观照明；围绕重点保障区域，实施徐泾地区21条道路市容环境综合整治提升。对徐泾西虹桥地区5.9平方千米实施绿化、环卫一体化养护保洁，提高工作标准，核心区基本实现“席地而坐”。

在生态环境方面，强化执法管控，开展空气质量改善专项攻坚战，开展固体废弃物大排查专项整治行动和放射性同位素安全检查专项行动；做好饮用水源地水质安全保障工作，确保水环境安全。

3. 优化网格化管理体系

对徐泾地区网格化管理边界进行重新核定，确保责任网格全覆盖、无盲点、不交叉，同时优化多部门合力机制，保障各类案件第一时间得到处理。

实施网格巡查处置一体化，对重点保障的西虹桥5.9平方千米区域划分为8个责任网格，由区城管、绿化市容、建管、安监、市场监督、消防、环保、水务8个专业执法部门人员及徐泾镇网格人员组成的巡查队伍，实施24小时三班制全覆盖巡查和处置，做到简单问题10分钟内解决、一般问题30分钟内解决、疑难问题60分钟解决。加强城市管理综合执法，启动“一级勤务执法”实战模式，落实全天候执法管控，及时消除违法户外广告等各类违法违规现象。

4. 规范市场管理秩序

强化市场监管，加强特种设备安全保障，展会期间未发生特种设备安全事故。做好展会期间商标广告监管和消费市场价格维稳工作，引导市场主体诚信规范经营，保护消费者权益。

严格食品安全管控，加强对参展企业、食品原料供应商的资质审查，加大对展馆内公共餐饮、集体供餐、团膳外卖等食品经营单位巡查监管力度，全面实施食品安全信息追溯。做好公共卫生、医疗卫生保障，展会相关场所未发生突发公共卫生事件。

5. 高质量提供各项服务

热情周到接待，按照全市进口博览会内宾接待工作安排，青浦区共接待辽宁省、大连市交易团团部成员 268 人。为促进投资交流，共接待 11 个外国经贸团组，累计接待外宾 139 人，圆满完成接待任务。参与接待俄罗斯总理梅德韦杰夫一行来青浦参观。

窗口优质服务，开展服务窗口和服务明星评选活动，提高交通、旅游、商业、餐饮等行业服务质量。成立"青浦文明志愿者联盟"，强化志愿者培训，保证志愿服务质量和水平。

三、加强安全保障

1. 确保展会安全万无一失

青浦区全面加强社会治安、交通管理、反恐处突和应急处置，全面加强社会面稳控、风险排查和隐患化解，严格落实安全保卫工作要求，社会保持和谐稳定，牢牢守住了安全底线。

2. 切实维护城市安全

在生产安全方面，青浦区未发生对进口博览会有重大社会影响的安全事故。面上开展了"3+6"安全专项整治，其中"3"分别为涉爆粉尘、有限空间、化工和危险化学品生产企业安全专项整治，"6"分别为危险化学品综合治理、电动自行车消防安全综合治理、大型商业综合体消防安全专项整治、打击假冒特种作业操作证专项治理行动、空中坠物安全隐患专项整治、建筑施工安全专项整治。全面排查国家会展中心 5 千米范围内危险化学品企业，11 月 1 日至 11 月 10 日每天开展 1 次巡查。区安监部门还对接国家会展中心，配合市级部门实行驻场式安全监管，督促场馆方、参展方、搭建方加强现场管理，切实履行安全生产责任。

在消防安全方面，青浦区在全市率先完成 5 处市、区两级重大火灾隐患挂牌督办区域(单位)整治，集中开展"大排查、大整治"行动 30 余轮次。自进口博览会消防安保进入实战阶段以来，落实"严防死守"，全区连续 21 天实现"零火灾"，创历史同期最低水平。另外，持续深化道路交通违法行为大整治，集中整治隐患顽症，做好道路交通安全保障。

3. 圆满完成安保工作任务

坚持聚焦重点，在市公安局的统筹下，青浦区制订并实施了 15 大类 162 项进口博览会安保行动计划。及时发现国家会展中心及周边区域各类安全、治安隐患并落实整改。制定安保总体方案和分方案 20 余个，多次进行压力测试检验"大客流"疏散管控等工作，并先后组织联合演练 18 次、"红蓝对抗"演练 59 次，整改隐患问题 90 余处。坚持以面保点，大力投入智慧公安建设，建立健全社会面智能安防体系。

4. 维护社会和谐稳定

加强突出矛盾摸排攻坚，做到发现在早、防范在先、处置在小，系统防控和降低社会稳定风险。健全信访工作责任机制，推动人民调解、司法调解、行政调解协调联动，推进矛盾依法及时就地化解。坚持"有黑扫黑、无黑除恶、无恶治乱"，深入开展扫黑除恶专项斗争。坚持专群结合，全民共创平安。

5. 加强应急管理工作

先后开展多次应急演练，9 月 7 日在国家会展中心北广场举办了大型综合应急演练。11 月 1 日起，每日实施 1 办 9 组晨会、指挥部领导晨会制度，同时实施前线指挥中心昼夜轮班值守，强化实施突发事件和值班值守情况日报告制度。做好危险化学品道路运输事故应急处置评估，分析存在问题，区政府常务会议上专题研究、推动及时改进。

四、强化产业对接

1. 确保呈现更多溢出效应

青浦区制定实施了“三承接一招商”（资源承接、消费承接、功能承接和主题招商）工作方案，推动区域经济发展与进口博览会深度对接，积极承接和放大展会的溢出效应。

2. 积极开展会展相关经贸活动

青浦区广泛宣传动员各类企业参会，注册采购商和专业观众位列全市 16 个分团第一。统筹开展“1＋6＋2”重要活动总体安排，“1”为 10 月 18 日举办的“对接进博会、汇聚西虹桥——2018 青浦区投资环境推介会”，“6”为展会期间的六场主题论坛和重点行业发布会，“2”为两家重点外资企业活动。

3. 建设“6＋365”常年展示交易平台

位于国家会展中心的东浩兰生“一带一路”进口商品展销中心，已有超过 100 家企业的 1000 多种商品进行常年展销。

位于国家会展中心南侧的绿地全球商品贸易港，已与 40 个国家的 110 个贸易商会、行业协会、知名企业开展战略合作。

位于青浦出口加工区的青浦区跨境电子商务保税展示贸易物流中心，目前已经集聚了 36 家跨境电商企业。今年 9 月，国务院已批准青浦出口加工区整合优化为综合保税区，将为相应企业提供更好的发展平台。

4. 抓住机遇提升招商引资工作

青浦今年招商硕果累累，其中包括不少具有产业带动效应的大项目。

（资料来源：https://www.sohu.com/a/275161056_772748.）

思考题

本项目运作过程中从哪些方面实施控制？结合进博会的举办，思考会展项目在实施过程中可能出现的问题，需要如何进行控制调节？

实务训练

实施小组策划的文化项目，并以图片和文字的形式记录项目的实施，最后做出项目结项报告，包括项目的评估。

参考文献

[1] 冷兆松,刘向前.策划原理与实务[M].北京:经济管理出版社,2003.
[2] 胡屹.策划学全书[M].北京:中国社会出版社,1999.
[3] 卢长宝.项目策划[M].北京:电子工业出版社,2011.
[4] 卢向南.项目计划与控制[M].北京:机械工业出版社,2004.
[5] 邱菀华,等.文化产业项目管理[M].北京:机械工业出版社 2005.
[6] 金青梅.文化产业项目管理[M].西安:西安交通大学出版社,2011.
[7] 李锡东.文化产业策划实务[M].北京:清华大学出版社,2011.
[8] 肖庆林,叶庆辉.体育赛事项目管理[M].北京:北京体育大学出版社,2005.
[9] 卢晓编.节事活动策划与管理[M].上海:上海人民出版社,2006.
[10] 魏永刚,等.电视剧集管理[M].北京:中国传媒大学出版社,2010.
[11] 沈祖祥.旅游策划[M].上海:复旦大学出版社,2007.
[12] 李康化.文化市场营销[M].上海:上海文艺出版社,2005.
[13] 焦斌龙.文化企业营销学概论[M].太原:北岳文艺出版社,2009.
[14] 朱希祥,等.文化活动的策划与操作[M].上海:东华大学出版社,2005.
[15] 郑玉明,于海燕.动画项目营销管理[M].北京:高等教育出版社,2010.
[16] 许传宏.会展策划[M].上海:复旦大学出版社,2012.
[17] 天长广.策划案例精选[M].北京:北京大学出版社,2008.
[18] 赵抗卫.主题公园的创意和产业链[M].上海:华东师范大学出版社,2010.
[19] 李志飞.主题公园开发[M].北京:科学出版社,2000.
[20] 文化部文化产业司.国家文化产业课题研究报告:2008[M].昆明:云南大学出版社,2009.
[21] Lynn Van Der Wagen.活动项目策划与管理[M].宿荣江,等译.北京:旅游教育出版社,2004.
[22] 杨顺勇,施谊.会展项目管理[M].上海:复旦大学出版社,2009.
[23] 庾安勤,杨明娜.财务管理[M].成都:电子科技大学出版社,2008.
[24] 叶陈刚,向正军.财务管理学[M].武汉:武汉大学出版社,2000.
[25] 王齐国,张凌云.文化产业园区[M].济南:山东大学出版社,2011.
[26] 王永章.中国文化产业典型案例选编[M].北京:北京出版社,2003.
[27] 沈建明.项目风险管理[M].北京:机械工业出版社,2004.
[28] 粟晓瑜,孙春芳.现代企业定价方法[M].北京:中国市场出版社,2007.
[29] 郭波,龚时雨,谭云涛.项目风险管理[M].北京:电子工业出版社,2013.
[30] 戚安邦.项目风险管理[M].天津:南开大学出版社,2010.
[31] 蒋国瑞.项目人力资源管理[M].北京:中国建筑工业出版社,2009.
[32] 刘平青.领导力与项目人力资源管理[M].北京:机械工业出版社,2013.
[33] 周鹏.项目验收与后评价[M].北京:机械工业出版社,2007.
[34] 李德荃.项目评估[M].北京:对外经贸大学出版社,2012.
[35] 肖建玲.渠道开发与管理[M].北京:中国人民大学出版社,2013.
[36] 李湘滇.市场营销实训[M].北京:电子工业出版社,2011.

[37] 谢和书,陈君. 推销实务与技巧[M]. 北京:中国人民大学出版社,2013.
[38] 孙立军,等. 动漫策划概论[M]. 北京:北京联合出版公司,2014.
[39] 刘彤. 文化产业项目管理的特点与关键环节[J]. 北京印刷学院学报,2008(5).
[40] 窦文章. 北京奥运筹备工作项目进度计划网络图的编制研究[J]. 项目管理技术,2006(9).
[41] 王国琪. 北京亚运会组委会指挥室的功能与结构[J]. 福建体育科技,1995(5).
[42] 孔建华. 我国"重大文化产业项目带动战略"的现状评价及规划建议[J]. 新视野,2010(4).
[43] 丁慧泓. 文化产业大型项目的融资策略研究:基于文广集团上海迪士尼项目的案例[D]. 上海:上海交通大学,2014.
[44] 左志平. 图书市场细分与目标市场的战略选择[J]. 中国出版,2007(3).
[45] 陈健伟. 论《喜羊羊与灰太狼》动画制作上的成功对国产二维动画的启示[J]. 大舞台,2011(10).
[46] 尚晨. 项目进度计划控制方法在图书出版中的应用研究[D]. 北京:中国科学院大学,2014.
[47] 李沛,窦文章. 电影制片项目风险管理的探讨[J]. 项目管理技术,2008(9).
[48] 彭苛. 上汽荣威成都国际车展项目时间与成本管理研究[D]. 成都:电子科技大学,2018.
[49] 窦文章,伍德海. 北京奥运筹备工作项目进度计划网络图的编制研究[J]. 项目管理技术,2006(9).
[50] 王森浩,方建. 上海世博会群体项目管理三维结构体系[J]. 华东经济管理,2011(6).
[51] 言丹. 项目后评价方法及其在主题公园的应用[D]. 西安:西北工业大学,2004..
[52] 陆超. 淳化县有线电视网络建设项目进度计划与控制研究[D]. 西安电子科技大学,2018.
[53] 常芳芳,田兵,李琬华. 期刊出版的项目进度计划管理:以《阴山学刊》为例[J]. 阴山学刊:自然科学版,2015(1).